U0962972

地势坤，君子以厚德载物。

如果这是宋史

肆

南渡北望

高天流云 著

浙江人民出版社

目录

第一章　宋朝的兰花

宋元符三年（1100年）正月，哲宗皇帝驾崩，他的弟弟、神宗第十一子赵佶登基。

宋朝发展到这时，赵佶是八世祖了，皇子们每天声色犬马、烟花柳巷。限于宋朝祖规，皇室男丁的“职业”只能是吃喝玩乐。然而，他却不同，同样是玩，却玩出了品位。

赵佶喜欢的是笔研、丹青、琴瑟、图史、射御。

君子六艺，礼、乐、射、御、书、数。赵佶除了射箭、驾车两项之外，几乎无所不精。他的住处摆满了珍品图书，每天高人雅士不断，谈经论玄，调弦鼓瑟，兴至时挥毫泼墨，无论是作画还是写字，都在弱冠之年达到了极高境界。

赵佶身材修长，面目俊秀，谈吐风雅，行如春风。宗室里的知名雅士赵令穰、驸马都尉王诜，能和文坛泰斗苏东坡拉上关系的人，为他在外界宣传；皇宫内部向太后、朱太妃两派系都对他很喜爱，他几乎是唯一一个左右逢源、无往不利的人。

做到这一步，哲宗不死，他繁华一生，高出同侪；哲宗死了，众多皇子中他鹤立鸡群，哪怕是外界公选，都跑不了他的皇位。

赵佶登基，首先赦免苏轼、范纯仁，让他们从贬谪地北返。

这两个人是特殊的存在，他们活着时，就已经是宋朝人心里超越政党之上的传奇人物。苏轼的文章，在当时独执天下之牛耳，是无可争议的文坛泰斗。中国人是敬重学者的，管他是新党还是旧党，凡他所到之处，人们都毫无保留地接纳了他。范纯仁要更胜一筹，作为一代名臣范仲淹的儿子，他没有父亲的军事、文学才能，但继承了范仲淹最闪亮的光环——道德。

范氏的道德不是空洞的口号，更不是“富贵不能淫，贫贱不能移，威武不能屈”的说教。这种形象超级高大实用，在超级可怕的宗教式教条中，处处闪耀着人性的光辉，越是在混乱、肮脏，充斥着别有用心、赶尽杀绝等负面欲望的官场里，它越发显出自己的可贵。

自古道德胜于文章，这两个人的遭遇，就先从范纯仁说起吧！

范纯仁倒霉纯粹是自找的，当初章惇把他贬出朝廷，是因为要追究放弃西北四寨的责任，他和司马光搅在一起，是这件事的主谋。

这是范纯仁的一生仅有的污点，尽管如此，宋廷还是对他很例外，别的人如刘挚、吕大防、梁焘、刘安世等早就贬过了长江，而范纯仁的贬地是在陈州，也就是现在的河南淮阳。

和开封城近在咫尺，可以说仍然生活在经济文化中心地带。

这样的待遇，范纯仁心知肚明，可以说是朝廷对他的爱护，让他老老实实地待在政治旋涡之外，等着哪天风平浪静了，他会有个不错的结果。

可是他姓范，这个姓氏从北宋开始，直到明朝末年，都笼罩着一层圣洁、温暖、博爱的光环，历史证明，这不只是开创者范仲淹一生的努力，更有范纯仁的沉淀。

这点主要就表现在这次的自找麻烦上。

在陈州，范纯仁听到一个消息，宋哲宗在郊祀大典上公开宣布，绍圣年间贬谪的大臣，如吕大防等人终生永不录用。

这个消息是空前可怕的，简直开了宋朝的先河。在这之前，哪怕旧党在元祐年间贬章惇、贬蔡确，贬所有新党的中高层干部，也从来没说对谁剥夺政治权利终身。哪怕蔡确死在了南方，也是因为他个人身体有恙，朝廷从来就没有说过这种狠话。

现在矛盾升级了，可以预见以后的政治环境会变得更恶劣。这让大臣们怎么生存？生存都谈不上，又怎样工作，最后置国家于何地呢？

这样浅显的问题谁都能看出来，可谁都不敢说什么。因为章惇的用意很明显，他要的是一劳永逸。在他看来，解决问题只有一个办法，那就是把旧党人全弄死，死得干干净净的，以后自然就不会再有矛盾了！

这种情况下，谁敢顶风作案，反对“扒皮章”呢？

冠盖满京华，斯人敢独言。没人敢说，但范纯仁敢。他是一把平衡尺，在元祐时他阻止远贬蔡确，现在他反对永废吕大防。范纯仁写了份奏章。

他恳请哲宗为吕大防等人留一线生机，为官场留一线回旋的余地。

留一线余地……章惇很无语，本来不想动你，你竟然主动申请找抽。

于是，他采取了一系列措施，最终将范纯仁贬到随州，全家一起去，即日起程。随州，在现在湖北随州市，他终于来到长江边，和吕大防他们“扎堆”了。

范纯仁在之后三四年的时光里平静地品尝着自酿的苦果，一路南贬，随州并不是终点站，在那之后还有永州，一路上不仅要乘车，更要坐船。

某天，范家坐船来到今天湖南长沙橘子洲附近，突然间风浪大作，眼看船就要翻了，好不容易到了浅水处，全家湿淋淋地上了岸。范纯仁背着妻子，一步步地走了上去。

他的周围是一片骂声，妻子儿女们异口同声地痛骂章惇，其中以范夫人骂得最经典、最有分量，八个字——“枉陷正人，使我至此”。

范纯仁一笑：“船破，也是章惇的错吗？”

谁看谁迷糊，范纯仁在搞什么？这当然是章惇的错，没有这件事，范家老小怎么会跑到长江里玩漂流？简直是逻辑错误。然而，范纯仁为什么不生气呢？就算不想报复，也没有必要替敌人解释吧？

哟，这样想就错了，没有理解范纯仁的心理。

像他妻子所说的“枉陷正人”，抛开章惇的目的，退一万步说，就是陷害了正经人，又能怎样？正人就不是人吗，就不是公务员吗，就有豁免权吗？

这才是问题的根本，在宋朝的士大夫阶层心里，正人君子是有特权的，只要自己是正人，就能决定别人的命运，往死里打压对手。至于自己，永远是安枕无忧，容不得别人碰一根手指头的。这多么可笑，君子之风在于包容，什么时候变成杀人利器了？

在范纯仁的心里，保持君子之风、正义理念，只是自己个人的操守问题，并不是自己的免罪金牌。无论是进还是退，他为的都只是自己的心安。

如此而已。

在永州的几年里，是范纯仁绽放心灵光芒的日子，世人见过太多走在阳光下的圣人，这时的他像是一朵黑暗中的莲花，尽管没人看见，但仍然高洁清华。

做到这一点很难，首先是要耐得住寂寞。而寂寞，原本是永远不应当出现在他的身边。

在宋朝，贬谪不意味着绝望，尤其是范纯仁这种顶级高官加顶级名士的人。这类人走到哪里都是社会中心，比如刘挚、刘安世、梁焘、苏轼，无论是在官场，还是在民间，都有着巨大的影响力。

范纯仁主动放弃了这些。为了安静，他没有住官署，没有买房，而是住进了寺庙，每天晨钟暮鼓安分守时，过着修行人的生活。

在这种生活里，也免不了争吵和矛盾。某一次范家的小孩子在庙里玩，犯了点儿小错。他们都是诗书传家的子弟，从小伶牙俐齿，知识面很广，限于年龄，还不知道收敛，因为随便说了几个笑话，把和尚惹火了。

和尚们大怒，把这些落难的高干衙内一通臭骂，捎带着也没有放过范纯仁，言语间非常冒犯。

范家人火了，抛开范纯仁的地位不提，他至少是范家此时的尊长，当着人家的子弟骂人家长辈，这在什么时代都是巨大的挑衅！

冲突不可避免，和尚眼看着要倒霉，范纯仁就算再衰，也轮不到让和尚欺负。什么追回度牒了，没收庙产了，都是一句话的事。

可是什么事都没有发生，孩子们来告状时，范纯仁非常平静，一脸的从容。第二天和尚们来道歉时，范纯仁反过来安慰他们别在意。

他要的是平静，每天关上院门，像在北方一样生活，吃面片儿，读诗书，回忆一生所为，路途远了些，难道人就不是从前的人了吗？

平静不是消极，在流放的日子里，范纯仁用另一种方式激励自己和族人。每月的初一、十五两日，范家都要在正堂上陈列四朝（仁、神、英、哲）期间皇帝的手迹和赏赐之物，范纯仁率领子孙更衣参拜，拜后收好，之后家中长幼互拜，喝茶后散开。

他要让家人知道，无论顺逆，他都是宋朝的忠臣，永远不会因为政治上的遭遇而逆反了心灵，违背范家的族风。

赵佶登基后，范纯仁盼到了久违的诏书。

诏书是以向太后的口吻颁布的，给范纯仁光禄卿的官职，工作单位定在南京（今河南商丘），居住地在邓州。邓州是今天的河南邓州市，这也就是说，时隔四五年，范纯仁终于结束了南迁贬谪，回到了故乡北方。

只是这时他的身体糟糕透了，年过七十，衰败不堪，连眼睛都失明了。他捧着诏书，看不见上面的字，激动得泣不成声，说："上果用我矣，死有余责。"

皇帝终于起用我了，哪怕我死了，也有责任没有尽到。

心里是这样想的，可他已经无法做任何事情了，连入朝谢恩都做不到。对此，赵佶表现得更加感人，他派人以最快的速度送去了茶、药、专门治眼疾的御医，祝范纯仁身体早日康复，并说，范纯仁，得见一面足矣。

当世之大名士，久负天下盛望，只要能见上一面，我就满足了。

这句话出自皇帝之口，足以让任何人荣耀终生。范纯仁就在这种荣耀里北返，边行边治，不幸的是在宋建中靖国元年（1101 年）正月初二，于睡梦中去世。

纵观范纯仁的一生，他不是一位伟大的政治家，也不懂军事，甚至还办过一些错事。但是，这些都不妨碍他成为宋朝首屈一指的道德丰碑。

他的心灵不复杂，更不故作高深。一切的行为，都出自他自己常说的一句话，我一生所学，不外乎两个字："忠""恕"。

这两个字很简单，但谁能做到呢？忠，不只是忠于国家，更是忠于良知。前者，在封建社会里，国家即君主，忠君通常能得到好处，还不太难做。比如宋英宗时期，忠于英宗的人哪个忠于良知了？一个个飞黄腾达，福禄终生。

忠于良知，就太危险了。谁会像范纯仁这样，在元祐时阻挡旧党，在元符时阻挡哲宗，为的是什么？无非就是"公平"二字，外加连皇帝、首相都漠视的政治大局。

这样的人，会很难、很惨，但同时，他也会赢得民众的敬意和历史的肯定。宋代的范纯仁以及其他时代的范纯仁们，他们的路，可以归为四个字——"道德苦旅"。

用他们自己的苦，保持住一个民族的良知。这在当时来看是没有什么大不了的，可是蓦然回首，如果我们生活在一个打击报复、赶尽杀绝的时代里，看不到半点儿温暖光明的人性之光，我们还会为自己的民族感到自豪吗？

如果说范纯仁的贬谪之路是道德苦旅，那么苏轼之路就是文化苦旅了。他在绍圣元年（1094）时被贬谪，创造了两个纪录：

最早被贬的，贬得最远的。

一路从定州被贬到英州，从英州被贬到惠州，到惠州后以为安全了，都到海边了。结果他的老朋友章惇想了想，东坡兄，你字子瞻，何不到儋州一行呢？

儋州是今天的海南岛，这苏轼是读过万卷书要行万里路了，他得漂洋过海。过海也就算了，他刚刚登上海南岛，命令又来了。

令苏轼到昌化郡去报到。

昌化，是黎族的聚居地，地处海南一隅，是天涯海角的犄角旮旯，最偏僻的地方。这么说吧，幸亏开国的时候赵匡胤、潘美一时发懒，没想着收服越南，不然苏轼非得出国不可。

面对这样的迫害，全天下的人都替苏轼抱不平。太欺负人了，苏轼只是一个超级笔杆子，最多只是痛快痛快嘴，骂骂人而已，至于这样把人往死里整吗？

简直是变着法的，开着玩笑去整人！

换谁都受不了，何况是苏轼。大家都觉得像苏轼这样心高气傲，不向任何人，包括司马光在内的大佬低头的大才子，不累死也得气死。

令人出乎意料的是，苏轼一路上谈笑风生悠闲自在，像游山玩水一样走了过去。这和范纯仁太不一样了，范纯仁闭门时，静静地等待着命运转机的到来。就算有人来求见，他也一律拒绝。究其原因，他是在求静，这种静不只对他自己有益，更加对朝廷政治有益。

他绝不会像司马光、文彦博等人那样，在西京洛阳利用自己的名望，拉帮结伙，非议朝政，弄得王安石、宋神宗在改革中时刻如芒在背。

他在静静地度过岁月，哪怕不赞同新党的政策方针，可是仍然要维护政权的正常运行。

苏轼可不像他那样，他来者不拒，凡是探望他的人，他都杯茶谈笑，相与欢娱，甚至刚到某个地方，人生地不熟的时候，他也能很主动找人聊天。

更别说随时写信，和四面八方无数的朋友互动了。有证据证明，现代网络里聊天时常用“呵呵”等常用词，就是苏轼发明的。

在他的信里、便条里，使用率相当高。

结果就是，他越是被远贬，结交的朋友越多，三六九等，各行各业，什么样的人都有。于是越走声势越大，越走传说越多。可以说，如果没有他的远贬之路，他的名望绝不会达到现在的程度。

远贬前，他的名望是有深度的，官场、文坛的确以他为首；可是远贬之后，广度增加了，他一路之上的洒脱、平易、多才、仁爱，让世人传颂他是“坡仙”。

从来没有人像他这样对待长达七年、远贬海南的悲惨遭遇。以儋州为论，在他之前也有位名臣被贬到这里，那人比苏轼的官职大很多，是唐朝李党的党魁李德裕，这也是位非凡的人杰，被牛党倾轧贬到当时称为崖州的海南岛。

李德裕死在了那里，他无法忍受恶劣的环境，更无法忍受政敌的欺侮。

这样的事在苏轼的身上没有发生，并不是说他没有李德裕那么高傲，而是心灵深处的核心地带太不一样了。李德裕、范纯仁都出身于顶级官宦世家，他们的祖辈不是名臣就是重臣，从出生开始，他们的命运就注定背负了一种责任。

既为国家，更为家族。有这两点，再身处政党旋涡之中，谁能轻松洒脱呢？

苏轼不同，他是第一代以才华起家的名臣，从小在蜀川山水中长大，他的心灵本就不属于传统的官场。最开始时，他短暂地迷茫过，那时他初入官场，自命士大夫一族，把底层百姓的死活看得一钱不值，公开声称下层人的存在，就是为了保证士大夫的生活快乐。

真烦人，典型的暴发户嘴脸。

到他自己倒霉，在乌台诗案后被贬到黄州，在城东的那块坡地耕种之后，他的心灵返本了，蜀山灵秀激越，华夏五千年里，最潇洒不羁、才华横溢的两大文豪——李白、苏轼都出生在那里，并不是偶然的。他们的路，更有相同的地方。

李白忍不了唐朝的官场，自绝于江湖。苏轼的七年贬谪之路上的种种散漫行为，更是对宋朝官场的放弃。他每到一处，都要建屋造房，这就是他与范纯仁的最大区别。

本是自然之子，怎能再重蹈泥潭？

想回归自然……一入官门深似海，谁人敢称伟丈夫？官场是个可怕的生活圈子，谁进来了都得身不由己，你苏轼凭什么特别？

他想盖房定居，好多次了，可都被搅黄，在英州时，他拿出了当时的全部资产，买地盖房，一通大折腾。结果房子盖好了，命令也来了——命犯官苏轼到惠州居住。

到惠州苏轼学乖了，先到官方报到，申请官署。按理说他虽然犯罪，但也是官身，有自己相应的待遇，可是他啥也没有，因为官场庞大的信息网络，已经把他的升官指数分析得一清二楚，别说回京升官了，他想死在北方都希望渺茫。

于是乎，这一路上，沿途的各级官员变着法地给苏轼捣蛋，让他行无车、居无所、病无药，目的超简单，就是通过折磨他，向章惇示好。

这样的事追着他，直到惠州还在发生。这些官要向高层时刻汇报苏轼的情况，以保证各种“关怀”及时降临到苏轼身上。

最先是房子，没有官署，苏轼想租房，结果偌大的惠州城，居然没有房源。这个牛吧？让你有钱都租不到房，没办法，苏轼搬进了庙里。佛教与苏轼有很大的缘分，他一生中有很多和尚朋友，靠着佛教弟子间庞大的关系网，他走到哪儿都至少有个小庙能落脚。不料这次落脚让苏轼彻底翻倒。

和尚们对他很好，怕影响他休息，每天敲钟都尽量小声点儿。苏轼很感激，写了首诗，其中有这样一句：“为报先生春睡美，道人轻打五更钟。”

他的诗风行千里，很快就传进了京城，章惇看到了，一时暴怒没忍住，让你小子舒服，你过海到儋州待着去吧，看你还能不能再快活！

命令到达时，苏轼在惠州白鹤峰的房子已经盖成了，长子苏迈当上了韶州仁化县的县令，带着三个儿媳、很多孙子来看他，刚刚享受到天伦之乐，突然又被打入地狱。

历史上基本无人能从海南岛流放后还活着回来！

苏轼过海时的心情是悲凉的，不仅仅是生死的问题，更是尊严的问题。中国不像西方，在西方漂洋过海探险是荣耀，是强大的男人才敢玩的游戏，如果能在这过程中杀人放火，带回来满船的金银珠宝、美女奴隶，那么就更完美了。

而在中国，父母在不远游，亲族在不过洋，因为每年是要祭祖的，一旦死在外面，难免要做个不孝之人。

苏轼，居然要犯罪过海，自古杀心惨于杀身，苏轼有何大罪？不过是些意气之争，居然被逼迫到这步田地。绍圣四年（1097）四月十九日，苏轼过海，开始了长达三年之久的昌化之行。

这三年是苏轼人生最困苦的一段，也是他生命光芒绽放得最饱满、最充实的一刻。海南的生活是极其严酷的，苏轼终于在这里有了自己的家，可是生存的艰难是常人难以想象的：仅仅是一场秋雨之后，他居然在床帐里发现了足有一升的白蚁！

平时的生活更不用说，日常的米、面、酒、糖等都要靠惠州从海上运来。这样一来价格昂贵，苏轼买不起；二来供应量太小，一旦海上起风下雨，就只能挨饿。这时，苏轼已年过花甲，严重的水土不服和营养不良毁了他的健康，他和小儿子苏过形销骨立，瘦得脱了形。

挨饿中，无可奈何，苏轼苦中作乐，想起了一个传说，不禁哈哈大笑。那是晋武帝时期，全中国的人都在挨饿，某人头晕眼花摔进了一个大地洞，更没饭吃了。可是他看到洞里有乌龟和蛇，每当阳光灿烂时就伸头到洞外，像是吞咽阳光。

这人有样学样，居然身体强健，比吃了米面还要好。想到这儿，苏轼向小儿子一笑，过儿，我们也这样吃点阳光吧！

这就是坡仙的精神内核，面对困境，甚至是必死困境，不咒骂、不消沉、不悔恨，就像一个英雄曾经说过的——“死亡向所有人微笑，人所能做的就是向死亡还以微笑”。

在酷吏面前低头的是懦夫，回报以怒吼的是战士，但仍然是落在了下乘，因为受到了对方的影响。像苏轼这样，仍然保持微笑，保持住心灵深处活泼灵动的光芒，不让它灰暗，不让它暴戾，这是一种别样的骄傲——让美丽的永远美丽，天上的雨水绝不会因为落到地上的泥潭里，就失去它本来的洁净！

不断的折磨，让苏轼的光芒更加明亮，他被贬得越远，离民众的心就越近。在他南迁的路上，有一道独一无二的风景线，是历朝历代前所未见的高清传说。

他被贬到广东惠州时，苏州定慧寺的长老守钦派弟子卓契顺步行数千里来探望他；多年的老友，隐士吴子野不顾年老，舟车劳顿，赶来陪他住了几个月；被贬儋州之后，吴子野、73 岁高龄的眉山老乡巢谷和杨济甫渡海来访，陪他度过了最初几个月的艰难时光。

潮州人王介石，一路追随，像仆人一样帮助苏家，连盖房子这样的事都亲力亲为。更有很多各地的学子，向他请教学问，其中以海南人姜公弼的事最为著名。

海南岛太偏僻了，识字的人很少，怎么能奢谈文章呢？直到宋朝立国近 140 年，仍然没出过一个进士。这实在是没办法，学问是讲究传承的，就算是不世出的大天才苏轼，也得有出色的先生给他启蒙。

姜公弼自学成才，等到需要拔高时，上天赐福，把苏轼贬到了他的家乡。苏轼耐心地指点他，临别时在他的扇子上题了一首诗——“沧海何曾断地脉，白袍端合破天荒。”写完这两句之后，突然收笔不写。姜公弼不解，苏轼说：“候汝登科，当为汝足。”

多年之后，姜公弼终于金榜题名，可惜那时东坡已经离世了。他不远千里，到许州找到衰老的苏辙，苏辙在扇子上为兄长补足全诗：

生长茅间有异芳，风流稷下古诸姜。
适从琼管鱼龙窟，秀出羊城翰墨场。
沧海何曾断地脉，白袍端合破天荒。
锦衣他日千人看，使信东坡眼目长。

这首诗见证了海南岛第一位进士的成功之路，由苏氏兄弟合力完成，如果真实存在，那就是中国文献界里不可多得的珍宝。

以上的事很阳光，让人很佩服、很激昂，似乎这就是苏轼的精神内核了。事实果真是这样吗？如果只是这样，那么苏轼就只是一个精神胜利法大师，在逆来顺受里让自己不哭出来罢了。

何来伟大呢？

苏轼从来没有放弃希望，他一直怀念着北方。在昌化三年之后，某一天苏轼若有所感，对苏过说："吾誓不做海外人，近日颇觉有还中原气象。"

为此，他洗砚焚香，向天祷告，书写自己平生最得意的八篇赋，如果一字不错，即有北还之望。那一天，64 岁的苏轼凝神专注，挥毫泼墨，八篇名赋一一写就，居然一字不错。

苏轼大喜，吾归无疑矣。

归去来兮，哪怕再晚，也要等到那一天。顺便说一句，这件事是真的。这八篇赋后来被一个妙人收藏了，这人是宋朝有史以来把太监这个特殊职业做得最成功的人，这样一个人，竟然对外宣称自己是苏轼的私生子，而且是遗腹类的……

苏轼在宋元符三年（1100 年）六月二十日渡海北归，结束了长达七年的文化苦旅。前方等着他的，终于是一片坦途，一片久违的阳光了。

可惜，上天只留给了他短短一个月的时光来回味这一切。苏轼一路向北，沿途游故地会旧友，把一生中所有的恩怨因缘都一一了断，甚至和章惇都通过信，表示并不太介意和子厚一生的交集。

他死在七月十八日的夜晚。

对于苏轼，我们忘了他的官场经历吧，要留意的是他的诗词歌赋，他是中国自残唐五代以来的第一大天才，北宋之后，中华文人如恒河沙数，不可胜计，但没有一人可以超越他。

一生的磨难，仿佛是上苍赐予他的灵感。没有那些感触，怎能转化成那些文章佳句？他的每一点心灵波动，都是中华民族，乃至整个人类的精神瑰宝。

苏轼之才，竟然跨越了苦难，身在苦难痛楚中，居然越发明艳雍容。这一点，在中华文明史上是前所未有的，哪怕是一直以来，人们认为天分、成就高于苏轼的李白、杜甫也相形见绌。

李白飘逸雄浑，神化难明，天赋绝顶，可是山野气太浓，高兴时放浪形骸，失意时长歌当哭，波动太大，完全被外界影响；杜甫虽然忧国忧民，一片赤诚之心，可惜忧过了头，文章里难免有潦倒灰暗之气。

只有苏轼，不管际遇怎样，心中都有一株盛开的兰花。心有茂兰一株，不为世事羁绊。这种从容的美丽，哪怕有再多的折磨，仍然宁静地绽放。

从某种角度来说，这正是宋朝命运、宋朝文化的缩影。

第二章 北宋终结者

回到官场，首相韩忠彦，次相曾布。次相要升级，但不能自己出面，因为宋朝官场有一条铁律——扳倒首相的人永远别想当上首相，哪怕多年以后当上了，也是因为别的事情。

曾布想到了一个绝妙的点子，借刀杀人。他要扶植起一个人去搞倒韩忠彦。这个人要具备以下几个特点：

第一，必须有一定的身份，不然进不了顶级官场，没法对抗首相；

第二，这个人必须是新党，旧党的人他指挥不了；

第三，这个人的根基要比他差，哪怕知道自己被当枪使了，也没法拒绝，更没法报复；

第四，这个人此时此刻必须处于官场低潮，这样他给这个人机会时，这人才能不得不抓；

第五，这人的性情要好，要能挑起来事，制造争端。可在关键时刻，还能听话，不让矛盾扩大，以免影响他本人的闪亮登场。

综观宋朝官场，只有一个人合适。这人听话，曾经对所有上级都零拒绝服务；这人能斗，亲手炮制过同文馆之狱冤案，把旧党人连同高滔滔都抛上了风口浪尖；这人有节制，以才情论，是宋朝官场里第一流的风雅人士，某些方面与首席文豪苏轼不相伯仲；这人也很倒霉，努力工作几十年，这时被章惇连累，被贬到南方，在杭州城里当闲散官。

这个人就是蔡京。

在这个阶段，世上没人能看清蔡京真正的底蕴。这是个妖孽，是当时近二十年中宋朝政局不断反复，从最初为信念、荣耀而战，到后来为党派、为恩怨而斗，一系列血腥龌龊中孕育出来的集大成者。

这个人的身上，不再有原则，曾经的荣耀、追求、信念被一次次的政治风暴吹走了，他目睹了良臣如王安石被罢免；圣贤如司马光身败名裂，险些连坟墓都保不住；文豪如苏轼颠沛终生；长者如范纯仁衰败老盲；党魁如刘挚、梁焘、刘安世流放至死；强臣如章惇也翻身落马……

这个世界还有平安吗？连安全都谈不上，还说什么荣华富贵。这些例子深深地刺激了他，阳光的人在逆境中变得耀眼，阴沉的人在逆境里皈依了黑暗。这个人渐渐地变得加倍小心、谨慎、精致、风雅、和畅。

他像一条五彩斑斓的毒蛇，花纹美得让人陶醉，让人不由自主地喜欢上他……什么，他是毒蛇人们还喜欢？呵呵，试问谁第一次见到这个物种时就提防呢，夏娃也是在吃亏后才知道真相的！

蔡京在杭州展开了自救，被贬谪半年后，一个宫里的大太监来到杭州城，给新皇帝挑名人字画。说到翎毛丹青，举当时宋朝全国，连苏轼在内，蔡京也足以排进三甲之内，以蔡京之能，无论是亲自操刀，还是帮着搜寻挑选，该太监都会搞到精品中的精品，满载而归。

大太监满载而归，回京之后才知道他带回来蔡京的作品有多正确。赵佶作为古往今来所有帝王中文艺天赋数一数二的大天才，早就在珍藏蔡京的作品了。

有记载，蔡京做京官时，有两个管事级的杂役对他非常恭敬，在最热的三伏天里，亲自为他挥扇。蔡京很满意，一时高兴，在两人的扇子上各题了一首杜甫的诗。小事一桩，过后就忘了，可是隔了几天，突然间这两个杂役衣帽崭新、喜气洋洋，听人说各自的家里都重新装修了。

一问才知道，当时的端亲王赵佶以两万贯把扇子收购了。

这样一来，本来是给蔡京通关节的事，突然间对这个大太监也有了好处。活儿干得漂亮，很有办事能力，可以重点培养。

从这时起，这个太监走上了宋朝的官场台面，成了赵佶的心腹人，在不久的将来，一次一次地决定了宋朝的命运，甚至在某种程度上讲，他给宋朝造成的影响，比蔡京更大。

他叫童贯。

童贯是一个有来历的太监，在庞大的太监群落里，从出身上就高人一等。

太监最风光的时代是唐朝和明朝，唐朝时太监随便决定皇帝的生死废立，明朝时的厂卫像开屠宰作坊似的成批杀大臣，这都空前绝后，可是在一项对国家最重要的工作上，他们比宋朝的同行差远了。

宋朝的太监是历朝太监里的战斗机，他们是武装太监！

北宋一代，宦官在军中的地位、贡献堪称卓绝。远的不说，宋神宗时期的一系列西征战事里，大太监李宪威风八面，最辉煌时率军冲上天都山，把西夏自李元昊时修筑的皇宫烧得片瓦不存。这是何等的战功，放在任何一位名将的身上，也是重要的军功章。

童贯的师父就是李宪。有这位显赫的师父，加上这时赵佶的赏识，可以说一条光明大路已经铺在了他的脚下。

战旗在向他招手，军功在向他招手。

童贯高兴、兴奋之余头脑变得更加清醒。他可不像李宪，最大的理想就是当一名军中宦官。他要的东西堪称世上最终极的目标。

出将入相。

他可不想一辈子都泡在死人堆里，抱着冰冷的刀把子混到老。他要在军中有地位，在朝里有实力，进可海阔天空，退能平安富贵。要达到这一点，他知道自己必须有政治班底。

他和蔡京结成了同党。

有一天，有个叫邓洵武的官员对赵佶说——陛下是先帝之子，首相韩忠彦是已故宰执韩琦之子。先帝当年改革实行新法，韩琦反对，现在您执政，韩忠彦继续反对新法，以此看来，韩忠彦能继承父志，而陛下您却不能。

赵佶神色大变，这是侮辱！为人子者继父业，这是起码的职责，是延续血脉的骄傲，是对父亲的认同。如果不能，不是承认父辈有错，就是自己无能。

邓洵武接着问："陛下想绍述父兄之志吗？"

他小心翼翼地拿出一纸卷轴，交给了赵佶。这张卷轴上没有画，它是一张列表，形式和《史记》的年表相似，按宰相、执政、侍从、台谏、郎官、馆阁、学校分为七类，每一类分出左、右两栏。

左边的是新党，右边的是旧党。

在旧党的一边，人名像密密麻麻的蚂蚁，上至宰执公卿，下至侍从舍人，满朝文武齐备，有 100 多人；另一边的新党很可怜，在宰执一栏里，只有一个人，叫温益。

这就是当时的现状，新党全被贬光了，只剩下一个温益。温益是谁，谁知道啊？至于那位曾布曾大相公，他是新党吗？他是宋朝当时近 20 年以来最无耻的骑墙派，两面倒。

这份席卷整个朝廷，给满朝文武划成分的纸轴，非常准确地体现了赵佶此时的心情。悲凉啊，想变法谁来帮？没有羽翼的皇帝，连一只鸡都不如。

爱莫能助……是的，这就是历史上著名的《爱莫助之图》，就是它点燃了北宋最大、最彻底的一次党派之争。

从那以后，没有党派了，所有的理念、理想、坚持都会变得荒诞，越坚贞的人看了，越会感到可笑。

回到这张卷轴，如果只是展示了绝望，那一定不是邓洵武的目的。赵佶很快发现个秘密，他看到在左边新党的名下，除了温益之外，还有另外一块被遮住了的地方。

下面好像有东西，是什么？

这时邓洵武走上来，把遮住的东西拿开，露出了下面的两个字。陛下，如果您想继承父兄之志，振兴宋朝的话，只有这个人能帮你，非他不可。

蔡京。

蔡京从此进入赵佶眼中，不久后他与曾布联手搞倒韩忠彦，紧接着就把曾布也贬到了江南。蔡京升任首相时是北宋史上最温馨动人的一刻。与之相比，王安石争议太多了，司马光是负面情绪太重了，章惇……下边是一片牙齿打战的声音，实在是太吓人了。

蔡京不一样。他是最风雅和善的，最通情达理的，是零拒绝的好同事，是大公无私的好领导。

上任伊始，蔡京非常讲究传统，他对皇帝说，我们要沿着伟大的神宗皇帝、伟大的安石相公的足迹走。这样才会正确。

赵佶点头。

于是，讲议司出现。它在名义上是王安石变法时期的制置三司条例司的仿制品，功能上也相近，国家的各项问题，如宗室、冗官、国用、商旅、盐泽、赋调、尹牧等事情，都由它负责。

和制置三司条例司的确很像，当年变法，也是由这种部门来决策怎么变的。但是最后有一条是额外添加的。蔡京说，讲议司做出的决定，宰执、台谏等官员不许干涉，连议论都不许。

只此一条，天塌地陷，宋朝瞬间国已不国。

国家是什么？无非宗室、冗官、国用、商旅、盐泽、赋调、尹牧这几件事，把这些事归于一个衙门，那么全体官场都成了摆设，都被架空了。再不许宰执、言官过问，连半点儿的监督机构都没有，这不是国中之国，另立天地了吗？

这是国家政事，蔡京一把抓住之后，再向意识形态开刀。20年间不是互殴不断吗，旧党骂新党是小人，新党骂旧党是奸邪，骂来骂去的，没个定论。

现在我来给你们终局。

终点站到了，蔡京再一次把传统发扬光大。北宋党争的特点是列名单，从最初旧党人设立的元丰榜，到章惇报复时产生的旧党列表，都是大型代表作。真是力度大，影响大，一砍就砍倒一个时代。但是其也有局限性，即百分之百的精确性。

元丰榜里全是新党人，旧党列表里全是旧党人。两边泾渭分明，不冤枉一个同志，不放过一个敌人。这都过时了，根本没法满足蔡京的需要。

蔡京要的是涵盖天下英杰，所有人都在掌控之中。为了达到这个目的，他瞄准了一年多以前发生的一件大事情。赵佶刚登基时向天下求言，承诺说对了有奖，说错了不罚。赵佶兑现了，给一部分敢说话的人升了官。

一切从这件事开始。

蔡京和他的班底把原始资料搬了出来，查奏章。把当时上书的人分成了正上、正中、正下、邪上尤甚、邪上、邪中、邪下共七等。

七等中，正下以上只有41人，包括邓洵武等；其余“邪”等居然是534人！里面包括陈师道、邵伯温等，他们从此被定性，再没法翻身。

这只是开始，毕竟这些人只是一时因为某件事偶然凑在一起的，从本质上讲，都是些官场的小杂鱼。是油炸也好，是活切也罢，都不能真正奠定什么。

几天之后才是官场的末日。

又一张名单出炉，里面宰执官22个人，包括司马光、文彦博、吕大防、刘挚、王岩叟、范纯仁、韩维、苏辙、陆佃、章惇、曾布；待制官35人，包括苏轼、范祖禹；普通官员48人，有秦观、黄庭坚、程颐等；外加著名太监8人、武官4人。

这些人的名字由赵佶御笔亲书，勒石刻在端礼门外的石碑上。它，就是著名的元祐党人碑。

元祐党人碑是终极版的政治迫害，所有能想到的招数，除了限于赵匡胤定下的不杀大臣这一条之外，其余都用上了。比如上碑的人，死了的，司马光、吕公著他们，追回一切追封，打成牛鬼蛇神，永世不得翻身；没死的，远远贬到南方烟瘴地面，进行极地生存训练。可以预见，他们要是没有苏轼的气魄、范纯仁的操守，基本上是死定了。

这只是普及型打击，下面是精确针对型的。

碑上的名人们，只要有一技之长的，可以号啕痛哭了。他们一生的心血，不只变成了追命符，更面临着在世间毁灭消失的噩运。

宋代苏、黄、米、蔡四大书法家中的黄——黄庭坚，他参与过修撰《神宗实录》，内容专门和新党唱对台戏。很好，他的著作手迹全部被销毁。

苏轼，这位不世出的大天才，宋朝的荣耀，刚刚才赦回北方恢复名誉，这时上碑了，那么《东坡文集》之类的著作也保不住了。不只是他，苏洵、苏辙的文字，苏门四学士的文字，也都在毁禁之列。

其余的像宋朝史学派，号称唐史最强的范祖禹写的《唐鉴》、范镇的《东斋记事》、僧文莹的《湘山野录》等也全被毁掉。

唯一幸免的是司马光的《资治通鉴》。这本巨著不管出发点是什么，由什么人写成，它本身的价值是无法估量的，是中华民族集体的瑰宝，这一点不能因为厌恶司马光而“恨乌及屋”。

可蔡京不管，毁，真要爱才的话，东汉的蔡邕还会死吗？人都能杀，何况一本书了。烧，连印版一起烧掉。危急关头，有一个太学博士站了出来，他叫陈莹中，此人非常聪明，他没明着反对，而是在太学的某次考试里出了道题。

题目引用的是《资治通鉴》的序文。

安全了，这下子谁也不敢再动这本书了。《资治通鉴》是司马光给官方写的皇帝教科书，当年写成时由宋神宗亲手写的序文。经过新政老祖宗认可的东西，还不是圣物吗？

对《资治通鉴》有心无力，实在是有损蔡太师的威名。他在另一些方面找回了平衡，打击面扩大，辐射到党人的子孙后代身上。

这是开一代之先河了，前所未有的事。之前最狠的章惇也不过是夺了司马光等人子孙的恩荫，让这帮富二代不能出生就当官罢了。如果他们争气，自己能考出文凭来，还是不受限制的。比如文彦博的儿子文及甫，在同文馆之狱案发前，还好好地当着官。

这时蔡京宣布，凡上碑党人的子弟们，第一，不得与宋朝宗室结亲，已经定亲而没有举行仪式的，全部取消；第二，不管有官没官，都不许在京城居住。京城四周各处设立监审点，严格监控，有私自入京的，监审点人员与党人子弟同罪。

这两点让原先含着金汤匙出生的高干子弟们比平民百姓的孩子还惨，他们失去了一切特权，不仅不能当驸马爷，连当官都成了白日梦。

因为法令的无限延伸性。虽然明文规定中，只是强调了居住地的问题，可是实际操作时，却变成了党人子弟的人生终止符。

比如一个叫程端彦的小官，只是鄢陵县的县尉，典型的芝麻豆大的官，萤火虫一样的前程，可是在这场运动中，被罢免了，变成一介白丁。至于原因，很简单，他的老爸叫程颐。

又如一个叫李阶的年轻人，真是了不起，大考之年文章盖世，为礼部试第一名。真是一头绝世神牛，如果在往年，他的前程，他的名望，必将传遍神州，冠盖一时。可惜皇帝看了看他的出身，把第一名换上了另一个人的名字。

因为李阶的老爸叫李深，是资深型的党人，并且他舅舅更厉害，是上船给章惇讲课的陈瓘。这样的祸根怎么能留，直接摁到十八层地狱吧。

如此这般，完成了一个体系的打击，应该算斩草除根了吧？不，蔡京想了想，根据以往丰富的党争经验，还不到位。

还剩下一批人，差点儿漏网了。前面这些党人，都是元祐时期露头，截至宋哲宗去世为止的造反派，在哲宗刚死到赵佶初立这段时间内的呢？

那批堪称向太后嫡系的旧党人，他们怎么处理？

这类人被整理出 27 个，以刘奉世为首，被贬官、外放。注意，这次的贬官是一贬到底，连之前领点补贴金之类的待遇都没有，变成彻底的下岗无业人员，只能自食其力了。

到这步仍然没完，不久后蔡京想出了新点子。根源在当年司马光等人在西京洛阳组成的顶级元老会，那时他们俨然是另一个小朝廷，论起资历、威望，简直比开封城的皇国班底还高，直接影响到国家政策的实行。

这怎么成呢，现在虽说成百名的元老被贬了出去，但保不准有大胆之徒，再组成元老会，怎么办？为了杜绝这一点，蔡京下令，所有贬出京的官员，不许扎堆生活，个个分开，散在不同的城市里。严格控制他们的行踪，不允许出城。

……连起码的人身自由都没有了。

这仍然只是开始。蔡京再规定，这些人不允许议论朝政，不准教授学生，不给任何一丝一毫的机会传播他们的危险思想、有毒的倾向。

……这还让人活吗？

这些事情都在极短的时间内发生，一条接一条，打得党人们晕头转向。他们痛苦之余很纳闷，这蔡京是怎么了，他吃拧了还是被绝世冤种附体了？怎么变态到这地步，有这么虐待人的吗？

直到这时，他们仍然不反躬自问：制造出蔡京的，难道不是他们自己吗？

现在要弄清的问题有两个：一是怎样才能结束党争；二是怎样才能在党争中活下去。

问题一，党争有 20 年了，要结束它，几乎所有的人、所有的历史书都说要温和、要不偏不倚。具体说来，要像赵佶刚登基时那样，从皇上开始表现出中立、中庸的态度，下面自然平静了。

等时间一长，大家习惯了互相温柔，世界自然和谐了。

好，按照这个思路推衍下去，某个皇帝是中立派，不偏向哪一方，更不打压哪一方。请问下面的大臣们会怎么样，就此安静吗？

空口无凭，有实例为证。宋仁宗，这个世界上最仁厚、最中正的君主，他对臣子们好吧？可偏偏正是党争的源发点。为什么会这样？庆历新政居然等同于庆历党争，堂堂三百年第一人范仲淹居然是党派之争的发起人，为什么会这样？

因为人是一种独立思考的动物。还因为宋朝对文臣的超级宽大。宋朝的大臣们被惯得无法无天，平时脑子里想到了就说，说啥也没关系，甚至说得多等于工作努力，那自然是不说白不说了。

这时要皇帝怎么办，只是温和就行了吗？人家冒着不当官儿的风险都要说的，一个温和、平衡的态度就能阻止他们？开玩笑。

所以以柔克刚是行不通的，只能以暴制暴。想消除党争，一是长久地、不改变地支持某一方，保持政策不变；二是把两边都打倒，一个不留。

世界才能安静。

蔡京不是皇帝，无法制定方针，作为臣子他只能选择第二条。既然做了，就干票狠的，为了彻底在党争中脱身，他不分敌我，不分新旧，只要是有威胁的，全都打倒。

比如章惇、曾布，本来这是两位众所周知的新党元老，甚至是蔡京的老上司，但是为了干净的新天地，蔡京硬塞给他们两张旧党的党票，这就是新标签了，以党争的名义——去死！

这样结束党争，蔡京算不上大仁大义，但绝对是大智大勇。历史证明，只有这一个办法，没有第二条路可走。

如果还有，非流云所能料也。

问题二，关于生存的事。党争到了这一步，新旧两党分别被对方抡倒两次以上，几乎每个参与者都跌倒、爬起、流放、回京、再爬起来，其中无论过程多么惊险曲折，都有一个共同的终点——倒台死亡。

无一例外，全都一败涂地。强如王安石、司马光也没法幸免。

在这样险恶的环境中，要怎样活下来呢？这是个大问题啊。蔡京是个有心机的人，是一个从开始就非常有危机感、向往平安舒适生活的人。他的零拒绝服务足以证明这一点。有这样的心胸，只要稍微分析一下过往的例子，就会得出一个绝望的答案。

身在潮流里，浮沉不自由。不管是做党魁，还是做帮兵，都只是片刻的荣誉、永恒的悲剧！要想活，只有把周围的人都踩在脚下，唯我独尊，才能唯我生存。

都是你们逼的！

这是种顿悟，产生的后果是蔡京突然间的凶狠。一点儿预兆都没有，他变成了北宋史上最残忍、杀人最多、不问青红皂白、斩草除根，害人到死的人。

一个活生生的例子真切地反映了这一点。

张商英，新党元老，亲手为蔡京写的拜相制，文字极为褒美。可以说对蔡京非常友好，可是元祐党人碑上就有张商英的大名。为什么？只因为他具有威胁，以张商英的资历、脾气，早晚有一天会反蔡京。那好，只要有可能，就先摁到死。

蔡京成功了，如果说北宋官场是一只大罐子，新旧两党无数党徒是毒虫，那么蔡京就是互相咬噬中存活下来的唯一的那一只。他，成“蛊”了。

以上只是推算出蔡京“变身”的经过，下面要说的是蔡京变成了什么。作为祸国殃民毁灭国家级的奸臣，人们总喜欢把他和董卓、曹操等著名反派相提并论。这不对，蔡京并没有活在乱世里，他更没有篡位的心，他所有的欲望都非常浅薄，非常实际。

他的狠毒只是出于他的危机感，是被动的应战，而不是主动去害人。后面发生的事，每一件都证明了这一点。

第三章 国之少年

宋崇宁三年（1104年）春天的某一天，蔡京上朝，发现年轻俊秀的皇帝呆呆出神。主忧臣辱，他当然要问清楚。

陛下，您怎么了？

赵佶羞涩又犹豫，他的面前摆着几只晶莹温润的玉盏、玉盘、玉卮，都是顶级的餐饮用具。他说，过几天要大宴群臣了，朕想用这些玉器，可是怕人说三道四，说太豪奢。

蔡京笑了，用中华文明的起始源头，最大的经典来回答。他一共说了八个字，让赵佶如梦初醒。

《易经》云："丰、亨、豫、大。"

《周礼》云："唯王不会。"

会，发"快"音。意思是说，皇帝的花费根本不用计算，想怎么花就怎么花，要达到"丰、亨、豫、大"等富贵繁华的效果才算好。

赵佶悟了，他明白皇帝要怎么当了，要无所顾忌地享受！

从这时起，赵佶开始了他的幸福生活。以天下养一人，縻全国乐一夫，怎一个"乐"字了得。回首前尘，这似乎可以命名为几只玉碗引发的悲剧，悲剧之大，要以整个神州的沦丧为代价！

以上只是崇宁三年（1104）春天发生的事里的一件，另一件在当时很不起眼，没有引起任何人的注意。宋崇宁二年（1103年）三月二十四，相州汤阴（今属河南），一家农舍里传出了孩子的啼哭声，一个新生命诞生了。传说这孩子的哭声响起时，一只硕大的鸟从天而降，巨大的羽翼遮天蔽日，在农舍上空盘旋飞舞。

那是鹰，那是雕，还是传说中的金翅大鹏鸟？

那家农夫，姓岳。

帝国崩溃、延续的种子都在这时种下。引发崩溃的一方是赵佶、蔡京、童贯等人，延续的种子以这位刚刚出生的岳姓孩子为分界，也已经存在这世上了。

从这时起，我们要随时留意他们的成长，以最近的距离观察挽救一个时代的人，都是怎样的。他们怎样出生，怎样长大，怎样壮盛，怎样凋零……或者怎样堕落。

岳姓孩子是其中年岁最小的，他刚刚降生，其他的人早已长大。年纪最大的一个姓张，他出生在1086年，这时17岁。凤翔府成纪（今甘肃天水）人。这是一个名将之乡，名将之乡有时也等同于贫困之乡。天水地理偏僻，物产贫瘠，张姓少年只是普通人家的孩子，他的成长之路可想而知。

必将艰难困苦。

一般来说这是好事，天将降大任于是人也，必先苦其心志，劳其筋骨……只要熬过这一关，心灵的坚韧程度，操守的坚贞程度，都将牢不可破。可是熬不过去呢，或者说，在熬的过程中让他的心灵受损呢？

那就不好说了。

在1103年的春夏之交，酷烈的西北阳光下，张姓少年默默地低着头，走向了自己的命运。他走进了军营，当了一名弓箭手。

没人留意他的名字，偌大的军营，他只是其中一根矮得不能再矮的野草。他的前途？如果一切正常，一切平常，永远都是个兵蛋子。

他叫张俊，字伯英。

第二大的孩子姓韩，张俊是因为卑微而无人留意，这位韩姓少年却是因为名气太大了，没人敢不认识他。他生于1089年，老家在西北的延安（今陕西延安），也是个平民子弟，这时只有14岁，却是当地的风云人物了。

因为他实在是个浑蛋。

韩姓少年每天快活无比，没家没业，父母双亡，一人吃饱，天地开阔。当然，在他吃饱的过程里，延安当地的老百姓们实在是郁闷透了。

韩少年天生神力，据传说10岁出头，就成了延安当地成年汉子们的噩梦了。10岁的孩子，能打得他们头破血流、鼻青脸肿，要知道那可是民风强悍的大西北，民间的爷们儿比军队里的大兵都不差。

如果单单是暴力还好说，韩姓少年貌似粗鲁，其实精明得让人头晕，这就让人没法活了。不说想骗他，就连拿他开心都很凶险。在他14岁左右，发生了一件事，让当地人传为笑柄，又都深深地忌惮，面对他时更加小心。

那次的事本来应该名留青史，说话的、做事的，都是活神仙一样的存在，因为算得准啊。可是事情的发展过程实在是太意外了，让当事人没脸留下姓名。

有人走近韩少年，说——君当大贵，位列三公。

三公，是司徒、司马、司空。自古以来朝中的顶级三大佬。这样祝福的话谁不爱听，况且以后韩少年真的名留青史，国之柱臣，一点儿都没乱讲。

可是韩少年突然暴怒，把那人当街撂倒，一顿暴打，搞得遍体鳞伤。

……敢当面骂我！俺是谁，边远山区一个街头混混，居然位列三公，我打到你阿公都不认识你！

这就是韩少年的风格，他拳头威猛，想搞谁都能让对方头破血流，就算以后面对的是超强民族的超强将领也一样，并且非常精明且冷静，什么阿谀、奉承、骗局、陷阱，基本上歪门邪道都瞒不过他，在以后的生命里，军界、政界两不误，既办了正事，还没倒霉。

1103年的春天里，韩少年仍然快乐地逍遥着，还要再过三年，他才会突然猛醒，厌倦这种无所事事的浪荡日子，跑到军营里当大兵。

他姓韩，名世忠，字良臣。

第三大的孩子姓刘，他也出生在1089年，从资料上没法比较他和韩姓少年谁大谁小，但出于种种原因，包括他的人品问题，从古至今，从来没人把他排在韩少年之上。

刘少年是所有国之少年中唯一一个出身名将之家的将门之后，他父亲名叫刘延庆，官衔侍卫马军副都指挥使、保信军节度使。这意味着他从小到大都能接触到职业军人，以成为职业军人为目标接受训练。

这样的出身，系统的学习，他本应该是众少年中最神勇、最智慧、最职业的一位军人，对国家做出无与伦比的贡献才对。可奇妙的是，教育型的人才永远比不了自我觉醒的人。

因为自我觉醒，自我完善的，叫天才。

他叫刘光世，字平叔，保安军（今陕西志丹）人。

上面三人加上岳姓孩子是30年之后神州板荡中原沦丧时汉民族最后的屏障，他们是最强的英雄，各有自己的独到之处，足以压倒世间其他豪杰。

但是有一对亲兄弟除外。

这是两位姓吴的少年，他们远远地站在国家西南边疆的丘陵高地之间，护卫着蜀川大地。这是最致命的地段。

自古以来，中国各朝代如想统一天下，吞并江南，必须先把长江上游的蜀川征服。如秦朝，得蜀川之后国力大增，再顺流而下，长江沿途地段势如破竹，迎刃而解。三国时晋先破西蜀再灭东吴就是这个套路。

如果不这么做，就得在长江两岸列阵，强攻硬打，只要稍有闪失，就会像曹操一样把几十万人马扔在水里。

蜀川如此重要，吴姓少年的担子之重可想而知。毫不夸张地说，没有他们的努力，就没有前面四位将军发挥的余地，更没有汉民族得到喘息重新立国的机会。

他们是闪耀在西南边疆的双子星座，一生战无不胜，是27年以后，全国精锐都在异族铁骑面前战栗丧失斗志时，与异族最先接战，战而胜之的人。

在1103年的春夏之交，吴姓少年中的哥哥10岁了，还在老家德顺军陇干（今甘肃静宁）生活，不久后移居水洛城（今甘肃庄浪）。这里距离蜀川大地太远了，他登上最高的山峰也看不到那里。正如他看不到自己后来的命运。

他叫吴玠，字晋卿；弟弟叫吴璘，字唐卿。

综上所述六个人，有一个共同点，他们都是北方人，除了岳姓孩子之外，其余的五个甚至全都是西北人。这不是偶然的巧合，他们有着共同的出身，都是帝国西北军团的战士。

荣耀的西北军、劳累的西北军、苦难的西北军。

奇妙的是，他们的领导却是一个蜀川人。

这个蜀川人的岁数很小，只比最小的岳姓孩子大 6 岁，生于 1097 年，汉州绵竹（今四川绵竹）人。他是大有来头的，唐朝著名宰相张九龄的弟弟张九皋是他的祖先。

在 1103 年的春天时，他只有 6 岁，却已经是个孤儿。他和别的孩子截然不同，终日沉默寡言，门外的春光、小朋友的打闹都离他很远，他把自己关在房里专心读书。他要成名，走最正统的路，做最大的官。这是他的理想。不久之后，他会从蜀川出发，沿着当年苏轼走过的路，向京城进发。

他会成为国立大学的学生。

在那时，他自己都不知道，以荣耀的文官为目标，发奋努力的自己，会在后半生和大兵们搅在一起，争着抢着做最大的头领，经常打得头破血流。

他叫张浚，字德远。

第四章 疯狂的石头

1103年的春天就这样过去了，每个人都奔向自己的命运。在这个无比广阔的舞台上，主旋律仍然是赵佶。他的生活决定一切。

在这一年的春天里，赵佶兴奋、雀跃，他的愿望一步步地实现了，最初的一步最重要，是后面的根基，所以务必要做好。

盖新房。

先建景灵宫、元符殿，纪念宋真宗和他的哥哥宋哲宗。第二年，向远古圣帝大禹致敬。远古时大禹治水功在万世，创立夏朝时集神州之金铸造了九鼎，成为皇权的象征。可惜那是几千年前的事了，九鼎被抢来抢去烧来烧去早不知哪儿去了，历代的皇帝们对此都摇头，把它当传说一代代地往下传。

赵佶不这样，轮到他当皇帝，要做经典中的经典，达到无缺程度的完美。

他翻阅古籍，重铸九鼎，铸成之后在太一宫的南面新建九座宫殿来安放它们。这九座宫殿各有城垣，上有巡视的短墙，名叫埤垷。各埤垷颜色不一，与殿中之鼎相呼应，比喻神州各处大地。在九殿之外又筑一条长垣，墙里边总称为“九成宫”。

象征意义之外，还要有实际用处。赵佶的烦恼是，他生儿子也费劲。

活神仙降临，一位叫刘混康的道士在开封内外转了一圈，对赵佶说，只要把京城东北角的土地垫高，皇子就会成批地降生。

……会吗？

赵佶将信将疑，事情就是这么灵异，自从东北角的地势变高之后，后宫的嫔妃们突然间集体怀孕，真的生出来一连串的男孩儿！

在铁一般的事实面前，谁都要低头。

为了表示对道士的感谢，也为了让自己的儿子变得更多，赵佶下令把已经垫高的京城东北角加倍地升高，让它变成一座山，再加长，变成一片山脉。

由现任皇帝为继任皇嗣所修，故命名为万岁山；由于它地处东北角，以先天八卦方位推算，是“艮”位，又名艮岳。

艮岳是宋朝史上最伟大的建筑，是集全国疆域之内土木、山水、禽鸟、走兽、珠玉、幻术为一体的大成作品，是以最高行政力量动员全国力量进行的当时最重大的一项全民运动。

这样做出来的东西，绝对是人类历史上罕见的瑰宝。

它分三个步骤建成。

第一步，在宋政和七年（1117年），破土动工。开始是粗活，也就是堆土成山，由行政官员户部侍郎孟揆负责。工程现场设在上清宝箓宫之东，山形走势参照杭州凤凰山，达到了绵延10余里，山高90步的程度。

之后，权力上交，第二步由后宫的一位大太监负责。

这位太监的地位是超然的，他是赵佶时代的皇宫里独一无二的存在。

梁师成。

梁大太监声称自己是大文豪苏轼的私生子。这简直是嘲弄圣贤了，可整个宋朝谁也不敢说什么。他的权力太大了，大到蔡京得赔着笑脸去奉承，童贯都得自觉地当小辈做鹌鹑。他对苏家的人实在亲切。比如天下毁禁苏轼文章著作风头最劲时，没人敢说句公道话，梁师成却站了出来，公然跪在赵佶面前喊冤："先臣何罪？"

苏轼之后，苏家的生活很艰难，他的儿子苏过在京城时，梁师成对宫廷内库的官员说，苏学士支钱在一万贯以下任其意，不必上报。

亲兄弟之间也做不到这点吧？

梁师成发迹始于文化。

他在皇宫外面自己的私人府宅里收藏了大量的名人书画，之后动用各层关系，请四方俊秀名士来品评观赏，他躲在暗处，听着看着，有哪位名士的见识高超，能引起他的共鸣，就成了他的猎物。这些人成了他的私密班底，提升他的文化，帮他研究赵佶的品位。

当周围别的太监舞枪弄棒开口阵图闭口行军，准备到西北打仗时，他关注的是书本。很快，梁师成达标了。

赵佶意识到这是让他跳出文山案海，全身心扑进艺术花园里尽情遨游的天赐良机。一个太监按照他的意思批奏章写回复，写得又快又好，只有好处没半点儿危害。

前面说过，蔡京用讲议司把国家的宗室、冗官、国用、商旅、盐泽、赋调、尹牧等全部运营都垄断了，那么原有的职能部门也随之瘫痪，各种条例制度又怎能独存呢？

梁师成一来有心，二来好运气，恰好撞中了这个千载难逢的时代裂缝，各大衙门连自身都难保了，连蔡京都不敢招惹，谁会突然神经发炎，抓着圣旨跑去问皇帝——陛下，这是您亲手写的吗？——是嫌命长了吧？

梁大太监手里握着御笔，随时颁布国家最高指令，有这一条在手，他简直是宙斯手里有了闪电，指哪儿劈哪儿，所向无敌。他劈得最多的，是人事任免。

谁升官、谁罢免，正是原来两制官的权限，是御笔出现最频繁的事项，而这也恰恰是官员们的命根子。谁不想升官呢，谁想谁就得去求梁大太监。

梁师成手里牢牢地抓住了全体官员的命根子……嗯，我承认，这的确是有些恶趣味了，但就是这么回事，历史总在反复开一个玩笑，几乎在每一个封建朝代的末期，全体官员的命根子，都被一些失去功能的阴阳人牢牢地抓着。

宣和末年，赵佶亲册进士 800 人，其中有 100 多人是特例的廷试。这些人以献颂上书为名，都是超级富商的子弟，特点是要命没有，要钱随便给。

每人给梁师成差不多一万贯，就有机会在廷试上入选。这些人亲眼看到，梁大太监就站在皇帝的身旁，低声向皇帝说着什么，之后谁录取，谁黜落，都有了结果。

梁师成不仅暗中操纵国家，还当着皇帝的面左右官场走势！这样的事谁都不服，几乎风传全国，宫里有个梁太监，他比宰执还好使。

于是，梁师成有了个头衔——“隐相”。他终于成功了，大宋幕后的第一黑手，于无形中翻云覆雨，颠倒天地。做到了这一步，连蔡京这位正牌首相都低头了，带着长子主动拜访，拉近关系。

政和七年（1117 年）左右，梁师成的隐相地位初成，他深深地知道创业难守业更难的真理，并没有躺在功劳簿上吃老本，而是与时俱进，不断地提高自己的声望和地位。

于是，他加入了艮岳的修建工作。

艮岳，这座人工山绝不仅仅是皇帝的一座花园那么简单。在当时，是最大的政府工程，参与它是地位的象征，掌控它是皇帝宠眷的体现，是每一个朝中大佬打破头都要争一次的好机会。梁师成敏锐地意识到了这一点，伸手抓了过来，为自己在赵佶心里、在百官心里的地位加上了新的砝码。

从此，他为艮岳呕心沥血，竭尽所能，营建出了一个人间没有，连世界公认的古代七大奇迹古巴比伦空中花园都比不了的梦幻仙境。

他以及他的同伙成功了，艮岳真的建成了……

他不知道的是，艮岳是大宋朝的命运之山。它建立起来的过程，是宋朝崩溃的过程；它竣工之日，就是大宋的崩溃之时！

在 1117 年左右，没人能想到这一点。梁师成全身心地扑到了建筑工地上，把艮岳的第二步骤完成。第二步骤，在原有山势走向上，把各处的景观建好。

查原始资料，名目如下：

艮岳广袤十余里，峰高九十步。最高点建介亭。以此分山成两片，为东、西二岭。

东岭有萼绿华堂、书馆、八仙馆、紫石岩、栖真磴、揽秀轩、龙吟堂；山南寿山嵯峨，双峰并峙，下有雁池、噰噰亭；西有药轩、西庄、巢云亭、白龙沜、濯龙峡、蟠秀、练光、跨云三亭、罗汉岩；再向西有万松岭，岭畔有倚翠楼。

岭上岭下设有关联，关下有平地，凿为方沼，沼中有两块陆地，东边建芦渚、浮阳二亭；西边建梅渚、雪浪二亭。

由此沿磴道复上最高峰介亭，亭左有极目、萧森二亭，亭右有麓云、半山二亭。介亭之北临景龙江，引江水流注山间，迸珠溅玉，蜿蜒玉带。从介亭西行不远有一小轩，名为漱玉。漱玉轩再西，道路皆用碎石铺砌，路旁有炼丹亭、凝真观、圌山亭。

圌山亭俯视江际，可见高阳酒肆、清虚阁雕、雾阁云窗。景龙江北岸胜筠庵、蹑云台、萧闲馆、飞岑亭一字排开，其支流蜿蜒南去，另组成一座山庄，别有洞天。

南山之外，又有小山，横亘二里，命名为芙蓉城。景龙江之外另建房舍，格局样式比芙蓉城更为精妙。

以上就是艮岳的第二步工程，各处景点的原始状态。

说它是原始状态，是因为还有第三个步骤。这最后一步才是艮岳的精华所在，前面的东西好有一比，是买好的清水楼。

第三步是给清水楼盘装修。

赵佶身为北方人，一直向往美丽妖娆的南方，格于祖训，他没法像后来明、清两代的皇帝那样游江南，于是他要把艮岳装饰成他的梦里水乡。

装修公司的老板姓朱。

朱冲最初是在苏州给人做佣工勉强活命的。他聪明、狡黠、倔强、不安分，具体的表现就是不听话，简直到了桀骜不驯的地步。

命运的转折点那天，他不仅丢了工作，还被狠狠地抽了顿鞭子。朱冲带着一身的鞭痕逃离家乡，到邻县躲风头。在这里，他突然变成了一个传奇的卖假药的。

无论是宋朝还是现代，医药都能迅速地制造出富豪来。朱冲有钱了，却变得更清醒，他记得富人安全守则里有这样一条，“有钱无权被人欺”。没有坚实的背景，钱只是招祸的东西，带不来半点儿幸福。

那好吧，索性把游戏做大，他攀上了蔡京的肩膀，到艮岳装修时，终于可以直接为皇帝服务了。

装修艮岳是宋朝最高点的辉煌，是它走向深渊的最后一步，这样重大的任务，朱冲也觉得力不从心了，一位新人走上了舞台。

这个人很传奇，身为一个小小的官方买办的儿子，居然混成了和蔡京、童贯、梁师成这三位巅峰级别一样层次的帝国蛀虫。

蔡蛀虫是帝国首相，拥有官方话语权；童蛀虫是武装太监，掌握着帝国最强兵力西北军；梁蛀虫身为帝国隐相，复制了皇帝过半的实力。这三个人几乎把帝国三分了，朱冲的儿子还能做什么呢，凭什么和人家分庭抗礼？

很简单，上述三人分的是党、政、军，唯独没包括财。小朱同学填补了这块空白。

这孩子叫朱勔，当他走到前台后，号称最有钱的宋朝人集体倒霉了，远不是多几种税、催得狠这么简单。

采买，第一步是领钱。有道是“阎王不使唤穷鬼”，给皇帝办差更得拿工资，而且是先拿。朱勔先到国库里支银子，数额完全随心所欲，有艮岳“罩”着，哪个衙门敢查他的账？

拿到钱后坐船过长江，两浙湖广，整个南方的花鸟鱼虫全在笼罩范围之内。比如太湖石，某块超级巨大，造型神奇，朱勔专门造了一艘巨舰运进了京城。赵佶一见大喜，赏给每一个装卸工一只金碗，并且封这块石头为“盘古侯”。

有爵位的石头。

某块灵璧石，高、阔均超过两丈，上千人抬不动，运进京城时得把城门拆了才成。赵佶认为这是神物，亲笔写了六个大字：“卿云万态奇峰”，并以一条金带悬石挂上。

成仙的石头。

华亭（今上海松江）悟空禅师塔前一株唐朝桧树，枝叶纷披冠盖庞然，连华亭都没法运出。怎么办？拆华亭，造巨舰，从海上走。结果某天海上风浪大作，巨大的树冠和风帆缠在一起，船翻树倒，全船人淹死。

以上只是某些知名的特例，按特点可以规划到自然界出产范围。

这个范围内的好东西搜得差不多了，朱勔把目光投向了另一处——人间。话说楚王爱细腰，美女多饿死，可见皇帝的喜好是风向标，全民学习。赵佶爱装修园林，江南方面跟风的人风起云涌。

比如浙江一个叫卫清叔的人，他的花园里有座假山。这座“假”山连绵20余亩地，在各处风景点盖了40多座亭子。

其他中小户人家，积累150余年平安富足之后，这类东西也不少。朱勔怎么会忘记、放过他们呢？普天之下，莫非王土，都应该搜集起来，献给皇帝。

这个过程显示了朱勔的功夫，首先他知道谁家有什么好东西，有，那么恭喜了，朱勔的手下会不请自来，破门而入，在该东西上盖一块黄帛。

这就是贡品了。

装修还有第二关。

从原产地把东西置办齐，还得运到装修工地嘛。这个过程要怎么做？宋朝150余年经营，帝国各地的水系都与京都开封相通，运粮的、运菜的、运各地特产的，早已形成了规律。

朱勔作为装修特派员本是有专用船只运工的，可是他搜集的东西太多，悄悄地说，远远不是专运给艮岳的，他家、蔡京家、童贯家、梁师成等京都大佬都在中间插了一脚，各家都有大花园，捎带一些不是很正常吗？于是，朱勔手里的运输工具不够了。

花石纲应运而生。

纲，指政府转运大批货物的货运过程。花石，特指赵佶这段时间在江南大地搜集的自然艺术品，自从花石纲出现之后，全国的交通运输全部瘫痪。

不管是水道上，还是陆地上，甚至是海运中，只要在朱勔搞运输时被看见了，立即就被抓到一块儿，原来的事都放下，通通装上花鸟鱼虫、老树怪石，向京城进发。

总结一下，上面的搜罗控制在自然界、人间社会两方面，综合来看可以归纳为地球表面之上的东西。为什么这么说呢？是因朱勔做到了这些还不满意，觉得仍然有对皇帝尽忠的地方。

艺术是什么，范围太广了，但是可以归纳为现在进行时和过去古董式。朱勔的心思就动在后一种，作为神州共主，难道只向活人收税吗？为什么死了的埋进坟里的就可以免缴呢？

不管你是先秦的还是五代的，只要还在汉族的地盘上，就别想幸免，这叫率土之滨，莫非王臣！

于是，全国上演挖坟大比武，不管是谁的坟墓，只看谁能挖出来惊人的货色。货色都运进京城，搬到皇帝的多宝阁里，这才是气派，才是修养，才有品位！

艮岳就在这三种举措中逐步地完善着，比如从太湖、灵璧运来的石头摆在了艮岳的四周；石旁植有蟠木樱藤老树异花，随山势曲折蜿蜒，凿石成路，从山脚直到峰顶，号为朝天磴。主峰外小山都是堆土垒石而成，峰凌如削，飘然有出尘云鹤之姿，名为飞来峰。

植梅最多处名梅岭，种丹杏最多处叫杏岫，增土垒石，中间留隙穴栽黄杨的山坡叫黄杨岭，于山崖险处种丁香，称为丁香嶂，以红石砌山，其下种椒兰，名为椒崖。在山之尾部增土成坡，植柏树万株，枝干柔密，搓之不断，树叶结成幢盖、鸾鹤、蛟龙之姿，命名为龙柏坡。

沿艮岳西行，栽竹成林，林外用清一色的紫色石堆积成山，山北放置一蓄水柜，山顶凿挖深池，每当赵佶游玩，命水工在山巅放水，形成瀑布，命名为紫石壁，又名瀑布屏。

凡此种种，只是其中很小的一部分，有了这些仍然不够。景物虽美，但都是死物，必须要有灵禽瑞兽点缀，才能变成人间仙境。

于是，找来一位驯兽名人叫薛翁。这老儿每天用大量珍贵饲料和艮岳中的禽鸟走兽套近乎，一个多月以后，鸟儿们熟了，他一叫就来赶都不走。这时可以请赵佶来观赏了。

当赵佶来时，一声清啸万羽腾空，环绕在皇帝车驾周围，仿佛万鸟朝凤。从此这里叫作来仪所。这时又有能人巧匠把众多的油绢做成绢囊，加水润湿，挂在山崖之间。这样每天早晨的晨露雾云都浸入其中，沾于绢囊之上。

当赵佶再来，一起把绢囊打开，顿时雾气氤氲朦胧生花，十步之外山崖隐现，百步之内不辨从人，在若隐若现之间登艮岳，仿佛进入仙界，非复人间之境也。

如此享乐，尚人间否，尚有憾乎？答曰有，至此境地仍然是外部享受，身外之趣而已，作为顶级的欣赏家，终极的艺术追求者，赵佶怎么会满足呢？

有道是“艺术的终极是宗教”，他开始转而追求心灵方寸间的神秘了。

第五章 林灵素

宋政和三年（1113年）的十一月，某天按惯例赵佶要盛装出行，去圜丘祭天。

当天仪卫盛大，臣子俱全，赵佶乘玉辂出南薰门，奔圜丘。刚刚出城，赵佶忽然遥指前方，问身边一个年轻人。

蔡爱卿，你看玉律园之东若有楼台重重，是何处也？

蔡，是著名的小蔡。蔡京的长子蔡攸。

小蔡心领神会，回答说，臣看见了，云间的确有楼台隐隐数重，仔细再看，它们都离地有数十丈高。

是吗？爱卿你视力很好，还看到了什么，有人物吗？

有，有道教的童子举着幡幢节盖，保持队形在云间行走出没，臣能看见他们的眉目神情，历历如在眼前。

四周大臣侍卫们听了，齐声高呼万岁，神仙真的下凡了，只是我们太蠢，只有皇帝和蔡攸有仙缘，所以才看见。

于是，赵佶在这里修建了道观，取名“迎真”，并作《天真降灵示现记》。从这时起，宋朝再一次刮起了全国性的道教复兴运动。

在这场运动中，道教达到了有史以来的高峰，成为中国正朔朝代里唯一一个政教合一的宗教。赵佶就是那个合一体。

首先他是皇帝，可他宣称除了神宗之外，他还有另外一个爹。该爹是玉皇大帝，简称上帝。他是上帝的元子，即长子。在天上的官儿叫神霄帝君，因为爱中原这片土地，在天上往下看时，发现茫茫大地上全是光头，心里实在有气，才主动要求降生下来，拯救黎民百姓。

在他的嘴里，佛教叫“金狄之教”。金，五行中西方属金，这是方向感，指向了天竺古印度；狄，夷狄外族，带有鄙视性，源于华夏之族的优越感。

堂堂中华贵嗣，怎能剃光了头，向异族的神灵膜拜？简直是数典忘祖！和尚们倒了大霉。先是名字改了，和尚叫德士，佛叫金仙，菩萨叫仙人，罗汉叫无漏，金刚叫力士，僧伽叫修善。

接着住的地方没了，寺庙征用修成道观。

衣服换了，赵佶说过，他在天上时就看着地上密麻麻的光头来气，连带着袈裟、法冠、锡杖等东西也不顺眼。这些都要改。

改成半道士模样。

头上要戴星冠，但不许有日月星辰图案，只是一顶乌沉沉的帽子。这个没什么，大不了用根带子勒在脖子上。可帽子下边就没法处理了。正牌的星冠下边是纶巾，配着道士们飘逸的长发，显得潇洒漂亮。可和尚是光头啊，这怎么搞?

和尚们有办法，他们戴上了假发。把假发梳成发髻别上簪子，离远了看非常和谐，没一点儿破绽。

道士们发达了。他们有了身份，从低到高分二十六阶，品级和朝中士大夫官阶相等。有阶即有权，他们见到官员时，可以不必施礼，不必俯首。这就不只是分庭抗礼，简直是出乎其上了。

有权即有钱。道士们在全国各地大修神霄宫，宫观使不再由官员兼职，都由教中兄弟们担任，于是宫观职的丰厚工资都成了自留田。

最后是一项终极特权。无论谁犯了什么罪，除了反宋反赵反人类，只要加入道教，立即恢复名誉，重新做人。

这么有诚意，各路“神仙”纷至沓来，最著名的叫林灵素。

林灵素，初名灵噩，字通叟。江南温州人。出身很平民，是贫困的生活迫使他走上了修行的道路，只是未来最牛的道士，起步时居然是一个和尚。

他拜了一位和尚为师，学佛法。佛家也是正规的修行科目，可是他运气太坏，遇上了一位暴力师父。对他成天连打带骂，一气之下，他决定转学。

青年时期的林灵素离开家乡，远赴蜀川，跟一位有名的道人赵升学习，但仍然为生存发愁。有一次喝酒之后没钱付账，尴尬难堪中他实在是鄙视自己，于是举起手来狠抽自己耳光。

耳光抽过，围观的人全傻了。传说，他一直挨耳光的左脸血肉皮肤全都不见了，成了半副枯骨，而右边脸和正常人一样！

如此灵异，他很快被保送进京城，面见皇帝。

见面时赵佶神情恍惚，不知为什么，他脱口而出："爱卿你当过官吗，曾经见过朕吗？"皇帝主动拉关系，傻子也会接住吧？

林灵素一笑："是的，陛下。臣当年侍奉玉帝，曾经见过陛下。"他接住了，不过一下子拉到了天上。两人是在天上认识的！

赵佶更加恍惚，真的进入状态了，接着又问："我记得当年你骑一头青牛，现在牛呢？"

林灵素毫不迟疑："牛寄养在外国，过两天就会送过来。"

一问一答，和谐顺畅，让人想起不久前赵佶和蔡攸在南薰门外见到的仙人楼台。可那是赵佶、蔡攸两人十多年交往才攒下来的默契，林灵素是才入朝，两人刚见面好吧。

为什么这么合拍？！

更邪门的是，没过几天，高丽国真的进贡了一头青牛……还有什么好说的，青牛赐给了林灵素，从这时起，他每天可以堂而皇之地骑着青牛上朝入宫。

只此一幕，看到的人心里都发了抖。青牛，道教里骑青牛的人是谁？众所周知，乃是道教的无上祖师李耳、老聃，也就是太上老君！

每天林灵素骑着青牛进宫，一路上王孙贵族、大臣元老通通都是浮云，都得给他让路。当然，某些时刻他也会遇到重量级的"路障"，比如皇太子。

看见未来的皇帝，青牛立即兴奋了，它不仅不让路，反而加速冲了过去。很明显，这个动作的潜台词再清楚不过。

要么让俺先走，要么撞俺。可它是牛哎，让堂堂的皇太子去撞牛？别开玩笑了，宋朝的宗室连同皇帝一起算，从赵光义之后就没有亲手杀过人，更没传出让牛撞驴踢之类的事。

当此时，未来的钦宗陛下脑海里浮出了伟大的曾祖父仁宗陛下的圣德事迹。当年仁宗晚上在宫里散步，忽然发现前边躺着一个人，此人鼾声大作，隔着好远还闻得到一身的酒气。

这还了得！

内侍报告，这是学士石曼青（前面提过的酒圣，大家还记得吗）。仁宗点了点头，小心地绕过了他，告诫内侍不要惊扰。

这是何等的雅量，何等的仁爱。于是乎，每一代宋朝皇帝都以此为楷模。于是乎，在赵佶的时代里，皇太子被迫给一头青牛让道……在国民注视下，一个道士大摇大摆地从他面前晃了过去！

荒唐怪诞，纲常大乱，这还只是开始。林灵素进宫，万众瞩目，连皇帝赵佶的目光都随着他转动，于是他看到了惊人的一幕。

林灵素突然翻身下牛，向路边转身，跪倒磕头。赵佶大惊，满宫大惊，林神仙怎么了？然后才注意到林灵素磕头的对象。

那是一块名满天下的石碑，上面刻满了人名，每个人都曾经名震天下，可现在会聚在这块石碑上，成为宋朝官方钦定的耻辱柱。

元祐党人碑。

这上面都是奸邪，林灵素身为国家级正品神仙，怎么能和政府唱反调呢？难道不知道反政府的就是恶吗？赵佶很罕见地拉下了脸，问林爱卿，你发什么疯？

林灵素认真地磕了好多的头，之后才转回身站起来。陛下，这上面的人名大多数是天上的星宿，我确定一定以及肯定从前都在天上见过。现在他们聚在一起，我怎能不表示敬意呢？

赵佶惊呆了，他瞬间想起了两件事：第一，前些天，天上划过流星，他被迫检讨工作；第二，因为他更改职称，叫道君皇帝，所以全国道士扎堆给他来了一次祝福。

这次设醮祈福超级正规，可是赵佶莅临时猛然发现有人在偷着睡觉。于是大怒，用力摇，却发现该道士就是不醒。

好不容易醒了之后，这个道士说，之所以睡着了，是因为灵魂上了天，正给玉帝站岗值班。

值班……就值了这么久？！

呃，那是因为正赶上星宿中的大啰唆奎宿向玉帝汇报工作，他说起来没完没了，于是，俺只好站得没完没了。

奎宿……赵佶眼睛发亮，爱卿，你看见奎宿了？他长啥样？

道士古怪地一笑，奎宿嘛，您见过的，他是本朝端明殿大学士苏东坡。赵佶大惊，奎宿，奎木狼……黄袍怪！

苏东坡居然有这样大的来头，联想到这些，再有这时林灵素的证明，赵佶简直欲哭无泪。他是要当神仙的，居然没升到天上，先结下仇人。这还搞什么，立即下令砸碎元祐党人碑，不仅宫前这块要砸，普天下州郡县衙门前的党人碑都砸碎。

从这时起，被迫害到祖孙三代的元祐党人终于缓过了一口气。

历代的史学家们谈到这里，总是会说，这是人心的向背。就连出家人都知道谁好谁坏，在替苏轼他们鸣不平。进而更加谴责新党，谴责蔡京、赵佶。这没有错，但是他们忽略了更大的问题。

赵佶时代，道士们的权势、影响力大到了无法估计的地步，他们敢于和皇太子争道，敢于干涉国家大政，连政府的意识形态都能够硬生生地扭转过来！

到这地步，试问当时之宇宙，是谁家之天下？

可是赵佶仍然没有愤怒，没有感到危险，他对道士们的好感，对林灵素的认可再次升级。不久之后，通过自己让林灵素走到了民众面前，让他有可能成为宋朝的精神导师。

在宋朝，不管前面有多少灵异人士，不管赵佶怎样信仰他们、善待他们，他都没有给他们一个面对公众的机会。

只有林灵素，徽宗以皇帝之尊，为他开了一次讲经大会。那一天是真正的万人大会，甚至是10万人大会。据统计，光是林灵素自己在京的弟子，就有两万余人。他们平日里锦衣玉食，位高凡尘，这时全体出动，为师父造声势。

但最大的声势来自赵佶。皇帝下令，有职位的道士都要去。他们都有巨额的俸禄，每一座道观的观田都是百顷、千顷，请想象他们的富有。

这些人负责为大会提供纪念品、斋饭。至于数量，是无限制的。全开封城的民众，只要带来一块青布幅巾作听经标记，无论是什么人，哪怕是乞丐游民，都可以进去。

进去，可以得到一顿丰盛的斋饭和300文铜钱。除此之外，还可以破天荒地与皇帝、宗室、大臣等高高在上的显贵近距离接触。

赵佶在会场搭起了御帐，和大家一起听林神仙讲课。

如此隆重，与会的人大多充满了渴望，都在想，林神仙会讲些什么呢？会不会组织一个佛会，讲几天经，就有七八个人宣称开悟，超脱凡尘了呢？

答案是没有。

出现的，只是一阵阵快乐的笑声。

据记载，当时林灵素在台上开讲，讲一段释一段，下面有谁听不懂或者有不同的见解，可以随时和林大师互动。

林灵素即时回答。

场面怎样？看原文记录：“……灵素据高座，使人于下再拜请问，然所言无殊绝者，时时杂以滑稽蝶语，上下为大哄笑，莫有君臣之礼。”

这是作为批判灵异事件，批判林灵素而存在的文字，如果以北宋的命运为基准，这是有道理的。毕竟道教这次的兴盛，并没有给百姓带来好运。

但是从说法本身来说，林灵素没错。

先说君臣之礼，这似乎是最大的底线，不可突破，不容触摸。但是，这是为了修仙成道好吧，皇帝只是凡人做，为修神仙扔一边，想摆皇帝的谱儿你进法会干什么？何况还自称道君皇帝。

再说笑声。

在人们的意识中，似乎修道者都是老古董，生来只会默然打坐，笑或者哭，都是心灵层次不高的表现。何况是故意说笑话，把堂堂的法会现场搞成大杂院戏台了。

这是误解，是没有参与过法会的人凭空想象，想当然的认为。

第六章　1111年的『卢沟桥事变』

1111 年，这是一万年里才会出现一次的最纯正的光棍年。这一年的七月，一件非常普通的事发生了。

在当时显得一点儿都不起眼，甚至没人注意到它。可是它的影响却是北宋史上最深远、最具决定性的。没有它，就不会有北宋、南宋的划分。

一个太监代表宋朝去访问辽国。

整个官员队伍都黑了脸，从来不说太监坏话，和太监亲密接触像一家人似的蔡京都忍不住骂娘。他当着皇帝、满朝大臣的面，公开说："派太监当大使，难道中原就没有人了吗？这不是让辽国、西夏、吐蕃、大理看笑话吗？"

奈何没有用。

武装太监童贯正式出场，向整个东亚展示自己。当然，这之前他先和吐蕃打了个招呼，把河湟地区再次收回宋朝。

哲宗在重病期间出兵河湟，由王瞻、王厚领军收复熙州，让大西北重新回到宋朝版图。那一战非常辉煌，把吐蕃贵族都抓回到京城，可以说一劳永逸、干净彻底。

可是这把强大的士大夫集团给激怒了。神奇吧？丢失领土他们不怒，杀敌立功他们却怒不可遏。当时的次相曾布说了这样一个理由，把王瞻搞死了。

——王瞻在熙州打仗时太凶狠了，杀了很多人。让青唐吐蕃各部落恨入骨髓，每时每刻都想着报复（"青唐诸族怨瞻入骨髓，日图报复"）。

所以王瞻有罪，他让宋朝时刻处于危险之中。

见鬼吧，把敌人打痛了也是罪过，敌人痛恨的我们也得跟着痛恨。这是怎样疯狂的逻辑啊，但凡脑子里还有点儿脑浆，不像龙虾那样满脑壳是屎的话，谁能点头照做呢？

向太后能。

这老女人认为曾布他们说得对极了，对外族就是要温柔，千万不能让他们生气了。于是赵佶只能给押回来的俘虏们加官晋爵，甚至把国姓"赵"赐给吐蕃首领陇拶，叫赵怀德，给了他正式职称——“河西军节度使”，派他回老家继续当大地主。

另外，王瞻、王厚倒霉了。尤其是主帅王瞻，他被言官们告倒，贬到除了海南岛之外，宋朝最传统的流放地房州（今湖北房县）看押。

那里是关过柴荣的儿子、赵光义的三弟等顶级政治犯的重罪牢房。

这样还不算完，经军方最高权力机构枢密院集体讨论，王瞻罪大恶极，不适合再活着，应该一刀砍掉了事，以儆效尤。

面对这种要求，赵佶沉默了，当时只有 19 岁的他鼓足勇气说了声“不”。王瞻再有罪，不应死于国内。他特别传旨，把王瞻发配到最远的海南岛去，相信在那里，没人会跨越千山万水去害他。也算用心良苦，可惜的是，他低估了一颗将军的心。

押解王瞻的队伍还没过黄河，刚走到河南，王瞻就自杀了……消息传来，亲者痛仇者快，曾布等人终于放心了，青唐吐蕃人终于可以不仇恨了。

他们开始闹独立了。

拥有宋朝这种敌人，怎能不快乐、不自信、不独立呢？当顶着“赵怀德”这个新名字的陇拶回到河湟后，他发现自己被取代了，他的弟弟小陇拶强硬地推翻了他，连带着对宋朝也采取了敌视。吐蕃人勇气百倍，广积粮、深挖洞、高筑墙，打定了主意闹独立。

向太后一伙儿一看不好，立即加强怀柔，隔着几千里给小陇拶送上了更高的爵位——“敦煌郡开国公，食邑五千户，实封五百户”。

公爵，仅比王爵差一等，是宋朝能给出的最大好处了。可惜小陇拶不屑一顾，软柿子就得狠捏，才能榨出更大的油水。这道理谁都懂，那么为什么不更狠些，不更强硬些呢？

小陇拶第一时间造反，把改了名的哥哥打出青唐，把宋朝设在河湟地区的各级政府一个个驱逐出去。事情到了这一步，宋朝的各级牛人们一点儿没慌，各有各的对策。比如，向太后潇洒一笑，迅速死去，眼不见心不烦，一切与她无关了；曾布掉转枪口瞄准韩忠彦，想方设法推倒首相，哪怕扶植起蔡京来，自己也要过过第一权臣的瘾。

蔡京来了，天下大乱，所有人都对他恨之入骨。但是，他对外一点儿不含糊，做的都是对国家负责，对宋神宗、王安石、宋哲宗、章惇负责的事。

宋崇宁二年（1103 年）六月，宋廷决定收复河湟。军队是现成的，西北军团仍然骁勇善战，是东亚首屈一指的劲旅。

名将王韶之子王厚出征，新一代的武装太监童贯做监军。

开拔之后，童贯做了两件事，被载入了史册，也深深地获得了西北军团的好感。第一件，大军刚出国境，突然间后面火速传来了圣旨。全军的心都提了起来，谁都知道，这时辰来圣旨，肯定有事，有大事。

童贯一个人走到一边，展开圣旨，看。这期间没人跟他抢，没人敢发问。他是监军，是皇帝在军队里的代言人，他有权这么干。

全军注视中，他看完了圣旨，顺手插进靴子里，重新上马，跟没这件事一样，继续赶路。路上终于有人憋不住了，过来问他圣旨里说了什么。

童贯很轻松，笑了笑：“皇上敦促我们奋勇作战，马到成功。”

哦……全军的心一下子松弛了。这么多年，西北军团从来没怕过前方的敌人，可实在是怕了后方的圣旨、奏章，每次都让他们七上八下，死得糊里糊涂。这次新皇帝居然特意写信鼓劲，真是军队的贴心人，给他卖命，值了！

于是开拔，全军振奋，杀奔巴金岭。

他们不知道的是，这次的圣旨仍然是个噩梦。就在他们杀出国门时，京城突然间失火了。火势很大，皇宫都被惊动了。

赵佶觉得这是个凶兆，是上天的警告。他紧急叫停，让西北军回国。可以想象，如果西北军真的回国了，对士气的打击有多大，大领导是个一把火都能吓瘫的废物，让下属拿什么劲头出去做事？

童贯把圣旨压下了，像张草纸一样塞进靴子里。真有种，继续打，打赢了，他就是抗旨不遵。要是输了，他怎么死简直没法想。

战争在他的隐瞒下继续进行，他又做了第二件事。他以监军的身份向王厚请战，由他率领前锋主攻巴金岭，由他为西北军打响了第一枪。

河湟再次被收复。

宋崇宁三年（1104年）四月二十六日，河湟全境战事结束，宋军用前后近一年的时间扫平河湟部吐蕃，连带着把唃厮啰的子孙连根拔起。

青唐宗喀政权覆灭了。

王厚此次征战，前后共六场大战，斩获万余人，招降各部首领2700余人、百姓70余万户，拓地3000余里。至此，宋朝西北方国土正北、东南与西夏接壤，西至青海及龟兹国界、卢甘国界，东南至熙、河、兰、岷州，与阶、成两州相连。

四月二十六日这一天，王厚率熙河军过湟州，越兰州大河，在西夏东南方国境线上耀兵巡边，整军回国。一路军威鼎盛，西夏人闭关不出。

1111年九月，童贯出使辽国。

走出国门以前，老朋友蔡京对他冷嘲热讽。到了辽国之后，契丹人的反应有点儿诡异。几乎每个见到他的人，在没介绍之前，都对他肃然起敬，在介绍之后，都露出了怀疑、暧昧的笑容。

童贯最受不了的就是这点。他“状魁梧，伟观视，颐下生须十数，皮骨劲如铁，不类阉人”，简直是一条刚健有力的大汉，从哪一点上看，都不是个太监。

但他偏偏就是太监，他没法解释自己为什么长胡子，更没办法不让人联想他长胡子、处深宫、得军功，这一系列事件里是不是还有什么别的隐情。

这简直是巨大的侮辱！

童贯大怒，他忍无可忍但还是忍了，他知道自己要做什么。

宋朝的军事从真宗开始，一直遵循着一个原则——欲破辽国，先平西夏；到了神宗时期，加了一点——欲平西夏，先复河湟。

现在河湟收复了，第二步是平西夏，可是辽国跳了出来，总是插在宋和西夏之间，让宋朝畏首畏尾。那么为什么不能颠倒一下次序呢？

辽国是皮，西夏是毛，拔毛皮会动，可是剥皮的话，毛敢反对吗？拿辽国开刀，一劳永逸。童贯带着这个理想，在辽国压抑着自己，一直坚持到了回国的路上。路上经过了一条河、一座桥，在当时没人知道这条河、这座桥有什么意义。

因为它们太平常了。

可是从这时起，直到800余年之后，它们成了改变中国历史的代名词，前后两次改变了中华民族的命运。

这条河在826年之后举世闻名。每一个中国人都永远记得，在1937年7月7日那一天，日本人在这条河、这座桥附近发动了全面侵华战争。

这条河叫永定河，这座桥叫卢沟桥。

那是中华民族沉入谷底的耻辱，也是新生的中国开始奋争的见证。

回到宋朝，1111年十月左右，当童贯一行走到这里时，永定河还充满着河水，不像现在这样干涸，它的上方还没有那座石体桥。

桥要在78年之后才建造，石狮子更要在明朝时才完工。当童贯一行走到这里时，那里还只是一座浮桥。走到了这里，按惯例要休息几天，因为已经到了燕云十六州，再向前就是宋朝的土地了，辽国人要在这里尽最后一次地主之谊。

就在这几天里的一个傍晚，有一个辽国人悄悄地接近了童贯，和他说了一会儿话。之后这个人就消失了，谁也不知道他去了哪里，现场只剩下了童贯一个人呆呆地坐在那里，他神游物外，浮想联翩，简直不敢相信自己的耳朵。

他狂喜着，也怀疑着，惊异着，更梦想着！

在见到这个人之前，他所做的都是些前期工作，都是些理论上才存在的可能性。比如，他收集了辽国的各方面情报，为以后进攻辽国做准备。看着很积极，其实很缥缈。他收集得再多、再精有什么用呢，战争打的是实力和领导。只要宋辽之间不开战，只要宋朝的实力超不过辽国，只要赵佶不想跟辽国死磕，那么这些收集都是无用功。

可是这个人出现之后，一切都不同了，他把宋朝存在了130余年的恐辽症瞬间治好，契丹人——这个称霸东亚200多年的庞然巨物再也没有了威慑感。对宋朝而言，它变成了一块最甜蜜可口的大蛋糕，既松又软，随时可以去咬。吃掉它，不仅宋朝会强势崛起，他自己更会一步登天，成为有史以来最了不起的英雄。

那时，没有人会在意他是个太监，只会记得他是开天辟地的人物。比开国之主赵匡胤更强，比后周世宗皇帝柴荣更伟大。

前提是，那个人说的都是真的。

主观上他祈祷这件事是真的，理智上他时刻提醒自己千万别相信。在真正的实据显示前，无论如何都不能相信。带着这个判断，他回到了国内。

关于卢沟桥边的那个人，他没有向任何人提起，包括死党蔡京，也包括皇帝赵佶。

时光就此流转，一晃过去了四年。

第七章 完颜

四年之后，1115 年的三月，东北边关收到了一封信。

这封信是写给宋朝皇帝赵佶的。写信人是一个叫马植的辽籍宋人。马植出身于辽国燕云地区的名门大族，时任辽国的光禄卿，算是国家级的中上层干部了。他在信里列举了一些刚刚发生在辽国东北部的事情。受地理条件限制，那些地方是宋朝接触不到的，哪怕事情发生已经有六七年之久，宋朝人也两眼一抹黑。

看到这封信后，赵佶迅速下令，边关要尽一切努力，悄悄地快速地把马植召进开封，他要面对面地和这个人谈话。

童贯立即找到了马植，这人居然早就在开封城内了。有证据显示，从 1111 年的十月起，马植就一直隐藏在童贯的周围。

卢沟桥之夜，那个与童贯秘密接触的人，就是他。

时隔四年，他当初说的事情已经被证实。在 1111 年十月的卢沟桥之夜，他对童贯说辽国必亡，会非常快速地崩溃。

当时童贯的第一反应是乐傻了，第二反应是气怔了。辽国，东亚第一强国，你说亡就亡了？看我是太监就好骗吧，这是不是辽国玩人的新把戏？所以他快乐着，也隐约地期盼着，同时把马植带回了宋朝。

看着是马植表忠心地跟着他走，其实是童贯软禁了他。这样重大的事，容不得半点儿欺诈，连随口一说都不行，谁知道你有什么用心，必须随时带在身边，待消息被证实后，才能给这个人定性。

四年的时间，让一些事情跨越大陆，从辽国的东北边传到西南边，被宋朝知道了。总体上来说，一切从辽国的皇帝耶律延禧的享乐生活开始。

耶律延禧，也就是鼎鼎大名的天祚帝。这位老兄和赵佶的缘分很足，两人的人生轨迹几乎每时每刻都重叠在一起。

从登基到高峰，从滑落到邻居。

耶律延禧比赵佶早一年当上皇帝，称帝之初光芒四射，比赵佶的勤政吓人得多。

他对整个辽国上层来了个大清洗，凡是参与、被怀疑参与害死他父母的大臣们，活着的全家族杀掉，死了的全体挖坟。血腥过后，他开始享乐。得承认，在这点上他远远不如赵佶，限于北方物产、人文的条件，他只知道跑马打猎，拜佛建塔，貌似没有创意。

但是他有特色。

北方物种是比南方少些，同一物种的成熟期也比南方的慢，可是相应地，物种成熟之后的品质就非常高，非南方快速生长的动植物能比。

辽国，纵横北疆200余年的庞大帝国，穷尽北方奇珍，自然有一两样是南方锦绣河山所没有的，其中最著名的是北珠。

珠，顾名思义是珍珠。说来惭愧，我国号称地大物博、出产丰富，可是在珠宝品种方面太单一了，全境内少有红宝石、蓝宝石、猫眼石、钻石……南方海域出产珍珠，西北方有和田玉，但这两样也没法保证……

北珠，在这种情况下显得尤其珍贵，珍贵到后来清朝官员的顶戴上要用北珠来装饰，犯人们采到北珠可以减刑。

珍贵，一来是因为它的美；二来是因为采摘的困难。北珠只能在每年农历十月以后，也就是阳历11月以后，冰冷刺骨的河水里成熟。这时，无论怎样精壮的男子，也没法潜入深水把它采摘上来。

怎么办呢？

利之所趋，不可抗拒。潜藏在冰河深底的北珠，处于封建时期的人类也有办法弄上来。

经过仔细观察，人们发现每年这时都有一种天鹅出现，它们深深地潜进冰河，以北珠的母蚌为食，消化不掉的北珠，就含在它们的嗉囊里。

天鹅高高地在天上飞，最好的射手在强劲的风中也别想射中。怎么办呢？人们又发现，天鹅有一种天敌，是一种小而极其凶悍的猛禽，名叫“海东青”。

海东青是传说中的鸟，在现代的飞禽百科里找不到对应的物种，可是它在1113年之前是确切存在的，没有它，以后的事就都不存在了。

海东青以天鹅为食，只要能得到海东青，那么就一定能捉到活天鹅，剖鹅取珠。于是，所有的焦点都集中在海东青的身上。

想办法得到这种鸟，然后驯化它。

这时高贵强大的契丹人撇嘴了，这是有风险的、低劣的活儿，只配那些低劣的民族去做，他们只需要坐等北珠就好了。

低劣的民族，比如女真。

女真族的历史很悠久，能追溯到先秦时期，那时他们叫“肃慎”。女真或者女直，是后来的音译。虽然历史悠久，但混得不咋地，直到辽国建立时，他们仍处于原始社会末期，绝大部分散布在黑龙江和松花江流域，靠打猎捕鱼生活。

接近辽国疆域的，叫熟女真，已经是辽国的属民；居住在松花江之北、宁江州（今属吉林）以东的，叫生女真，处于自由状态。

抓海东青的活儿就派给熟女真了，他们是辽国最北边的部属，他们不干谁干？可要命的是，海东青住得比他们还远，一直北到了生女真的地盘。

大家可以想一下，哪怕是一个姓的同族兄弟，甲家大院里有好东西，乙家说“开门，让我拿走”，这可能吗？真想拿，只能是提着菜刀上门硬抢。

每年接了任务的熟女真，就是这样提着刀枪去同族兄弟家里生抢海东青的。每年的冰天雪地里，都要扔下一具又一具的尸体，抢到些鹰雏、鹰蛋，白白地送给辽国人。

辽国人来取鹰时，还要发生让女真人更屈辱的事。每年，辽国派出去的“银牌天使”，所过之处不仅敲诈勒索，每晚都要年轻美貌的女真女孩儿“荐枕”。直娘贼，煞是欺负人！

更屈辱、更难忍受的是他们得主动去接近辽国皇帝，得唱着笑着跳着闹着，装狗熊装野鹿去逗辽国人高兴。

真是送上门的屈辱啊。

比如每年的“头鱼宴”。这是一种很别致的宴会，在非常冷的寒冬里，大多是农历二月新年前后举行，地点通常在混同江（今松花江）。那时大雪封江，玉带千里。在这种环境里扎下辽国皇帐，各部落首领来觐见。卫士们砸开冰层，用捕到的第一批鱼向契丹皇帝致敬。

是为头鱼宴。

听着很风雅，看上去挺有趣，可实在是这些边远部落的首领们的一大难关，每到这时，他们就失去了自由和尊严，成了辽国人的玩具。

皇帝想打猎了，他们去呼鹿；皇帝想看远距离猎杀，他们得去射虎；皇帝想看真人版近距离搏斗了，他们得去搏熊……皇帝渴了饿了想吃头鱼宴了，他们得跳舞唱歌助兴。

每年如此，辽天庆二年（1112）时也一样，当时耶律延禧喝得很高兴，下令各酋长入场，给朕跳起来。下边问，是群舞还是独舞？

挨个儿来。

于是，各部落的酋长们酝酿情绪活动身体，依次下场开跳。一个接一个，快乐复快乐，耶律延禧的兴致达到了高潮，却突然被打断。

舞台冷场了，前边跳完，后边该跳的却端坐不动。全场的目光看过去，发现那是个彪形大汉。这人身高体壮，相貌雄伟，冷冰冰地坐着，一动不动。

旁边人喝问，为什么不跳？

我不会。回答得硬朗不说，目光还直勾勾地盯着辽国皇帝。

耶律延禧暴跳了起来，这是挑衅，是赤裸裸的、有史以来第一次的当面挑衅！

绝对不能容忍，杀了他。

这是一个历史时刻，他拔出刀来，要亲手砍了这个敢扫他兴的小跳蚤。只要他砍下去，万事皆休，一了百了。

可惜的是，他被人拦住了。他宠信的一个大臣笑着说，为了一个野蛮人生气实在不值得，何况您杀了他，会吓坏周围这些玩具的，以后谁来陪您玩呢？

是……吗？耶律延禧慢慢地把刀放下了。他从小在仇恨里长大，尤其对耶律乙辛式的奸臣非常敏感，他审视的目光在扫兴人之间游移，努力地想，怎么也想不出辽国京城里的高官和这个穷山恶水中的刁民有什么瓜葛。

无瓜葛，无阴谋，他慢慢地坐了下去。是啊，为一个小跳蚤不值当扫兴……来，跳起来，接着乐。就这样，当天吃饱跳够，各方散场，没人死亡或者流血，也没有人再注意那个声称不会跳舞的愣头青是何方神圣。

愣头青名叫完颜阿骨打，是一个生女真。居住在按出虎水（今阿什河）附近。按说他没有“荐枕”的屈辱，更不必受“银牌天使”的欺压，为啥对辽国皇帝这么敌视呢？

鬼都知道，他肯定会跳舞，但就是不跳！

当然是有原因的，前面说了，熟女真是苦的，要每年砍人抢鹰，死伤一大片。可生女真呢？没招谁没惹谁，居然每年都被砍，究其原因，都是因为这个耶律延禧，因为辽国。

完颜阿骨打是自由生成的北方豪杰，他不像熟女真那样被畜养出了奴性，不爽就不配合，有火就要发出来。当然，像他刚才的行为，没死并且以后有了奇迹般的发展，人们可以歌颂他的傲骨；如果死了呢，小不忍则乱大谋，不过匹夫之勇……

重要的是他没有死，并且在风雪兼程赶回老家之后，又有一桩奇遇在等着他。

这一次完颜阿骨打是代替他的哥哥乌雅束去参加头鱼宴的。乌雅束是完颜部女真的族长，阿骨打是他二弟。

几百年前世界是一样的，无论东方西方，无论封建社会还是奴隶社会，一切都是长子优先。比如乌雅束和阿骨打。哪怕乌雅束敦厚软弱，阿骨打强悍精明，也没法改变他们的继承权顺序。

阿骨打只能听命于大哥，哪怕要他去参加屈辱的头鱼宴，也只能听话。

等他窝了一肚子火回到老家后，突然发现他哥病死了，从他进门时开始，他已经是完颜部女真的最高首领了。

翻开完颜部女真的历史，一直处于得过且过的原始社会末期，在汉民族进化几千年到达宋朝时，他们仍然没有什么事迹值得记载。

因此他们的史书一片空白，直到阿骨打的爷爷乌古乃出现。

1113 年的冬季，有一个巨大的猜想一直折磨着历史学者，近一千多年以来，始终没有得出一个让人信服的结论。

它来自一份力量调查表。

让数字说话吧，辽国——疆域东至日本海，北至额尔古纳河，西至阿尔泰山，南至今天津市海河、河北省霸州市、山西雁门关一线。

全国共 5 京，6 府，156 州、军、城，309 县。人口繁盛，战骑百万，200 余年间执东亚牛耳……

它是首个真正意义上做到东亚第一强国的非汉族统治的国家。这是多么大的荣誉啊。

现在看第二份数字，完颜氏女真部落——在乌古乃出现以前，它在生女真聚集地的几十个部落里稍有头脸，仅此而已。乌古乃拼尽一生努力，攒到的家底是吞并了十多个部落。貌似很肥了，到劾里钵、盈歌时期，战胜纥石烈部，发展到 30 个部落联盟。

生女真大半个族群落入手中了，看着真是很强大，可实际上呢？生女真的世袭繁衍地是东沫江以北，宁江以南，地方千余里……也就是说，满打满算，只有方圆1000里。

说财富，只有土特产，比如貂皮、人参、蜜蜡、麻布等，都是要经过贸易之后才能转化成财富的东西。在这点上，注定了女真人没有财富，辽国若不买了，他们啥也卖不出去。

说心气，自从有了女真人，他们一直是附庸，周边谁强大了，他们服从谁，从来没有挺直腰杆当家做主的时候。

以上这些条条对比，哪一点能证明女真人，具体到完颜阿骨打在面对耶律延禧时，心灵能从仇恨转化成愤怒，而不是一以贯之的胆怯和服从呢？

他凭什么愤怒，他凭什么敢于想到反抗了呢？

这是没法解释的问题，就像100多年前的北美洲，有一个白人小男孩，他站在家乡的一条大河岸边，发誓将拥有10万美元。

这在当时是个震死人的天文数字，可这个孩子和他的家，却只挣扎在温饱线上下。他父亲几次破产，每次破产后就会赶着一辆大马车，里边装满了各种自制的药水，比如墨汁兑白开水。之后赶到印第安人的部落里装哑巴，把这些水以超高价卖出去，功能据说是能治霍乱。

就是这样的家世，本人还只有技工学校的文凭，这个小男孩在十几年之后赚到了10万美元，在几十年之后赚到了一个石油帝国。

他的名字叫约翰·戴维森·洛克菲勒，美孚石油创办人。

洛克菲勒在只是小男孩的时候，是凭什么发誓自己一定会拥有10万美元的呢？这种自信，这种无论生在什么时代什么地点，拥有怎样的身份，都有相信自己绝对会成功的信念，并且还成功了，我们只能归结于命运。

有些人是不可思议的，比如说约翰·戴维森·洛克菲勒，还有完颜阿骨打。

阿骨打当上首领之后，几乎是第一时间正式通报辽国人，俺要造反了。当时他哥乌雅束死了，他接任，一天天地忙里忙外，搞东搞西，偏偏忘了最重要的一件事。辽国北疆少数民族负责部门等了很多天，也没见他来办遗产交接手续，终于愤怒了。

辽国派专人来问，你们首领死了，为什么不来报丧?

言外之意很明显，你们整个部落都是我们辽国的产业，产权的转移需要我们的批准。你现在私自继承，不知道是违法了吗?

不料阿骨打冷冷一笑，你们也知道我这儿有丧事，知道为什么不来吊唁，反而怪我们有罪呢?

辽国人简直不敢相信自己的耳朵。

辽国和女真的关系是什么，两者的对比是什么样?这个阿骨打居然怪辽国没来吊唁，他居然把女真和辽国的地位等同了起来!

还有什么好说的吗，只能立马回去报告皇帝，北边有人想造反，赶紧派兵去洗地。

第八章　流散的镔铁

耶律延禧征发浑河以北各军，由东北路统军司统领，去生女真部平叛。

悄悄地提一句，耶律延禧是非常忙的，他每天的日程排得满满的，今天要在帝国的东边打猎，明天要去帝国的西边打猎，后天要去南边……总之幅员辽阔的契丹帝国里每一处森林，每一片湖泊都留下了他矫健的身影，无论他到哪里都会引起野生动物的一片鬼哭狼嚎。

他爱打猎，就像赵佶喜欢金石花鸟、翎毛丹青一样，都是先天带来的，谁也没法改变，什么局势面前也没法动摇。

辽军在集结，女真人已经出兵。阿骨打东拼西凑，把儿子、侄子、外甥等亲戚全都发动起来，动员从他爷爷乌古乃积攒下来的全部家底，终于搞到了2500人。就这么多人，他踏上了征服辽帝国的路程。

面对这2500人，800多年前的完颜阿骨打会是怎样的心情呢？他会豪情万丈吗？他会，他在头鱼宴上近距离地观察过对手是什么人，这让他信心百倍。之后，发生的每一件事都证明了这一点，在两军交锋之前，他的每一个举动，都是主动的。

被动的，居然是手握雄兵百万的耶律延禧。

完颜阿骨打在誓师大会上历数辽国对女真人的欺压，当然，他提到了阿疏（辽国收容的女真叛逃者），这是所有女真人不能容忍的恶行，辽国一定要付出代价！

在这之后，台下应该会欢呼一会儿，可他的心变得稍微虚脱。不为别的，只要向台下看一眼，立即就会㞞了。2500人，这点人连给辽国皇帝御营牵马都不够分。何况这些人个个衣衫不整，刀枪粗陋，甚至骑的马也没有鞍子。

更要命的是，这些人的态度不那么积极。想想也是的，这些人来自不同的部落，都是完颜家的长辈们持刀打劫吞并的，本来就有怨气，现在凭什么给你出力？更何况那是面对辽国，这时候哪怕高天流云穿越过去，拿出全套《金史》，告诉他们未来有多光明，也没有人相信。

所以，阿骨打很快又说了另一番话：

> 你们同心戮力，有功者，奴隶部曲为平民，平民为官，原先为官的按功劳大小晋升。倘若违背誓言，身死梃下，家属无赦！

梃，大棒子，专指刑具。“身死梃下”不是威胁，阿骨打真的把一根大棒子带到了现场，给台下的人看。如此恩威并施，女真族终于跟着他走上了前线。

想象那一刻，完颜阿骨打是激越的，他势必鼓起了全身的锐气，去鼓舞、去带动这个原本充满了怨气，却不想反抗的民族，去主动挑战存在了200多年的无敌怪物。

像传说中的驯象。

人类把一头小象拴在一根铁柱子上，它会挣扎、会摇撼，可是它太小了，根本挣脱不开。于是长久养成习惯，到它长大了，有足够的力气时，也认为铁柱子牢不可破，所以从心底顺从了。女真人就是这样，长期的欺压就像那根铁柱子，他们不知道自己的力量有多大，哪怕有人告诉他们那根铁柱子已经是牙签了，也不敢去尝试。

阿骨打要做的就是带着他们，甚至是驱赶着他们，去摇撼铁柱子，把女真人心灵深处的那道枷锁砸碎。所以，第一战必胜，必须全胜！

他进军的方向是南方，宁江州一带。宁江是辽、女真的交界地，女真人到达时，辽军的第一批军队也抵达了，是契丹、渤海人两族共计800名骑兵。

对，没看错，只是800骑。其中的渤海人是被辽国开国皇帝耶律阿保机灭掉的渤海国遗族，这就是辽国人对这场战争的预计。所谓的生女真人，不过是些穿着兽皮，骑着无鞍马，拿的战斧都是不开刃的野人。

就算他们每个人的战斗力比狮子老虎强，当面对正规军时，也不过就是一场狩猎。事实也真是这样进行的，2500个女真人对800个契丹、渤海人混成骑兵，战争记录居然全是完颜阿骨打的个人表现。

完颜阿骨打一箭射死对方主将耶律谢十，率先冲入敌阵；他的儿子完颜斡本被敌骑包围，他冲过去解救；有人偷放冷箭，被他躲过，反射一箭，射死敌人。

一系列表现之后，阿骨打在严寒中脱去了甲胄，近乎赤膊一样冲入敌群。这是胆略，是英勇的象征，是勇士为了挑起士气做的举动。人们可以惊叹阿骨打的神勇，可是从另外一方面去想呢，他要打先锋，他要救儿子，他要自己躲冷箭，亲自回击。

他一个人上的战场？

最后还要赤膊上阵……这是他的命运，洪水临堤，他得一个人去刺破决堤的那一点。这才是当年的真相，2500 个女真人就是这样打败了 800 个混合杂牌军。

战胜之后，阿骨打发现自己的目的达到了。女真人果然士气大涨，他们直扑宁江州，抄家伙先把壕沟平了，紧接着攻打城墙，城里的辽国人见势不好，有些人趁乱从东门往外跑。女真人追上去，把他们全都砍倒，之后回来继续攻城。

这再明显不过了，他们不想放过宁江州里的任何一个辽国人。

另外，大后方来人了。他的弟弟撒改派自己的儿子向阿骨打祝贺，撒改的贺词大意是这样的："哥，你赢了，真牛，弟弟我为你骄傲！这样吧，我看辽国是活不长了，你现在就当皇帝吧。"

这就是阿骨打的弟弟——他手下的高级助手，杀 800 个敌人围攻一座边境州城就可以称帝了？可怜的女真人，他们有头脑吗？

要特别提示的一点是，这个来祝贺的儿子是个大人物，他的名字叫完颜粘没喝，后来汉人俗称他为"粘罕"。

阿骨打回答他们说："一战而胜，便称帝号，示人何等浅薄。"打发侄儿回去后，他下令全力攻城，在辽国的援军到达之前，一定要攻下宁江州。

从上面的事可以看出，这时的完颜部女真是一片可笑的愚昧，上面的人胡说八道，下边的人束手束脚，唯一有清醒理智的只有完颜阿骨打。他要带着这样一群在深山老林里长大，啥也不懂、什么也没见过的族人走向外面的世界，去征服世界，这是多么可怕的一件事。

当然，他也不必怕。他有个坚定不移永远可靠的好帮手，有这个人在，一切都好说。这人的名字叫耶律延禧。

耶律延禧对女真人的贡献一点儿不比完颜阿骨打小，历史做证，在每一个危险时刻，他都会及时地伸出温暖的大手，送来最无私的“帮助”。

注意，是每一个危险时刻。

比如这时，第一次走出深山的完颜部女真围住宁江州城聚众砸墙，这是自辽国建立以来极其少见的恶劣事件，边境以最快的速度上报给了耶律延禧。如果他认识充分，以皇帝的身份下令集结大军迅速出征的话，那么以宁江州边防重镇的防御，加上女真人刚刚打过一仗想赢怕输、胆气未壮的现状，一旦进军速度及时，那么女真人只有放弃宁江州，跑回老家去躲灾。

那时先断绝女真人的经济，围住了饿上大半年，再大军压过去，女真人靠什么不死？凭着阿骨打一个人神勇无敌往回扳吗？他再逆天，单兵能力也不见得比西楚霸王项羽强，到时上演女真版四面楚歌倒也蛮悲壮。

一句话，超级大国欺负小部落有的是办法，只要正常出牌，绝对没有输的可能。

可是耶律延禧忙啊，当时他正在庆州（今内蒙古巴林左旗西北、巴林右旗北部地）打猎，享受在白茫茫的天地间纵马狂奔、射熊杀虎的豪迈人生。见到加急发过来的求救信，他想了想，决定还是按正常程序走，公事公办。

命令——海州（今辽宁海城）刺史高仙寿带人过去解围。

帮助及时地送到了，海州的援兵就像过期的杀虫剂一样，不仅未能杀死虫子，反而养得虫子快速长大。完颜阿骨打打垮了高仙寿，连带攻破宁江州，实力和威信急剧上升。

一个问题，此时人们一贯认识中的强悍、嗜杀，对辽国充满了仇恨的阿骨打会做什么？他会不会把宁江州屠了，发泄长久以来压抑的怒火？

以女真人的野蛮，完全有可能。

但事实是，他不仅没杀人，反而私下里把宁江州的首领放了，让他回辽国。这样不管这人是有意还是无意，都会透露出女真人并不凶残，和他们作战不必拼命的消息。

另外，阿骨打以这次胜利为号召，召集全体生熟女真人一起向他靠拢，并且把渤海人也算在内，他欢迎一切可以壮大的力量。

1113 年十月初一，阿骨打攻破宁江州，十一月时耶律延禧召开御前会议，辽国权贵一致决定要认真对待女真人了。

派司空萧嗣先为东北路都统，率契丹、奚族军士 3000 人，中京禁军 7000 人，驻守出河店。

司空是政治大佬，一万军力远远超过了女真人的上限，看起来这次耶律延禧是下了狠心了，要把女真人捏死。不过事后证明，这又是一次非常成功的“帮忙”，做到细心体贴的程度，几乎每一方面都是为阿骨打量身定做的。

辽军的速度很快，集结军队，准备给养，快速行军，十几天的时间就到了目的地。出河店，是现在黑龙江的肇源。他快，阿骨打的速度更快，他不仅带着人冲了过来，主动迎击，还在这几天的时间里，完成了一件非常了不起的事。

他把军队整编了。原先女真人打仗，虽然每次都有一个总指挥，但具体上阵时，下面都是按照家族血缘，扎堆往上冲的。这样太原始了，虽然上阵父子兵有凝聚力，可一来不利于统一指挥，二来兵权分散，阿骨打没有绝对的权威。

阿骨打设立了猛安（千夫长）、谋克（百夫长）制，每 300 户为一谋克，每 10 谋克为一猛安，这样由他管理千夫长，千夫长管理百夫长，百夫长管理下边小兵。层层具体，如臂使指。

不要小看这一点，这绝对是划时代的创举，以一个没有受过半点儿军事化训练，不知道世界上成形的军事化管理的白丁，能想到这些，在东亚的土地上，几千年里只有两三个人能做到。其中一个就是100多年以后站在全人类军功巅峰的那个人。

以那人的实力，也要在转战多年之后才领悟到，而阿骨打只用了一仗，就迅速地整合了自己的军队，夺到了最高的、唯一的指挥权，并且在十几天里就实施了下去，这个速度实在是让人惊叹。

回到战场，女真人的行动是隐蔽的，一来他们人少，嗯，比上次多了点，有3000多人了，二来有意隐藏踪迹，都是些进山打猎的人，在严寒风雪里前进，很快悄悄地来到了混同江，也就是松花江畔。

这时天晚了，人也累了，阿骨打下令设营休息。从这一刻起，阿骨打的灵异与耶律延禧的"帮忙"交织在了一起。

事情要从睡觉说起。跑了大半天了，女真人再彪悍也得休息，完颜阿骨打也不例外，他躺了下去，可是怎么也睡不着。

史书上说，他强烈要求睡眠多达三次，可是都被打断了，每次都有人在他床头用力地抓住他脖子往上扳。这还怎么睡？更灵异的是，他回头，身后根本没有人。

阿骨打不睡了，他喃喃自语："这是神仙在警告我，不让我入睡。"他出门集合队伍，把神仙降临的事跟大伙儿说了。

全体女真人陡然虎躯一震，精神百倍。阿骨打有神仙路线可走，他的话、他要办的事，都有神仙罩着！这个观念一旦形成，威力是无法估量的。想一想吧，进入封建社会成熟期的宋朝人都对神仙膜拜得五体投地，那么处于原始社会末期的生女真部落，会对神灵崇信到什么地步啊？

这时无论阿骨打说什么，他们都会积极地、快乐地去做。

阿骨打说，别睡了，立即接近辽国人，攻击！女真人兴奋地冲了出去，在寒冷的冬夜里快速接近混同江。到了江边，天已经微微亮了，这时他们看见了对岸的情况。这一刻，他们对神仙与阿骨打的关系深信不疑。

只见冰封的江面上，辽国人正在凿穿冰层，这在滴水成冰的季节里意味着什么？绝对不是萧嗣先突然心血来潮，想学辽国皇帝搞什么头鱼宴，他是想一劳永逸，把混同江，也就是松花江的冰层凿穿了，把女真人隔在对岸。

以女真人的实力，以他们简陋的行军工具，根本不可能带着战船。在这种天气里，也不可能砍大树造船只，所以，冰层一破，这场仗就打不起来了，除非女真人再选择其他方法。

得承认，萧嗣先的想法很先进，有不战而屈人之兵的意思，他真的看准了辽、女真之间的优劣关键。但要命的是，他没法预测完颜阿骨打奇特的睡眠遭遇。

事实已经证明，不管是真的有神仙去扳阿骨打的头，还是阿骨打自己料到了辽军的动作，而以神仙的名义说出来，哪一点，都足以坏了萧嗣先的布局。

站在凌晨的混同江边，完颜阿骨打对身后的部下说："派 10 个人过去，把凿冰的人砍了。"

出河店之役——决定女真人命运的第一次兵团决战，由 10 个女真人发起。他们跃过结冰的混同江，杀向正在凿冰的辽国人。

在他们身后，全体女真人都冲了上来，一共 3700 多人，这就是完颜阿骨打全部的家当。800 余年后的今天，我猜测他当时的心情，他有按捺不住的杀心，但更多的是忐忑和提防。

他怕辽军迅速集结，把他压在江面上，那时无遮无挡，光是射箭就足以把他们葬身在混同江。所以，他才要先派极少的人杀过去，尽量小动静地解决辽军前哨。

他成功了，他杀上了对岸，这时辽国人才警觉，集结起全部人马冲了过来。女真人历史上的第一次兵团决战展开了。

无数的资料可以显示，兵团决战是一门艺术，绝不是单靠勇猛善战就能完成的。甚至于个别超级勇猛不听指挥的人，还会坏了大事。

这一点初期的女真人也不例外，就算再乐观的估计，他们想战胜装备精良、久经战阵的辽军，也得付出相当大的代价。可是这一天注定了是完颜阿骨打的幸运日，幸运之神这时又准时出现，给了他最大的帮助。

一阵大风，在两军相交时突然刮起。冰封大地上的西北风，从女真人的背后刮起，吹向对面的辽国人……不早不晚，偏偏这个时候刮了起来。

辽国人悲剧了，女真人不仅有百年的仇恨、强悍的体魄、精明的领导，竟然还随身带着西北风，这仗还怎么打？他们一路溃败，死伤满地，一直逃出去几十里地，才摆脱了追杀。

战后清点，阿骨打赚大了，他的女真兵团像滚雪球一样迅速扩编。人员的来源，除了生、熟女真各部落争着抢着往他身边挤之外，还有此战的俘虏。

女真兵团和后来的蒙古兵团，他们的人员组成并不是单纯的本族人，他们把抓来的俘虏，这些本来是死敌的人，迅速同化，变成和自己一样的战斗力。这种同化的不可思议之处是，那些被同化的人，重新回到战场，面对同一血脉的本族人，也能举起屠刀，杀得鲜血淋淋……

人性，永远是一个无解的谜团。

抛开人性说现实。此战过后，女真人达到了一个临界点。这个点是近千年来历史里重复出现的，让各民族头疼恐怖的数字。

女真兵团的人数达到一万人。

“女真不满万，满万不可敌。”这句话在北宋末年出现过，带来了辽帝国的崩溃；在明朝末年出现过，汉民族再次被异族统治。

关于这句话的由来，有很多不同的版本。有人说，是女真人、后金人自己的吹嘘；有人说，这是史实，是当年与之敌对的国家在失败中的哀叹。不必讳言，这两种说法里包含着民族情结，有满族人自己的自豪，有当年被击败民族的怨愤。

出河店之役后，完颜阿骨打的手里握到了好牌，他终于有了自己强大的力量。虽然限于眼界太窄，经历太少，他不知道这股力量在世界上应该占有什么样的地位，但他兴奋，大丈夫不可一日无权，而权从何而来？从刀、从枪、从军队而来！

兴奋中的阿骨打不知道，此时他更大的幸运并不在身边，而是在遥远的、繁华的、庞大的辽帝国的中心，在那里，他得到了更大的好处。

那才是出河店之役最大、最妙不可言的收获。

这事儿要从辽军溃败后说起。辽国的前敌总指挥叫萧嗣先，他一路狂跑，终于远远地躲开了女真人，暂时安全了。可是，转眼间他心情沉痛。

他失败了，带领一万正规军，败给了没开化的泥腿子野人，这个人辽国丢不起，一旦丢了，他萧嗣先的命就是遮羞费。出现这种事，他的脑袋板上钉钉一样要落地了。

但是不怕，他有个好哥哥名叫萧奉先。注意这个人吧，说到底，在那个年代，辽金命运转换的巨大旋涡中，起真正主导地位的人，既不是辽国皇帝耶律延禧，也不是金国的英雄完颜阿骨打，追根溯源让一切发生、恶化、不可收拾的人，就是这位萧奉先。

三年前头鱼宴上阿骨打拒演时，耶律延禧要杀了他，就是萧奉先阻止的。这是萧奉先第一次改变辽、金两国的命运走向。

三年后出河店之役辽军失败后，萧奉先做了第二件事。他想到了亲爱的弟弟，觉得不管发生了什么事，都不能让弟弟死。于是他开动脑筋，想出了一句话。

他去见耶律延禧，这样说道："陛下，出河店败下来的兵怎么处理？要是按章办事的话，他们会怕死不回来，在外边变成盗匪，危害国家。"

耶律延禧想了想，是啊，这事儿很有可能，那好，反正都败了，赦他们无罪……不，领头的还是要罚的，罚免官，削职为民。

于是，萧嗣先只是丢了个头衔而已，他可以潇潇洒洒地从出河店回京城，照样过他的幸运人生。守着他如此非凡的大哥，难道还用为金银财宝、香车美女发愁吗？

这些都被辽国的军方看在眼里，冷眼旁观，他们在愤怒之余得出了一个结论——出力死战，战死了没功劳；败了逃走，逃跑没责任！

1115 年的初春，完颜阿骨打获得出河店之役的胜利，军力达到一万人之后，他终于心里有了底，答应了部下们的请求，宣布女真人立国，他自己称帝。他说，辽人以镔铁为号，取镔铁坚硬的含义。可惜镔铁也有朽坏的时候。世间唯有金不变不坏，所以女真国取名为“金”。

这一年女真立国号为金，年号收国，阿骨打本人改名为“完颜旻”。从这时起，金国迅速崛起，拉开了覆灭辽国的序幕。

这是这一年的主旋律，宋、辽两国间没有哪个人哪件事能与之相提并论，但还是有一个人要提一下，此人在辽国的科考中名列殿试第一名，即辽国的状元。他能骑善射，文武双全，心志恢宏。

他的名字叫耶律大石。在某种意义上，这个名字一点儿也不比完颜阿骨打逊色。

女真人迅速有了国家、国号，还有官职头衔。他们的官阶叫勃极烈，冠以“谙班”，是指皇储；冠以“国论”，是指宰相级别的官员。配合军职方面的猛安、谋克，一个国家的初步运转成形了。

这些还不是最惊人的，在这样短暂的时间里，女真人居然有了自己的文字！

阿骨打的目光还盯上了一片荒芜大地上的弹丸小地，10 世纪时的文明之光离它太遥远了，在中原、在西域、在南海，没有人知道它。可是完颜阿骨打的目光盯住了它，它是前进道路上的一块绊脚石。但同时，也是他心目中帝国的理想中心。

黄龙府，是今天吉林省农安县。

这些耶律都不知道，他们只知道两件事：还阿疏……等于丢了尊严；给黄龙府……那块小地方失不足惜，但丢不起那个脸。

既然不想给，也不想在战场上和野蛮人肉搏，想来想去，有着深厚底蕴的辽国人终于想出了一个理智的办法。

这一次出兵，他们是下了相当大的血本，辽国号称精兵百万，想想这已经是近三分之一的兵力了。

以 20 万骑兵为主的兵团，慢得跟老牛拉破车一样，这片庞大的军阵慢腾腾地、拖家带口一样地向北边走。

这片军阵像一个超级城镇在迁移，里边带满了耕牛、绵羊、农具等生活必需品。这就是辽国人的打算，他们要在北方凭空制造出一座纯粹的军城，一边在那边生存，一边抵挡金国人。

这办法看似消极，但真的很理智。这一次以绝对的兵力优势，以纯防守的姿态，他们终于用上了超级大国欺负初兴小国的招数。就是要用钱、用人、用时间压死你、拖死你，一点儿都不公平，但就是管用！

当这支大军北上之后，耶律延禧、萧奉先他们又一次沉浸在欢乐的宴会、刺激的猎场里。依他们之见，至少在 10 年甚至 20 年里，烦人的金国人不会再让他们闹心，用这 25 万人耗尽金国这一代人的锐气，之后就会高枕无忧了。

可惜的是，他们千算万算，算错了时机。如果在出河店之役前这么做，绝对会如愿以偿。那时的女真人要用完颜阿骨打以神话、用威胁才能走上战场，并且人数极少。

出河店之役后，金国建立了，女真人心有所依，最重要的是，他们的军力达到了一万人。满万不可敌，这是条铁律，在女真开国的前 14 年里，后金初立的前 8 年里，没有人能打破。

1115年三月，北方战报传来，25万辽军崩溃，不仅丢失阵地，连带着的耕牛等农具都被抢得一干二净，逃回来的人，都吓得面无人色。

他们见识到了女真人的战斗力。面对25万大军，只有一万人的女真军根本没什么逗引埋伏之类的虚招，就是冲上去，以右翼冲击辽军左翼，左翼被击退；中军助战，辽军整体被击退！

一万人追着25万人打， 25万人还没跑掉，等到夜幕降临后，形成的局面居然是——辽兵被围……25万人被一万人围住了，并且整整一夜没能突围。第二天凌晨时分，女真人发起攻击，他们才趁乱跑出来一部分。

跑出来的全是骑兵，具体数字不详，只是史书里以“确定”“一定”以及“肯定”的词语说，步兵全灭。就是说，至少7万兵力死在了这一战里。

女真人无法遏制了，辽国错过了他们最脆弱的萌芽期。在出河店之役后，哪怕用上了超级大国欺负初兴小国的正确办法，也无济于事了。

毕竟在战争中实力决定一切。

可是怎样检验实力呢？仅仅凭借两场胜利，就想证明金军全面超越辽军，变成东亚最大了吗？这个想法太超前，辽国人不承认，连女真人自己都不敢相信。

耶律决定玩个最大的。在这一年的八月，他集结了全国当时能抽调的全部精兵，共计骑兵5万，步卒40万，对外宣称70万大军，御驾亲征女真。

他的动作没有完颜快，辽军八月集结，由于过分庞大，一个多月之后才起程。这时完颜已经来到松花江畔，隔着滔滔江水凝望黄龙府了。

这时女真人是发愁的，由于刚刚组建，并且是第一次进入辽境作战，他们没有水军，甚至可以说，连会游泳的人都很少。这在以后的十几年里大大地限制了女真人的扩张。

九月的松花江挡住了他们的脚步。

怎么过去呢？见全军发愁，阿骨打来到了江边。他派了一个人骑上一匹赭白马跃入水中，然后他举起马鞭——“朝我马鞭所指方向前进！”

这是一句近乎神迹一样的话，宽阔的松花江面上，他随手指向前方，要他的勇士向那个方向前进。是的，女真人的确勇敢，宁可淹死也不拒绝。神奇的是，在一万双目光的注视下，那匹赭白马越走越远，直抵江心，江水居然一直只淹没到它的腹部！

女真兵团沿着这条神迹一样的水道踏上了对岸，更惊人的是，在最后一名骑兵上岸后，却发现江水漫无边际，水深已经不可测量……这是多么惊人的事情，不说它本身有多神奇，光是它带来的副作用就让阿骨打受用无穷。

每一个女真战士都坚信，完颜阿骨打是神授的，他的一切都超乎凡尘之上，从出河店的大风，到这时江水变浅，他简直是随身带着“神仙”。

黄龙府被一股狂热征服，女真战士攻下它时既短暂又快乐，之后休整了好多天，耶律延禧才带着倾国之兵杀到附近。

70万辽军，这个数字重新唤起了女真人刚刚忘记的恐惧，完颜阿骨打仔细观察着周围的变化，长叹一声，他知道要打赢这一仗，又得用一些别的招数了。

他召集全军，自己带着刀走上了高台。在2万人前，对，是2万，打下黄龙府之后，他的兵力增加了一倍。

他看着台下的2万人，抽出刀，之后掉转刀锋，划向了自己的脸。

鲜血流下时，阿骨打仰天痛哭。这一幕出现后，在场的每一个女真人都相信，完颜阿骨打是真的伤心、痛苦，达到痛不欲生的程度了。

这是北方少数民族的一个古老习俗，名字叫“剺面”。当遇到大忧大丧大不如意，沮丧到极点时，才会这样做。

痛哭中的阿骨打对台下说：

当初带你们起兵，是因为契丹人太残忍，女真人活不下去了。现在辽国皇帝亲征，兵力达到70万，怎么办？除非人人死战，否则不能打败他们。为你们着想，不如杀我一族，去投降辽人，那样还能活命。

他成功了，台下的人跪下来向他发誓，和辽国人死战到底，绝不投降。好，全军开拔。

2万女真人和70万辽国人在达鸵门、达斡邻泺一带相遇。面对空前强敌，女真人不一样了，他们没再像从前那样骑马抡刀去砍人，这回不进攻了，大家蹲下来挖沟垒墙，先想好怎样防守。

哪怕在《金史》里，这时的女真人相当憋屈胆怯，2万人抱成一团躲在深沟高垒里忍着，想着怎样多挺一段时间，消耗一下辽军的锐气。与此同时，他们派出散兵游勇，游弋在主阵地之外，试探对方的粮道，或者捉几条“舌头”。

一个空前巨大的惊喜，就在这时击中了女真人。

他们捉了一个辽国的运粮官，从他的嘴里，女真人得到了一个消息。这时别说绝大部分才钻出深山处于没有见识阶段的女真人，连完颜阿骨打本人都不敢相信了。

据“舌头”说，辽国发生了内乱，副都统章奴带着大批人马临阵脱逃，火速杀回辽国都城玩叛乱。这消息是真的吗？阿骨打的脑子急速运转，好事坏事想了个遍。

说不可能，哪有这么巧的事；说可能，章奴看准了耶律延禧举倾国之兵打仗，京城空虚，带兵回去就成功。而2万女真人足以把耶律延禧拴在前线，有之前25万人马一天一夜崩溃的败绩，使他绝不敢临战抽兵平乱。

算来算去，阿骨打不敢乱动，毕竟兵危战凶，万一是陷阱，这2万人都填进去，也满不了这个坑……怎么办呢？关键时刻，又一个消息传来。

耶律延禧亲自带兵回京城平叛，已经走了两天了。完颜阿骨打不再迟疑，他命令进攻，直接攻击辽军的中军，皇帝本来应该在的地方。

如果耶律延禧在，就擒贼擒王；若他不在，中军没有主事人，最强点已经是最弱点。

接下来的事实没什么好说的，就是前一战的翻版。金军右翼攻击，辽军退却，金军左翼进攻，辽军全体溃败，连之前的一日一夜都没能坚持，70万或者45万大军不说有人能稳住阵脚，连稍微抵挡一下金军，延缓追击都做不到。

辽国人一路败退，在长达100多里的路上，丢下了无数的尸体、车辇、兵械、印符、牛马、宝物，本来是上天无路入地无门，注定了被全歼的，只是有一个聪明的辽国人站了出来，他叫萧特末。此人突发奇想，点燃了一大片战备物资，用大火隔断了不依不饶的追兵。

这一战让辽国人欲哭无泪，连章奴都郁闷得要死。谁能料到耶律延禧会这么搞呢？放着面前的死敌不管，居然带兵杀回来平叛……说什么我们也是民族内部争斗，为什么要便宜外族人呢？

这不奇怪，如果不颠三倒四、丢西瓜捡芝麻，他还是耶律延禧吗？辽国还会到这一步吗？这一战过后，辽国的军力，甚至是财力都跌入深渊，不要说再集结兵力进攻，连守卫庞大帝国各处疆域的正常兵力都捉襟见肘了。

北疆门户大开，金军随心所欲，想打哪儿就打哪儿，没有半点儿阻碍。

下面是一系列的数字，在了解它们之前，先回顾一下辽国的五大重镇。

上京——临潢府——今内蒙古赤峰市林东镇。

中京——大定府——今内蒙古宁城县。

东京——辽阳府——今辽宁辽阳市。

南京——析津府——今北京市。

西京——大同府——今山西大同市。

这是辽国的五京，相当于北宋的四京，在辽国中占有重要意义。好，从数字开始讲。

1116年，金军破辽东京道诸州。这相当于国土的五分之一没了。对此耶律延禧没有反应，一来是战力空虚，想反应也没辙；二来，他打累了。上次御驾亲征，就算没有与女真人死磕，至少也火速回京平叛一次，那也够辛苦了。

于是，他到辽阔国土的另一端，找野生动物们开运动会去了，继续打猎。

1117年，金军攻占长春州（今属吉林）、泰州（今属黑龙江），其战略意图直指上京。又一个五分之一被威胁，对此耶律延禧终于有动作了。

他把从东京，也就是辽阳府那边逃过来的难民召集起来，选拔壮丁，组成了一支28000人的队伍。在他想来，这些人失去了家园，心里一定充满了怨恨，冤有头债有主，都是金军惹的祸，就让他们去拼命吧。

这支军队被命名为“怨军”，首领是渤海人郭药师。

怨军立即开赴前线，紧接着被金军击败，上京区域内的显、乾、懿、豪、徽、成、川、惠八州全部丢失。截止到这时，辽国的五分之二领土注定要沦陷了。

绝望笼罩着辽国人，连同这个时代最大的败家子二世祖耶律延禧先生都萌生了困兽的感觉——被逼得没有退路了……困兽犹斗，兔子急了还会咬人呢！

就在这时，从金国传来了一个让人迷惑的消息。

完颜阿骨打派人送来封信，说他想来想去，对辽国还是有特殊的感情，尽管打得死去活来也没法磨灭。所以，请给我一个辽国的官职吧。

…………

全辽国的人都变得心情复杂。这意味着什么呢？阿骨打是个好同学，他回心转意终于决定不造反了？那么是不是以后就不用上战场，大家又会过上从前的好日子了呢？

美妙的幻想里，耶律延禧派出使者，和女真人谈起了官衔的问题，辽国军民也逐渐恢复了健康心理，不再整天想着拼命。一股消失了百年之久，刚刚有望凝聚的斗志就此减弱消亡了。这就是女真人，每每读史到这一页时，都让我心灵震撼，事实证明，这个民族绝不仅仅有着勇猛强悍的性格，他们是精明的，甚至是狡诈的。

在这种虚幻的和平假象里，耶律延禧又到森林里打猎去了，就连辽国里最精英的一群人也认为这种局面很好，因为这是难得的喘息之机，辽国可以用来恢复元气。

但掉链子的是，转过年来的 1118 年，辽国全境发生大饥荒，到了人吃人的地步。还恢复什么元气啊，和金国的差距越拉越大。

并且他们不知道，更大的危机就发生在这一年，危机远远超过了这场大饥荒。

第九章 海上之盟

1118年是属于宋朝的，四月初宋朝派武义大夫马政渡海使金，联合女真人图谋灭辽，在辽人的背后插了一把刀。

前面说过，童贯在1111年出使辽国，在永定河遇到了马植；四年之后，到1115年时，马植才与宋朝高层接触，献上“辽国必亡，可以联合女真”的计策；又过三年，宋朝才派出使者，渡海与金国接触。

这个过程是很漫长的，足以说明宋朝的谨慎。说到底，赵佶、蔡京、童贯、梁师成等人都是聪明绝顶的，举国伐谋之事怎么会草率呢？

像一般历史记载给人的印象，仿佛马植在永定河给童贯灌了一碗迷魂汤，童贯就当真了；马植到开封城给赵佶再灌一碗，宋朝就和辽国开战了，哪有那么简单？

宋朝足足观察了七年，而且还在一个偶然事件里得到了确切的第一手资料，才做出决定，派出使者。

宋朝派出了第一拨使者，由登州地方官王师中派七名军官，带着辽籍汉人高药师、曹孝才、即荣和尚等人坐上船，沿着宋朝建国初年，女真人向赵匡胤献马的海路，向金国境内前进。他们的公开理由是去买马。这些人渡过渤海上岸后，发现了很多女真巡逻兵。

他们的反应是，立即坐船回国。这群野人太可怕了，根本没法接触。回国之后，他们报告说上岸就被金国巡逻兵抓住了，遭到了非人待遇，对方根本就不想结盟，所以只好回来。

赵佶或许是个空前奢侈的公子哥，或许是个标新立异的艺术家，或许是个不知所谓的领导者，但是他非常聪明，聪明到自始至终牢牢地把国家抓在自己的手里，从来没有人敢骗他、能骗他，连蔡京都做不到。

这些人的小把戏立即被赵佶识破了，他派专人调查，很快知道了真相。这些人被远远地发配南疆，去劳改反省。宋朝派出了第二拨使者，这次领头的人才是前面说过的武义大夫马政。为了保证行动顺利，赵佶多派了80个士兵，7个将校，其中有一个精通女真语。

这人的名字很传奇，他叫呼延庆。

在传说中和杨家将平起平坐，和包拯一样地位尊崇，双王头衔双俸禄的呼延庆带着一行人上路了。他们在当年的九月二十日渡过渤海，到达金国。

待遇是一条条的绳子。

金国的巡逻队实在是无处不在，他们发现生人之后，不由分说全都捆了起来，经呼延庆一再表明身份，才派人押着去见阿骨打。

阿骨打这时远在涞流水（今松花江支流拉林河）畔，他们一共走了半个多月，才见到阿骨打。宋、金之间的第一次接触终于到来了。

没有实际进展，因为呼延庆的职责是试探意向。

女真人很高兴，派李善庆、小散多、渤达三人带着国书、礼物随马政渡海到宋境的登州上岸，转道京城开封，来见赵佶。

可以说，这时金国的诚意远远大于宋朝。完颜阿骨打对盟友极度饥渴，赵佶突然从天而降，简直让他欣喜若狂。

双方谈得很愉快，赵佶很满意，派朝议大夫、直秘阁赵有开为正式使者，带着诏书、礼物渡海去金国签约。这时是第二年即1119年的早春时分。

然而，这一次完颜抑郁了。

阿骨打回了一个口信：宋朝的皇帝啊，我很尊敬你，但是你了解情况吗？我现在已经打下了辽国的半壁江山，足以赢得你的友谊。这样，如果你真想结盟，就快点儿写国书来。如果还是以诏书的形式和我通信，我就不再理会了。

诏书，是皇帝对臣子的文件格式。赵佶交给赵有开的，就是诏书，而不是两个平等国家交流时用的国书。这实在是犯了完颜阿骨打的大忌，他一生反抗的就是不平等。可他还是忍着气，小心翼翼地和宋朝沟通着。因为在他的心里，在漠北、西域、东北等全体边境地区，哪怕是现在还处于混乱状态中的漠北草原蒙古部落，汉人都是神秘高贵的。

他们称汉地为“桃花石”，意指像美丽的桃花源一样的幸福之地。在这时，完颜阿骨打对宋朝很尊敬，很向往。

他的敬意和向往让宋朝觉得事情还能继续下去，在1120年的二月，派马植为使节，以买马为名渡海，与金国缔结盟约攻辽。

马植这时的名字叫赵良嗣。赐国姓“赵”，这是赵佶给他的空前恩典，以奖励他不忘祖籍，居辽思宋，为汉人着想的爱国行为。

这一行人三月底出发，四月十日渡海在苏州关下（今辽宁大连金州区西南）登岸。这时没有女真巡逻队抓他们了，可是见完颜阿骨打的过程更加复杂。

金国已经休养生息消化了抢来的土地和人口，撕破了伪装，再一次兵分三路攻辽，目标是辽上京。赵良嗣带着人从登岸时起马不停蹄地追，从咸州（今辽宁开原）一直追到青牛山才追上。但是阿骨打太忙了，没有时间与宋使会晤，要他们随军一起行动。

一路上势如破竹，金军毫无停顿，像急行军一样掠过辽国的州县，赵良嗣目睹了女真人摧枯拉朽般的攻击力。他惊讶，他隐约开始后悔，这种战斗力远远超出了他的想象，哪怕他当初预料到辽国必将在女真人手里灭亡，也没料到女真人强到了这种地步！

……辽亡，宋将怎样？

他正想着，更加惊人的一幕出现了。完颜阿骨打终于肯见他了，他们在辽上京的城下相见，阿骨打只对他说了一句话。

我很忙，你先等等，我攻下辽上京就和你谈。

金军当天就攻破了辽国的上京！

这是赵良嗣永生难忘的一天，辽国的上京，规模、防御、人口、军兵都能排进前10位的名城巨府，居然连一天都没能坚持，就被女真人拿下了。他分不清，这是奇迹，还是噩梦。

但他想到了要沉住气，要他观战，这何尝不是一种示威，他立马就要上谈判桌了，价钱要怎样讲，还敢不敢讲，或许这才是女真人的本意。

赵良嗣是一个有争议的人，在《宋史》里，他的名字出现在“奸臣”系，和蔡京兄弟、黄潜善、汪伯彦、秦桧、丁大全、贾似道等超级奸邪并列，可以说是个顶尖的坏人。但是一直有人为他鸣冤，说只有宋朝对不起他，他无论何时何地做什么，都是全心全意地为宋朝着想，他是一个忠义双全、心怀故国的好人。

到底哪个是真的，让事实说话，看看他在历史中的每一言、每一行吧。

赵良嗣带来的是御笔，这在层次上比国书更动人，因为这不是官员起草的，而是宋朝皇帝赵佶亲自构思，亲笔所写。

御笔这样写道：“据燕京并所管州城，原是汉地，若许复旧，将自来与契丹银绢转交，可往计议。虽无国信，谅不妄言。”

这里边有两个要点：第一，燕京并所管州城，这是个范围，谈的就是这些土地；第二，钱。赵佶说，如果女真人答应，那么把以前每年给辽国的钱，交给女真人。

这是赵佶的命令，赵良嗣却不想照办。他觉得自己应该为宋朝争到更多的利益，付出的，最好是尽量小的代价。

第一步，谈土地。在谈判之前，赵良嗣看到御笔时，他的心就凉了。御笔不是拿到手就能看的，里边写了什么，是最高机密，当他知道时已经晚了。

“燕京并所管州城”，这几个字是个天大的误区。从字面上讲，燕云十六州，当然是以燕京为主，它所管辖的州城，当然就是燕云十六州的全部喽。

错了，错得离谱，错得幼稚，错得想当然。

燕云十六州在汉人手里时，它们是一体的，到了辽国的手里，多年来行政区域不断划分，平、营、滦三州已经单独组成了平州路，燕京所管辖的只有檀、顺、景、蓟、涿、易六州，十六州只得其六，只有个零头，所谓的长城防线怎么组成？

就算全要下来，也和别国的势力犬牙交错，效果纯粹是给自己挖坑。怎么办？很明显这是赵佶不想被反结盟的大臣们骚扰，不经国家职能部门审校，自己按陈规拍脑袋想出来的文件。他是皇帝，把事儿搞糟了，谁也不敢把他怎么样。

而派出去的官员，只管按他说的去办。可赵良嗣不，如果他安分，他该安静地待在辽国过他的贵族生活；如果他守规，他应该静悄悄地带着家人财产回宋朝，而不是半夜三更地去敲童贯的门，想把燕云十六州都带回汉地故土。

他想做点儿什么，为汉人尽量争到利益，收获平安。为此，他把赵佶的御笔扔到了一边。

先谈燕京，赵良嗣直接把“燕京并所管州城”合并成了燕京路，这样燕京六州打包在了一起。

阿骨打想了想，给。

赵良嗣出示御笔，里边有“原是汉地”这四字。那好，阿骨打皇帝，既然是旧地，翻翻辽国的旧皇历，燕京也包括西京（今山西大同）。怎样，一起给了吧？

阿骨打想了想，给。但是，要在抓住阿适（耶律延禧小名）之后才给。

……嗯，这是设置时间障碍了。抓住辽国皇帝和攻破上京城是不一样的，城待在那儿不动，人可以在辽阔的帝国里疯跑，山川河流深谷野林，在哪里躲着都不好找。说是抓到之后给，抓不到怎样，抓到了拖着怎样，抓到时是尸体怎样，都不好说。

但总比不答应强。

赵良嗣趁热打铁，说平（今河北卢龙）、营（今河北昌黎）、滦（今河北滦县）也在燕京路之内。刚说到这儿，金国方面有人站了出来，脸色很不对劲。这人名叫高庆裔，是辽东渤海人，一直在辽国当官，辽国的事儿他都清楚。

这人对赵良嗣说，这三州可不在燕京路内，除非你翻五代十国的皇历，不然怎样都搅不到一起。赵良嗣的头低了下去，他知道，到底线了。

接下来谈的是钱。

御笔上说，可以把每年给辽国的钱转账给金国，那么就是每年 50 万两白银。可赵良嗣提出，每年 30 万两吧？

对此阿骨打一笑，他没用手下人支招，自己说了句话——你们每年给辽国人钱时，燕云十六州都是辽国人占着；现在我给你们城了，为什么钱反而少了？

赵良嗣无言以对，他怀疑对面坐着的真是只懂舞刀弄枪、杀人放火的野人吗？社会真是大熔炉，在造反的过程中都脱胎换骨了。

自此，宋、金两方把土地和钱都谈出了结果，最后的问题凝结到出兵。怎样出兵非常讲究，谁先动了，谁先杀到了哪儿，会造成现实中哪座城被夺下来。万一要是占了不该占的，比如宋朝把易州西北的紫金关、昌平县西边的居庸关、顺州北边的古北口、景州东北的松亭关，尤其是平州东边的榆关（也就是山海关）都抢到手，那么金军就算想翻脸动手，也没了进关的路。

有高庆裔这样的辽国通在现场，赵良嗣想打马虎眼也难。最后双方约定，金军自平地松林（今内蒙古克什克腾旗一带）趋古北口（今北京密云东北）；宋军自雄州（今河北雄安）趋白沟（今河北高碑店东自北而南的白沟河）。

至于动手的时间，视形势发展另行敲定。

赵良嗣带着一肚子的郁闷回国了。这次出使，他受了很大的刺激。第一是金军的战斗力，实在是太强悍了。眼睁睁地看着辽上京一天就陷落，让他实在是心里发抖。第二，没料到女真人的头脑也非常精明，他尽力争取，也只是把辽西京纳入合约，还是有条件限制的。

这些，都是要对皇帝、宰相仔细汇报，计划要跟着形势走了，原先以为是火中取栗，哪怕有些风险，可机遇不容错过。现在看来很像是与虎谋皮，搞不好会引火烧身啊！

回国后，赵良嗣把各项发现仔细报告，皇帝、大臣们也听得非常认真。如他所料，赵佶、蔡京等人都急了，他们一阵懊恼，追悔莫及，十万火急派人再次渡海，跟女真人打商量——老兄我写错了，不是燕京所属，是整个燕云十六州啊！

赵良嗣差点儿背过气去，这几个货根本就没把他的警告放在心里，着急的是好处谈丢了，没占着大便宜……

面对宋朝的出尔反尔，阿骨打没客气，回答得硬邦邦的。要十六州没有，辽西京也不给了，你们胃口越来越大，再这么搞，合同作废。

到这一步，赵佶等人才泄气，唉，这帮野人啥也不懂，对汉族的皇帝怎么能这样粗暴呢，应该有求必应、百依百顺才对嘛。真是不知礼仪不开化，连烧火都不配的榆木疙瘩。

好吧，只能走一步看一步，先把燕京路六州拿到手再说。

贪小便宜吃大亏，丢了到手的辽西京之后，两国的合同终于签订。第二年即1121年的五月，金国使者渡海到了宋朝，这一次是商量什么时候出兵了。可是不知为什么，这一次宋朝变得犹豫模糊，金使什么都问不出来，一连等了三个月，没敲定任何实事。

金使气得没办法，只好郁闷回国。他终于认同了首领说过的一句话——见鬼的汉人总出幺蛾子，纯朴的女真人实在不适应！

其实，这次他冤枉宋朝了。

第十章　灭国级蛀虫

在七个月前，也就是1120年十月初九，宋朝的南方爆发了方腊起义。关于这次起义，几乎每个中国人都能说出个一二来。比如江南徭役过重，剥削太狠，宋朝当局只管玩乐，不理朝政，整天只想着花石纲等，这些都没错。更详细些的，会把责任确认在几个特殊的人身上。

比如蔡京、童贯、梁师成，还有王黼、李彦、朱勔。

这六人中的前三位已经是老熟人了，后面的三个比较生。现在，他们终于出场了，宋史里鼎鼎大名的“六贼”聚在了一起。

一般来说，六个人是相提并论的，好像他们对历史进程的作用相差无几。这不对，某天我坐在阳台上出神，偶然间灵机一动，分出了他们的不同之处。

蔡京、童贯、梁师成，这三个人是自主创业的第一代，他们白手起家，在阴谋陷阱、枪林弹雨里杀出一条血路，踩着无数的竞争者，爬到了帝国的巅峰地位。

他们的特点是聪明、理智、知道深浅。没有最基础的三样，他们早就成了别人的踏脚石，变成一个个悲剧了。

这三个特点也决定了他们的危害性。哪怕他们再能折腾，也有个底线，他们懂什么是做得的，什么是做不得的，他们明白帝国是一条船，如果不顾一切地乱搞，会把他们一起带进漩涡，大家都得淹死。

可王黼、李彦、朱勔不一样，他们三个再加上杨戬、高俅，属于富二代。他们的成功来得太迅速、太容易了，或是投靠，如王、李、杨、高，或是血缘关系，如朱二世，别人奋斗终生都取不来的高官厚禄、金银美女，对他们来说几乎是唾手可得。

站在帝国之巅放眼望去，每一处土地、每一个人都由着他们折腾，随便他们祸害。一次次的成功，一次次的无责任，让他们相信，做什么都没有关系，做什么都没有后果。

于是，他们在帝国的每一个角落里胡来，搞出了各种各样的乱子，方腊起义，不过是其中之一。所以在说起义的细节之前，很有必要先把这几个富二代介绍清楚。

以职务高低、危害大小为标准，从低到高排列，应该从高俅说起。他是这批虫子里最不起眼的副班长。这有些出人意料，人们印象中的高太尉是集卑鄙无耻、懦弱残暴于一体的妖孽人物，在《水浒传》里的恶人排名榜上，他比蔡京都高，雄踞北宋第一名。

可是在现实中，他实在是恶得有限。

高俅没有文凭，属于自学成才，据分析，他的才应该很不错，因为他能在北宋第一文豪苏轼的手下做些抄抄写写的活儿。以东坡之才情，怎能忍受一个字写得难看，行文粗陋的人在身边呢？

所以高俅无论是言谈还是文字能力，都至少在中人之上。

苏轼很喜欢高俅，在被排挤出京城到外地当官前，他还把高俅推荐给别的高官。第一个，是曾布。曾布是顶级高官，足以荫护高俅。但很遗憾，曾布说手边人够了，于是只好另找别家。

高俅投靠了驸马都尉王诜。

这是一个不称职的驸马，王诜的生活太香艳了，成天招蜂引蝶，活生生地把蜀国长公主气死了。结果把宋神宗惹得大怒，公主刚安葬，立即把王诜撤职。可这不耽误王诜和赵佶之间的私人友谊。

两人是宋朝宗室里的绘画高手，每天恨不得25个小时腻在一起。

某一天，王诜派高俅给赵佶送去一个梳头用的篦子，当时赵佶正在踢球。高俅的机遇到了，他目不转睛地看，看得未来的皇帝主动问他，你看什么，你会踢吗？

高俅不仅会踢，还敢上场，那天他超水平发挥，一下子把赵佶踢成了票友，每天都离不开他。从此他成了赵佶的亲信，等到哲宗去世，赵佶登基，他跟着鸡犬升天，做到了殿前司长官。

这是军职，从此之后，北宋的军队变味了。

具体地说，高俅把国家的军队当成了自己的工程队，给他盖房子、修花园；当成了手工作坊，军人加工器皿，运到外地去卖；当成了跟班，每天不去训练，陪着他东走西逛；还被他没收了军饷，没有生活来源，逼着军人们从事各种额外工作，以养家糊口。

在这个过程中，北宋京师重地的禁军完蛋了，军事素质一泻千里，等到大难临头时，尽管人数众多，可毫无战斗力可言。

然而，所谓的腐化禁军，烂掉战斗力之类的事，不是他开的先河。

自宋朝建立以来，除了开国皇帝赵匡胤时期，京师禁军百战百胜，威慑内外，到了赵光义时就全完蛋了。燕云之役、雍熙北伐、君子馆惨败，这三战之后，禁军老骨头都没了，剩下的都是少爷兵。

每月领军粮，都雇人往家里背，废物懒惰到这地步，还有什么指望？至于让官兵干私活儿，更不是高俅的专利，真宗、仁宗时期留下了很多的传说，比如哪位兵哥哥的手艺独到，做出了什么新玩意儿，哪位兵哥哥好运气，给哪位长官跑长途，赚了多少钱。

这种事儿太多了，严格地说，高俅对北宋禁军的伤害顶多是雪上加霜，要是把军队烂掉的帽子扣到他头上，实在是不准确。

高俅的上一位是杨戬。之所以这样排，说实话是委屈了点儿，但没办法，谁让他死得早，徒弟还太神勇呢？

杨戬，北宋太监，主管御花园。通过前面说过的艮岳等超级宫殿名园的建设，我们知道，这是当时最重要的政府工作。尽管童贯、梁师成等人都插了手，但专职负责这类事儿的杨戬，更是红得发紫，手眼通天。

在官位上，杨戬只凭着盖房子、修园子，就能和隐相梁师成平起平坐，达到节度使的高度。按说有了这样的名分、职权，杨戬蛮可以大打出手，和梁师成争夺一下太监里的“战斗机”，尝尝后宫权势第一人的滋味。可是他不，他很聪明，很知道进退，没去惹握着国家符印的梁隐相。

他另有爱好。

自古以来，太监最爱的是钱。作为无妻无儿无女，甚至伤残身体，把祖宗也抛弃的太监，这个世界除了钱以外，还有什么是真实的呢？

于是，杨戬成了当时最能圈钱，也最敢圈钱的人。

杨戬搞上了土地买卖，他成立了一个叫“西城所”的部门，专门派人下乡，到各州县召集民众，核查田契。

各地的百姓很配合，政府要查证，还不小跑着回家取？取来后，西城所的人开始问，这块地是从哪儿来的？答，父亲留下来的；好，你父亲是从哪儿搞来的？答，爷爷留下来的……以此类推，直到问及祖祖太爷以上。

年代太久远，嗯，好，拿出证据来，证明是你祖祖太爷给你祖太爷的！

百姓崩溃。

上面是祖传型崩溃，有聪明的另想了别的法子，面对质问，他会说，这是我买的；好，你从哪儿买的；答，东村头甲；好，找东村头甲来；问甲从哪儿买的，如此类推，可以推到甲乙丙丁戊己庚辛壬癸的后边去，到那一步，就算是007邦德穿越过去，也别想找出最早的那个买主。

西城所能一直追问到五代十国。

于是，百姓再次崩溃。

崩溃的结果是加租加税，只要定下来，以后哪怕天灾人祸颗粒无收，也别想逃债。这种方法从汝州开始推广，波及覆盖到京东、京西、淮西、淮北等各大富饶区。怎样，挺狠吧？不，这只是杨戬用土地圈钱的各种办法中的一个，严格说来，是很复杂、很笨的一个。

后来他想明白了，与其这样折腾，不如无中生有。西城所在全国范围内勘查哪儿有废堤、弃堰、荒山、退滩、淤流滩地等无主地段，强迫就近的农民去耕种。

只要种上了，立即成了他的终身制佃户，无休无止，祖祖辈辈向他交租。到后来他贪到了连水面上的营生也不放过，大名鼎鼎的梁山泊就被他圈了进去，每条渔船都成了他的产业。估计当地姓阮的三兄弟就是被他刺激了，才去打家劫舍的。

杨戬辉煌的圈钱生涯结束于1021年，他得病死了。但他的精神长存，又一个杰出的钱痨型太监出现，做得比他更卖力。

李彦出场。

这是北宋“太监三剑客”中的最后一员，也是其中最凶残的一个。他全盘接手了杨戬的圈钱生意，操作的方式却比杨戬先进太多了，以至于连西城所都失去了意义。

根本就不用去查地契的嘛，费那个劲儿干什么，李彦派人直接站到看好的土地上，然后大声宣布，这是无主荒地！

就这么简单，谁不同意谁去死。

做得最狠的一次，他派人把鲁山县（今属河南）的田地契都集中起来，当着契主的面，一把火全烧了，全县的土地都变成了“公田”。

全变成了公田，公田是不交税的，那么原来的税怎么办？这是个问题，涉及皇帝陛下的腰包。李彦想了想，这样吧，鲁山县已经是我的了，不能再为难他们。把原来的税，摊派到邻近州县去吧。

在这种乾坤大挪移的转换下，既保证了皇帝的腰包不缩水，还确保了他本人的腰包变丰满，这是多么完美的办法！

史称，被李彦看中的“荒地”居民们生活变成了这样：“……农不得之田，牛不得耕垦，殚财靡刍，力竭饿死，或自缢辕轭间。”

以上就是李二代的行为了，做法毫无遮掩性，连一点点的自愧心理、畏罪心理都没有。这就是典型的富二代、权二代们的行为，他们根本就不觉得自己做错了什么，根本就不认为有什么狗屁法律存在！

截止到这里，相信大家对李彦已经咬牙切齿恨之入骨了吧？别，先别忙，在北宋恶人榜上他只是倒数第三而已，就算在他擅长的业务范围内，也有人比他更强。

他主管的地盘在西北，宋朝时的西北算是老牌的政治经济中心，但是在实际指标上，长江以南已经迅猛崛起，政治上连续出现宰执人员，如王安石、曾布、章惇、蔡京、蔡卞等人，抛开西北代表司马光先生，几乎垄断了神宗之后的宋朝权力。

经济上更是一枝独秀，可以说开封城的繁华，自从宋太祖开始，就是由江南支撑的。

排名在李彦之上的，就是把江南搞成人间地狱的那个人。

朱冲之子朱勔。

朱冲作为一个白手起家的人，是很有分寸的。他在刚刚有点儿钱之后，就乐善好施，据说灾年施粥、寒天舍衣，在东南一带很有善名。

直到他遇到了蔡京，为艮岳等名园项目服务，气焰才有所抬高。可就算是这样，他也很低调，一直乖乖地隐藏在蔡京等人的身后，很踏实地赚取黑心钱。

朱二代不是这样，他的一切都是张扬猖狂的。彻底分析一下他的生活，才会明白当时天下最牛的富二代到了什么程度。

朱勔的生活圈子分成两个：一个在江南老根据地；另一个在开封京城。先说京城吧，毕竟要从低往高说，倒啖甘蔗才有滋味。

在京城，朱勔是快乐的代名词，注意，不是说他很快乐，是说他是整个开封官场的快乐。他走到哪里金钱就淹没到哪里，每年他孝敬给官员队伍的钱，绝对要超过赵佶开出去的工资。另外，他还是个渠道，通过他，哪怕是皇宫深处的隐秘，都能第一时间了解。

因为他能随时出入宫禁，在皇宫的每一个角落闲逛，甚至不需要避开嫔妃。为什么呢？因为他是花石纲的代表，他有义务、有责任巡视皇帝的家，看看哪里还需要什么装潢点缀。

这项工作朱二代干得很认真，经常得到奖励。比如某天他突然在袍子的肩膀部位绣了一只金色的手，别人问他这是啥，朱勔很虔诚地说，刚刚这里被陛下的龙手抚摩过……又一次他的胳膊上突然缠了一块黄罗绢，这条胳膊表现僵直，一动不动，哪怕是与人打招呼行礼，也举不起来。大家问，朱二代，你中年麻痹了？答：哪里哪里，刚刚这条胳膊的这个部位被陛下再次抚摩了一下。

这是他在开封城里，表现得很舍财、很快乐，并且有些小可爱。可他回到江南之后，就是另一副嘴脸了。其表现是，他在京城里所有的谦卑可爱都成百倍地找回了平衡。

先是钱，一般人认为朱家的钱是从国库里掏出来的，他们每往京城里运送一批花石纲，就能漫天要价，把石头换成金子搬回家。这没错，但不全面。财富到了朱家的程度，金子银子什么的都是垃圾，他们要的是皇帝级别的东西——土地。

玩到最后，玩的都是土地。朱家的田产跨郡连邑，用州、县这样的尺度单位已经没法测量了，每年收上来的租子达到十余万石。

接下来是地产。

朱家是皇家园林供应商，自己住的地方会差吗？先是大，“甲第名园，几半吴郡”，这个吴郡可不是单指一个地界，这是说自古传下来的吴越之地里的吴，是个代名词，是江南的象征。朱家的花园，达到半个江南！至于怎么来的，有一个例子。

苏州园林甲天下，孙老桥一带在北宋时更是名园，被朱勔看中了，他伪造圣旨，说是皇帝征用，强行逼迫数百户人家搬走。动迁当天，号哭一片，是北宋强拆的代表作了。

再接下来的是权。

朱勔本人的官衔很一般，在1120年之前，他是随州观察使、庆远军承宣使。这是虚衔，如果不挂上些职能部门的差使，在开封城里吃白食都能让店家打出来。

两年之后，北方燕云战线出了结果，赵佶一时高兴，普天大庆，宋朝官员集体升职，朱勔才升到了宁远军节度使、醴泉观使。这还是虚衔，节度使早就没人要了，读书人顶这个衔都觉得丢人；醴泉观……一听就是个道观，多领一份工资罢了。

这就是朱勔在开封城里的官方地位，如果他在赵佶的面前红度下降，那么身价立即一落千丈，没人会再搭理他。

可回到长江之南，他是另一个人了。在那一片广大的，比长江之北失去燕云地区的北中国还要大一些的江南之地，他的权力远比赵佶要直接。

不是比赵佶大，而是更直接。

整个江南的官府都是他的幕僚，像郡守一级的官，很多都是他的亲信。他所到之处，连退了休的宰执人员都得亲自出迎。他的兄弟子侄娶的都是皇家宗室之女，他的大小老婆都有官方封诰，他家里有150多个人有八、九、十品武官的职称，而这些人只是给他挑水种地打扫院子的奴仆！

而他本人每个月里总有两次必须要做的小事，烦啊，每个月的初一、十五这两天，江南地区的省市级高官都要到朱家集合，接受他的点名……每当此时，朱勔还是相当郁闷的，因为他不得不把赵佶的画像挂起来，算是替皇帝检阅。

可谁给他的权力把皇帝的画像挂在他家里的？

挂了，又能把他咋地？

如此一来，长江以南，宋朝官方的命令几乎没有威慑力，真正掌权的是朱家，这一点连开封城也知道，时间长了，大家为了表示认可，给朱家送了个外号——“东南小朝廷”。

稳占南中国，割据半边天，如此威势，朱勔也只是二当家，他在北宋恶人榜要排在另一个人之后，那就是宋朝当红的宰执王黼。

王黼，字将明，开封人。原名王甫，之所以改了名，是因为赵佶喜欢他。嗯，说来东汉也有个王甫，在当时举国闻名，乃是一位顶天立地的……大太监。

宋朝的王黼是一个帅到妖孽都没法复制的大帅哥，金发碧眼，面如敷粉，长身玉立，就像漂洋过海从西半球穿越到宋朝的白种人一样。这样的人让赵佶怎么能忽视呢？比他养在艮岳的各种珍禽异兽长得还特殊！

细查王黼的发迹史，可以集中到两个字——捧、拆。

他第一次在官场里捧的人是同学何志的老爸。何老爹名叫何执中，是赵佶刚登基时的次相，当时王黼很上进，是真材实料考上来的进士，何执中看在是儿子的同学，并且被捧得很开心的分儿上，推荐他当上了校书郎、左司谏。

这是一份天大的恩情，一个小小的进士，连三甲都没入，就直接当上了馆阁人员，并且在知谏院兼职，这是多么高的起点，想想几十年前王安石、苏轼想进馆阁还得经过考试，范仲淹想进知谏院还得先到外地当多年的地方官。

对王黼之恩，连何执中自己都觉得太大了，所以经常性地挂在嘴边，有事没事地向同事亲友讲讲，来标榜自己是多么宽仁厚德。某一天，他在和亲爱的同事蔡京闲聊时也说了一遍。这一次，他没能等来认可的眼光和推崇的称赞，而是蔡京递过来的一份奏章。

打开一看，何执中差点儿没被气死，那居然是王黼弹劾他的“二十恶事”。这是王黼在官场里的第一拆，至于理由嘛，是因为他抱住了另一条大腿，正在帮这条大腿踢绊脚石。

王黼每捧一个人，都会得到百倍的收益，每拆一个人，更会得到千倍万倍的回报。这一点在北宋历史上绝无仅有，成功率达到 98%。

失败的 2%，其中的一例是非常完整的失败，另一例他只是分别在两个人的身上搞砸了0.5%。即，他敢去捧，也捧出了效果，却没法拆。

那两个人捧的功夫比他深，拆的办法更是让他望尘莫及，每每他刚刚想拆，立即就被吓得浑身冷汗、魂不附体。他确信，只要他真的敢动手脚，那两个人一定会让他死得非常难看。

这两个人是蔡京、童贯。

蔡京为什么要让何执中知道王黼在过河拆桥呢？很简单，王黼抱上的就是蔡京的大腿，他要把何执中拆倒，好让蔡京在相位上唯我独尊。这是他的见面礼，希望这样能进入蔡氏集团，加入瓜分宋朝天下的行列里。

蔡京很高兴有人来投靠他，可绝不想让人把他当傻瓜。这个惯于过河拆桥的小子，他一眼就看穿了。这种人可以用，却一定要能镇得住。

恶仆得有个恶主人。

所以蔡京在刚开始时就来了个下马威。王黼懂了，也怕了，从这之后他再也不敢惹蔡京，甚至蔡氏集团的其他人。于是他得到了好处，蔡京把他提到了谏议大夫、御史中丞的位置。

御史中丞，这是御史台长官，是宋朝言官的首领。可以说王黼一步登天，从原来的副司级升到了正部级。这是个多么大的跨度，有些人终生都别想越过，他却只用了不到两年的时间。这在北宋升官史上空前绝后，只此一例。

快速升官后王黼没心思享受，他害怕。他的身家性命、官场安全都维系在蔡京的一念之间，这样做官有什么意思？他想了想，做人得勤奋，他还得继续捧、继续拆，才能过上有保障的生活。

他捧的第三个人是梁师成。

方向正确，从概率上讲，能与宰相蔡京抗衡的只有隐相梁师成、媪相童贯两人。童贯的势力在军界，与他没关系，当此时此势，只有梁师成是他的援手。另外捧梁师成还有些别的妙处。

在官场中，王黼已经到了一个“瓶颈”，再升上去他就是宰执官，要威胁到蔡京的地位了。到那时无论他怎样表忠心认主子，蔡京都会把他当成威胁。那么出路在何方，真的要一辈子当蔡京的马仔吗？

不，坏人永远都只忠于自己，王黼的理想远大着呢。

梁师成意味着一片崭新的天空，能让他肆意展翅无所顾忌。因为梁师成知道，他不可能挥剑自宫变成太监，去抢他的饭碗。

王黼展开了他有史以来最卖力的捧人行动，他豁出去了，啥也不在乎了，为了能在精神物质上双重打动梁师成，他以父礼尊崇梁太监，公开声称是他的“恩府先生”。历史证明他正中梁师成的要害，做太监做到梁师成的地位，人世间有什么东西还能打动他？是万两黄金还是绝世美人……呸，送太监美女，小心被乱棒打出来。

梁师成的致命缺陷在于他是太监，这一生都别想有儿子。现在像王黼这样有身份（正牌进士，御史中丞）、有相貌（白面金睛，长身玉立）的美男子突然来袭，不由分说叫亲爹，他凭什么不立即晕倒，严重销魂，叫王黼亲儿子？

亲爹是很给力的，先是给王黼铺设了新的道路，把触须伸进了皇宫内院。这就是蔡京集团力所不及的地方了，这是隐相的专属地区，除了梁师成，没人能伸得进手来。第二步更干脆，在1119年时，各方面势力发动，把王黼推上了特进、少宰的位置。

少宰，是次相的身份……王黼从谏议大夫到少宰，直接越过了八阶官衔，越过了宋朝官制中必经的考核流程，越过了所有人的心理底线。当他就职那天，官方还赠送了他一套地处城西的豪华住宅，由教坊乐队做前导，带着全副家具日用品，簇拥着他搬家。

那天全开封的人见证了王黼的崛起，群情耸动，知道这人飞黄腾达了。在远处，蔡京也在看着，他的心里有些失落。他知道，这个人已经跳出了他的手掌，不再是他的亲信、他的小跟班了。

他的预感是正确的，一年之后，他被赵佶罢相，接替他的人就是王黼。

王黼区区一个普通进士，一个没有任何根基、任何背景、任何成绩的小人物，只靠阿谀奉承过河拆桥，就以空前的速度从校书郎到御史台长官，从御史台长官到宰执，四五年时间连跳近二十级，直达国家权力的顶峰——宰执！

这说明什么呢？国之将亡，必出妖孽。

该妖孽刚上任时把全国百姓也捧了一下，他把蔡京时期的各种不合理政策全推倒，一时间条令清晰依法办事，乌烟瘴气的宋朝上层社会突然间空气清新了。

史书里给了他一句这样的评价——“四方翕然称贤相”。

王黼居然是贤德的宰相……可惜转眼间原形毕露，他看清了局势，眼前大好河山，锦绣社稷，正是大块的肥肉，谁都在咬，为何不去做咬得最狠的那一个呢？

王黼，是整个北宋时最大最狠的贪官，其贪欲之盛，贼胆之大，绝对是北宋第一人，甚至是自唐朝以后、截至清朝的第一人。像和珅之流，远远不能与之相比，他所逊色的，只是东、西两晋时的高门贵族，那些人某天心血来潮想在自己的家里逛一遍，居然得翻越好几座大山才能走完。

王黼之贪，动用的是国家机器。他上任之后，把花石纲扩编到整个宋朝全境，像李彦、朱勔在西北、江南两地玩命地折腾找钱，拆房倒屋地翻古玩花木，都是给谁的呢？

赵佶？

不，是给王黼。他是花石纲的纲主，应奉局的领导人。下面交上来的东西得先经他手，然后才能捧到赵佶的面前。在一次次的转手中，各种珍异宝物十有八九流入了他和梁师成的私人金库，只有一两份上缴皇宫。

以天下奉一人，这个人不是皇帝赵佶，而是宰相王黼。

这只是他的来钱渠道之一，严格说来，还属于暗箱操作，出朱勔、李彦之手，入王黼、梁师成之家，是奸贼们的地下活动。另一种方式就彪悍得多了，等于是明目张胆地抢劫。

王黼敢给国家公务员职称标价，比如“三千贯，直秘阁；五百贯，擢通判”。谁出钱谁当官，只要价格到了，王黼就能让你去上任。

这到底是宋朝的江山，还是王氏的社稷？

做人做到这地步，相信也没有什么是王黼所不敢的了。与之相比，童贯实在是个苦力，放着好日子不享受，非得跑到大西北跟一帮炮灰丘八混，离开兵营就觉得心中没底。

蔡京，似乎很有品位，也很奢侈，但是比较一下就会知道，他当年鄙视别人的话，那个“陋”字，正好可以反过来讽刺他自己。

比如蔡京喜欢薰香，每当有客人时，他派人在隔壁房间里燃几炉上好的龙涎香，中间隔以重帘。当香气郁满时突然撤帘，香雾如瀑布一样四面涌进。

每每客人目瞪口呆，蔡京轻松一笑，说：“香须如此烧，乃无烟气。”

又如蔡京精于美食，喜欢吃的是鹌鹑羹，这道菜每做一次都得杀数百只鹌鹑，因为用的只是鹌鹑的舌头；又如他爱吃蟹黄馒头，一次宴会，花在这种小吃上的钱就达到 1300 余贯。

再如蔡京奢侈，住的地方高楼广厦，重檐高翎，可惜的是，一到冬天，越高的屋子越冷，蔡奸贼年老体衰，冻得浑身发抖，实在没办法，只好盖了一处低矮小屋，在里边烧足了炭火过冬……

这些跟王黼比，只有一个字——陋！

王黼在开封城里的住处有两处，一处在相国寺东，一处在城西竹竿巷。想想花石纲是为他操办的，他的家能装修到什么地步？

他家里的假山石高达 10 余丈，合 30 多米，也就是现在 10 多层楼那么高。他家里装饰的不是雕梁画栋，而是螺钿。这是用天然的螺壳、玳瑁等磨薄，刻成花鸟人物等景致，镶嵌在房子的各个角落里，造价极其昂贵。其他的地方，简直是微缩版的艮岳。

在这样的府第里，王黼过着浓郁的香艳生活。他在卧室里放了一张榻，用金玉做成屏风，翠绮为幔帐，周围几十个小榻环绕，家里几十个老婆一起陪他快乐。

此情此景传遍京城街头时，不只是年老体衰的蔡哥哥，几乎每一个开封人都对他羡慕嫉妒恨，无法自已。

俗话说“财不露白”，尤其是政府官员，更是忌讳自己的豪华生活被曝光。按说王黼应该遮掩着点儿，最起码得瞒着赵佶，他满院子的花石纲要是被正主看见，还不得鸡飞蛋打、瞬间全家充公？不，王黼根本不在乎，他竟然不止一次把皇帝接到家里，让赵佶亲眼看看他家里都有啥。

赵佶也让人觉得奇怪，他竟然不恨不嫉妒，反而连声惊叹：“好快活的去处！”

这是为啥呢？自古以来臣子不能比皇帝过得好，下级一定得保持低调，王黼反其道而行之，居然没事，这到底是怎么回事？

原因很简单，在于“友谊”。

谁都有私生活，哪怕是一国之君，也需要放松。尤其是像赵佶这样有特殊情趣的高智商皇帝，只有真正地走进了他的私生活，才能在公开的官场上屹立不倒。之前蔡京、童贯就是这么做的，他们通过书画竹石等高雅之物，成功地融入了赵佶的本色生活里。

但与“友谊”相比，蔡京、童贯都要逊色了，他们两人走进的是赵佶私生活里的高雅部分，只是琴棋书画。这很有格调，但是在私密感上差太远了，没有真正触及一个人的心灵最深处。

每个人的心底都有一个恶魔的影子，都想去吃、喝、嫖、赌，去杀人放火，去为所欲为。只是身处正常社会里，都得忍住了，不是人装人。

在蔡京、童贯面前，赵佶忍住了，他是高雅之人；在王黼面前，赵佶可以原形毕露，他可以想干什么就干什么，比如去做小买卖。

王黼带着一大帮宫里的人，搞了个农贸市场，他当市场管理所的所长，赵佶是买家兼上级，可以在里边自由逛街、买东西、挑刺。某一次赵佶特意找他的麻烦，要重罚他，王黼立即哭丧着脸求饶："告尧舜，免一次。"

赵佶哈哈大笑："饶你不得，从重从严。"

这还只是一般友谊，更深的是两个公然逃班，从皇帝、宰相的位置上逃跑，悄悄溜到宫外寻欢作乐。每当此时，他们两人就换上平常人的衣服，躲开侍卫，溜到宫墙下边，想法子跳墙出宫。

宫墙太高了，是防职业刺客用的，赵佶怎么能爬得上去？王黼蹲下身子，给赵佶当人梯……

到外面的花花世界自由天地里去风流快活，李师师等传说陆续上演。综上所述，完全符合了男人之间的终极友谊。

这样的牢固程度，能是琴棋书画、花鸟鱼虫的票友所能比的吗？所以赵佶一点儿都不猜忌王黼，因为这是腻友加密友，两人的关系超级瓷实。

以上是截止到1121年，宋朝产生的各个妖孽的简介。这些人用种种手段在各自的领域里敲骨吸髓一样地折磨着宋朝，让宋朝全境的百姓生不如死。

但他们仍然不是最终极的代表。

在他们之后还有两个人，这两个人才是把宋朝扔进万丈深渊的人。其中一个是北宋灭亡时的群臣之首，他以各种萧奉先式的动作，把北宋搞死；另一个更上一层楼，以他终生不懈的努力，把汉人光复河山的最大也是最后的希望扼杀了。

前一个人姓李，要在四五年之后出场，接替的就是王黼的位置；后一个，严格地说，他崛起的时刻和完颜阿骨打、耶律大石重合，都在 1115 年。

那一年，这个人在宋朝的科考中一举成名。有人说他是当年的状元，有人说不是，史料散佚，这事儿没对证了，但他的才学是毋庸置疑的，哪怕每一个汉人，每朝每代的汉人都把他恨到了骨头里，也没法否认他的能力绝对是亿万人中的杰才。

他姓秦，叫秦桧。

在 1121 年左右，秦桧工作在教育系统里，最初时在密州（今山东诸城）当教授，之后调回京城当太学的学正。眼看着岁月蹉跎，他从政的道路还没有踏上正轨。此时，他的心里很郁闷。

妖孽们的简介到此为止，下面要说的是他们的工作结果。综合起来说，尽管王宰相的名望最高，李太监的手段最狠，高太尉的脚法最好，杨太监……嗯，死得最早，论工作效果，还是朱二世最好。

他所祸害的江南地区，最先受不了了。

第十一章 青溪县的真相

江南，从赵匡胤时期起，就是最没有社会地位，被剥削得最狠的地区。花石纲就像最后的一根稻草，终于把长江以南压垮了。

最先反抗的，不是被压迫得最惨的一个，而是最聪明、最冷静的那个人。这人叫方腊，睦州（今浙江淳安）青溪人。他家里开着一个漆园，算是中产阶层。史书里记载，他发动起义时，远没到山穷水尽的时候，而是他觉得机会到了。

方腊起义，以诛杀朱勔为口号，瞬间传遍江南，响应起义的人数不是“旬日之间可得万众”，而是几天之内达到了 10 万人。

在短短两个月之内，起义军攻占了青溪、睦州、歙州（今安徽歙县），再向北攻占了桐庐、富阳、杭州。

直到杭州城破，东南第一重镇丢失，消息才传进开封城。

地方官放弃幻想，承认自己失职。而消息到了开封之后，王黼继续幻想，想把这事压下去，别去打扰赵佶的享乐心情，也别破坏联金破辽的历史进程。

临近过年，方腊的大军已经抵近长江，威胁到宋朝的江北重镇淮南一带，淮南转运使受不了了，以省长的名义向京城告急，消息这才传进了赵佶的耳朵里。

赵佶在百忙之中召见童贯，命他率领 15 万西北军、禁军南征平叛。临走前他想了想，给了武装太监一个天大的特权——“如有急，当以御笔行之”。

童贯以赵佶的名义写了一份诏书，说花石纲的事儿是个误会，这些年的确从江南收购了很多花木竹石，但都是买的，官方特意拨了专款，下放到各级单位，三令五申要向民间公平买卖。可是没想到出了朱氏父子这样的败类，他们欺上瞒下，中饱私囊，不仅害苦了江南百姓，也欺骗了远在开封城里的皇帝。

所以，百姓们啊，俺也是受骗的人，和你们一样！

现在，皇帝已经知道错了，所以下令解散应奉局，废除花石纲，朱家满门全罢官，由有关部门带回京城受审。在这期间江南有过激行为的人，官方非常理解，赦免你们的罪过。

这是一份非常正规的罪己诏，它一下子缓解了江南百姓的情绪，比他们虐杀几百几千的贪官还管用。花石纲没了、朱家人倒了、皇帝道歉了、杀人放火无罪了……等于好日子终于出现了，那还造反干什么！于是，根深蒂固的君君臣臣父父子子理念复苏，大家各回各家，该干吗干吗去了。

可怜的方腊，被绝大多数阶级弟兄抛弃了。

这种局面形成之后，童贯的15万军队才展开进攻。关于进攻，实在没什么好说的，因为战况是一面倒的，没有相持，没有决战，方腊的人不断溃散、败退，直到他们回到了老家青溪。

宋军包围了整个青溪。

也许过程很单调、很枯燥嘛，如果看正常的史书就是这些。而我不会那么写，因为在这些单调里一直隐藏着无数的激流，在不久之后名扬天下、纵横无敌的国之将帅们都在这时崭露头角。

南征方腊，是张俊、刘光世、吴氏兄弟、韩世忠等人崛起的时候，他们都参加了，可以说，这是他们成名的跳板。

距离1103年介绍他们时，已经过去了18年，当年的少年们都长大了。这些年里，他们每个人或辛辛苦苦出生入死，或优哉游哉地混日子，都有了各自的一点点成绩。

先说刘光世，这位将门之子过得很顺。他不必从基层做起，他老爹刘延庆早把路铺好了，起点就是三班奉职，随着一年年长大，他的官职升到防御使、鄜延路兵马都监。至于打仗嘛，他也实习了几次，毕竟刘延庆是西北军里的主将之一，这些年宋朝和西夏没完没了地打架，上战场实在是很平常的事。

但史书上硬是没有刘光世的战绩记载。

这就是刘光世一生的写照，他是宋朝有名的将军，按名位顺序，他能排进前三，可就是找不出他有什么光辉的或是惨烈的战绩。

人家就是能顺利无比、快速无比地往上爬，名利双收地往上爬，哪怕老爹不在了，没人关照仍然不耽误地往上爬。

根据他的爬爬理论，在这次集体行动里，仍然会指日高升，所以还是不打扰他了，让他在父亲的羽翼下继续悠闲一年。一年之后天地动荡，他的衙内生活也要开始改变了。

接下来是张俊。

当年，默默走进西北军营的少年现在有官衔了，是承信郎。这个官职不大常见，翻一下宋朝官衔系统表，悄悄地说，这可真是个重活儿啊，首先阶级太多；其次变化太大，往往几年之间就变好几次。好在我还是查到了，它在1112年最后一次定职称，相当于三班奉职。

参照上面的刘光世，刘衙内起步就是三班奉职。人和人真是没法比，同一个官衔，张俊是走遍宋朝江山，从大西北打到大西南，血战近10年才勉强得到。

他17岁进入西北军当上三阳弓箭手，一直混在底层，默默无闻。到政和年间，宋朝的南方发生卜漏之战，宋廷调西北军精锐参战，张俊很幸运在参战部队里。这个据传说在很小时，也就是在17岁之前就当过强盗的小子杀得满身血腥，终于脱离了大兵的身份。

回到西北时，他当上了都指挥使。

两年后与西夏开战，张俊没挤进主攻队伍里，让富贵从手指缝溜走了，他是从攻者，分了他一个小小的“承信郎”。

这就是张俊的命运，他有力、有才、有心智，可惜的是没根基、没运气，这两个极端让他的心灵强烈地扭曲着，他要富贵要富贵要富贵！

这种心灵的呐喊一直伴随着他从少年走向青年，从青年逐渐走向中年。岁月蹉跎，时日无多，留给他的机会更少了，于是，当机会终于来临时，他会加倍凶狠、无所顾忌地扑过去，不管拦在前面的是什么，哪怕是天地难容、背信弃义，也别想挡住他。

我要富贵！

吴氏兄弟过得更加平淡，比张俊还要平淡。哥哥吴玠生性沉默寡言，每天除了练习弓马，就是静静地读书。久而久之，连军营里的人都会忘记他。

他属于有任务就派去叫，没事儿连影儿也找不着的人。在这18年里，他隶属于西北泾原军，托武装太监总是和西夏人掐架的福，他渐渐地一点儿一点儿地升了官。

这时他28岁，是义副尉、队将。简单地说，是小队长，或者大队长……他的弟弟吴璘更加安静，自始至终是哥哥的影子。哥哥是大队长，他是小队长，哥哥是小队长，他是副班长。

这对兄弟相扶相助，一起走过了人生的各个纪念日。

韩世忠是国之少年中的异类，在18岁那年他突然对当职业混混儿的日子厌烦了，那么做什么呢？他看了看自身条件，不当混混儿当山贼，不当山贼去当兵。

他走进了军营。

这18年走来，他的生活像是一只跳出深山的猛虎。俗话说，“狗行千里吃屎，狼行千里吃肉”，韩猛虎走到哪里都吃肉，是大块大块地吃，痛快淋漓地吃！

进军营先测试，韩世忠挽强弓骑烈马，史书记载“勇冠三军”。入伍没几年，宋夏战争爆发，韩世忠随军出塞，第一战在银州境内。那是一个小城，西夏人躲在城里固守，拒绝出战。

韩世忠一个人冲上城去，过关斩将，把敌将的人头扔出城外。宋军士气大振，一拥而进。第二战在蒿平岭，那里被西夏人包围了，韩世忠率领精锐骑兵去解围，顺利完成了任务，可是觉得不过瘾。他从小路又回去了，这时敌军云集，众寡悬殊，韩世忠不仅没跑，反而率领人马杀了过去。西夏人每隔十几年就会遇上宋朝的个别超级猛人，比如当年的王珪、任福、刘昌祚等，但在几十万人厮杀的战阵中，个人再猛也没啥效果。

可韩世忠不同，他一生的战役里玩的就是个人英雄主义，他总能用极少数的兵力扭转战局，干出不可思议的事来。比如这时，他居然把敌人打退了。退了之后他还是不过瘾，他问抓过来的俘虏，喂，那个骑兵很厉害嘛，他是谁？

中奖了，那是西夏当时的驸马，叫兀移。

韩世忠跃马过去，一刀砍倒，接着继续砍下去，直到西夏人全军崩溃。

这一战之后，西北军全知道有一个空前的猛人诞生了。他猛，他真猛，他太猛了！可是事情干过了头总会有点儿副作用。等论功行赏的时候，这种履历报上去，连西北主帅童贯都不信了。

骗人是吧……武装太监觉得郁闷，骗人居然骗到了俺的头上。哼，这么多功劳，有一个是真的就不错了。对，只给他记一次功。

消息传来，整个西北军为他鸣不平，凭什么啊，这世道连英雄都没法当！反观韩世忠本人倒是没什么，在他的心里，这不过多砍了几个人，少拿点儿工钱而已，难道以后再砍不着了吗？

嘁，急什么。

于是他骂声鸟，转身蹿进军营深处，去喝酒打架找乐子去了。机会很快就来了，他很幸运，被调到了最前线，去当工程兵。

前面说过，从范仲淹开始宋朝不断地在西北方面修堡垒，步步蚕食，把西夏人的生存空间挤掉。这一条是行之有效的，每一代西北大兵都在做，现在轮到了韩世忠。巧合的是，他所在的工程队，隶属于刘光世他爹刘延庆。

记住这条，事情只要和姓刘的沾边儿，就没个好。

韩世忠他们刚盖起来一座堡垒，起名叫天降山寨，就被西夏人占领了。这很令人窝火，但也平常，这种事常有，连城都被占来占去的，一个小兵寨子算什么！

可韩世忠受不了，这是他盖起来的。这人半夜起来独自摸上了寨墙，手起刀落砍了两个西夏人，想了想，这年头杀人是要讲证据的，不然太监不认账。他回身把两个人头切了下来，之后又想了想，杀人也要看时间、地点、人物的，散步时杀的和半夜爬墙杀，难度不一样的。于是他顺手把天降山寨的护墙毡子割下来两块，带回了营里。之后，这样的事他又做过两次，18 年过去之后，他官做到“勇副尉”。

比兵蛋子大一点儿的兵蛋子。

这简直是欺负人，最后连西北军的高层们自己都看不过去了。当韩世忠跟着童贯过长江打方腊时，补偿性地给了他一个偏将的头衔。

韩偏将高兴了，这直接导致了他对战场的渴望。历史证明，这次的南征几乎所有的风头都被他占尽，至于最后的结果嘛……参照之前打西夏的时候。

1121 年，国之少年中最小的那个人仍然远远地游离在主流之外。这个少年就是岳飞，这一年他 18 岁了，还是一个农民，在别的少年们走遍了山河大地，血染了征衣，心灵里浸渍了名利、愤郁时，他始终生活在农田里，为每年每季多打些粮食费尽了心机。

岳飞的成长是困苦的，《宋史·岳飞列传》中记载，他刚出生还没满月时，黄河在内黄地段决堤了，滔天的洪水里，他的妈妈姚氏夫人抱着他坐进一个大缸里，顺水漂流，才得了救。

生于忧患，奈何忧患到这地步，未满月连自己的家园都没有了。

当然也有不同的说法，现代研究宋史的大师们引经据典，说这事儿是没有的。原因有三：第一，北宋末年时，黄河并不流经内黄县境内；第二，岳飞生于 1103 年春天，黄河这时没决口；第三，在北宋史书中，没有记载黄河这一年曾在河南境内决口。

可是这能证明什么呢？

证明岳飞从小生活优越、衣食无缺、吃的是转基因食品、灵魂是穿越过去的，所以一生所作所为都没什么了不起的？

事实是，哪怕没有这场大水，岳飞的生活仍然困苦，他出生在贫瘠的土地上，长在贫困的农民家里，这决定了他的童年、少年只能过着勉强温饱的日子。在这种生活里，他没法接受最起码的私塾教育，认字看书都由父母教导，也没法吃到好东西，正常来说，他的身体素质会非常一般。

但岳飞是天才。

他的一生都在做着别人不敢做、不能做、不肯做、不会做甚至不敢去想的事，他人生的每一步都让人瞠目结舌。比如他的成长，截止到 18 岁，他的心灵成熟到了什么程度不好揣度，但他的身体强度达到了超级惊人的程度。

岳飞生有神力，挽弓达 300 斤，开腰弩八石。宋时八石，接近现在的 1000 斤，这种力量是宋代的巅峰，时值当世，只有韩世忠能与之匹敌。

洒脱的韩世忠，凭着这种勇力，无论是当混混儿还是当大兵，都逍遥快活。而岳飞生性沉厚忠义，他的心里有一道道的门槛，时刻制约着自己，永远不要行差踏错。这让他在做农民时越活越累，最后连温饱都保持不了，得出去给别人种田打工了。

岳飞的老家是相州汤阴，他打工的地方是相州最著名的一户人家，安阳韩氏的“昼锦堂”。这个名字很嚣张，典故出自项羽的那句败家名言——“富贵不还乡，如锦衣夜行”。

项羽就死在了这句话上。为了显摆，他白白地放弃了占尽了天时地利的秦国国都咸阳，把自己的国都定在了老家彭城。结果四面不靠，哪里出事都得亲自去救，搞得八方起火，直到刘邦、韩信会师，把他挤到江边全军覆没。

典故这样差，为什么还有人用呢？因为用的人百无禁忌。他就是北宋史上的异类，文臣里最神勇，武将里最有学问，文臣武将一起算，他永远和皇上靠得最近的那个人。

韩琦。

韩琦当官，堪称两袖金风，给家族留下了丰厚的遗产。昼锦堂是集庄园、别墅于一体的超大建筑群，光是国产就不下数千亩，这在那个到处刮地皮，全民族集体破产的时代，是非常抢眼的。可是像李彦、杨戬这些人却从来没把目光瞄向这块地。

韩氏一门权贵，在赵佶初年还有韩忠彦当过丞相，到韩琦的孙子这辈还能出使辽国，是地道的特权阶级，向来免税免役免欺压。这实在是个理想的打工地点，岳飞就投奔了这里。在昼锦堂里，岳飞做着两份工，一份是农活儿，另一份是保安。

据说有一次韩家被100多个强盗围攻，岳飞登上围墙，一箭射死叫张超的匪首。在历史上这是岳飞射杀的第一个人，解了韩氏的危难，却对自身的命运没有改善。改善什么？韩氏门下有多少将官折腰，连鼎鼎大名的狄青也得躬身站在韩琦的阶下，一个小小的农民，会射箭又怎样，还不是一个人下之人。

这样的生活岳飞还要再过两年才结束，那时他会走出这片小天地，到外面的广阔世界闯荡。

是的，他起步得太晚了，晚得错过了很多精彩的时段。但是冥冥中自有天意，两年后他出现在世人面前时，正是天翻地覆的关键时刻。

1121年，岳飞还在忍耐中。

没办法，他家里有老有小，都等着吃饭。忘了说，岳飞15岁时结婚，妻子是比他年纪大些的刘氏夫人，在他外出打工之前，第一个儿子岳云已经降生。

有人说岳云不是他亲生的，是义子。这其实和前面的那次决堤一样，是或不是，有什么不同吗？重要的是岳云是岳飞的好儿子，他的一生都追随在父亲身旁。于公，他是父亲最得力的部下；于私，他生死都和父亲在一起。

这样，就足够了！

回到江南睦州青溪县，这片青山溪谷战云密布，结成了一个死结。这道难题是宋朝开国161年以来，从来没有出现过的，哪怕仁宗朝时狄青远征岭南，都没这么难。

山里边有20万起义军负隅顽抗，这是跟着方腊走到底，连宋朝皇帝的罪己诏都不信的受苦人。

山外面紧紧包围着15万宋军，这是宋朝当时的全部家底，按实力计算，这是比狄青南征时都庞大的军力，无论如何战斗力要远远超出种田耕地的农夫。

可是童贯却不敢强攻，第一是地形不熟，青溪县的山很大，洞口很多，搞得像蜀川里的南蛮族人似的，钻进去就找不到；第二，方腊是敢拼命的人，他童贯敢吗？不用说拼光，只要折耗超过30%就是不敢想象的灾难，之后拿什么去抵挡西夏，拿什么去联金灭辽。这一切都得指望手边的这些兵，这是绝对不能有损耗的。

但是，不打进去，方腊能灭掉吗？

这道难题困住了宋军方面的所有人，多少身经百战的将军谋士都想不出办法来。死结拧得越来越紧，这时没人注意到，有一个大兵的身影悄悄溜出了军营，摸进了青溪山里。

这个人避开了山路，潜入了幽暗的深谷，他不知道方向，只是想当然地往更深更暗的地方走。他想得很简单，无论谁想藏在深山里，都会选择又险又深又难走的地方，方腊就应该在那种地方躲着。但是理论和实际真的有差距啊，山很大很大，要找到什么时候才能把方腊摸出来？

有困难，可难不住这个人。这人在山里转来转去，据说是突然间遇到了一个在深山里生活的女人。这是多好的运气啊，不仅遇到了原住民，而且该原住民还告诉了他方腊藏身的具体位置。

呸！

每当看到这里，我都忍不住要向记录这段历史的宋朝史官吐唾沫。

想在深山老林里挖出游击队是那么容易的吗？美国人抓拉登，赏银开到几千万美元……这位神奇的宋朝大兵居然进山没多久就偶遇了一个，并且对方很配合地指出了方腊的藏身地点。这可信吗？

你直接说他像条狼一样在深谷里潜行觅迹，遇到了或者抓到了一个当地妇女，他恐吓她或者买通她，搞到了方腊的藏身地点，也没什么丢人的，毕竟这是战争。

这人的胆子也大得要命，知道地点之后，他一个人就摸了进去，根本没想着回去搬援兵。在他的心里，这是英雄扬名立万的机会！皇上说了，谁能抓到方腊，得“两镇节钺”，相当于军区司令员了。

这是和平年代里，没有根基的普通大兵做梦都不敢想的位置，现在只要杀进去，凭自己一个人搞定就行，这是一件多么爽利的事。

该大兵继续在深谷之间穿行，一路上他应该要穿越很多明哨暗卡，这都难不倒他，溜进去几里山路之后，他终于来到了方腊藏身的洞穴前。

他冲了进去！一个人挺着一杆长枪，冲进不知深浅虚实的洞穴里，他居然反客为主，一连杀了几十个人，把方腊活生生地逮了出来。

但紧跟着最郁闷、最倒霉的事就来了。他把方腊抓了出去，没走多远就遇到了顶头上司辛兴宗，辛兴宗二话没说，指挥手下的兵一拥而上，抢了方腊就走。

官方认定，抓获方腊的人是辛兴宗。

那位神勇的大兵先生站在山里呆呆地出神。这就是现实，这就是赤裸裸的争名夺利。他有什么好说的，哪怕他叫韩世忠，也无济于事。

几乎每一个白手起家的大人物，在刚起步时都有一段辛酸的血泪史，在这时，岳飞得去种田当保安，韩世忠被白白抢走了功劳。

从这一刻起，他真正明白了这个世界的真相，太丑恶了，太卑鄙了！但可贵的是，韩世忠没被现实击倒。

他只是长了心眼，以后小心些，并没有随波逐流，变得跟这个世道一样厚黑无耻。

第十二章　燕云梦魇

童贯很荣耀地回到开封城，他突然发现，一个更大的战场在等着他。在这个战场上，危险真正地笼罩了他，就算再多100万的军队，也没法替他挡灾。

皇帝和首相一起恶搞他。

王黼拿了一张纸去见赵佶，上面写着童贯在江南发布的那道诏书。这相当于罪己诏。赵佶大怒，既羞又愧更怒，按惯例，下一瞬间童贯就会倒霉。

王黼满意了，他又成功地拆了一个人，搞倒童贯，他的势力会升得更高，甚至会渗进军队里，成为集政、军于一体的大佬，这是蔡京都没法比的。可是他还没来得及得意，立即就浑身冷汗。童贯反击了，武装太监不仅在第一时间得到了消息，而且迅速做出了反应。

具体的招数史书里没有记载，但结果是王黼大惊失色，立即投降。投降？罪己诏的事怎么办？影响怎么消除？皇帝的记忆怎么抹去？这总得有个说法吧？

童贯一概不管，谁挖的坑谁去填，王黼小儿，你去想办法吧！王黼欲哭无泪，这活儿的难度太高了，谁有记忆清除器借用一下，不然只要皇上记得罪己诏，这事儿总有再翻出来的一天。想来想去，王黼想到了一个利己利童贯也利赵佶的好办法。

他先去见赵佶，这样说：陛下，南方平定了，经济复苏了，花石纲恢复了，辽国快灭亡了，您还想要燕云十六州吗？如果想，那么得尽快，别被女真人都抢光了。

赵佶既喜又急，朕要，一定要燕云十六州。

好，那么童太尉……

让他出征。

赵佶搞定了。王黼再去见童贯，太尉，您英明神武，天下无敌，眼前大好机会，您定下的联金灭辽的计划可以实施了，我作为帝国首相全力支持您！

童贯惊喜，真的？

当然，在我的建议下，皇帝已经同意了，由您率军出征。

好，童贯满意。

王黼也满意，联金灭辽，这事办成了，普天同庆，谁也不会再记着罪己诏这块小阴影；要是办砸了，天塌地陷，在更大的麻烦面前没人理会小错处。

趁童贯高兴，他又加了一句：太尉，自古打仗费钱粮，为了您能顺利北伐，我决定亲自接手财政，希望您能同意。

童贯同意。之后王黼把枢密院踢到一边，在三省设立经抚房，专门为北伐筹款，命令每一个宋朝的成年男丁都要上缴免夫钱，这一项他刮到620万贯。想了想，他觉得意犹未尽，北伐是要过黄河的，那么顺便把黄河也修一下吧。

修黄河利在全国，像淮、浙、江、湖、岭、蜀等地的，和黄河不沾边的男丁们也有责任，太远出不着力是吧？那么出钱。每人至少20贯，这样他又刮到了1700多万贯。

综上所述，堪称一份罪己诏引发的血案，联金灭辽达到了王黼、童贯、赵佶共同受益的目的。

事实上宋朝也必须得出兵了，计算一下时间，这时距离上次金国使者离开开封城已经过去了近10个月，战场瞬息万变，辽、金之间的局势早就天翻地覆了。

事情得从耶律延禧说起。

这位仁兄的心态非常好，上京都危在旦夕，他却很悠闲。他公开对外界宣称——我和宋朝是兄弟，和西夏是舅甥，就算辽国丢了，到哪里也还是一世富贵。

说完就干，他把大批的金银珠宝打了500多包，绑在了2000多匹马上，随时准备跑路。这是一个多么天才的皇帝啊，他想用这种方法显示自己很有底气吗？

比他更天才的是他的大臣萧奉先。

萧大臣再接再厉，在助金灭辽的工作上做出了决定性的壮举。他在这样的紧急关头，把辽国的军政体系彻底搞垮。

耶律延禧有六个儿子，分别是晋王耶律敖卢斡、梁王耶律雅里、燕王耶律挞鲁、赵王耶律习泥烈、秦王耶律定、许王耶律宁。

最杰出的是晋王耶律敖卢斡。

耶律延禧主要的妃子有两个：文妃、元妃。文妃生晋王耶律敖卢斡，元妃生秦王耶律定，这位元妃还是萧奉先的妹妹。

萧奉先在国家都将要保不住的情况下，突然间心血来潮决定搞一次宫廷政变，把外甥推上皇帝的宝座。那么晋王一系就必须去死。

想要达到这个目的，政变的范围就太大了。除去晋王本身的势力外，光是他妈妈文妃的势力就超强。文妃有一姐一妹，姐姐的丈夫是宗室人员耶律挞葛里，妹妹的丈夫叫耶律余睹，是辽国当时数一数二的将军，当时正率军在前线和金国人交战。

由此可见，晋王体系是多么完整，由内而外，从政到军，全套的家伙都齐全。相应地说，如果真的摧毁了这一切，那么辽国的军政实力立即降档。当此国难之时，这么搞纯粹是自杀行为。可萧奉先不管，他的眼里只有自己家里这一小撮人的幸福。

为了小家毁大家，这是宋、辽两国的败类们共同的想法。萧奉先一个人干了蔡京、童贯、梁师成、王黼等所有人的活儿，他的业务水平之高，实在是那个时代里最炫目的存在。

机会来了。

某一天，文妃的姐姐亲情发作，不可遏制。她先是进宫看望了二妹、外甥，之后又想起了三妹，真是好久不见了啊，无论如何要见到。

她带着自己的丈夫去前线，她的三妹、三妹夫都在军队里。这样一幕感人的亲情戏落在全辽国人的眼里，都感叹真是大姐比母，爱得深沉啊。可落在了萧奉先的眼里，瞬间就变味了。

他去向耶律延禧告发，说晋王系发动了政变，文妃的姐姐先去皇宫联络了文妃、晋王，现在去前线联络耶律余睹，只要军权到手，您只好去做太上皇了。

耶律延禧立即怒了，他不由分说杀了文妃、文妃大姐、姐夫，只留了晋王一条命，并派人去前线召回耶律余睹……耶律余睹蒙了，他招谁惹谁了，正给国家卖命呢，突然间国家要他的命，这是为了什么？当他清醒过来之后，留下的路只剩下了两条。

等死或跑路。

跑到哪儿去？身负如此冤屈，还要躲藏一世吗？耶律余睹一怒之下决定投靠金国，借金兵的力量来复仇。就这样，完颜阿骨打凭空捡到了宝贝。

清朝是倾全国之力，打赢松山之战后才抓到的洪承畴，从此得到了明朝的活地图，进关后无往不胜。而金国人是毫不费力，由萧奉先倒贴捡到了耶律余睹。

耶律余睹满腔怨毒，积极工作，上岗没几天就拿下了辽上京，接着在 1122 年的正月里攻破辽中京，速度之快，让完颜阿骨打都不敢相信，原来朕最好的将军居然是辽国人。

耶律延禧慌了，辽中京刚被威胁时，他就迅速南逃，逃到了燕云十六州。到辽中京陷落之后，没等金军杀过来，他立即起身奔向鸳鸯泊（今河北张北西北）。他觉得那片是块野地，是他平时打猎的地方，一来熟，二来远，金国人应该不会再追了。

但他低估了耶律余睹的愤怒，耶律余睹脚前脚后地就追来了，而且还带来了一个超猛的金将完颜娄室。完颜娄室的地位相当于辽国的耶律休哥，起兵以来号称常胜，是金国的军中之胆。他只是缺了一份完颜阿骨打直系亲属的血脉，不然粘罕、兀术之流都只能是他的小跟班。

如此杀星莅临，换谁都会想着怎样逃跑吧？可萧奉先不，他的大脑结构肯定和一般人不一样，他居然找到了一个全新的解决办法。下面是他和耶律延禧的对话。

萧奉先：陛下，追兵又近了。

耶律延禧：难道我不知道？！

萧奉先：您知道耶律余睹为什么穷追不舍吗？

耶律延禧：这个不知道。

萧奉先：这是因为我们中间还有晋王，他是耶律余睹的内侄，耶律余睹叛乱之心不死，他是想夺回晋王，另立辽帝，只有这样他才会罢兵。

耶律延禧呆滞。

萧奉先：同理，只有杀了晋王，断了耶律余睹的希望，他才会罢兵！

耶律延禧暴怒：真的这样吗？全天下人都知道，朕为了辽国什么都可以舍弃。为了救国，为了救民……杀晋王！

晋王就这样死了。

以上就是辽史里赫赫有名的“为国杀子”事件。这件事从构思到发展到结局，无一不是辽国灭亡的浓缩版，耶律延禧和萧奉先紧密配合，真正做到了只要你敢挖坑我就敢跳，只要你敢跳，我就敢再挖坑的良性循环。

晋王死了，萧奉先的外甥秦王耶律定终于爬上了辽国皇储的第一顺位，可这有什么用呢？悲愤的耶律余睹有了更大的动力，他无视鸳鸯泊的复杂地形，率军杀了过来，发誓要为两位大姨子、一位连襟、一位外甥报仇。

有趣的是，直到这时耶律延禧仍然没回过味儿来，他带着萧奉先、耶律定、500包珠宝、2000匹骏马继续跑路，下一站是辽西京（今山西大同）。只要他跑，耶律余睹就继续追，只要他追，耶律延禧就继续跑。这是上演了无数次的主旋律了，金国人简直是追着耶律延禧跑，跑过哪儿，哪片疆土就到手。

自古以来改朝换代，从来没有这么轻松、荒诞、愉快的。

辽西京也不是终点站，耶律延禧跑到这儿仍然不放心，他想了想，又一次离开城市跑进了森林，这次够狠，他选的地点是夹山（今内蒙古武川西南）。这是一片真正的原始森林了，以女真人的原始程度也不敢孤军深入，追击终于告一段落。

到这里，辽国五京已经丢了四个，只剩下了南京析津府，也就是燕云十六州里的幽州，现在的北京城。在这里，辽国有一部分军队，一整套政府班子，外加一个王。

他就是魏王耶律淳，只有他，给辽国留下了仅存的一点点尊严。

在1122年前后，他的军队不多，只有六七万人。有两个宰相，都是汉人，分别是张琳、李处温。有一个妻子，封号是萧德妃。此外，还有一个官场新人，他的名字叫耶律大石。

在合法的皇帝逃进原始森林之后，辽国最富庶、最文明的燕云十六州没有想着向敌人投降，而是积极地抵抗。

耶律淳被推举为新皇帝，他的就任很仓促，甚至不合法，他的任期也很短，前后不超过三个月，但他在历史上留下非常牛的印迹。

为了纪念他，历史把他治理下的燕云十六州称为“北辽”。

北辽面临的最大危机不是女真人，而是世代友好的兄弟之邦宋朝。耶律淳就任的时候，正是宋朝扑灭方腊起义，童贯腾出手来准备北上的时段。刚刚好，这两个人碰在了一起。

在宋朝一方，这简直是天赐良机，情况好得出乎意料，连之前的失误都能补回来。之前渡海结盟时，赵佶摆了大乌龙，把燕云十六州的地理区域都搞错了，导致金国人只答应了一小半的土地转让。现在，辽国皇帝耶律延禧一路狂跑，把金军的主力都引到了蒙古草原的深处，燕云十六州附近只剩下辽军的残余兵力。

只要出兵快，打得狠，管他什么金国不金国，趁机抢到手，以前谈的合同就是一张废纸！

宋军带着这种欲望出征，为了必胜，童贯率领15万大军（一说10万）出开封，这里面的成员有西北军、禁军，等到了东北方边界之后，还有原来驻守的边防军，这样最起码可以达到20万以上的军力。

无论从哪方面讲，都足以压倒燕云战区的辽军。何况这时辽国人魂不附体，早就被吓垮了。更何况燕云地区主要是汉人，自古以来汉人的向心力都是超强的，他们会主动帮助宋军收复故土。

战前分析到这步，赵佶也来了兴致。他从每天忙碌到没有一分钟俗人事务的生活里抽出了几分钟，给童贯批了一个条子，给这次军事行动定性：

童爱卿，我有三点要求：第一，最好的结局是号召汉人恢复故土，我们自动得到燕云全境；第二，让辽国人保持自治也可以，但耶律淳必须纳款称藩，成为宋朝的属臣；第三，实在不行，你可以提军巡边，在边境上等待时机。

所谓的时机，说的是等金军主力从草原深处杀回来，那时南北夹击，燕云必破。但是宋朝想得到好处就比较难了，毕竟是火中取栗。

童贯的北伐大军分成东西两路，东路军由种师道率领，从白沟发起攻势，西路军由辛兴宗率领，目标是范村。两军相比，东路军无论是兵力还是攻势方向，都是主力军。

战争的最初焦点，集中在白沟。

白沟，即今河北高碑店东自北而南的白沟河。它地处京、津、保三角腹地，北距北京 204 里，东至天津 216 里，南到保定 124 里，是这片土地的天然中心，自古以来都是兵家的必争之地。追溯源头，战国时燕太子丹派荆轲献图刺杀秦始皇，那张图里所绘的地方，就是白沟区域。

当年宋朝连番血战，动辄近百万人生死，赵光义耗尽一生心血，也没能抢回它。这回童贯出征，本应该突然袭击，瞬间越过国境线，但搞来搞去，还是在白沟这里和辽军相遇。

宋军将领是号称“万人敌”的杨可世，对面是最强的耶律大石。

杨可世被自己的后军老将赵德卖了，留下他孤军被辽国人包围。他率军突围，刚刚起步，就遇到了最大的凶险。耶律大石是进士，他太聪明了，根本就不给宋军机会，他集结了军队里的弓箭手，守住南端，向宋军密集攒射。

非常准确，命中杨可世。

杨可世的血瞬间就流了下来，流量之大，很快就灌满了他的战靴。他中的不是普通的箭，是辽国特制的铁蒺藜箭。这样的创伤，足以让人失去战斗力。但杨可世却越伤越勇，他让辽人知道了什么叫作“万人敌”。他“怒发裂眦”，突入敌阵，连杀百余名敌骑，率领人马冲出了重围，回到营寨。

真是神勇，足以让辽国人目瞪口呆，可是回顾战况，无论如何都是宋军败了。哪怕没有损失多少士卒，没丢掉阵地，仍然输掉了第一回合。

杨可世重伤，宋军的前军统制就此远离战阵。出师不利，种师道意兴阑珊，这仗他本来就不愿意打，出了这事，更是懒懒散散。当天夜里，耶律大石率领辽军来夜袭，种师道坐拥优势兵力没有出击，只是命令全军各营金鼓齐鸣，辽人不知虚实，只好退走；第二天耶律大石又来挑战，这回光线良好，他居然想冲进来踹营。

这胃口大得让种师道恼火，只是个前军小接触占点儿优势嘛，居然猖狂到这地步了。他下令全军准备大木棒子，把营门口打开，放辽国人进来。

结果辽国人满头大包地往回跑，限于史料的精确性差点儿，没法证明耶律大石的状元脑袋上是不是也红肿一片。有了这种教训之后，东线战场上短暂地清静了一小会儿。无论是种师道还是耶律大石都把目光投向了西方。

西方范村，在今天河北涿州市的西南方，宋军西路军主将辛兴宗在这里遇到了一大堆“国际联军”。他左看右看，凭着多年的外战经验，认出了对面的敌人分别是契丹人、汉人、渤海人、奚人。这让他的心情大好，辽国已经没落到这步田地了，全国精锐丧失殆尽，守卫燕云十六州这样重要的地段，居然拿不出本族的军队。

辛兴宗抱着这样的想法走上战场，注定了要被撞得头破血流。范村等待他的辽军的确是一支杂牌军，但要看掌握在谁的手里。

领军的叫萧干，他家祖传的杂牌手艺，可以说是辽国世袭的杂牌军领导。萧，是辽国后族的姓氏，萧干这一支世袭奚王，专门做少数民族的工作，到他这辈已经是第六代了。关于怎样整合不同民族，捏合成集中的战斗力，他是燕云地区的不二人选。

战斗开始，宋军的纪律性得到了完美体现。从赵光义开始，直到赵佶共有七位皇帝，每一代都要求宋朝的将军们听指挥守纪律，按照事先布置好的阵图打架。于是乎，每一场战斗都是样板戏，从头到尾，都像流水线一样规范划一。

与东线一样，西路军也先是派出前军去挑战。这多经典，多理智，举国决战嘛，怎么也得试探一下，知道对方的虚实不是？

结果和东路军一样，他们也落进了重重包围。原因很简单，他们是仗着人多势众来占便宜，心里很轻松，辽军却是在拼命，尤其是人少。那么除了一拥而上之外，还有别的办法吗？

于是时光倒流，又到了宋将表现英勇的时刻，落进重围，杀出重围，真是可歌可泣的壮举！只不过“万人敌”实在太少，西路军里暂时缺货，他们一路被萧干纠缠着败向大营，眼看着要把西路军的营寨冲开。

关键时刻辛兴宗站了出来，他下令全军接应，甚至自己亲自上阵，以上将节钺督战，才把萧干挡了回去。战后盘点，他的大营没丢，还能挺在前线，但是前军统制王渊歇菜了，他全身浴血，几乎是被人扶着回到营地的。

最重要的是士气一落千丈。宋军集体蒙了，不是说辽国立马就灭亡了吗，不是说军队都死光了吗，不是说个个吓得要死饿得要死，区别只是死在宋朝人手里还是金国人手里吗？怎么还会这么野蛮？

一连串的问题搞不清楚，光是调整心态就够他们忙的了。总之一句话，西路军很惨、很忧伤，但和童贯比起来，他们还算是轻松快乐的。

真正闹心的是童贯。他坐镇后方，等来的是一个接一个的伤亡报告，这和他预料的相差太远了，他比谁都想跳脚骂人，他很想对苍天怒吼一声——这还是我的西军吗？还是战无不胜，破过城灭过国的西军吗？要知道宋辽百年无战事，两国在边境上的力量基本持平，那么宋朝的河朔地区已经是军事真空地带，为什么辽国的燕云地区还有这样的军队？

当时的童贯是想不清这些问题的，不光是他，只有全盘掌握了宋、辽、金三国同时期的历史进程资料，才能分析清楚，给出这些答案。

第一，为什么辽军变强了？

这是因为金国的刺激。百年安宁，养得契丹人和宋人一样肥胖白嫩不知所谓，但几年之间濒临亡国灭种，这是什么压力？哪怕是被动应战，几年之间也会让战力升级，更不用说举国反抗的狂热情绪了。

第二，为什么西军变弱了？

老天在上，查一下西军近19年以来的战史，答案会自动出来。不算哲宗时代对吐蕃、西夏的战争，从赵佶即位开始，西军先是收复河湟，再和西夏开战，连续不断地打了8年，其间还抽调主力两次南下，一次扫平卜漏，一次平定方腊，接着马不停蹄进军燕云。这样密集的作战任务，就算20世纪的全机械化部队也吃不消，何况是以步兵为主的12世纪冷兵器军队。

更何况在这19年间，除了和西夏的战争互有胜负之外，宋朝的西军保持着百分之百的胜率，并且从来都是在规定时间里干脆利落地打出来的。

所以现在童贯不必无语问苍天，他应该扪心自问，为什么要对西军这样苛刻。就算宋朝当局总是给西军派任务，就算西军的确是宋朝唯一的一支决胜部队，哪里出事都得派它去，但童贯作为直系领导，是不是得为属下争点儿喘息的时间？

这种局势下，宋臣的抢功之心反而越发高涨。

蔡京的儿子蔡攸从东京火速赶来；一向沉稳老练一动不动的刘延庆也开始伸手，

这位党项族高官是西军当时的二号人物，权位仅在童贯之下。一直以来，他所做的事就是端坐在大后方的中军帐里，通过通讯员和前线交流，干的是遥控指挥的高端技术。可这时不行了，眼看着辽国一碰就倒，功名利禄近在眼前，再无动于衷，怎么对得起自己的良心呢？

他要求冲到最前线，由他带兵冲进燕京城！

童贯同意了，同时大造舆论，向燕云敌占区宣传宋朝的进攻决心、利民事项以及辽军投降后的光明前景。他坚信这次肯定有作用，不为别的，之前亲情没法感化的，现在危机临头，只要没傻透的肯定知道好歹。事实证明他想对了，招降信发出去之后，简直是从者如云。

燕云十六州中的易州、涿州主动投降。

易州守将高凤、涿州守将郭药师主动向宋朝投降。高凤也就算了，郭药师却非同小可，前面提过，他是渤海人，他手下的军队是由辽国最北部的居民组成的，这些人在女真人进攻时最先失去了家园，满腹怨恨，耶律延禧看中了这点，给他们取名叫“怨军”。

怨军被女真人轻易击败，但在辽军中仍然是首屈一指的战斗力，郭药师以一个边缘族郡的外人，只凭着这股近 8000 人的军力，就做到了燕云十六州之中的一州之主，其影响可想而知。

现在他主动投诚过来，宋军上下顿时一片舒爽，辽国完了，这下子铁定完了！得出这个结论之后，宋军才出征。

西军集结了 10 万人，刘延庆亲自上阵，郭药师的怨军作为向导，他们兴冲冲地上路，杀向了幽州城。这次出征没人再紧张了，简直是像郊游一样，不分前军，没有殿后，中军是肯定有的，但一般人找不着，10 多万人拥在一起上路，成一个大扇面前进，谁知道大首领在哪儿？

这种局面让一些人心里没底，有人忍不住提醒了刘延庆一下，说这样会被偷袭的，不管怎样辽军仍然很能打。

结果不仅刘延庆冷笑，连郭药师都不屑一顾。你们实在太不了解情况了，辽军现在都缩在幽州城里，搞治安都来不及，靠什么偷袭？

谁敢偷袭？

尽管放心大胆地前进，只要看到了幽州城，就是成功的时候。结果他们走到了良乡（今属北京）附近，后来据有些人说，真的隐约看到了幽州城，不过却没见着长啥样，倒真的被偷袭了。

萧干真的离开了幽州城，在路上截着宋军，干了一票狠的。

战况有点儿乱，把西军打了个措手不及。说实话，场面真是很丢脸，但是损失不大。西军再惨也有个底线，就像群殴一样，把萧干打出去了。

战后盘点，真正的损失在刘延庆的心里。这位二当家下令停止前进，就地扎寨，往严实里扎，往结实里扎，一定要稳！

他不走了，他要好好地观察，搞清楚辽国人的现状到底怎样。他记得很清楚自己是为什么来的，摘桃子捡现成，要是桃子还没熟，他凑上去有什么意思。

郁闷中，郭药师悄悄地接近了他，向他郑重地恭喜。恭喜大帅，祝贺大帅，您的富贵到了。

你说啥？

刘延庆很不解，这个郭药师不是成心来挑事儿的吧？却见小郭同志很诚恳，他说幽州城里兵力有限，现在萧干亲自出征，带来至少一万人，这样城里已经空了。现在由您坐镇西军，把萧干拴在这里，我带怨军抄小路绕过战区，直接攻打幽州城门。以怨军的实力一定可以破门而入，到时只要您再派一个可靠的人接应一下，一定可以攻下幽州城。那时里应外合，全歼萧干所部，燕云其他州城群龙无首，必定不战而降。

不世战功，唾手可得！

兴奋……刘延庆一下子飞上了幸福的云端，这样也行？萧干偷袭居然偷出了刘氏的天大机遇。这样的话，派谁去接应呢？

有道是“肥水不流外人田”，他第一时间想到了自己亲爱的儿子刘光世。刘衙内这时已经升官了，平定方腊之后，他升到了观察使，是宋军里的高级武官。这次如果再率先攻入燕云首府，这样的功劳足以让他名垂青史，平步青云。

很好，就这么定了。

为了必胜，刘延庆把自己手边所有的底牌都打了出去，大将高世宣、“万人敌”杨可世都派给了郭药师，率领 6000 名怨军乘夜出发，绕小路夜袭幽州城。

一夜行军，晨光熹微时他们抵达幽州的迎春门。事实证明，这真的出乎辽人意料，他们想不到宋军刚刚失败就敢于大范围穿插，躲过了萧干的部队，突然间出现在幽州城门外。

一来出敌意外，二来怨军生猛，三来幽州的城防在郭药师的眼里没有秘密，他们快速发动进攻，没等辽军集结就攻克迎春门，杀进了幽州城。

这是近 200 年以来前所未有的事，汉人的军队攻进了幽州城！幽州繁华，街埠林立，道路宽广，平时利于通商，利于流通，这时就利于怨军的进攻。郭药师等人迅速占领城内各处关键点，直逼萧太后的行宫。这时的局面，只要抓到了这个女人，就等于攻克了辽人的心理防线。幽州，乃至于燕云十六州都将随之落进汉人的手里。

问题集中在一个女人的身上，事儿就好办了。郭药师他们想了想，做出了个最合理的组合动作。他们一边攻打幽州城里的关键地段，一边写了封信给萧太后。

之所以写信，是有个前因。

在郭药师投降之后，萧太后也曾经投降过，她派人送来了非常专业的投降书，说只要宋朝承认辽国在燕云地区的主导地位，那么从此当宋朝的属国也可以。

其实，投降书上的这个条件是童贯第一次攻打燕云时，赵佶的第二点要求。童贯曾经发给耶律淳，可是被拒绝了。旧事重提，萧太后希望仍然有效。

有效才怪，事实上双方这时都变了。童贯在落井下石，想的是斩草除根，把辽人都砍倒。萧太后更绝，她的投降书其实是一式两份，宋朝和金国每一方都送到了，在玩一仆二主。

她的小算盘无非是拖延时间。

但在宋朝人的心里，代表她怕了，这一点反映在战争里，就是可乘之机。想想这样一个胆怯的女人，发现敌人已经攻到了眼皮底下，只差一层内城墙就砍到身边了，她会怎么样？

哭着喊着求饶吧。

呵呵，肯定是这样！于是劝降通知书送出，郭药师等人边打边等。之后，他们等来了一个大麻烦，萧干突然出现，这人居然带着3000人火速杀回幽州城里，和怨军打起了巷战！

这就是萧太后的反应，她接到恐吓信不仅没被吓倒，反而派人向良乡方位的萧干求援。这是个死硬的女人，哪怕刀快砍到了脖子上，都选择硬挺。

查一下辽国的历史，凡是叫萧太后的，从来都是强人。当然，除了耶律洪基的老婆……回到幽州城里，萧干突然回援，打乱了怨军的阵脚。萧干的部下们眼睛都红了，这里是他们的家，怨军也好，汉人也好，都是杀人放火的东西，现在抢到他们的家里来了！

按平时的战斗力来衡量，他们远远不是怨军的对手，何况怨军里还有杨可世这等“万人敌”，同时人数比怨军少了一半。可这时情急拼命，怨军居然被他们打得节节后退，从城中心退向了迎春门。

郭药师等人感到了巨大的压力，但同时暗暗心喜。萧干回来得好，从大局上看，这是辽国人真正的败着，只要他们能再挺一会儿，宋军就将掌控全局。

萧干在良乡以一万人对抗 10 万西军，本就力不能支，现在为了应付怨军偷袭，抽调 3000 人回援，良乡方面的力量立即薄弱。

刘延庆指挥全军强攻，很可能一击即破。

幽州城里，萧干看似占尽上风，实际上只是他突如其来，打得怨军不知所措罢了。按原计划，刘光世很快就将率领生力军来接应，那时里应外合，萧干必将与幽州城一同陷落。

之后整个燕云地区动荡，其余十三州望风而降……千秋伟业，至此大定。在 1122 年十月，宋、辽两国的命运掌握在刘氏父子的手里，他们的意愿将决定历史的走向。他们只需要按计划行动，哪怕刘延庆按兵不动，只要刘光世能率军接应，那么一切就将水到渠成。

命运就在前面不远处的拐角处等着宋朝，光明、荣耀、失去近 200 年的民族守护城墙，都在触手可及的地方等着，只需要刘光世出现。

但是，在刘光世的一生中，他最不喜欢做的就是出现，他的习惯动作是消失。幽州城不是他第一次玩消失的地方，1122 年也不是他第一次掌握全民族命运的时刻，鬼知道为什么他这样的人总会掌握到那么重要的东西，但他就是掌握了。

接着就放弃了……那一天，刘光世没有出现在幽州城，他和那些约定好的生力军都不知去向。怨军陷在了幽州城里，他们名义上的敌人是 3000 名辽军，比他们少了一半还多，可你能相信像幽州这样大的历史名城，在面临灭顶之灾的时候，会全城沉默，任凭几千个敌人随意杀戮吗？

满城都是敌人，怨军节节败退，到后来他们发现自己被困在了城里，前面是敌人，后面是城门，只不过城门被关上了，重兵把守，他们攻了好几次，根本打不下来。

怎么办？他们只好打起了城墙的主意。他们用绳子系在城头上，一个个缒了下来。勉强活着逃出城的，只剩下了几百个人，而且都没了马。他们徒步逃生，从小路回到了大营。

偷袭失败了，士卒不算，连大将高世宣都死在了幽州城里。但这并不是末日，经此一役，宋军只是没占着便宜，对比辽国，萧干军队死的人也不少，他们来回奔波，已成疲军，而刘延庆的大营始终平稳，无论是战力还是物资，都保持着绝对的优势。

这一点刘延庆自己知道，所以他敢挺在良乡附近等消息；萧干也知道，这让他很绝望，他是很能打，但是满打满算只有不到一万兵力，总是以一敌十、敌二十，次数多了也会死人的。

但是他必须得赢……绝望中，他冷静了下来，仔细回想，他找到了宋军的破绽。

接战两次了，宋军本来有大胜的机会，为什么会输？问题都出在主将的身上，第一次是童贯被猪油蒙了心，不该退一定要退，不能打一定要打，等于是他玩死了西军；第二次，纯粹是刘氏父子的无厘头表演秀，刘爸爸行军像旅游，大平原上被偷袭，刘儿子玩失踪，眼睁睁地看着大好机会失去。

很好，萧干有了个非常荒诞、近于无聊的计划。

为了实施这个计划，他再一次冒险，带着人出了幽州城。这等于把幽州的城防又扔了。他悄悄地绕过了宋军大营，出现在宋、辽两国之间的交通要道上。

之后就是等，这么点兵力一直等在广阔无边的大平原上，直到等到宋军的运粮队出现。这期间他很幸运，没人发现他们，很显然刘延庆把巡逻队都关在了大营里，全体关门睡大觉。

在这种危险地段，萧干带人冲了出来，把宋军的运粮队劫了，临走时很不小心地透露了一个军情——辽军集结了三倍于宋军的军队，已经在良乡周边形成了包围圈，只等晚上举火为号，就一起围攻，把宋军全歼。

这个军情迅速地传到了刘延庆的耳朵里，刘延庆第一时间震惊了。天哪，狡猾的辽国人，万恶的辽国人！居然不声不响地给他挖了这样大的坑，今天晚上就围攻吗？那么危机迫在眉睫了吗？怎么办，怎么办，怎么办……他绕着圈子想办法，直到夜幕降临也没想出什么好办法来。

其实多简单，简单得接近无聊，非常荒诞，辽国只剩下燕云十四州了，连主城幽州都被攻进，萧干只能抽调 3000 人亲自回援拼命，哪儿还能再变出来 30 万辽军？

如果能这样，还会坐视宋军入境吗？早就在白沟那儿隔河阻击了。

这些刘延庆想不到，他完全被自身的安危吓着了，粮道被断，军情突然，一连串的突发事件让他慌了。当这一天晚上，夜幕下突然间火光四起时，他真的像是听到四面八方响起了辽国骑兵冲锋时的马蹄声。撤退，立即撤退！

刘延庆以最严厉的军令下达了撤退的命令，令全军不顾一切、扔掉一切火速逃跑，来不及带的各种战略战备物资，全部就地烧毁。

这一夜火光冲天，其中绝大部分是宋朝人自己点的。这片大火里烧的绝不仅仅是些帐篷、器械之类的东西，而是宋朝自熙宁变法以来积累的所有家底。其中最重要的是军粮。“……自熙、丰以来，所畜军食尽矣。”——《三朝北盟会编》

刘延庆管不了这些，在他心里，自家的性命才是最重要的。他拼命地跑，驱赶着士兵们和他一起跑，跑了一夜之后终于到了白沟。到这里，他松了一口气，看来危险终于逃过去了，前面就是国境线，过了河就安全了。但是就在这一刻，他发现了更大的危险。

辽军杀到了。

他昨晚并没有幻听，火光骤起时真的有马蹄声响起，萧干真的率军冲向了他们。只是由于实力悬殊，萧干没有直接动手，他一直尾随在宋军的背后，直到宋军跑了一夜心力交瘁时才发动攻击。

这时前有白沟界河，后有辽军铁骑，10 万宋军一夜奔逃，局势恶劣得无以复加。之后的事儿还用说吗，宋军扔下了足够多的尸体，才渡过白沟，回到了宋境。

第二次北伐结束。这一次宋军败到了惨不忍睹的地步，不要再说什么士气啊荣耀啊之类的事，每一个士兵都郁闷到要死。综观全局，他们根本不是被辽国人打败的，而是被辽国人吓败的！

老子不是被吓大的，是被吓死的！

这样的屈辱，完全是上层彻底腐烂的恶果。西军勇武又怎样，全军都是“万人敌”又怎样，只要有童贯、刘延庆、刘光世这样的大领导在，他们都得败，都得死，都得屈辱。

这一战过后，物资没有了，军力丧失了，士气泄了，这还只是自身的损失。看外面，辽国人、女真人都看清了一个事实，堂堂宋朝，如此庞然巨物，居然只是个纸老虎。哈哈，早知如此，当初就该调整政策，肥肉就要有肥肉的待遇。

尤其是女真人，他们再不把宋朝当成战略伙伴了。

以上仍然只是损失的一部分。北伐燕云更大的恶果要在两个月之后，以及两年半之后才真正显露出来，那时的宋朝才会自食其果，欲哭无泪。

第十三章　如此复燕云

1122年的年底，完颜阿骨打亲征燕云。

完颜阿骨打离燕京城还有很远的路，辽人就开始了大逃亡。他们离开幽州，从古北口逃离燕云地界，一路向西，去寻找逃得更远、更彻底的天祚帝耶律延禧。

金军的燕云之役，几乎没动刀兵，是直接骑马进的城。进城之后，全体金军的头都晕了……太幸福了，这就是传说中的完美之城吗？

他们看到的是前所未见的繁华，哪怕此前他们占领了辽国五京中的四京，也没见过这样的世界。燕云十六州是特殊的，它有辽人的特色，更多的是宋朝的色彩。它是当时辽国的最南端，是最接近宋朝文明的区域，无论是物质还是风采，都几乎与宋朝同步。

不走了。

哪儿也不去了，以完颜阿骨打为首，女真人沉醉在燕云十六州的桨声灯影里，每天逛逛街、抢花姑娘、做做抄家游戏，日子过得非常充实。当然，心情舒畅中，他们也做了两件正经事。

第一，派人向西追击辽国人。这件事必须要办，但不必急了，辽国人已经彻底玩不出花样，是实际上的亡国之人，就差灭种。

第二，比较麻烦，但充满了乐趣和幻想。女真人把目光投向了南方。

从1122年的年末，到1123年四月十七，女真人的生活可以归纳成四个字——心想事成。无论他们想到什么，想要什么，都会得到。

千言万语汇成了一句话——拿钱来！

除了当初说好的只给南朝六州24县，每年照旧收整个十六州的岁币之外，这六州24县里只给宋朝汉人的财产，其他的奚、契丹、渤海等族的人口财产全部归女真。

燕云区域的税赋是金国的。

辽国的天祚帝、萧干、耶律大石等人还没有抓到，这时归还燕云，实在是给宋人留下了隐患。这样吧，金国替你们抓人，可是粮草有问题。

20万石。

辽国的怨军郭药师部8000人在宋朝，这是死敌，一定要交出来。宋朝以幽州城辖区内150贯以上家产的共三万余户人家为代价，“买”下了怨军。

当宋朝人终于到了幽州城下，望着丢失200多年的故土根本来不及感慨，一个个没完没了的幺蛾子又迎面而来。

第一，之前谈好的租税落实了数额，每年100万两白银。这和每年的岁币不发生关系，于是宋朝得回燕云区域的六州24县之后，每年给金国140万两白银。

多吗？还有下文。

金国人提出，这每年100万两的租税不能用钱来交割，要用实物。这一条才是狠的，才是内行话。宋朝听到这个条件之后，第一反应就是辽国人在捣鬼。只有他们这些和宋朝打了百十来年交道的人才知道这里边的学问。

如果每年只给钱，那么生产力落后的金国拿着硬邦邦、冷冰冰的金属钱币一点儿用都没有。钱对老百姓有意义，对一个国家来说没意义，只有物资才是根本。

于是他们只能拿着宋朝给的钱，与宋朝做生意。这也是之前宋、辽两国的边贸合作方式，宋朝每年交出去的岁币，都能通过榷场赚回来。现在金国不要钱，要物资，这从根本上断绝了宋朝的侥幸，想想每年价值100万两白银的窟窿，这得用什么才能去填平？

第二，人口、财物全部带走，留给宋朝的只是一座座空城。

宋朝第一时间展开了声势浩大的庆祝活动。先是对有功人员进行封赏。

全体参与光复燕云行动的干部里，除了刘延庆之外都升官。如身临前线的蔡攸，升为少师；坐镇后方的宰相王黼由少师进位太傅，赏玉带；四方奔走的赵良嗣为延康殿学士。最大的一份功劳留给了伟大的武装太监童贯。

宋神宗有言——“复燕云者王”。

童贯先被封为豫国公，紧接着升为广阳郡王。郡王，在亲王之下，是次一档的王爵。但一来王爵仅亲、郡两级，二来宋朝立国近170年以来，太监封王者仅此一例，从哪方面讲，童贯都登峰造极，达到了不可思议的高度。

童贯的计划完成了，他真的通过联金灭辽达到了他人生、仕途的最高峰。

接下来是赵佶的盛宴。

时间停留在1123年的四月、五月之间，此时赵佶踌躇满志，他回望历史，仿佛看到了从太祖赵匡胤以来，直到他的兄长宋哲宗赵煦，宋朝所有的列祖列宗，他们终生努力的，他们无奈叹息的，那些始终像是梦幻泡影一样的事情，他都完成了。

灭吐蕃、破西夏、平内乱、复燕云……这些功绩他都做到了，连带着他史无前例的丹青文采，这样的人物不要说是宋朝，环顾汉人三千年历史，谁能与他比肩？

斯人斯事，必须铭刻碑石，传之万代。

精心准备了四个月之后，赵佶命时任燕山府知府的王安中作《复燕云碑》记此盛事。

几乎与此同时，完颜阿骨打死了。非常突然，事情要从女真人燕云撤退时掠走的那些燕云佳丽说起。

那是一批此前女真人从来没见过的美女。与她们相比，别说深山老林里生活的女真妇女，就连辽国的贵妇们也是黯然失色。她们是燕云人，与宋接壤，时尚温柔、典雅漂亮，从哪一方面看，都是空前的美人。

女真人着迷了，完颜阿骨打带头迷了进去，他无法自拔，越陷越深，直到精尽而亡，死在了从燕云回老家的路上。

伟大的完颜阿骨打就是这样死的。这可不是我乱讲的，他迅速病死，是金国的官方史书记载的，不信的人可以去翻《金太祖武元皇帝本纪》。

阿骨打死了，他的死和他的崛起一样迅速、突然、震撼。关于他的一生，很多史书归纳成两个字——完美。

完颜阿骨打在不到10年之间，算无遗策，战无不胜，攻无不克，联宋灭辽，终定大业。他不仅是军事上的大天才，更是杰出的政治家。

非常伟大。

说得都对，但不完全。完颜阿骨打之所以在现代人的心目中也是英雄，更动人心魄的是他的反抗精神。与之相比，他后来坐拥天下最强兵力所向披靡，的确很威风，但也没什么。历史强者谁没有横扫一切的时候？而他在冰封千里的松花江上、在头鱼宴上面对辽国皇帝的淫威保持了尊严的时候，才更让人佩服。这一点，哪怕是街头混混儿，都会伸出大拇指，叫一声“爷们儿”。

抛开这些，完颜阿骨打还迅速地创立了金国的军制，创造了女真人的文字，这些都对女真人的未来极其重要。他一生的功绩可以归纳成两句话——“他没有亲自灭亡辽国，但已经彻底奠定了胜局；他没有完成金国的建立，但已经铺好了道路。”

女真人从氏族部落向一个封建文明国家迈进，完全是他一个人的功劳。

好了，上边说的貌似已经很全了。但我仔细想了想，还没有。完颜阿骨打的一生是为女真人奉献的一生，除了生前，哪怕是死，也死得时机适当。

在1123年的八月以后，如果他还活着，历史一定不会是后来的样子。该发生的事哪怕发生了，也不会那样残暴得丑陋。

他是开国皇帝，这种人有个共同的特点，他们强大中饱含着恢宏、凶狠里保持着人性。他们杀人，杀很多的人，他们抢夺，抢最好的土地、最美的女人，可不惹人恨。

因为在他们的心里，或多或少，都存在着阳光、存在着不屈，他们是反抗者、是梦想者、是建设者。而他们的继任者是不同的，一世祖和二世祖的区别很明显，看赵匡胤、赵光义兄弟俩就全明白了，不看全盘的总结，只看行事作风。

南唐李后主在赵匡胤的手下活得有起码的尊严，可在赵光义的手下生命、女人哪一点都保证不了。回到女真人，完颜阿骨打这时死，一个时代终结了，随着他的弟弟完颜吴乞买继任，女真人变得残忍恶毒、贪得无厌，本应是个伟大的新兴民族，结果变成了一群只知破坏不懂建设的抢劫团伙。

耶律延禧，这位曾经的东亚老大，一不小心又成了世界的焦点。宋、金两国各用渠道，不遗余力地寻找他，可惜都找不着。

唯一找到他的人，是耶律大石。

这首先是藏的地点太隐蔽了。夹山，在史书里有这样一段记载——“夹山在沙漠之北，有泥潦六十里，独契丹能到达，他国所不能至。”

看来这是契丹人祖辈打猎探险留下来的一块世外桃源，具体地点一直流传在辽国皇室之中。这才可以解释，为什么从燕云地区逃走的辽军能准确地寻找到耶律延禧。

这时的耶律延禧很神奇，他不像是位亡国之君，反而显得斗志昂扬、精神焕发。他好运连连，先是得到了好消息，完颜阿骨打死了；另外得到了援军，阴山室韦谟葛失部落给了他足足五万多人的部队。室韦，是蒙古族的前身，他们的强悍地球人都知道。

这两样综合起来，让耶律延禧觉得复国有望，可以反击了。

就在这时，耶律大石找到了他。

时机明显不对，耶律延禧手握重兵，又有了皇帝的尊严。一见面他就对耶律大石严厉地质问：“我在，你们怎么敢立耶律淳？”

这是在问罪，罪名比蓄意谋反都重，是已经谋反。

耶律大石很平静，他说你以全国之势，不能拒敌。就算立10个耶律淳也都是太祖的子孙，不算便宜敌人，难道不比只知逃命强吗？

问得耶律延禧哑口无言。但是亡国之君就是与众不同，没话说了不等于没事可做，对于燕云地区曾经出过辽国的皇帝这件事，一定要有个说法，必须杀个人。

于是杀掉了耶律淳的老婆！

于是那位在宋军攻进幽州内城都冷静坚定、主持打退刘延庆的女士，就这样死在了自己人的手里。这还不算完，耶律大石也有别的任务要执行。

耶律延禧命耶律大石率军攻击金军。

伟大的耶律大石遭遇了“皇帝收割机”——完颜娄室。

完颜娄室，按战绩排名，他在金军第一代战将里面都遥遥领先，号称“常胜”。此人战无不胜，攻无不克，抓皇帝不止一个，不管是现任的、曾经的、未来的，只要叫他傍上了，全都跑不了。于是耶律大石悲剧了，被生擒活捉。

这种时刻，一般的正面人物应该只有一个命运了。自杀，或者被杀，只有死才能化被动成正面典型。可是耶律大石不一样，这个人忠于的不是哪一个特定的人，而是他的民族。死，太简单了，在整个民族都面临灭亡时，真正有勇气的人要活下去，要找到绝境中的那缕阳光。

耶律大石投降了，他文武全才，相貌堂堂，到哪里都让人喜欢。金国人不仅饶了他，还给了他官位，又给他重新配置了一个妻子，按照当时的投降标准来说，是非常到位的规格了。对此耶律大石很感动，主动要求为金国工作。

正中金国下怀，正不知道耶律延禧躲在哪儿呢，大石你从哪儿来回哪儿去，带着金军去抓耶律延禧。很好，这也正中耶律大石下怀，他料定会有这个任务，借此机会，他成功逃出了金军的手掌。自由之后，他回到夹山大本营。他变了，不再是耶律延禧的忠实臣子，他对这个颠三倒四、莫名其妙的皇帝彻底厌恶了，为了契丹，他做出了一个划时代的决定。

离开眼前的一切。

他带着 200 铁骑北上，三天之后过黑水（今内蒙古艾不盖河），再向西北，到达可敦城。之后他的生命是史诗级的，他在一片陌生的土地上白手起家，创立了一个在面积上与辽国全盛时期都不相上下的庞大帝国。有此根基之后，他回来了，哪怕有了皇帝宝座、富贵生活，仍旧要与金国一决高下。

耶律大石要在五年之后才会积蓄到足够的力量找金国算账，在这之前，他退出了辽、宋、金之间的大舞台，主角继续由耶律延禧担任。

这个耶律延禧彻底错乱了，强逼着耶律大石反攻金军失败之后，自己亲自上阵。结果自然是一路跑，连西夏和宋朝都在逃跑路线内。

谁也不敢收留他。

那么多年的猎没有白打，金军要抓住他还得费一些手脚，而且金军这时的目标变了，他们喜欢更远的南方。

最初的主角叫张觉。

张觉是辽国的进士，战前任燕云十六州里平州的节度副使。身为二把手，他无足轻重。但是战争爆发前，他的上司平州节度使萧谛里猪头症发作，对百姓态度粗暴，结果群众的力量很震撼，一拥而上，把萧谛里砍了。

张觉接班，成了大领导。他在两次宋辽战争、一次辽金战争中非常理智地保持观望，一方面静等结果，另一方面扩充实力，拥有了五万军队、1000 匹战马的实力。燕云陷落，宋金瓜分领地，十六州间宋六金九，剩下一个独立的就是他。

在完颜吴乞买召回各占地首领，商量继位大事的阶段，张觉有了新动作，除了自己的平州外，他带着营州、滦州一起归降了宋朝。前面提过，平、营、滦三州在辽国统称为“平州路”，而平州之东是榆关，榆关……就是后来的山海关！

历来兵家入关，必经山海关。这是燕云区域防务的重中之重，谁得到它，谁就等于得到进出中原的大门。这时张觉带着这三州一起倒向了宋朝，军事意义无比重大。

金国人立刻就急了，没等调集重兵，就地派了 3000 人攻向了平州。3000 人，这点兵力就算是在完颜阿骨打的率领下，也只够和辽军在野地里打架，想攻下燕云区域的重镇，简直是做梦。张觉只是关上城门，这3000人自己就走了。

张觉很兴奋，派他的弟弟到开封城报功。赵佶很兴奋，派专人带着敕书、诰命去平州发奖。当天的发奖仪式很盛大，张觉带着平州的头脑们出城迎接，就在这时，危险来到了他的身边。

金军突然杀到。统帅是完颜宗望，军力是10万人！完颜宗望是阿骨打的二儿子，本名斡离不，俗称“二太子”，与后来那位家喻户晓的“四太子”齐名。

查一下这个人的生平，这时是他一生中最郁闷、最窝火、最想杀人的时候。阿骨打起兵反辽，他的军功只在宗瀚之下，以他的资历、血统，金国皇位只能是他的。可是事到临头，居然便宜了他的叔叔。

……吴乞买，他有什么功劳，何德何能，居然当上了皇帝！

尽管不服，也仍然得服。吴乞买的政治手腕是非常高的，有他在，金国超强的军力不仅被用来开疆扩土，更是他操纵政局以达到平衡的砝码。

在完颜吴乞买统治期间，宋、辽两国的君主大臣遭遇很惨，金国本身的上层建筑也一批批地倒下，悄悄地说，他是一个成功版的赵光义。

回到平州城外，张觉反应非常快，他推开奖金证书一跃而起，上马就跑。这人真的被吓着了，哪怕平时喊过一万遍“金军不可怕，平州守得住”的口号，这时也全都忘了。平州城就在他的身后，即便有5万以上的军力、超级坚固的城墙做后盾，他都没敢回头。

此人一路狂奔，跑向了幽州城，投靠前“怨军”，现在叫“常胜军”的郭药师部了。

在他身后，10万金军冲向了平州城。无论是当时，还是后世，世人都认为平州城没救了，之前金军所向披靡，辽国五京被一一攻破，平州城再强，难道比辽国的都城还结实？在这种对比下，张觉逃跑似乎也情有可原，但是这些都错了。

完颜宗望以10万兵力围困平州城达半年之久，仍然无法攻破。半年之后，城里的兵打光了，只剩下几千人。城里的粮吃光了，连耗子都找不着。即使到了这个地步，平州人也不投降，他们冲了出去，突围南逃。金国人得到的，只是一座空荡荡的死城。

平州人用活生生的例子告诉了世界，金军没什么可怕的，哪怕是第一代的金军，也不是吃人的妖怪，只要敢于反抗，不仅能守得住，更能冲出去自由骄傲地活着。

形象地描述，平州城就是一支火炬，它熊熊燃烧在无边黑暗里，显得璀璨壮丽；准确地描述，平州城像一支火炬，壮丽璀璨地燃烧着，而它的周围，是一片无边无际的黑暗……真的太黑了，所有的人都眼睁睁地看着它陷落，不仅不救，还彻底无视。

该怯懦的仍然怯懦，该昏庸的继续昏庸。

宋朝迫不得已，杀了张觉和他的两个儿子，把人头送给完颜宗望，金国人这才满意。宋朝觉得又一次过了关，却不知道当时有个人正默默地注视着这一切，当张觉的人头被送出城之后，他悲愤地小声说了一句话："若金国索要我郭药师，难道也要交出去吗？"

这时的郭药师非同凡响了，他是赵佶钦定的幽州城防司令，手下除了近万人的常胜军之外，还有临时招募的30多万民兵。

毫不夸张地说，他的心理动态，就是燕云区域稳定系数的晴雨表。

这时是宋宣和七年（1125）十月，在极远的西方，辽国的末代皇帝耶律延禧终于在余睹谷被金将完颜娄室活捉，押往金朝上京。至此，辽国彻底灭亡，它对金国的威胁全部解除。

金国纵目四望，世界广阔，已没有敌人。但是完颜吴乞买亟须一个死敌。他的皇位非常不稳定，翻开资料，这个人在女真人的建国历史上几乎没有战功，一直隐身在后方，给哥哥阿骨打看家。这样的"业绩"放在汉民族的价值观上都不让人信服，比如宋太宗赵光义。

赵光义登基一直存在争议，那么在极其重视战绩的女真族开国第一代人物面前，吴乞买有多大的分量呢？答案是太轻。

他的一生，注定了要在本国战将派系之间走钢丝，既要联合他们更要分化他们，实在不行就要派事给他们做，指定好东西让他们去抢，绝对不能闲着。

在这种指导思想之下，他敏锐地捕捉到了一股暗地里涌动的反宋情绪，之后用行政手段把它完美地融入国策之中。

这股反宋情绪来自金国顶级战将的家属团，比如完颜宗翰的妻子萧氏，她是辽国皇帝耶律延禧的前妻；完颜宗望的妻子金辇公主，她是耶律延禧的女儿。又如辽国降将耶律余睹、刘彦宗、时立爱，这些人在金国成了新贵。

他们牢牢地记着宋朝乘人之危，攻打燕云十六州的仇恨。辽国是没力量报仇了，可金国可以利用，比如两位完颜太太，就一直在吹各自丈夫的枕头风。

善解人意的、成熟的政治家完颜吴乞买先生怎么会错过这样的好机会呢？反正是慷他人之慨，抢宋朝之财，同时转移国内军事大佬们的视线，何乐而不为？

宋宣和七年（1125）十月，童贯派人去向完颜宗翰讨还山后九州的时候，正是吴乞买下令正式伐宋之时。屠刀已经临头，可叹宋朝上层仍在做梦。

第十四章 靖康

金军在十一月初时南下，兵分两路。东路军由完颜宗望率领，出平州，攻幽州；西路军的主帅是完颜宗翰，他由云中（今山西大同）出发，进攻太原。

各自攻克目标后，渡黄河会师开封，进攻宋朝的都城。

童贯当时在太原，面临的是金国军事排名第一的完颜宗翰。这很相应，由宋朝兵马大元帅，对敌金国军事领袖，双方对等。

可结果居然是空白。

童贯先是愕然，惊叫出了一句名言，堪称是宋朝官场的共同心声——金国刚刚在边外远处立国，怎么敢做这样的事？

……连东亚最大的辽国都灭掉了，来打你宋朝很奇怪吗？童贯的脑子还真就转不过来，他稍微等了几天，当确定了消息的真假之后，瞬间变得灵动无比。

逃跑！

童贯第一时间上马南逃，速度之快，让太原知府张孝纯猝不及防，他跟着快跑，才拦住了广阳郡王。结果换来的却是一声怒吼：

“俺是宣抚，不是守土。留下我打仗，那么多的将军都是干什么吃的！”之后童贯纵马狂奔，消失在民众的视线里。从这一刻起，他数十年建立起来的赫赫威名彻底坍塌。在他身后，太原城牢牢地拖住了金军。

太原千年古都，要说文明什么的倒也说不上太多，它最著名的一点是“硬”！

超乎寻常、不可思议的硬度。历朝历代打到这儿的战争都会卡壳，远的不说，五代时以柴荣之强拿不下它；宋初时赵匡胤终生常胜，拿它没办法；赵光义举倾国之兵把它攻克了，可是却耗时半年，累得全军半死不活，最后在远征燕云时掉了链子，埋下了宋朝不能统一中土的祸根。

金军来了也是一样，完颜宗翰连取朔、代两州，到了太原时突然被顶住了。不管他们怎么进攻，太原城就挺在那里岿然不动。

完颜宗翰的脚步至此被绊住，太原城让他腹背受敌，首鼠两端，他的西路军一直在黄河周边转圈，想攻心里没底，想回去心有不甘。时间一天天地过去，直到历史书翻过了这一页，他都没想好要怎么办。而直到那时，太原城仍然是宋朝的。

回到东路的完颜宗望，这个人才是宋朝的灾星。

东路的金军先是在两天之内迅速攻破了檀、蓟两州，接着就杀向了燕云的首府幽州，郭药师降金，被重新任命为幽州城防司令。

紧接着由原辽籍汉人组成的“义胜军”也叛变了。金兵的西路军两天之内连下朔、代两州，全是义胜军内部搞鬼，朔州是他们在战事正酣时打开了城门，代州更直接，他们把守城的将军绑了，送到完颜宗翰的面前！

西线是这种局面，就算河东军想支援河北也做不到，只能眼睁睁地看着完颜宗望直扑黄河。而在黄河之前，宋朝还有几座河北路的军事重镇。

保州（今河北保定）、中山府（今河北定县）、北京大名府等是最后的屏障。

当战火烧到保州城附近时，消息终于传进了赵佶的耳朵里。这是个奇迹吧，局势已经到了当年澶渊大战的程度了，宋朝的皇帝居然才刚刚知道！

之所以会这样，一来是到了年底，每年的郊礼在即，每个官员都盼着大红包呢，谁会拿烦心事去恶心皇上？二来是赵佶本人曾经下过御笔，谁也不许“妄言边事”，破坏大好局面。

于是谁都憋着，即便下边的告急求救信堆成了山，官员们也坚持不去打扰皇上……这时问题捂不住了，一下子让宋朝全体上下都跳了起来。

每当读史看到这一段，我都忍不住欢呼。好，实在是太好了，这是宋史 20 年以来最大快人心的事，这是战报，是噩耗，是不醒的梦魇的开始，但也是让人振奋的喜讯！看看下面一连串发生的事，相信每一个心理正常的人都会笑得很开心。

先是赵佶被吓傻了，这个顶级公子哥继方腊起义事件之后，第二次下了罪己诏，把自己犯过的错一一历数，记忆力空前的好，哪件也没落下。接着把花石纲、应奉局等一大堆的混账衙门通通关闭，把骗来抢来的地契还给百姓。这些做完了，他派出使者向金国求和。

陕西转运判官李邺带着万两黄金上了路，几天之后回来，金子不见了，求和被拒绝，问他见到了什么，这人的回答很有趣。他一定是个新物种，受到极大的惊吓之后居然文采大发，他这样说：“金军人如虎，马如龙，上山如猿，入水如獭，其势如泰山，中国如累卵。”

赵佶更害怕了，这直接导致了狂欢的开始。在这个特定的历史时段里，之前所有不可一世的大臣权贵豪强，如蔡京、童贯、梁师成、王黼、朱冲、朱勔等人都原形毕露，他们是什么，都只是些在体制内部作威作福、狐假虎威的废物！

最先倒台的是蔡京。

恐惧是最好的清醒剂，赵佶惶惶不可终日，回想前尘，他一下子想到了谁是始作俑者。蔡爱卿……没有你哪有今天！

他派人去蔡京家，勒令蔡京写辞职报告，从此退出官场，不许在体制内生存。这就是赵佶所能想到的最凶狠的报复了，他仍然没想过要杀人，哪怕是罢官，也让蔡京自己辞职。而且他派去的人很有趣，一个是童贯，另一个居然是蔡京的长子蔡攸。

蔡氏父子真是一对活宝，老爹倒霉，儿子居然要亲眼见证。更有趣的是双方见面的时候，童贯说明来意后，蔡京就哭了，这时他 79 周岁了，白发苍苍老眼昏花，觉得自己特别委屈。他哭着对童贯说，皇上怎么就不允许我再过几年好日子呢，这一定是有人在诬告我。

童贯板起了铁脸，吐出三个字：“不知也。”

到这地步蔡京仍然不死心，他继续哭，对两位钦差大臣说：“……我忠心耿耿，二公要为我说句公道话啊。”话一出口，周围一片笑声。蔡攸是他儿子，居然被尊称为“公”。

蔡京从此退出了官场，其他的人还在观望中，突然间传来了一个消息，把一切的侥幸心都狠狠地摔得粉碎。北方前线传来最新战报，金军在保州、中山府遇到顽强抵抗，无法攻破，完颜宗望当机立断不再纠缠，率领金军绕过了这一带，直奔黄河北岸。

计算路程，只需 10 天，就会杀到开封城下！

10 天……开封城一下子全都乱了，每个人都跳了起来，寻找各自的生路。富商们、百姓们、部分官员们紧急租车雇船南逃，做皇帝的也想到了这一招。

赵佶想逃，不是那么简单，怎么逃、逃向哪里、开封城是不是不要了、留下谁守城看家连带着阻挡金军当盾牌，这些都要考虑到。区区 10 天时间，这些都得做完。

赵佶想到了大儿子赵桓。赵桓，生于 1100 年，这一年 26 岁。赵佶思前想后，慎重考虑，决定迅速把赵桓推上前台，让他去当肉盾，自己带着郑皇后、郓王远逃江南。

赵佶下令任命皇太子兼职开封牧。

这个任命下达之后，他要逃跑的事就再也捂不住了，京官们都活动了起来，上至宰相下至门吏都回家打包收衣服，以便跟着皇上一起跑路。

赵佶把需要做的事都想到了，包括退位的理由。必须要有突然性，还得很合理。

于是，只有一个理由——病倒了。

宋宣和七年（1125）十二月二十三日，宋朝君臣聚在一起开会，突然间赵佶拉住蔡攸的手，哭着说了一句话："朕平日性刚，不意金人竟如此猖獗！"说完他立即昏迷，从床上翻到了地下。

皇宫大乱，御医瞬间赶到。抢救了好一会儿，他醒了，发现右半边身体失去知觉无法动弹。御医确诊，他中风了。

赵桓当上了宋朝的第九位皇帝。这些事情都发生在十二月二十三日。

赵桓当上了皇帝，向四周看了下，却没发现员工。员工们都很忙，要去龙德宫向道君教主请安，要陪护，要安慰，很久之后才会顺道去福宁殿看一眼新皇帝。

看完，基本就可以散了。

赵桓真成了替死鬼肉盾牌了吗？闲得心慌，就手翻了一下这些天的应对措施，他突然间看见有这么一条，全京师的禁军精锐都派出去了，到黄河岸边的黎阳（今河南浚县东南）驻守。

……想在那儿顶住金军吗？北宋京城里的禁军是开封城最后的倚仗，这种时刻居然被派了出去，想和金军来场野战对决？

如果挡不住的话，偌大的京城由什么来守卫？何况看一下领军的人物，是内侍、威武军节度使梁方平，一个太监。

宋朝到了这种时刻，居然是这种局面，纵然秦皇汉武复生又能怎样，难道能自己挽袖子亲自上阵吗？手边总得有人才能去办事。

这个人是存在的，出于种种原因，之前他一直隐身在别人的身后做事。直到这时，才由那个“别人”推出来。吴敏，他想了想，在走之前又转回身告诉新皇帝，他之所以那么坚定地提出皇帝内禅，是一个人的提醒。

那个人叫李纲。

李纲，字伯纪，生于1083年，祖籍福建邵武。1112年他考中进士，工作了五年之后，当上了监察御史兼权殿中侍御史。这个官很不小，能站在金殿上给国家挑错了。

六贼当朝，国家全是错。

他秉性刚烈，疾恶如仇，就此开启了电梯生涯。不断地被下放外贬，当金军逼近时，他当上了太常卿，负责国家的礼乐、郊庙事务，说白了就是个场面活儿，给国家的大型户外演出节目增光添彩。冠盖满京华，全都成了缩头乌龟，没一个能提出起码的对策来。

李纲决定，彻底大逆不道一次。

让赵佶真正下台。

赵桓紧急召见了李纲，李纲非常明白地告诉新皇帝，金军来犯，不外乎五个目的。

第一，上尊号；第二，归还叛逃的金人；第三，增加岁币；第四，犒军；第五，割让土地。

这五点里尊号可以给到之前辽国的程度，也就是称“兄”；金人可以归还，而且不要藏私自找麻烦；岁币已经加倍，况且金军把燕云重新收回了，没理由再增加；犒军是题中之义，得给，但要有限度；至于土地，尺寸不予外人！

赵桓很兴奋，看年龄，他这时是26岁，没经过大事，平时活得还窝囊，基本上没有自己的主见，属于一捧就高兴，高兴能上房；一吓就倒塌，塌了扶不起的状态。这时他兴奋，觉得李纲是上天赐给他渡过难关的人，立即就给了他新的头衔。

兵部侍郎，马上就职，去研究开封的城防问题。

李纲却高兴不起来。他是有职位了，却没有实权，更没有威望。在这个时刻，一个突然冒升起来的小官，在一个仍然由蛀虫、懦夫、奸贼组成的政府里能起什么作用呢？

谁会听他的话？

关键时刻，一群本来与体制无关、与政治无关的年轻人站了出来。他们给了李纲、给了新政府最大的帮助。毫不夸张地说，没有这些人，就没有之后李纲的成绩，甚至赵桓也坐不稳这个突然间硬塞过来的皇位。

太学的学生们。

太学，是宋朝官方开办的最高学府，是为官场准备后备力量而存在的。在这个性质上可以看出，它的学员们必须紧跟宋朝官方的脚步，一切行为以最高当局的利益为准绳。归纳成一句话，就是官场的下属，是当局，也就是蔡京、童贯等人的尾随者。但是这时，他们走出了学校，自发地集会游行，要求国家严厉惩办祸国殃民的六贼！

他们的领袖名叫陈东。

陈东，字少阳，润州丹阳（今属江苏）人。生于1086年，家族往上数五代，都是传统的儒生。他自己在这方面做得更到位。这时，他39岁，比李纲小3岁，还是一个太学生。

不是他不好学，更不是他成绩差，而是他天生就不是一个官坯子。陈东成名极早，洒脱不羁，在知识学者界很有名望，结果每一次聚会上，他都成了太阳。

他把蔡京、童贯一伙人的罪恶挂在嘴上，到处宣扬，煽动弹劾，这么搞谁敢往他身边坐呢？结果太阳越来越亮，他的出路越来越窄，临近不惑之年，仍然在学校里当学生。

当此举国大难临头时，陈东的头脑非常清醒，从宏观角度上去看，目前的局势是用腐败的政府去挽救腐败到烂的国家，这纯粹是找死，没有一点成功的可能！

他号召大家走上街头游行示威，目的是让新皇帝看看自己写的时事分析。在他的笔下，宋朝之所以沦落到如今地步，是因为：

> ……今日之事，蔡京坏乱于前，梁师成阴谋于后，李彦结怨于西北，朱勔结怨于东南，王黼、童贯结怨于辽、金，创开边隙。宣诛六贼，传首四方，以谢天下。

这篇文字落在不同人的眼里，效果绝对是不同的。

老百姓看到，会叫好、解气；六贼及贼党们看到，会害怕、怨恨；中立的良心未泯的大臣们看到，会惭愧、无奈；而落在赵桓、李纲的眼里，这就是个巨大的天赐一样的机遇！

多年来六贼把持宋朝官场，容不得半点儿不同的声音。六贼即宋朝，这是宋史近20年来的铁律。如今面临生死关头，赵桓、李纲空有救国之心，却一个能用的人都没有。

必须迅速打破这块铁幕。

陈东来得正是时候，稍晚一点都会误事。他提出杀六贼，根除全体党羽的建议。

这样做迅速地完成新旧官场的交替，哪怕底下的办事人不变，只要除掉六贼，新皇帝的命令才有权威性。

这件事情和各项城防事务混合在一起急剧运行，所有的人所有的问题都搅在了一起，想在几天之内就改朝换代，想想这是多么疯狂的事。但是李纲、赵桓也不必沮丧，他们有一个坚定的盟友，只要该盟友保持活力，那么开封城里的事就会以疯狂的速度进行。

金军。

金军的动作越快，宋朝的改革越快！

转眼间三四天过去了，新年到了。1126年的春节，正月初一，赵桓宣布改元，这一年是“靖康元年”。初二时北方战报火速传来，金军渡过了黄河。

率领着开封禁军精锐的梁方平太监丢尽了北宋一系列武装太监的脸。他到了黄河边上每天都喝得酩酊大醉，在初二这一天听说相州（今河南安阳）被攻破了，立即仓皇逃跑。

他没法不逃，看位置他驻守在黎阳津，那是黄河的北岸，任务是阻止金军靠近黄河，不是阻止金军渡过黄河。一字之差，难度太大了！

他跑了之后，南岸的宋军跟着跑。黄河天险，这道开封城唯一的守卫线，就这样轻易地丢掉了。金军没受到任何阻碍安然渡河。

消息传进开封城，初三的晚上，赵佶带着老婆、皇子、帝姬（原公主，赵佶闲得蛋疼，给女儿们换了个“姬”的封号），出通津门坐船南逃。

这次的逃跑实在太突然了，连赵佶本人也没有准备，他只带出来了一个亲信，是蔡攸，还有几个太监，连一个侍卫都没有。刚开始时坐船，但是开封附近水流平缓，实在太慢了，他雇了一顶小轿。小轿还是慢，想想金军是骑马的，这样的速度对比，他能逃出去多远？

于是再乘船，黑夜之中，他们搭乘了一条搬运砖瓦的小船。这时太上皇他们已经饿得不行了，可是御膳房没跟来，啥吃的也没有。

一个船工好心，分给了他们一个炊饼。

这是赵佶一生中少有的传奇浪漫之夜。他经历了坐船、改轿、再坐船、吃炊饼之后，在雍丘（今河南杞县）附近上岸。

这次骑一匹名叫鹁鸽青的御骡，向睢阳（今河南商丘南）飞奔，直到鸡啼时分才看到了一点点的灯火。滨河小市到了。

在这里，一位老婆婆招待了饥寒交迫的徽宗一行。出人意料地，徽宗竟然非常轻松幽默。老婆婆问他是哪里人，他这样回答："赵姓，居东京，已致仕，举长子自代。"

听他这么说，侍卫们都笑了。赵佶看了他们一眼，自己也笑了。稍提一句，他逃出开封之后，闻讯追来的亲信们逐渐赶了上来，最先到的是侍卫。

平明时分，他们到达了商丘。这里是北宋四京里的南京。这一夜赵佶足足驰骋数百里之遥。在这里，赵佶胃口大开，想在早餐时吃鱼，为此他亲自到市场上去买，和卖鱼人砍价。他觉得很快乐，觉得生活重新变得清新起来。比他日复一日地当皇帝、住皇宫有趣得多。

在泗上附近，大队人马追上了他。有宇文粹中、童贯、高俅等。他们各自带来了庞大的护卫，其中以童贯为最，有 3000 多人的胜捷军。从这里开始，赵佶重新拥有了班底，他们一路向南，最初的目标是维扬（今江苏扬州）。

回到开封城，赵佶南逃，给赵桓、李纲带来了巨大的机遇，尤其是童贯等人的追随，实在是太妙了，不用动手清理，开封城里的官场就出现了巨大的空白。

在此基础上，新皇帝趁热打铁，对剩下的三贼动手。第一个目标是太监李彦。这个死太监在作恶的时候无所顾忌，公然抢百姓的土地，这时报应临头，他的下场也最是干脆。

杀头，抄家。

第二个目标是前首相王黼。以王黼之奸，可以说百死莫赎其罪，但他的身份实在太高了，前首相，这在宋朝是块地道的免死金牌。

赵宋有祖训，有宋一代，不杀士大夫大臣。

但不杀不足以平民愤，不杀不足以净官场！一个非常罕见的，堪称宋朝头一份的小动作计划出炉了。王黼被贬黜了，他被降为崇信军节度使，永州安置。这是官方的命令。

这很平常，很合法。

他走到雍丘（今河南杞县）南 20 里的辅固村时，被突然出现的强盗杀了。这非常遗憾。宋朝官方集体叹息，王首相的命真苦啊，快 170 年了，宋朝的宰执群落里只有他一个死得这么难看……事过很久之后，开封府的聂昌公开宣称，对这件事负责。

第三个目标是梁师成。隐相大人没有随徽宗南逃，他知道自己的根基只限于皇宫城墙之内，离开大内，他什么都不是。而留下来，他心里也有底。

新皇帝赵桓一直是个苦命的孩子，在皇宫中活得特别憋屈，隐相大人曾经多次伸出友谊之手，不仅帮了忙，还时常抚慰赵桓寒冷的心灵。

说实话，梁师成做事是很有风度的，如果不是个太监，就算真是苏轼的私生子，也不辱灭这个便宜老爹。有这一层情分在，他相信，新皇帝会放他一马。

事实也是这样，赵桓真的有些下不去手。不管陈东、李纲还有别的大臣们如何推波助澜，他总是把梁师成的死期往后拖，直到历史的时针再拨过去九天，才是隐相的末日。

六贼里其余的三个这时都不在京城。

蔡京先一步被贬过了长江，朱勔见势不妙，率先逃回了自己的东南小朝廷，童贯追着赵佶，不仅躲在了太上皇的阴影里，更有亲兵卫队保护着。怎么处理他们，实在让新政府挠头。

不能杀，无论是下诏论罪杀，还是派人去暗杀，都会造成一个毁灭性的后果。这些人会拥立赵佶在江南半壁河山里成立新政权。到那时赵桓反而成了儿皇帝，各种混账命令传过来，听是不听？听了，会造成第二个花石纲时代的宋朝，照样烂死。不听，一个不孝顺的儿子连生存的权利都没有，还有什么资格做皇帝？

思来想去，蔡京和童贯先放过，等局势稳定些再计较。至于朱二世，他不够瞧了，富二代的钱在关键时刻摆不上台面，他的实职官阶也太低了些，尽管把他一撸到底，不管怎么狠整他，都没有任何后遗症。

朱勔被免去一切公职，放归田里，等待处理。

处理完六贼，李纲意气风发，他觉得威望已经树立起来了，可以做些事情了。他去见赵桓，不久新皇帝颁布了诏书。

钦宗陛下仿效真宗陛下故事，御驾亲征，迎战金寇！

可等来的决定是，皇帝不亲征了，皇帝要立即出城逃跑，到襄（今湖北襄阳）、邓（今河南邓州）去避难。决策人是白时中、李邦彦。

这两个人是当时宋朝的百官之首。

白时中，字蒙亨，寿州寿春（今安徽寿县）人，进士出身，官衔履历一大堆，都是次要的，体现不出什么，真正关键的是他之所以能在六贼当朝时步步高升，只有一个可能——做蔡京的亲信。

李邦彦，字士美，怀州人。他是个难得的妙人，他爸爸是著名的银匠，家里巨有钱，小李吃喝玩乐之余非常向往文化生活，每届科考时河北考生路过他家，他都热情招待丰厚资助。这样他积攒下了最大的官场人脉，把他保举进太学院当上了学生。

他从此进入官场。

李邦彦的太学生活比陈东成功一万倍，他迅速走进了赵佶的生活。赵佶要新奇，他有当时最新的花样；赵佶要市井，他从小就在市井勾栏之间长大。可以说，所有纨绔应该掌握的专业他都精通，他一个人就可以满足赵佶全部的需要。

凭这些，他当上了宋朝的首相……立于当时人文之巅的宋朝最高首脑，居然是这种货色！

李纲与这种货色当殿理论，白时中从“李纲，你觉得京城能守得住吗”到“李纲，你敢出战吗”每一句都问在他自己最恐惧的心理点上。

这都是李纲梦寐以求的，他当然敢出战，顺势要求宰执的身份，身份不到，命令不通。李纲被封为尚书右丞，相当于副宰相，在金军马上临城的紧要关头迈进了宰执行列。

这时是1126年正月初三。注意，是白天。

到了下午，赵桓的老婆、儿子居然把丈夫、父亲扔在后边，谁也不通知，悄悄地逃出都城，跑出去很远了。

赵桓第一时间跳了起来，要追上去一起跑。

李纲好说歹说，终于劝住他，把皇后、皇子也叫了回来。可这只坚持了不到四五个小时。近傍晚时分，宫门落锁，外臣无法入内。

里边开始大搬家。

等到第二天清晨时分，李纲已经气得像点燃了的炮仗一样，他使用终极招数——鼓动兵变。禁军们的呼声震动宋廷，无耻的废物们再没敢跟李纲叫板。

李纲带着赵桓登上了宣德门城楼，命令文武百官士卒将士聚在楼下，他和吴敏在片刻之间草拟出一份圣旨，上面写的都是对金军开战的宣言。他站在城头大声宣读，每一句都换来一声士兵们的承诺。

士气激发起来了，但还不够，必须得有奖赏。

李纲跟赵桓说了一会儿，赵桓给出了以下的赏格：宋朝官方出银 100 万两、绢 100 万匹、钱 100 万贯，文官自朝请大夫以下，武臣自武功大夫以下，共 3000 道诰宣贴为奖赏，激励抗敌有功之士！

奖给谁，怎么奖，都由李纲做主。同时，白时中罢相。

宋朝终于明确了态度——迎战。不管内部怎样分歧，总算是统一了口径。但是到底是否正确，不仅是当时，就连到了几百年之后的现代，仍然争论不休。

应不应该逃跑呢？如果不跑，历史的结局大家都知道。所以很多人都说，李纲是个理想主义者，他死活不让钦宗离开京城，甚至还把徽宗也拉了回来，结果被金军一窝端，全都死梗了。

李纲害人啊！

那么就逃跑吧，逃了之后第一金军追不上，（真的追不上？）第二中国那么大，逃到哪里都有生机。比如说到陕西有强大的西军，有临河靠山的坚城，都是开封比不了的；如果还想再远点儿，可以到四川嘛，像唐明皇一样，沿着栈道进成都，谁都无可奈何。

但是成都在历史上被攻破过多少次？远的不说，五代时后唐灭蜀、宋初立国灭蜀，都摧枯拉朽不可阻挡。而造成天险不险的原因，就是蜀中的政府全烂了。

以徽、钦二宗治下的政府，烂的程度很极品了，一点儿都不比那时强。凭什么前后蜀守不住的天险，他们就能守住？

所以，就别事后诸葛亮了，根本不关地理的事。人祸才是最可怕的。

回到开封城，李纲终于有了军事指挥权。他像出膛的炮弹一样四下乱飞，开封城里无处不到。开封京城，在近 20 年以来已经成了个超大型的风景游乐场，城防什么的都荒废了，早已不是天下第一名城、坚城。他得组织军民修楼橹、挂毡幕、安炮座、设弩床、运砖石、施燎炬、垂檑木、备火油……不管他在不在行，都得亲临一线，不然有些事还真是办不了。比如西水门那儿河道既深又阔，金军如果从那儿乘船进攻就不好办。手边的战略物资又那么少，怎么搞呢？李纲想了想，来人，去把蔡京家的假山拆了，石头都扔进河道里，把水路掐断。

这样的事很多，尽管蔡京被罢相免职了，但毕竟数十年积威，除了李纲，换个人谁敢去做呢？

更重要的是城防人员调配。开封城周 80 里，这是多么大的防区，如果真像《水浒传》里所写的，开封城常年配备 80 万禁军，那事儿就好办了，城上站满人都能轮班换着来。

可这时开封城里根本没有那么多人。

徽宗朝 23 年时间里，禁军南下北上打了多场大仗，不说别的，光是方腊起义和远征燕云这两次，禁军出动的人数只比西军少一点儿而已，早就打空了。

再加上刚刚梁方平带着所有精锐出京去黄河北岸喝酒，京城里剩下的全都是老弱残兵。这时李纲竭尽所能，只能做出下面的布置。

京城四面，每面配备禁军各 2000 余人，力量不足由厢军、保甲民兵协助；城内集结 4 万马步军，作为机动力量，分为前、后、左、右中五军，每军 8000 人，随时支援各方。其中前军派到东水门（通津门），护卫藏有 40 万石粮食的延丰仓；后军派到宋门（朝阳门），保卫京师城濠最浅的樊家冈一带。这两处一处是最薄弱地段，一处是全城人的粮食重地，是重中之重，不能有半点儿闪失。

这些，在初五到初八完成。做完了这些，金军终于杀到了开封城下。

比预料的要早，之所以来得这么快，是拜六贼所赐，这些混账东西时刻显摆自己天朝大国的“风采”，每次金国的使者过来，他们都派专人陪同，专门走那些景观大道进京城，把一路之上宋朝的各处关隘路途远近都暴露了。

这是违规的。

之前宋、辽两国百年友好，每年互派使者好多次，辽国来人宋朝总是会使出花样，或者晚间上路，或者坐在车里故意兜圈子，想方设法地把异族人转晕，不让他们知道开封城的走法。现在可好，生怕对方不知道。

这还不是最让人沮丧的。

最让人心惊的是，无论是李纲本人，还是开封城里的民众，他们都意识到，敌军临境，李纲犯了个最大的原则性错误。说起来他真的不是一个专业的军事人才。

开封城西北方有个地方叫牟驼冈，它三面临水，一面是陂，地势非常完美，是宋朝京城附近的一个军需重地，有2万匹战马、无数的草料。李纲忘了派人把军马调进城里，更没有处理好那些草料，金军在郭药师的引领下，直接扑了过去，把这些都抢到了手里。

客境作战，最大的隐患是给养不足，金军孤军深入，这方面更是死穴，可是由于宋朝的疏忽，金军毫不费力地就解决了这个问题。

另外，开封城外也是繁华之地，居民没有疏散，金军可以随便遛马一样出去抢劫。站在开封城头，李纲是自责的，这是他的失误，他人为地把开封保卫战的难度提升了。

他只有加倍付出，才能挽回这些损失。但是，要支撑到哪一步呢？李纲深深地知道，哪怕再坚贞的心志，也没法靠开封城本身的力量挺过这道难关。所有的希望都凝聚在勤王的援军上。

援军何时能到……他不清楚，唯一能让他庆幸些的是，勤王的命令在徽宗逃跑前就发布出去了。

第十五章　开封保卫战

上面这些做完之后两天，1126年，宋靖康元年十一月二十五日，
到开封城下，来的人不是完颜宗翰的西路军，而是完颜宗望的
太子的动力大，每次都跑第一。
宋朝的勤王军队也在逼近。
第一个行动的是南道都总管张叔夜。
张叔夜，字嵇仲，生于1065年，时年61岁，河南开封人。
期宰执张耆的曾孙。查他的资料，他的出身很显赫，生平很
为他与蔡京作对。
六贼倒台之前，他被贬得最狠的时候，当过林冲在沧州时当过的
去西安州看守草料场。后来勉强做到了州官，在金军第二次南侵时，
被委任为南道都总管。这个头衔从天而降，别人或许看到了
诸侯藩镇的权力，可张叔夜只看到了责任。
种师道要他勤王，他立即带兵杀出去，路途要他回去，
，赵桓下令再勤王，他没有迟疑，再一次第一时间出兵。
他带着自己的两个儿子张伯奋、张仲熊，率领二万人上路了。
张叔夜在尉氏（今河南尉氏）与金军遭遇，激战开始。
次开封保卫战在遥远的城墙之外展开了。张叔夜是宋人
开衰号垂死丑态中唯一的亮点，从他起步时起，
过女真人。当天，他冲破金军封锁，顺利到达开封城下。
张叔夜来了，全城士气大振。紧接着噩耗传来，
曾胡直孺在入卫京师的路上，在拱州（今河南睢县）与金
军交战，失利被俘，被金人拉到开封城下示众。几乎同时，
完颜宗翰的西路军也杀到了。
不心动摇，敌军合围，赵桓突围的路被截断了。

1126年，宋靖康元年正月初八，开封保卫战打响。

金军在夜色下发起了进攻，首选的目标是水路。开封城共有四条穿城而过的河道，分别是汴河、惠民河、五丈河、广济河（金水河）。汴河是其中最大最宽的一条，它“自淮而南，邦国之所仰，百姓之所输，金谷财帛，岁时常调，舳舻相衔，千里不绝”。

于是进城时的水道也相应地宽到没道理。可以查到的是它至少有二到四个水门。

几十艘船上火光熊熊，沿汴河而下，冲向西水门。李纲派了2000多名敢死士兵守在水门边，火船到了，他们用特制的长钩把船拖到岸边，来不及扑灭大火，直接用大石砸沉在水里。

后面跟上的才是金军的攻城部队。

李纲紧急派人在水中设置杈木，阻止金军的运兵船靠岸，蔡京家假山的石头也起到了点儿作用，河道变得阻塞。激战一整夜，天亮后，宋军在水门前发现了100多具金军的尸体……一夜，只杀了这么点敌人，还是在北方游牧民族不擅长的水战里。这个数字给每一个宋朝人敲响了警钟。

初九的太阳升起时，金军发动了强攻，这一次选的是酸枣门、封丘门一带的城墙。

酸枣门、封丘门在开封城的城北，是整个开封城的后门。按顺序从它们往里走，直接就是延福宫、艮岳，再向里一点儿就是内城皇宫。从这里打，等于是跳墙进后院，只要突破了，立即就能威胁到宋朝皇帝本人。

这才是攻击的要点，谁要是从南门进，先攻占广利、普济两道水门，再舍船登岸攻破南薰门，穿越整个外城强攻朱雀门进内城，横穿整条御街杀奔宫城的宣德门……才是白痴。

这一招打得宋朝措手不及。当时李纲正在垂拱殿向赵桓奏事，闻讯之后立即跑出殿外召集禁军，只选弓箭手。紧急中有1000多名弓箭手集结，跟着他跑出皇宫，奔向北边的外城。

这两点之间的距离足有 20 里，为了节省时间，李纲他们没有走大道，而是穿行在夹道窄巷之间。等他们赶到酸枣门一带时，发现还不是太糟，来得及。金军只有一小部分渡过了护城河，正抬着云梯往城上架。

弓箭把金军击退了。

夜幕再次降临，李纲仍然站在城头上不敢松懈。果然，又有金军向城门靠近。宋军正要拉弓，下面传来一句喊话：

俺是金军，要求和谈！

第二天，初十，金军使者进城，带来了完颜宗望的信。信中历数宋徽宗赵佶的种种错误，说金国受到了巨大的不公平待遇和侮辱，没法不发兵进攻。现在知道赵佶认罪退位，宋朝有了新的皇帝，那么战争可以解除了，请宋朝派大臣到金营谈条件。

赵桓在崇政殿召集大臣，问谁去。宰执们个个低头深思，做圣人状，很久很久无人出声。赵桓点名由李棁出使金营。

金国的要求如下：

宋朝尊金国皇帝为伯父，凡燕、云之人在宋者全部归还，金 1000 万两、银 1000 万两、绢 1000 万匹、马、驴、骡各 10000 头，割太原、中山、河间三镇土地，以亲王、宰相为人质。

达到以上要求，才能议和。

李棁听得全身麻木，这个价格是亘古至今都没听说过的，他翻出临行前赵桓给他的和谈交易准则，上面的底线是每年增加岁币 300 万 ~ 500 万两、犒军费 300 万 ~ 500 万两，以上全是白银，割地绝不答应。

两相对照，没什么可谈的。李棁不敢做主，说得进城汇报。

李纲大怒，这不是在和谈，更不是出价，半点诚意都没有。他建议拖，宋朝有百年经营的城墙，有庞大的勤王军队，几天之后就会有转机。

然后，在场所有的人大怒。

李纲，你想搞死我们是吧？

以李邦彦为首说出了宋朝官方的心声："都城破在旦夕，脑袋都尚且难保，还说什么三镇？至于金帛之数，不必计较，照数付给便是。"

李纲下殿。

他刚走，宰执们立即挤在一起写好了誓书，上面什么都答应，直接管金国的完颜吴乞买叫"伯父"，全称是"伯大金皇帝"。

宋朝的使团由少宰张邦昌带队，随后张邦昌作为"亲王、宰相"各一人里的宰相，留在金营当人质。

张邦昌，字子能，永静军东光（今属河北）人，进士出身，历任尚书右丞、左丞、中书侍郎、少宰、太宰兼门下侍郎等职。

亲王很不好选。赵佶一共生了31个儿子，34个女儿，赵桓选哪个都会带来一生的骂名。谁也没有料到，这种时刻居然有人主动站了出来。

康亲王赵构。

赵构，字德基，生于1107年6月21日，是徽宗赵佶的第九个儿子。靖康元年（1126）时他19周岁。

赵构有父亲文采方面的优秀基因，翎毛丹青、结字作画都堪称上乘。他擅骑烈马，能开硬弓，达到一石五斗的程度。这是宋朝军制中皇帝近卫政直的标准。

他两臂平伸，各悬挂一斛米，能行走数百步之远，人皆骇服。宋代一斛米，约合现在110斤，这是何等的力量！

靖康元年，国难当头时，赵构主动申请做人质，为父兄分忧。在临行时，他对钦宗说，如果国家可以渡过难关，不要计较我的安危。

人质送过去了，下一步是交钱。金银绢各1000万两、马驴骡各10000头，这个数字是梦幻的，就算把开封城打包卖了也达不到。

宰执大臣们全体出动，先把天子的衣服、车马、宗庙祭具、六宫官府器皿等都拍卖了，卖了 30 万两黄金、800 万两白银。

接下来全体官吏军民上缴所有财物，包括把蔡京、童贯、何执中、郑伸、梁师成、高俅等人及其亲属的家抄了，家产全部充公；把京城里各大名妓如赵元奴、李师师、王仲端的家也抄了，家产全部充公；把内侍们曾经得到的赏赐都收回，尤其是金带获得者，都收回来。

如此这般，又搜出来 20 多万两黄金、400 多万两白银。加上之前的，合计是近 60 万两黄金、1300 万两白银，这些由梁师成、李棁在正月十二日这一天负责押运到金营。

就是在押运途中，隐相的末日到了。宋朝官方公布他的罪行，把他贬为彰化军节度使，立即由专人押赴贬所。

17 天之后，梁师成在八角镇（今河南开封西南）被缢死。

黄金绢帛马匹等物还得筹集，金军一边等一边游骑到处打劫， 三天之后，正月十五日，这一天宋朝的勤王部队终于抵达开封城。这一批来的人很少，快速进城，没有和金军接触。

正月十八日，西京洛阳统制官马忠率军杀到。他们在郑州南门外与金军游骑相遇，立即展开厮杀，金军措手不及，从开封城下狼狈逃走。这引起了完颜宗望的严重关注，他紧闭营门集结兵力，不再派部队四下抢掠，想看清宋朝的动静。

两天之后，正月二十日，完颜宗望震惊了，他发现一支宋朝部队从西北方向开来，不进城门，直抵京城西面的汴水南岸，就在他的营门前安营下塞，向他正面挑战！

来军的旗号，是宋朝静难军节度使种师道。

西军，宋朝最强的军队里资格最老、威名最盛的将军到了。这个震动是巨大的，来的不仅仅是种师道的部队，更有西军百战之余的威名，完颜宗望派人向远方瞭望，发现种师道的后面还有陆续行军的部队，并且民间传言，西军大举入援，有百万之众。

完颜宗望后撤，从开封城边退回到牟驼冈，增垒自卫。

种师道进城，是李纲的福星，同时也是李纲的灾星。

说福星，援军到达，李纲守城的底气立即足了，这是硬道理，比他在金殿上说什么都有用。

说灾星，赵桓决定用种师道分李纲的兵权。尤其是一天之后，与种家军齐名的姚家军赶到，军权就分成了三份。

军方三权鼎立，无论是赵桓还是李邦彦，都松了口气，决定抓紧时间办正经事。尽一切可能把开封城里的好东西送给金军。

这几天里开封城有个奇异的景象，宋朝的勤王部队源源开到，从一万、两万到十多万，还在不断地增加。城里住不下，城外列寨的都很多。

与此同时，开封城的大门总是大开着，源源不断的人流进进出出，带着数不尽的金银绢帛走向了……金营。这些好东西不是拿给勤王的将士，反而送给了敌人。

换来的是金军更加恶劣卑鄙的丑行。这帮人突然暴富，不知所以，居然在开封城边把宋朝皇室的后妃、皇子、公主的坟掘开，以此取乐。这在中国来说是不可想象的，哪怕土匪杀人都不祸及祖先，金国以一国之尊居然做出这样的恶行！

他们是习惯了，这七八年来金国在灭亡辽国的战争中节节胜利，夺得土地民众之余，他们把手伸向了辽国历代先人的坟墓。

辽墓以陪葬丰厚著称，每一座辽墓都是一座金矿，金军散开大队人马，尽一切手段去挖坟掘墓。哪怕辽墓埋在深山老林里，也没能逃出毒手。其细致程度，让20世纪时的考古专家破口大骂，辽墓都被金人毁了，打开一座空一座，想写篇论文都没办法。

宋钦宗赵桓也怒了，祸及祖先，忍无可忍！他派人把李纲、种师道找来，商量怎么痛打金国人一顿。

哪天打，这个无比重要的日子由一个江湖术士来决定。

术士说，二月初六好。

可姚平仲不想等。姚平仲，字希晏，西军大将。他在二月初一夜率领一万步骑出城偷袭金营。他想得很好，比如生擒完颜宗望，救回康亲王，这些都是不世大功，他必将从此登上宋朝军人之巅。

然而，完颜宗望已经等很久了，姚平仲被反偷袭，全军迅速崩溃。

他本人没死，逃跑了。他当晚马都丢了，骑着一匹青色的骡子狂奔，一昼夜居然跑了 750 里，到达邓州，到这儿才吃着早饭。之后入武关、到长安，想进华山隐居，但是想了想，华山太小，不安全。他骑上骡子继续跑，跑进了四川，到了青城山的上清宫，到这儿他已经远离中原，没人认识他了。可他还是觉得不够远，继续跑，跑进了大面山，深入 270 余里，连采药的人都见不着了，他才把那匹骡子放了，找个山洞开始以后的生活。

这人活得挺好，过了几十年，到 80 多岁时才从深山里走出来，他“紫髯郁然，长数尺，面奕奕有光，行不择崖堑荆棘，其速若奔马。亦时为人作草书，颇奇伟”。有传说，他在山里年久得道，是仙人了。

呸，说他是仙人，不如说那头骡子才是神骡。

金军立即向开封城推进，黑夜中乘乱攻城。李纲刚好在城外幕天坡附近迎上了金军，一通乱战，把金军打了回去。

城里迎接他的是李首相的暴怒。

李邦彦暴跳如雷，什么偷营、截击、救人、救国，在他的心里都是犯罪，这会激怒金军，害了他的性命！

首先，李纲被免职。

牟驼冈上的完颜宗望也爆发了。他跳到张邦昌、赵构的面前一通吼叫，痛骂宋朝背信弃义，一边说讲和一边来偷营，你们宋朝能不能更无耻一些？

为什么骗人呢？

面对咆哮的完颜宗望，张邦昌吓坏了，泥一样瘫倒在地上，痛哭流涕请求原谅，再三向女真人保证，他是一个诚实的、柔软的、百依百顺的宋朝人。

完颜宗望一见此景心情大好，把张邦昌牢牢地记住，以后当作重点培养对象。

赵构却不动声色，任凭完颜宗望声情并茂，哪怕飙出恐龙音都无动于衷。这让完颜宗望惊奇之余很怀疑，这是宋朝皇室的亲王吗？完颜宗望决定退货，不管赵构是不是康亲王，都要求换人。张邦昌、赵构的命运就在这时决定，之所以两人以后的遭遇天差地别，说到底，完全是自己的胆识修养决定的，半点儿都不用怨天尤人。

赵构被送回开封城里，这时开封城正在沸腾中，是千年以来，哪怕开封还叫大梁城以来，都没有过的新鲜热辣。有宋一代，最激动人心的一幕正在上演。

民变！

1000多名太学生在陈东的率领下向朝廷请愿，在他们的身后是10多万名开封军民。他们要求罢免李邦彦，恢复李纲、种师道的职务，一致对外，给宋朝的百姓们一条生路。

面对汹涌的开封市民，李邦彦的第一反应是可笑，这些贱民真是发癫，这样有用吗？我是官你是民，你们只有被领导的命运！

老百姓们一拥而上，板砖石块像雨点一样砸了过去，10多万人怒喝，你一个浪子怎么配做宰相！

李邦彦抱头鼠窜逃回皇宫。

开封府尹王时雍赶到现场，他抓住重点，对太学生们说，你们这是在要挟天子，是在犯罪，知道吗……王时雍迅速逃离，后面是无数的板砖石块。

新任宰执吴敏出面，他觉得自己是册立新君的有功之臣，有面子、有影响，结果一样被赶跑。民潮进一步汹涌，他们到了皇宫门前，敲响了登闻鼓，要皇帝出宫来见面。

出来的是10多个太监，都是些平时作威作福有头有脸的，他们想用皇帝的名义往外赶人，因为实在太不成体统了，连登闻鼓都敲破了……一会儿之后，这10多个太监成了一堆血肉模糊的碎肉。

军方终于出面，禁军殿帅王宗楚进宫面见赵桓，请示任务，是杀人还是妥协，您快点儿定。

赵桓选妥协。

于是，以官方文件对外宣布李纲恢复原职。文件写得很快，送信的太监是个叫朱拱之的巨胖，只见这位巨胖在万众瞩目下走出皇宫，一步一颤、一寸一挪，无比艰难、缓慢地向李纲家的大门前进……直娘贼，腌臜泼才，忒欺负人！ 10多万人一拥而上，朱胖子也碎了。

官方被进一步震撼了，这次快马加鞭再没有半点儿阻碍，去宣召李纲上任，第一个任务是立即赶到事发现场，安抚百姓。

李纲出现，百姓们并没有满足，还要种师道。大敌当前，他们最看重的是军方人物。官方百依百顺，派专车接来了种师道。当车帘掀起，露出种师道的满头白发时，开封城的市民们才满意了。

他们散了。

这次民变的作用是伟大的，不仅一举让腐烂怯懦、卑鄙无耻的宋朝上层屈服，连城外的金军也怕了。当李纲、种师道重新上任的消息传到牟驼冈时，完颜宗望下令撤退。

宋朝终于爆发出了一个超级大国应有的气势，仅仅是气势，并且是民间的，金军就怕了。他们带着千万两白银、百万两黄金、数不清的珍玩玉器，向北方撤退。

开封保卫战至此结束。

但事情并没完。金军还在宋朝的境内，这一点在不同人的眼里意味着两种完全不同的后果。

第一种，是首相李邦彦。这浪子还是首相？开封市民们太善良了，至少要让这个败类罢官才能散嘛。可是百密一疏，这人还是宋朝的顶级高官。金军在境内，他寝食难安，时刻紧张。他觉得无论付出什么样的代价，也要送走这批凶神。

第二种，是种师道。老种将军觉得这是机遇。他说立即调动兵力到黄河两岸，无论在哪一端展开围攻，仍然可以全歼来敌。

种师道被勒令回西北老家去，隐居还是当兵随他便，国家的事不必他操心。至于黄河两岸，李邦彦派人送了两面大旗过去，上面写着“有擅出兵者，并依军法”。

军法，杀无赦。

这样两面大旗在黄河两岸迎风招展，保佑着完颜宗望率领六万金军，拖拖拉拉地带着无数辎重渡过大河，踏上了回家的道路。

至此可以总结一下了，这一次所谓的开封保卫战的本质是什么？金军只是打了两次毫无效果、损失惨重的强攻战，一次连开封城门都没能摸到的反偷袭，就得到了千万两白银、百万两黄金、亲王为人质、割让北方三镇的空前胜利。

全是宋朝自己拱手送上来的，不仅一定要金军收下，连回家时的安全都单方面保证了！这就是这次战争的本质。

根本不是什么战胜战败，而是媾和！

第十六章 钦宗式沉沦

开封城劫后余生，第一件事是把陈东赶出太学生队伍；第二件，派李纲迎回赵佶；第三件，彻底杀绝六贼。

四月三日，赵佶一行回到开封城，等待他的，是一个陌生的儿子和冰冷的世界。他彻底昏聩了，忘记了他一直给予长子的是什么样的生活。

赵桓绝不愿再回到从前，他要牢牢地把握自己的地位。刚一开始，他就驱逐了赵佶的全部侍从，让赵佶孤零零地待在龙德宫里，彻底老实；第二步，他收走了财权，哪怕是赵佶曾经赏赐下去的东西，也要重新交出来；第三步，他毁了赵佶东山再起的念头。

赵佶想反击，他说金军很可能再来，由他去洛阳招兵买马，为宋朝创建另一块根基。简直是笑话，赵桓不予回答，连否决都懒得说。

赵佶慌了，他万万没料到处境糟到了这一地步。他想挽回，想了想为今之计，没权没钱没人，怎么办？只好打亲情牌。

好不容易熬过了半年，到了十月初十。这一天是天宁节，也就是赵佶的生日。其实这是错的，他生于五月初五，但由于当时风俗，这一天极其不祥，所以改成了十月初十。

生日宴会上，赵佶先是满饮了一大杯酒，然后亲自酌了一杯给儿子。老子敬儿子，却不料儿子无动于衷，不管父亲怎样表现，不接更不喝。

在场的人都知道，赵桓怕酒里有毒。

屈辱！众目睽睽，忍辱偷生。赵佶号啕大哭，掩面回宫。在他身后，赵桓面无表情地下了一道新命令，严密封锁龙德宫，内外消息不许流通。

接下来该办第三件事了，彻底杀绝六贼。

杀朱勔走的是正规程序，御史弹劾、官方定罪、抄没家产、流放外地。他从衡州、韶州、循州一路南迁，到循州之后，宋朝派专人赶来，砍了他的脑袋。

杀童贯就麻烦得多。童贯有名分，堂堂郡王可以免刑免死。钦宗先是把他贬到南方，之后派监察御史张达明带旨追杀。张达明在南雄州（今广东南雄）追上了童贯一行。他怕童贯知道消息后抢先自尽，不能明正典刑，所以他派人去传了个话。

那人说，皇上派使臣赏赐大王茶药，召您回京共商大事，听说是充任河北宣抚使。童贯惊喜，连声问消息是否真实。

来人回答，现在的将帅都是新人，没有实战经验，朝廷商议多时，还得您这样有军功、有威望的人出马才成。童贯大喜，扬扬得意地说了一句话：

“又却是少我不得。”

第二天张达明赶到，童贯还在做着升官的梦，已经钢刀临颈，人头落地。他的头被放进黑漆木匣，用水银浸泡，带回开封城，在显要处号令示众。

童贯死了，这个人是六贼里比较特殊的一个。相对而言他是有能力、有良知的，能在关键时刻显示出少许残存的人性。可惜，中国最大的危机也是由他造成的。“一将功成万骨枯”，他的广阳郡王封号是宋朝亿万百姓的鲜血染红的！

他是个复杂的人，是一个前后变化巨大的人，不知为何，在他狼狈拙劣厚黑的后半生里，我总会想起他西征河湟时铁马冰河的岁月。

如果他那时死了，该多好。

终于到蔡京了。

轮到他时，仿佛回到了历史原点，他是一切的源头，更是一切的归结。他是宋朝50余年以来所有善恶忠奸变化轨迹的浓缩，什么都看在他的眼里，什么都发生在他身边。

他被弹劾、贬职、外放，直到长江边，官场仍然对他畏之敬之，直到赵桓派人快马加鞭追了上来，要他交出身边的三个宠姬慕容氏、邢氏、武氏。说她们太美了，连金国都派人来要，为了两国友好，必须交出去。蔡京无奈，只好照办，当挥泪作别时，他写了一首诗：

为爱桃花三树红，年年岁岁惹春风。

如今去逐他人手，谁复尊前念老翁。

之后他形单影只，孤单南行，没有了地方政府的保护，连小商贩都对他当面诟骂，他想买饭，骂他；他想坐轿，骂他。勉强支撑到当年的七月，走到潭州（今湖南长沙）时，他终于病倒了。这个巨奸大恶自知不起，死前写了这样一首词：

八十一年住世，四千里外无家。如今流落向天涯，梦到瑶池阙下。玉殿五回命相（是四次），彤庭几度宣麻，止因贪此恋荣华，便有如今事也。

那是 1126 年，宋靖康元年的七月二十一。

蔡京死后，没人给他收尸。想想吧，七月的长沙闷热到什么程度，那具尸体的样子可想而知。最后是押送他的人把他草草埋葬，葬时连草席也没有一张，只用了些青布缠上，就埋进了土里。

地点是漏泽园，当时的公墓。

蔡京的直系亲属们，如蔡攸、蔡绦等 23 人，或处死或远贬，各有下场，可以说蔡氏家族团灭。

以上，正义似乎真的来了，但实在是太晚了。

综观蔡京的一生，没有仔细研究的话，总会把他归纳成脸谱式人物。他又奸又恶，又狠又凶，害人害到刨坟掘墓，是天生的坏种。真是这样的吗？当年在边远的福州长大，一步步进入官场，没有根基、没有靠山，从零起步的那个少年，是怎样变成元憝巨恶的呢？

被逼无奈，他生活在新旧党争最激烈的时代，是时代造就了他。他是邪恶土壤里培育出来的邪恶之花，不想倒在洪流里，就只好操纵这股洪流……去淹没对手！甚至于他的作恶，也带着无可奈何和侥幸。

在他败亡时，有一段对话生动地反映了这一点。

那时，门客散去。

一个门客临走前忽然问他："明公高明远识，洞鉴古今，难道不知道国事会衰弱至此吗？"

这真是千古之问，以蔡京之智，难道不知道自己在作恶，在败坏国家和民族吗？

要说不知道，真是鬼才相信！

蔡京沉默了好一会儿，才回答说："不是不知道，只是我觉得自己可以幸免于祸罢了。"

一句话透露本真，他只是想享受，想在惨烈的党争幸存之后，尽自己的余生去寻欢作乐！

哪有什么天生的坏人，他只是偷生的蝼蚁，一个躲在时代裂缝里及时行乐的胆小鬼，一个放弃了之前理想的废品。

至于他的作恶，最大的坏处并不是毁了宋朝，他之恶，在于一言堂。在他的统治之下，宋朝前所未有地统一了言论，没有人敢反对他，更没有人敢议论他，他破坏了宋人本就不多的血性，连真话都不敢说了。这是之前吕夷简、王安石等人都做不到的。

另外，他的败亡是外力造成的。如果没有金军突然来袭，六贼仍然逍遥法外、鱼肉苍生。这造成了另一个致命的后遗症——宋朝人未能靠自己的力量斩除这些毒瘤，进而更进一步地反思，杜绝这类人的出现。于是在不久之后，蔡京借尸还魂，他这样的人变本加厉地重复出现着。

赵桓罢免了李邦彦，任命李纲为河东、河北宣抚使，全权负责北方防务。

李纲终于自由行动、全情发挥了！但是，稍等……宣抚司制下只有一万多名士兵，边疆各重镇的将官士卒们保持原有的上下级系统不变，和李纲没半点儿关系。

也就是说，李纲带着少量的非亲信部队，站在边防的第一线，等着金军部队的再一次入侵。

唯一的好消息来自北方三镇。

金军真的带着接收诏书去了，可是被三镇的军方当成了骗子。他们的态度很明确，留辫子的男人一个都不许进城！

赵桓命令从西北防线上调西军参战，救援三镇。他点名要种、姚两姓将官出征。

种，自第一代种世衡以降，第二代的种古、种谔、种诊、种谊都故去了，第三代的种朴战死、种师道衰病，只剩下了一个种师中。

种师中号称"小种"，与兄长一样自青年起结发从军，历任环庆、秦凤两路的经略安抚使，是一个威名赫赫的老西北。

姚，姚麟、姚雄与种谔、种古齐名，尽管出过姚平仲这样的妙人，但是几十年的威名仍然很有号召力。

简单地说，种家的人狡猾聪明，无论是独当一面还是做一个将军，都有奇思妙想，在战场上灵动变化，既凶狠又狡诈。姚家人只有一个特点——能打。是西军里最能打的，熙河军里最暴力的世家。这一次姚家出战的人是姚古，他去救太原。剩下的河间、中山由种师中负责。

1126年，宋靖康元年五月种师中带着一半新兵组成的西军出征。这些兵不是有没有战斗力的问题，而是连一个军人的起码素质都没能明确。刚刚集结，这帮新兵蛋子就把刚刚发到手的军械，像神臂弓、箭枪牌、马甲等，拿到黑市换了酒肉吃喝！

这些赵桓都不管，他严令种师中，如果不出战，就以"逗挠"论处。逗挠，是犹豫不前，怯懦畏敌，比战败还要耻辱！

种师中无法忍受，就此带着这样的部队，出井陉，向金军主动出击。一路行军，他们在杀熊岭（今山西榆次东北）附近遭遇金军。

种师中面对的敌人是金将完颜活女，此人是金军常胜将军完颜娄室的部下，女真建国期间，他活跃在第一线，以战绩论，比很多阿骨打的近亲还要强。

再强也没用，这时种师中的手里握有一张王牌，这张牌是金人之后十几年的噩梦，实事求是地说，如果不是宋朝出现了两个现象级的非常规人物，那么这张牌，就是高居汉人战斗力巅峰的存在。

张俊。

时光流逝，当年 17 岁走进军营当弓箭手的少年，这时 41 岁了。宋金战争爆发，是一个民族的灾难，对张俊来说，却是机遇。他在这一年的早些时候抗击金军，以战功升至武功大夫，这时随种师中救援三镇，他是援军里的前锋。

那一天，面对数万金骑张俊冲了出去，开始了他传奇的军事生涯。从这一刻起直到以后 15 年，张俊都是一面飞扬的旗帜，是宋人的军中之胆，在最后的日子来临之前，他是一位无可争议的军人。

杀熊岭，宋金前锋对决，张俊以少胜多，西军真正的战斗力让金军震惊，他们想不到会败在宋人的手下，他们死了多少人没有准确记载，他们被缴获的战马就在千匹以上。

张俊建议乘胜追击，一鼓作气突破金军的封锁，去救援三镇，顺便背靠坚城抵敌。种师中反对，一来天晚了，士兵们一路行军突然遇敌，没有休整过；二来他要等待姚古。

他和姚古曾经约定先会合再赴援，这时如果姚古能如约出现的话，无疑会胜算大增。

一夜过去，姚古没有出现，限于古战场的通信能力，他不知道姚古几乎同时遇敌，在隆州谷（今山西祁县一带）正与金将拔离速激战。

天明时分，种师中等来的是金军的全面进攻，数万骑兵冲击过来，这回参与的不是少数的精锐，而是拼全军的素质。种师中的新兵蛋子们成了战场上最特殊的一群人，想想连军械都没有的战士要怎样作战呢，玩空手搏击？这个笑话很冷。

新兵所在的右军、前军迅速崩溃，把种师中的中军暴露了出来。

金军的骑兵蜂拥而至，配合之默契简直像军前哗变一样。这时，种师中仍然还有活路，他可以选择后退，收缩兵力边战边退，相信金军会明白太原和援军哪个更重要，不可能一路追击直到赶尽杀绝。可是那样，等待种师中的将是生不如死，他得回去等着赵桓的进一步侮辱。那么死战吧，种师中的中军不动，从几千人拼到几百人，直到他本人受了四处重创。

最后的时刻来到，种师中和他的幕僚、亲军全部战死……他终于用生命证明了自己的勇敢，种姓家族里没有懦夫。

这有意义吗？

在历史的长河里，人们记住的是种师中的部队被金军全歼，他不仅没能解救围困中的北方三镇，更把宋军有限的机动部队损失了很多。同时，也把宋军的士气进一步磨灭了。

几乎全是错，全是耻辱。

但是，到底是谁阻止了种师中变成真正的种家军的呢？

种家的人在战场上从来不是蛮牛，他们是聪明狡诈的狼，知道后退、迂回、挑逗、突进，战况不利、军力不足时，他们最可能用的办法是拖着金军一路后撤，把敌人远远地调到三镇的远方，那时自然会分解三镇的压力，甚至造成友军前进的空隙。

这都是最简单的军事常识。

这件事不必再多说了，一切都归功于神奇的赵桓。

在他的领导下，种师中败亡，姚古败亡，这让金国更清晰地看清了宋朝的现状。这些还是次要的，对于怎样搞定金军，解除女真人的威胁，赵桓还有更创意的表现。

在金军从开封撤退的时候，赵桓悄悄地挽留了一会儿金国的使者萧仲恭，塞过去大笔金银财宝以及一封信。信是写给现任金国高级军官耶律余睹的，赵桓希望耶律余睹回忆从前，你是辽国的皇族，辽亡于金，你难道不想报仇吗？

我可以配合你！

这封信被萧仲恭上缴给了完颜吴乞买。

吴乞买的惊诧远远大于愤怒，这一刻他深深地看清了宋朝皇帝的本质，那一定是个脑残片吃多了的残障青年。

施反间计很正常，但最起码要找一个靠谱的通信员吧，你不能用金国的官方大使替你送策反信给金国的大将吧！

再说一句，想策反，就得精确掌握被策反人的实际情况。耶律余睹是辽国皇族不假，但一来被辽国皇帝逼得家破人亡；二来他这时在金国的地位比在辽国时更高。以刚刚过去的第一次伐宋战争为例，金军的左路军主帅是完颜宗翰，元帅右都监就是耶律余睹，是左路军里的第三号人物。

宋朝得拿什么条件才能收买，仅仅是所谓的“国恨家仇”？

这件事之后，我把宋钦宗赵桓的一生重新审视了一遍，可以公布一个“真理”了：

赵桓这一生没有做过一件正确的事。从他走上神坛当皇帝开始，直到他死，绝对没有一件是正确的，其中包括杀六贼。

杀六贼的时机没有掌握好，杀得太晚了，比如童贯，绝对不能让他带着正规军去追赶赵佶，险些造成江南小朝廷。而且杀完之后，做得更错。他把六贼的子孙亲族都发贬到江南，把被六贼历年外贬的官员子弟们赦回京城。

京城不久之后会发生什么，大家都知道吧？

尽管这不是赵桓主观意愿去做的，但他就是做了。

这说明了什么呢？只能说明他是独一无二的衰仔，无论谁只要和他沾边，都会死得超难看。

截止到这里，赵桓以及宋朝官方在开封保卫战之后的举措都做完了，他们成功地压制了己方的振作分子，让李纲、种师道等人屈辱地活着，并且“完美地”激怒了金国，让对方没有理由不再次发兵侵略。时间一天天地过去，1126年，宋靖康元年的八月临近了。

八月，是一切的终结月。在这之后，神州板荡，中原陆沉，汉人史上前所未有的耻辱即将到来。

在这之前，我们要稍微回头望一眼，看看曾经的国之少年们，他们都怎么样了。

第十七章　烈日骄阳，男儿雄壮

种师中全军覆灭的那一天，张俊率领前锋营在乱军中杀出了一条血路，从几万金骑中突出重围，且行且战，一路向南。

到达乌河川时，他们又遇上了金军。这时，张俊身边只剩下几百人，人困马乏，各带战伤，以常理分析他们死定了，想跑都没了力气。

张俊在这种情况下率军出击，向金军主动挑战，以几百人的战力再次冲破重围，在他身后，地上躺着金军500多具尸体。

他回到了国内，在信德附近休养部队。他关注着局势，默默地等待自己的机遇。他不但聪明，更是机敏的，不久之后，他准确无误地找到了自己一生事业的起点。

刘光世的日子过得有点儿苦。幽燕战役之后他老爸被撤职，他本人因为失踪被连降三级，这意味着他的衙内生活到头了，要到基层从头干起。

他回到了西北。

一年多的时间里，刘光世打起精神踏实工作，先是亲自出马剿匪，把在浚州抢劫的河北籍巨匪张迪打散。这让他官复原职，重新当上了马步军副总管。

看来他在衙内的人脉还是很广的，一次剿匪就升了三级的官。之后，金军围困开封，西夏也没闲着，乘机发兵西北，想趁火打劫。刘衙内当时驻扎在杏子堡，这里正好是西夏的进兵要道。刘光世在有压力有动力的状态下还是非常可怕的，在杏子堡他把西夏人打得灰头土脸地回去了。

刘衙内再次高升，荣任侍卫马军都虞候。

他将在西北等待机遇，不久之后天下大乱，每个人都无所适从，而刘光世却超级敏锐地看准了一条光明之路。

这条路在当时只有他敢走，这是刘光世最了不起的地方。他的一生都是这么准确，他在听话与不听话之间摇摆，要命的是，他每次都能准确无误地判断出什么时候应该听话，什么时候不应该听话。无论是听，还是不听，都让他加官晋爵，富贵终生！

这段时光里，最幸福的人是韩世忠。他在失意郁闷中突然得到命运的青睐，遇到了一生中的挚爱。那是在平定方腊之后的庆功宴上。

宴会设在京口，“京口瓜洲一水间，钟山只隔数重山。”王安石的诗可以当账簿也可以当地图，一看就知道，是在长江边。

宴会的规格很高，席上有禁军、西北军的高官，有抢他功劳的辛兴宗，有即将登上人生之巅的童贯，当然，也有官妓。

官妓，是古代官员们的一种福利，一般来说只接待官员，不对外开放。她们有的是被抄家的官员女眷，有从小被特殊培养的女孩儿，无论是出于培养还是官宦子弟的素质，她们都有不错的文学水平，可以陪着政府官员们讨论人生、做做游戏。

不说这些操蛋制度了，继续说韩世忠的这次宴会。

韩世忠是承节郎，上这种席面很勉强，他也没心思应酬那些高官，一个人躲到角落里喝酒吃肉。那样子，说他落落寡合很孤单可以，说他洒脱自在很自我也成，反正他游离在人群之外，而光怪陆离的欢场里，也没有谁去在乎他这个小人物。

生擒方腊又怎样，仍然只是马仔而已！

就在这时，有一个官妓离开那些大人物，向他走来。这个女孩儿敬重他、崇拜他，在他最失意落寞的时候使他欢愉，而他也在这个女孩儿的身上找到了很多的共同点。

这女孩儿的父亲、兄长都是宋朝的武官，在对抗方腊的战争中失败，这是罪名，足以让没有根基的官员掉进万丈深渊。女孩儿的家被抄了，她成了官妓。可这并不能改变她，她生有神力，开硬弓射200步，弓马娴熟，即使放在禁军里也是头等战士。

两个同在困顿中的人相遇了，他们走到了一起，韩世忠替她赎身，娶她为妾，之后戎马倥偬，这个女孩儿陪他走过了前半生。

她姓梁，相传名叫红玉。

平定方腊之后，韩世忠调防了，从西军调进了禁军，成了京城里的精锐。时间回拨，当完颜宗望的东路军杀奔开封城时，京城里的精锐在干什么呢？相信大家都还记得，一个叫梁方平的死太监，带着他们去了黄河的北岸。据说是要阻敌军于国门之外，让黄河真正变成天险。

那次行动简直是灾难一个，梁太监在黄河岸边纵酒狂欢，当金军临近时直接逃跑。可惜他慢了点儿，金军的速度太快，追了上来。当时，千军万马乱成一团，绝大多数宋军只想着逃跑，有一个人却不一样，他挥舞长戈杀透重围，冲过了对岸，没急着跑，而是把桥烧了。

烧完之后，他更是与众不同，没有慌乱逃跑，而是和金军赛跑，抢先一步跑回了开封城。这在当时没几个人敢做或者能做到，一来和金军骑兵赛跑难度很大；二来谁都知道开封是金军的主攻目标，这时回去无异于自投罗网。

这个人便是韩世忠。他进开封城时，宋朝的皇权刚好交接完毕，他被新皇帝召见，咨询前方战报。如此这般，他升官了，成了武节大夫，参与了之后的开封保卫战。

金军退走之后，整个北方治安大乱，不去说私人性质的强盗武装，连正规军都造反了。当时胜捷军被金军击败，监军执行战场纪律，把将军张师正砍了，下面的军校立即哗变，几万人造反，淄、青两州失去控制。开封城没办法，再没人也得去剿匪。

韩世忠就在这次行动中。

照例他仍然是前锋，带着几百个人渡过淄水河，向叛军靠近。那可是几万人的正规部队！韩世忠想了想，把铁蒺藜拿了出来，扔在了身后的岸边，他命令“进则胜，退则死，走者命后队剿杀”，完全是破釜沉舟不留后路。

第二天，韩世忠带着这几百个人出发，正面挑战几万人。

这个比例让人绝望，查一下古今战史，能在这种比例中获胜的人哪怕有，也是凤毛麟角，并且一生只干过一两次。但韩世忠不一样，他把这种事干到了一个空前绝后的地步。

他习以为常。

韩世忠这辈子就没打过以多欺少的仗，每次都是以少胜多，别管内战外战都一样，换女真人上来也一视同仁。对于这一点，很久以后他的那位战绩比他还强的同事也很郁闷，他的韩二哥把全世界都骗了，哪怕在宋朝内部，也没人敢相信鼎盛时期的韩家军居然只有那么点儿兵力。

就是这么点儿兵力却控扼长江，阻敌于第一线！

回到这次剿匪现场，他把这支叛军惹火了，这帮人没法穿越到几十年后知道他韩世忠是何许人也，他们就知道自己是几万人的正规军，哪怕是叛变了，也不能这么欺负人的吧，区区几百人就想剿我们？冲动中，他们的首领，原校级军官李复摆开阵势，决定亲自出马。

……悲剧开始，别说是他，就连以后的金国四太子殿下敢把身体暴露在韩世忠的视线里都有生命之忧！李校官当场被砍死，他身后的几万人吓呆了，集体呆滞之后选择逃跑。这就形成了一个很少见的场景，几百人追着几万人跑，不停地追，不停地跑，持续了整整一天。夜幕降临之后，双方才决定停下来歇会儿吃点儿饭。

黑暗里，一大片的叛军点起了篝火想心事，明天怎么办呢？正在想着，那个人突然出现在了他们面前。

韩世忠一个人骑马进了叛军的营地。

他当然没能一个人砍死几万人，他只是带个话，说后面的剿匪大部队到了，最迟天亮就会发起攻击，你们是投降呢还是不投降？还是投降吧！

几万人都点头，韩大人真仁慈，这时候了还给俺们一条活路，真是好人啊……

天亮之后，他们再一次呆滞，根本没有大部队，还是昨天那几百个人。

他们还是投降了，实在是受够了。

韩世忠再次升官，左武大夫、单州团练使，驻防滹沱河。这样他成了中级军官，别管大小，总算有了自己的一亩三分地。

单州的生活是短暂的，没多久他接到了一个命令，令他快速率军救援赵州，在那里配合西军老上级王渊防守金军。这是他走上命运之轨前夕最重要的一次战斗。

当时，金军破了宋朝仅次于北方三镇的重镇真定府，赵州是真定以南的另一处要塞，军方的命令是要他尽一切可能坚守，能守多久是多久。韩世忠明白，这是用他和他部下的生命，去换宋朝上层的喘息之机。这在当时逃跑成风的现状下，根本不必理会。

但韩世忠按命令干了，他先是率部守城，一直守到粮尽援绝。这时，有人劝他趁早突围，趁着战力未失，或许能冲出去。

韩世忠摇头，这样就逃，他不干。当天晚上下起了大雪，到了午夜时分，他悄悄打开城门，率领300名死士冲进金营。黑暗之中，他像上足了发条一样，在金营里乱窜，鬼知道那天晚上他在哪些位置砍死了哪些人，反正金营乱成一团，等他带着人摸出营逃出去很远了，身后才是一大片的喊杀声。

事后知道，那天晚上黑灯瞎火的，赵州城外最大的一个金军头领不知被谁砍死了，宋朝官方分析很可能不是韩世忠他们干的，而是金军内部的误伤。

不管怎样，韩世忠逃出来了，他没守住城没能杀退金军，但是很勇敢。因为这种积极的工作状态，他升官成了嘉州的防御使。

韩世忠的事告一段落，命运在前方等着他，要等到赵宋一脉仅剩下一根独苗逃出魔爪时，他的机遇才会到来。

吴氏兄弟在这段时间里过得比较单调，用一句话可以概括——“靖康初，夏人攻怀德军，玠以百余骑追击，斩首百四十级，擢第二副将”。

打了一架，砍了西夏人140颗脑袋，小升了一级官。

终于轮到了岳飞，真的很想拨开层层迷雾，把他这些年发生的事一件件都清晰、明白地记录下来。可是我做不到，因为他的资料是缺失的，那个时代最伟大的军人，最爱国、最英勇、战绩最强的军人，他的生平被自己的民族亲手毁了。

他的敌人不仅杀了他，更毁灭了他的印迹。我能记录的只能是各种资料混杂在一起的一些分析结果。

岳飞在1121年离开韩家走上社会，去相州的一个市镇当游徼，也就是弓手。这个职务相当于现今的城管，负责社会治安。

这是宋朝职役里的最下一级，由此可以知道，岳飞之所以能当上弓手，很可能是出于韩家的介绍。

他是贫农，按出身他一辈子都是受管制阶级。尽管如此，岳飞仍然很快就主动辞职了，至于原因，从他以后表现出的品性来看，是他厌烦了。

再次失业，岳飞一身轻松，也可以说是彻底一无所有。前面韩家介绍他当弓手，已经还清了他当年击退马贼的情分，此时，他只能依靠自己，而他已经想清楚了。

他要投军。

当时燕云战役已经打响，童贯率领重兵进击十六州，导致后方实力空虚，河北真定宣抚使刘韐决定向民间征兵。岳飞就在这次招募中走进了军营，他所在的部队有个番号叫“敢战士”，也可以翻译成“敢死队”。截止到这时，资料没有发生歧义，没有谁对岳飞的这一段生活表示怀疑，但下面的就不一样了。

按《宋史·岳飞列传》记载，岳飞从军之后因为战绩出色当上了敢战士的小队长。很快，他接到一个任务，回相州剿匪。

这批匪徒有实力、有根据地，平时躲在山上不下来，下来抢一票就走，搞得正规军抓不着、宋驻州杂兵军攻不上去，怎么看都让人头痛。说句实话，按正常思路，像岳飞这样的新兵蛋子，根本拿人家没办法。

可他是岳飞，是中兴四大将里最全面、最聪明的一个，综观他的一生，只能用天才来形容。何谓天才，无师自通、一通百通、无所不能，没有人教他怎么做，而他什么都能做到！

岳飞只带了百十来个人就出发了。严格地说，跟他走在一起的不足几十个，更多的人先一步进入相州，他们乔装改扮，变成了一个个小商贩。

这样一堆商贩走在一起，对匪徒来说纯粹是肥猪拱圈，送上门来的肥肉。他们很正常地冲下山来，这些商贩很正常地投降，连人带东西被抢运上山。

货物成了匪资，人成了新的匪徒。

岳飞把剩下的人再次分成两批，一批埋伏在山脚下，一批人跟着他“剿匪”。那天，山脚下是这样一个场景：顶多二三十个大兵在山下挑衅，要土匪们投降……山上的匪徒们忍无可忍，哪怕是为了以后能过得清净点儿，都得狠狠地胖揍这些不知死活的大兵。

于是，匪徒冲了下来，大兵们打不过逃跑，匪徒追，有伏兵，匪徒没服，再打，突然间一切消停，山上投降了，匪首成了俘虏，被山上的商贩们押了下来。

完活儿。

军队基本上没有伤亡，土匪全部抓到，匪资没有损失，全部充公。考虑到以上是用微小的兵力来完成的，这个战绩堪称完美。

这些就是岳飞在这段时间里的官方记录。

下面，说一下反对意见。提到反对意见，就要提到一位史学前辈，他就是曾任北京大学历史系主任、中国中古史研究中心主任、全国高等院校古籍整理与研究工作委员会副主任、中国史学会主席团主席、中国宋史研究会会长，学界公认“20世纪海内外宋史第一人”的邓广铭先生。

邓先生认为官方的记录是假的，岳飞的真实经历应该是参加了燕云战役，并且是跟着郭药师冲进幽州城，被辽军从城里狼狈赶出，一路徒步逃回营地的宋军中的一员。

理由是，由岳飞的孙子岳珂编写的《金佗续编》里收集了岳家军中几个幕僚的随军杂记，其中一段记载说，岳飞曾自述到过辽国的燕京（他误称为黄龙府）城下，看到的城墙像小山一样高。邓先生推断，岳飞一生能到燕京城下的唯一机会，只有在他充任敢战士小队长时。

因为之后岳飞一生都没能越过卢沟桥。

这个推断对吗？似乎有他的道理。但是有一点，《宋史·岳飞列传》里的事迹本身也来源于岳珂为其先祖所整理的各种资料，比如上面的剿匪事迹，就出自《鄂王行实编年》。那么请问邓先生，您不信岳珂说的，却信岳珂另一本书里提到的幕僚笔记里的岳飞某次聊天，这是什么道理呢？

这事儿说不清，别说是几百年前的宋朝，哪怕是现实世界里前一分钟发生的事，当事人对公众说他做了哪些事，也会被质疑。

——你用什么来证明？无图无真相、有图也可以PS、没P……你做那些事一定别有目的！

所以我们可以得出结论，哪怕是岳飞死而复生，并且证明了他就是岳飞，由他来说上面两种可能哪个对，仍然要被质疑。

这种事儿也发生在我身边，比如这本书的开篇，我白纸黑字地再三强调，当年那个站在窗台上嘘嘘，一头栽下去砸倒铁炉子的东北男孩就是我，不还是被人怀疑吗？

那真的是我！

我、铁炉，它倒了。

这种事说到底就在于心态，一个怎样对待英雄、传颂英雄的民族心态。举个例子：西方世界里“九杰”之一的亚瑟王，他与亚历山大大帝、恺撒大帝等人齐名。很牛吧，可用什么来证明他的存在呢？

英国人在故都温切斯特的王宫大厅里，悬挂了一张大圆桌面。传说，那是著名的圆桌骑士们用过的。经现代科技精密测验，它是16世纪初期的作品，最早不超过14世纪，而亚瑟王和他的武士们应该存在于5世纪或6世纪。

盎格鲁－撒克逊人的信史从6世纪开始。

这说明什么呢，英国人、整个西方都在造假嘛。可圆桌面仍然挂在皇宫的墙上，亚瑟王仍然顶着“过去和未来之王”的名义照耀着基督教世界。

人家相信。

作为未来帝国军方一把手，张浚的现状很耐人寻味。

他中了进士，当上了官，是京城里的太常簿。这只是负责国家礼乐制度的太常寺里的一个小官，算是行政单位，但没有实权，是典型的文官熬资格的地方。

查《宋史·张浚列传》，他在这段时间里啥也没干，查《续资治通鉴长编》会发现，他很活跃，就在开封保卫战打到最危急的时刻，他都在上蹿下跳。

当时姚平仲偷营失败，全城人心惶惶，张浚觉得自己必须说话了，他看到了问题的最关键点！他说，责任都在李纲身上，他太专权了，应该引咎辞职。

“专权”……这两个字是赵构、岳飞、韩世忠、吴氏兄弟等所有南宋上层人物在以后十几年里和张浚共事后，得出的共同心声——张浚这人更专权。

这时是1126年，宋靖康元年的八月，历史的时针终于指到了这一刻，这是终点，也是起点，是屈辱的极致，也是新生的开始。

那么多的人，都浮沉在时代的旋涡里……

第十八章 血色黄昏

1126年，宋靖康元年八月，金国第二次南侵。兵力配备、元帅分工和上次一样，完颜宗翰是左副元帅，领西路军，从原辽西京（今山西大同）出发；完颜宗望是右副元帅，领东路军，由保州（今河北保定）出发，兵锋直指开封。

熟门熟路了，没必要改。

按说东路军是内定的主力，毕竟上一次西路军受阻，是完颜宗望单独杀到了开封城下，办成了当年契丹人举国出征，萧太后亲自上阵也没办到的事。

可这一次，焦点却集中到了西路军的身上，因为西路军有完颜宗翰、太原城。公平地说，这时的完颜宗翰是东亚大陆上的第一军事强人，自从女真崛起，近10年以来他灭强敌破名城，战绩之彪炳，堪称200余年来，从五代十国到这时最高。

赵匡胤、柴荣等人远远不及，在他之上，只有金太祖完颜阿骨打。

从上一年的十二月开始，太原被围困，到这时快9个月了，金军能用的招数基本上都用上了。比如名将攻城，攻城的人叫银术可，是宗翰系里的最强战将，在整个金军系统里，也只比号称常胜的完颜娄室稍差一点儿；比如心理上，270余天里，没让一个宋朝援军抵达城下；比如物资上，太原城最初时是被突袭的，根本来不及囤积战备粮食，而满城军民一天内的消耗量却是惊人的。

这些加在一起，太原城仍然岿然不动。从理论上讲，金军还能拿得出来的最后一招，也就是完颜宗翰本人了。

女真人崛起已经接近10年，士别一日也要刮目相看，何况这样一个灭掉东亚最大国家的新兴民族。他们以战养战，吞了辽国并消化了辽国，当此时无论是战械还是战略更甚至于经费，金国都在宋朝之上。

这是毫无疑问的。

完颜宗翰使用了大型投石机、攻城车等各种攻城器械，260多天之后，太原城仍然屹立不倒。开封城终于做出了一些战争反应。

命令府州（今陕西府谷）守将折可求率领麟州（今陕西神木北）、府州士兵2

万人，渡黄河救援太原。折家军，当年抗击西夏的战场上最强战将张岊所在的部队。他们将从岢岚（今山西岢岚）、宪州出天门关进击太原，挑战完颜宗翰。

命种师道出战，出井径（今河北井径北），挑战金国的东路军完颜宗望。

任命折彦质为河北宣抚副使，率 12 万重兵驻守黄河南岸。李回为大河守御使，率一万骑兵为机动力量辅助。

加强真定府、中山府防守。

开封城里的大人物们对上次的开封保卫战印象深刻，为了防止重演，他们做出了一个空前的创举，分天下 23 路为四道，分别由知大名府赵野总管北道，知河南府王襄总管西道，知邓州张叔夜总管南道，知应天府胡直孺总管东道。

他们统一向建立在邓州的都总管府负责。

在各自的道内，他们可以自行决定军政大事，财政收入归自己专用，可以自行任命各级官吏，所辖士兵可以自行诛赏。

这是国中之国，是唐朝后期搅乱天下尾大不掉的藩镇，是宋朝立国之始极力防止，用一系列手段，哪怕自我阉割都在所不惜的最大禁忌。

可是在战争的威胁下，开封城忍了，在付出这样大的代价之后，它只要求在国家遇到危急时，四道兵力必须第一时间内赶往京师勤王。

就在这时，太原城终于陷落了。

金军入城之后，发现的是一座没有马匹牛骡，没有弓弩皮甲，萍、实、糠、草什么都干干净净的空城。

都被守城的军民吃掉了。

太原陷落，整个河东路崩溃，一系列的名城如平遥、灵石、孝义、介休全都不战而降。

完颜宗翰直扑黄河北岸。

金国的西路军永远都是焦点，另一边，完颜宗望在做他一生中最重要的事。他比大王子的运气差了很多，他负责的是河北西、东两路的战线，从概率上讲，难度比东路大了不知多少。

首先，他得攻破中山府。

北方三镇，太原、中山、河间一字排开，在北方大地上连成一条防线。河间在最东端，它太远了，与这次战争没有关系。而中山的位置最关键，它在中间，如果它稳定，会让金军进退两难。

中山府迅速陷落，金国东路军长驱直入，逼得种师道昼夜兼程赶路，出井径与之决战。

想想种师道的兵力，他是被排挤出京城的，等于是变相下放，连李纲手边的几千人马都没有，让他用什么来和金国的二太子决战？

他比弟弟种师中还要悲惨，声名显赫的种家军竟然被当成肉盾推向了前线，哪里是作战，纯粹是送死。时光截止到这一年的十月，种师道败。

种家军走进了黄昏，以祖孙三代人建立起来的传奇部队，变成了一段往事。让我们重新回顾一下他们的名字，种世衡、种古、种谔、种谊、种朴、种师道、种师中，他们有成功，有失败，有失落，却从来没有过背叛或者懦弱！

放在任何一个时代，他们都是优秀的军人。

完颜宗望逼近真定（今河北正定）府，这是一块硬骨头，之后还有黄河天险以及13万重兵，考虑到这些，完颜宗望也有些小头痛。想了想，他拿出一个老办法，这是在灭辽国时百试百灵的好办法。

谈判。

金军派使者去开封，和宋朝讨论河朔地区以及三镇的问题。

宋朝开价，把北方三镇的税收、开封城内府的皇家珍宝拿出来，再加上一大笔现金，让金军撤军走人。金使同意了，说再加上10万匹绢就成交。

紧接着金国人自动降价，北方三镇全都不要了，只要宋朝交出五辂，也就是汉族天子乘坐的五种特制的车子，外加冠冕以及尊号，这事儿就算完。

不过有个附议，金军点名要赵构带东西去前线交割。

宋朝上层简直快要乐抽了，还有这种好事？赵构带着五辂就要上路，可是金国人又变卦了。新要价是，北方三镇必须交出来，不然第一时间攻打开封城。

针对新开价，开封皇宫里百官云集，分成了两大阵营，隆重讨论交还是不交。这两大阵营一方是由梅执礼、孙傅、吕好问等36人组成，都是一流高官，比如梅执礼，时任户部尚书；另一方是顶级大佬，以宰执唐恪、耿南仲为首，共有70多人。

一流说一定不交，顶级说不交不行。两边在金殿上大吵大闹，互相对喷整整一天，各自的理由、行为简直匪夷所思。

不交的理由是，祖宗创业艰难，失河北国将不国，以后再难振作……那么刘邦最初被赶进蜀中，就注定了一辈子当川人吗？

主张交的一方说，以前答应了交，现在反悔，宋朝多丢人啊。如果交了，金国再打仗，会师出无名，必败无疑……见鬼，仿佛上天真有个喜欢公平的神灵，谁失信谁没理谁去死？

争吵中，宰执一方功力深厚，御史、右谏议大夫范宗尹四肢着地痛哭流涕，说为了江山、为了百姓、为了广大官员的安全，把三镇割出去吧。

赵桓同意了。

这时三镇里的太原、中山早就完蛋了，河间城离得太远，根本与战争无关，什么交不交割不割的，这事儿还吵得乌七八糟头破血流的，真是脑残片吃多了。

宋朝统一了思路，赵构紧急出京奔向前线，企图用各种车子、头衔去拖住女真人。与他同行的有一个叫王云的人，职务是给事中，一个常在皇帝身边参谋的小官。

另一方面宰执们集中精力为国操劳，想到了一个对帝国安危非常重大的失误，一定要迅速制止。

种师道前些天召集四道兵马中的南道张叔夜、西道钱盖带兵进京勤王，这简直是陷国家于不义。都答应讲和了，怎么还能集结兵马呢？

唐恪、耿南仲、聂昌这几个人下令，让勤王部队从哪儿来的回哪儿去，老实待着。

做完了这些，宋朝平心静气，等待着应该、或许、可能会出现的好消息。

几天之后，消息来了，金国东路军攻破真定府，守将刘翊死战殉国，知府李邈被抓到燕京，拒绝投降被害，完颜宗望直驱黄河；而完颜宗翰的西路军已经抵达黄河渡口，与折彦质13万重兵隔河对峙。

10万金军两路分，完颜宗翰的手下差不多只有5万，隔着一条东亚大陆上最大的河，河对岸是近两倍半的敌人，哪怕他们调来了常胜的完颜娄室，也只是想了个怪招试探一下。

找来了几百面大鼓，让大兵们使劲敲。

敲了整整一夜，第二天早晨走到岸边，向南边看一眼，全体金军都惊呆了。南岸一片开阔，完整地展现着黄河的地表，13万宋军居然全都跑光了！

这下金国西路军可以安全渡河了，宋朝的广大疆土展开了，他们可以予取予夺，随心所欲，想怎样进攻都可以。

可完颜宗翰没这么做，他再次派出了使者。这一次他又开价了，针对眼前的形势，他要全部河东河北土地。

黄河天险被突破，宋朝当局肯定惊慌失措，紧接着会非常自然地提高抵抗力量。可是金军又议和了，再次给你希望。

这就是经典的温水煮青蛙，到滚烫煮熟时都忘了疼！

赵桓紧急派自己的两大亲信，也就是主张割地的两大先锋耿南仲、聂昌去配合金军，到河东河北大地解除宋军的武装。

聂昌跑得快，他带着诏书马不停蹄地越过黄河，赶到了绛州（今山西新绛），在金使的注视下命令守城的宋军放下武器，全体投降。城里的守将叫赵子清，没说不答应，而是放下了一架梯子，要聂昌带着诏书爬上来，让他亲眼看一下，只要是真诏书，他就投降。

聂昌努力工作，他一个文官，真的爬了城墙，上面等着他的是一张张仇恨的脸。赵子清指挥士兵抓住了他，先把他的两只眼睛挖了出来，接着一顿乱刀砍成肉酱，之后把这堆臭肉扔下城去，让金国人看着，这就是两河军民的态度！

耿南仲跑得慢，见事情不妙立即掉头跑向了相州。那里有本应奔向黄河的赵构，至于为什么赵构到了相州，是因为他遇到了一个人。

宗泽。

宗泽，字汝霖，浙江义乌人，生于1060年，时年66岁。世代务农，31岁考中进士，此前整个官场生涯都在受折磨，因为他反对六贼的一切行为，尤其是联金灭辽。靖康元年金军入侵时，他任磁州知州。磁州在河北大地上，当时太原失守、真定危急，官儿们都急着往南方跑，宗泽逆着人流走向河北，迎向了金军。

在磁州，他筹备援军去救真定，同时遇到了去金营和谈的赵构。

宗泽劝赵构别去送死了，没人会在这种优势下同意什么和谈。赵构是与众不同的，他想了想，决定听宗泽的，并且由此对宗泽很有好感。这是一个良好的开端，如果能继续下去，那么中国的历史很可能会改写。但是，它偏偏拐弯了。

因为王云。

这位给事中大人出事了，磁州人认得他，他在不久之前当过出使金国的使者，当时路过磁州时曾经要求磁州坚壁清野，把老百姓、财物等运到城里，不留给金军。平心而论，这个出发点是好的，可惜磁州的百姓也因此被折腾得够呛。

这时他再来，磁州人立即火冒三丈，事有凑巧，有人在他的行李里发现了几件和金国服装相似的“皂裘”，这简直是火上浇油，磁州人认定他是金国的奸细。当时，整个两河地区的百姓怒火冲天，只要和金国沾边，连宰执都敢砍成肉酱，一个小小的给事中算什么。

百姓们一拥而上，把王云给碎了。

事情过后宗泽才知道，他只能硬着头皮报告赵构。赵构没有说什么，只是很快离开了磁州，去了相州。在很多年之后，很多事情都发生了，赵构才偶然提起这件往事，他认为是宗泽杀了王云，在他最危险的时候杀了他身边的亲信。

宗泽，从此让赵构不敢信赖。

国运在这里拐弯，如果赵构能一直留在宗泽的身边，那么哪怕以后的事仍然会发生，但由于宗泽的坚持，某些事情也必然会有所不同。

而相州的知州名叫汪伯彦。

回到开封城，赵桓征召天下兵马勤王，命令刚刚撤回去的张叔夜们再快马加鞭地回来，同时紧急召回李纲。

但是找不到。

李纲被挤出开封时，是去河东、河北当宣抚使，相当于战区总司令，名头比天都大。可这时他已经在长沙了。

这个过程很跳跃，怎么发生的呢？他先是发现被架空，一怒之下主动辞职，宋朝同意了，同时给了他八个字的评语：“专主战议，丧师费财。”也就是说，他一心一意地搞抗战，打了败仗，浪费了钱财。

有了这个评价，李纲想辞职是别想了，必须先受罚。他被贬职到建昌军（今江西南城）安置，没几天，宋朝觉得太便宜他了，又将他贬到了夔州（今重庆奉节），到长江边上去喝风。当金军压境，赵桓再次想起他时，他被省内调整，贬到了长沙附近。

这个距离，除非是空运，要不李纲无论如何也赶不到位，哪怕是赵桓开出了资政殿大学士、开封市长的职位也没用。

赵桓又想起了前几天才分手的九弟赵构。他任命赵构为天下兵马大元帅，陈遘为元帅，宗泽、汪伯彦为副元帅，要这一大堆的元帅火速带兵救援京师。

可是请问这位大元帅有啥兵力呢？首先一点，整个河南大地上，也就是当时的京畿路、京西南路、京西北路、京东西路、京东东路等地方，除了开封城这一小块之外，自从有宋朝以来近170年里，就从来没有过什么军队。

军队除了在京城，就都在边疆，尤其是这时分天下23路为四道，各道独自为政，这一大堆的制约之后，这位新出炉的大元帅阁下，他手里能有些什么？

第十九章 如果还有明天

上面这些做完之后两天，1126年，宋靖康元年十一月二十五日，金军杀到开封城下，来的人不是完颜宗翰的西路军，而是完颜宗望的东路军。

二太子的动力大，每次都跑第一。

宋朝的勤王军队也在逼近。

第一个行动的是南道都总管张叔夜。

张叔夜，字稽仲，生于1065年，时年61岁。河南开封人，仁宗朝早期宰执张耆的曾孙。查他的资料，他的出身很显赫，生平很压抑，因为他与蔡京作对。

在六贼倒台之前，他被贬得最狠的时候，当过林冲在沧州时当过的官，去西安州看守草料场。后来勉强做到了州官，在金军第二次南侵时，被委任为南道都总管。这个头衔从天而降，别人或许看到了一方诸侯藩镇的权力，可张叔夜只看到了责任。

种师道要他勤王，他立即带兵杀出去；唐恪要他回去，他就回去；赵桓下令再勤王，他没有迟疑，再一次第一时间出兵。

他带着自己的两个儿子张伯奋、张仲熊，率领三万人上路了。

张叔夜在尉氏（今河南尉氏）与金军遭遇。激战开始，第二次开封保卫战在遥远的城墙之外展开了，张叔夜是宋人一片哀号垂死丑态中唯一的亮点，从他起步时起，就没有畏惧过女真人。当天，他冲破金军封锁，顺利到达开封城下。

张叔夜来了，全城士气大振，紧接着噩耗传来，东道都总管胡直孺在入卫京师的路上，在拱州（今河南睢县）与金军交战，失利被俘，被金人拉到开封城下示众。几乎同时，完颜宗翰的西路军也杀到了。

军心动荡，敌军合围，赵桓突围的路被截断了。

第二次开封保卫战展开。宋军并没龟缩在城里当鸵鸟，而是不断地冲出城墙向金军挑战。

第一次，金军攻击通津门。几百名宋军顺着绳子滑下城墙，烧毁金军五个炮架，两辆攻城用的战车。

第二次，金军攻破青城（开封南郊的小城），攻击朝阳门。宋军殿前司副都指挥使王宗濋出战，战况惨烈，统制官高师旦战死。

第三次，金军攻击南城墙，张叔夜出战，在深冬雨雪之中，南道兵奋勇激战，阵斩金军两名头戴金环的将官，逃跑的金军慌不择路，自相践踏，淹死在护城河里的数以千计。

第四次，宋将范琼率领1000名士兵出宣化门挑战，全军士气高昂，冲散了城墙下的金军，进一步追击。可惜的是人马踩踏，这一次宋军掉进了冰河里，淹死了500多人。这一天是闰十一月二十三日，记住这一天和下面发生的事。

宋军落进冰河里，金军趁势反攻，将火梯、云梯、编桥等战械陆续运到城下，又推来五座装满石块和弓箭的对楼，强行攻城。守城的宋军用撞杆捣毁了三座对楼，向另外两座投掷燃烧的草火。

忙中出错，他们没意识到风向突然变了。寒冬季节，甚至正在雨雪交加，居然一下子刮起了强烈的南风。他们扔出去的草火顺风刮了回来，点燃了城头上的战械。

金军趁势强攻，当天箭如雨下，压得城头上的守军抬不起头。金军填平护城河，大批攻城用的对楼车直抵通津、宣化两门的城下。

21天之后，宋军支撑不住了。

在这21天里，大风大雨大雪不停地刮、不停地下，每时每刻都在折磨着城墙上的守军。开始时还行，保家卫国嘛，男人死都不怕，怕什么冷？可是不能每天这么挺着吧？到后来士兵们冻得全身冰冷，手僵直得握不住武器，有一些体质弱的直接冻死在城墙上。

号称人类有史以来最富裕的都城的士兵们，居然落魄到这地步，是怎么造成的呢？如果翻资料，人们无论如何也怪不到赵桓的头上。

皇帝陛下时刻出现在士兵们中间，他披甲戴盔登城，用御膳赏赐士卒；骑马在泥淖里前进，让百姓感动哭泣；光着脚不戴帽子跪在皇宫的天阶上，祈祷上苍不要再下雪了；皇后在后宫里率领宫女赶制御寒衣物，给前线的将士。

这些加在一起是多么感人啊！

可是请问御膳有多少斤呢，够不够守城的六七万士兵吃？皇后是服装业的熟练工人吗？大半个月里能缝制几件保暖手套？至于他本人戴盔挂甲上城头，不过是秀一场威武而已，这点儿精神象征在饥寒交迫之下有多大的作用呢？

尤其是每个开封人都清楚，国库里有成堆成堆的布匹绵麻，只要赵桓肯拿出来，绝对能在几天之内让士兵们抵御严寒。

赵桓为什么不拿出来呢？

这个问题没法回答，因为不只他不懂，世上有很多人都不懂。

明朝末年李自成起义攻打洛阳，洛阳城的福王因为当年“神宗剥天下之财富福王”，他比崇祯皇帝还有钱，但他就是要当铁公鸡，一文钱都不拿出来给将士，结果城破身死；到了崇祯时情况还是这样，他向京城里的皇亲国戚借钱发兵饷，办法用尽，满城冠盖无一人响应。

结果北京城破了，这些有钱的贵人在李自成的皮鞭下什么都交了出来。更不用说清朝时著名的“宁与友邦，不与家奴”。

抛开这些，让赵桓做出这种蠢事的还有金军的诱惑。在连续21天的强攻中，完颜宗翰仍然在不间断地用着和谈这个无往不利的大杀器。

公正地说，“和谈”这一招，是女真人崛起，连续灭亡辽、宋两国的最强武器。它让耶律延禧像个傻子一样做梦，觉得末日遥不可及，也让这时的赵桓始终感觉到一抹动人的希望朝霞，还有活路，还远远没有到最后一步……所以他总是舍不得他心中的立国之本。

宋朝的立国之本是什么，一个字——钱！

钱，深入每个宋朝人的心里，百姓们玩命地赚钱，士大夫们红着眼睛赚钱，王安石为了钱分裂了官场，宋神宗为了钱不惜站在祖宗的对立面！

所以他们都忘了，勇气、聪慧、胆略等是国家生存的第一要素。

回到1126年，宋靖康元年闰十一月二十三日，这一天金军乘胜强攻，开封的外城墙岌岌可危。当此生死攸关之际，宋朝的上层们不约而同地想到了一个关键人物，据他们想来，据他们引经据典地考证，唯有这个人，才能拯救他们出苦海。

郭京。

神仙终于找到了，首相、枢密使在开封城各处张贴的寻找神仙启事有了结果，军方大佬殿前司副都指挥使王宗濋在军队的龙卫兵里找到了一个叫郭京的人。

这个人完全符合神仙的标准，他能撒豆成兵，兵能隐形，能用六甲之法活捉完颜宗翰、完颜宗望等金军魁首，能扫荡10万金军，解京都之围。

做到这些，他只需要集结7777个人。

当然，这些人都是身有仙缘非同凡响的，同样也是神仙下凡而不自知的。他们有一些共同的特点，即生日时辰。找出他们，只要符合条件，哪怕他们是贩夫走卒，也会让宋朝起死回生，让金军瞬间崩溃。

这些话，赵桓和宰执们都相信了。

郭京升官，从副都头升到武略大夫、兖州刺史，他积极工作，飞快地集结起了六甲神兵。兵源的成分嘛……比如一个在街头耍棍弄棒卖艺的，名叫薄坚；一个叫傅致临的还俗僧人；一个卖药的叫刘宋杰；比较突出的是一个叫刘孝竭的，他很有创意，把神兵们细化了。

神兵们被分出了兵种，有卞丁力士、北斗神兵、天阙大将，等等。他们变成了神秘的一群人，与外界隔离，留给人们的是各种各样的离奇猜想。

闰十一月二十四日，金军继续强攻，一个神仙、7777个神兵走上了开封城头。这些人在一片枪林弹雨火光大雪之中走过，转了一圈，又下去了。

临走前，郭京留下了一面大旗，说把它挂在城头，城下的敌军会集体发抖，吓得半死。望着神仙们的背影，士兵们把这面旗挂了上去。

旗帜飘扬在孤岛一样的开封城头，上面画的是一位天王。

也许真的是天王有灵，这一天开封的外城墙还是宋朝的。第三天，1126年闰十一月二十五日早晨，大雪纷飞，朔风凛冽，金军乘寒急攻。

生长在苦寒北方的女真人非常喜欢这样的天气，寒冷是他们的朋友，从古至今，寒带游牧民族的每一场重要战争，几乎都在冬天发起。

与之相反，城头上的宋军筋疲力尽，到了崩溃的边缘。缺吃少穿还要坚持作战，快一个月了，是人就没法挺住。尤其在根本上，他们是农牧民族，每年到了冬天，习惯是什么事都不做，每天两顿饭，少吃、早睡，等待第二年的春天。

这一点，直到20世纪80年代末蔬菜大棚技术出现以前都没有改变。

最后的时刻到了，连远在深宫里的赵桓都感觉到了危险，他命令全军上城，集结所有力量防守。对此首相、枢密都不认同，这是乱搞嘛，神已经出现了，他会解决一切、安抚一切、完美一切，要军队做什么，多此一举。

神兵出战。

郭京带着神兵走上了空旷无人的城头……你没有看错，这种时刻的开封外城城头上没有职业军人，除了孙傅、张叔夜等少数几个人之外，所有士兵都被赶下了城头。理由是一会儿神兵们不动就会隐形，人多了会有影响。

施法完毕，大开宣化门，神兵们主动出击，向金军挑战。

这一幕是多么英勇，多么壮怀激烈！在城头上的主神、枢密使、将军的注视下，他们冲向了滚滚而来的金军铁骑。他们行动迅速，越过了护城河，与敌军相遇，又退向护城河……全体淹死。城头上郭京大怒，说必须由我亲自施法。

郭京下城出战，他行动更加迅速，在金军没有逼近前就跑向了南方，在金军的追击下消失不见了。

金军涌向了大开着的开封城门。

第二十章 何至于靖康

金军的步兵迅速登城，占据制高点。城外铁鹞子重甲骑兵向城门靠拢，内外接应。同时分人放火烧毁就近的城门，这些年女真人破门而入的活儿干得多了，一整套的操作流程非常熟练。

好一阵忙乱，终于尘埃落定，他们觉得外城墙绝对到手了，这才腾出空儿来向城里望了一眼。之后他们惊呆了。

宋军在下面杀人放火，就在这一会儿的工夫里，他们杀得非常有成绩。一般的百姓、小官忽略不计，被杀的知名人士有：统制官姚平仲、何庆言、陈克礼，中书舍人高振，宦官黄经国。这几位连同他们的家人全部遇难。

着重提一下姚平仲，这位将军是守城的最大功臣，开封外城能坚持23天之久，他功不可没。以上是死难在外城、内城之间的。

还有死在城门之外的，这是一位声名显赫的猛人。此人曾经率领数十万军队征战燕云，曾经手握民族命运，前进则民族兴旺，建不世奇功；稳定则坐享胜利，眼看着敌人奄奄一息。可是他偏偏逃跑了，烧光国家最大一笔粮草辎重，也没有逃出辽军的追击。

这个人就是刘延庆。

时任四壁守御使的刘延庆夺门出逃，被金军追上杀死。与之相对照的是一位统领，叫秦元。他带着一些保甲，也就是连民兵都不算的治安队员往外冲，迎头遭遇城外金军的铁鹞子重甲骑兵部队。看着对比悬殊死定了，可他奋勇力战，居然斩关逃出。

这说明了一个真理，不会逃的永远逃不掉，废物永远是废物，刘延庆以丑陋的方式结束了自己丑陋的一生。

能保持作战，并且生存着的，只有张叔夜父子。他们在“神迹”破灭后和金军作战，边战边退，继而与宋军作战，边战边退。一直退守至内城城边，成为军方的唯一希望。

开封三重城，外城80里，内城20里，生存空间骤然被压迫缩小到四分之一，近百万的市民拥挤踩踏着，茫茫然随着人流奔窜，不知道何去何从。

城破了，近170年来未经战火的旷世名城，突然间坠入地狱，更让他们恐慌的是，军队突然间失控。

他们冲向达官显贵的家，冲向富商公卿的家，他们烧杀抢掠，或许熊熊燃烧起来的大火，能让他们冻僵的身体温暖一些。

当然，这里也包括一大批趁火打劫的市井无赖。这些渣滓唯利是图，浑水摸鱼，是这个历史时段里最可耻的小人，不久之后，他们会做出更无耻的事。

第二天，闰十一月二十六日清晨，军民齐聚楼下，赵桓站在城楼上露腕凭栏大呼，说："事已至此，军民打算如何，有谋即献，朕当听从。"

30万人一起回答。这边答，赵桓去这边谈；那边答，赵桓再跑去那边。纷乱中，赵桓神色慌张，帽子都掉了。

如此这般，直到散会。百姓们垂头丧气地离开，赵桓浑浑噩噩地回宫。

第二天，宋朝派出了和谈使臣，由济王赵栩、首相何栗担任。当天何首相磨磨蹭蹭不愿上路，赵桓一连催促他好多遍，他仍然频频回顾，就是不走。这时有一个人走了出来，当廷斥骂他：

"致国家如此，皆尔辈误事。今社稷倾危，尔辈万死何足塞责？！"

这个人姓李，名若水，时任吏部侍郎。

李若水，原名若冰，字清卿，曲周水德堡（今属河北）人，生于1093年，时年35岁。对于他，我没有什么能写的。

几乎每个中国人都知道他的名字，每个中国人都知道他的作为、操守。那么为什么要饶舌呢，让历史走下去，让李公自己临近那一天，不是更好吗？

回到当天，何栗终于上马了，他脚软得没法踏蹬，要人扶着，才勉强坐稳。一路上，从皇宫出发，走宣德门出城，他的马鞭居然一连落地三次。

何栗入金营，事实让他大出意外，传说中凶狠残暴的女真人居然非常温和理智，甚至彬彬有礼。

完颜宗翰、完颜宗望说，自古以来，有南即有北，哪一个都是不能缺少的。现在我们所要求的，只不过是割让一些土地而已。

临别前，两个完颜提了一个小小的要求。他们希望能在城外见到传说中风雅博学的宋朝太上皇赵佶陛下。

宋朝拒绝了这一点。

1126年，宋靖康元年闰十一月三十日，赵桓带着首相何栗、中书侍郎陈过庭、同知枢密院孙傅等人出城去金营。

城里由曹辅、张叔夜留守。

历史性的时刻来到，这是中原的汉族皇帝第二次被入侵的异族人逼到绝境。在这之前800余年，西晋的两位末帝晋怀帝司马炽、愍帝司马邺，被匈奴人俘虏，受尽屈辱死去。

当天他们骑马从南薰门出城，到青城止。当晚夜宿青城。第二天，完颜宗翰带来口信，说这不是私人约会，而是代表着两个国家。宋朝必须先写降表，才能让见面有意义。

赵桓让随行的御用笔杆子孙觌执笔，写这份降表。他给这份文件定下了基调，说要突出“请和称藩”这四个字。称藩，也就是从属国。

降表很快写好了，被完颜宗翰连续退回来好几回，哪怕连状元首相何栗一起执笔，也没有通过。最后完颜说，他喜欢汉人的四六对偶句式，把降表写成歌赋会很新颖别致。

他完颜宗翰的名字，绝对会随着这份降表流传千古。

于是一份四六对仗的降表出炉了："……三匝之城，遽失藩篱之守；七世之庙，几为灰烬之余。既烦汗马之劳，敢缓牵头号之情……上皇负罪以播迁，微臣损躯而听命……社稷不陨，宇宙再安。"

看着这份降表，完颜宗翰反复阅读，再三推敲，功夫不负有心人，他又找出来几处纰漏，他把"大金皇帝"里的"大金"两字抹去，把"大宋皇帝"四个字全都抹去，确保了完颜吴乞买地位的唯一性；把"负罪"改为"失德"，彰显金国出兵是很正义的；把"宇宙"改成"寰海"，给宋朝再次定性。像"宇宙"之类的词都太大了，从此不再适用于汉人，只能由女真人专用。

做完这些，他派人给赵桓带去了第三个口信。今天他很忙，见面定在下一个工作日。

他没说谎，这一天他的确很忙。他派了一个叫萧庆的人进城。这人穿过内城，再进皇城，住进了尚书省。从这一刻起，宋朝所有的政令都要经过这个人的审批，才能下达实行。

政权被接管了。

赵桓在城外茫然不知，他在集中精神修炼坚挺大法，以便明天面对完颜宗翰。当然，前提是没有别的幺蛾子。

第三天，十二月初二的太阳升起来了，青城斋宫屋脊两端的鸱尾用青毡裹住，墙上有龙形壁画的地方都用帷幕遮住，面向北摆上香案，才让赵桓出来亮相。

宋朝君臣站在香案前边，面向北方几千里开外的完颜吴乞买低头致敬，旁边一个会说汉语的金国人抑扬顿挫地念着独一无二的四六句降表。这时，外面飘着大雪，世界一片洁白，忽然间想到，多年以前，赵匡胤陈桥兵变的时候，也是这样的一个大冷天……

当天，完颜放赵桓一行回城。

三天之后，1126年，宋靖康元年十二月五日，开封城的劫难正式开始，女真人搜刮一切，最先是马匹。

金军要一万匹良马，萧庆通过开封府下令，自御马以下，一并登记入册，敢有隐藏者，全家处以军法，鼓励告密，告发者赏钱3000贯。之后，全城收缴武器，外加金1000万锭、银2000万锭、缣帛2000万匹、少女1500人，政令的力度和收缴马匹同例。

要钱更要土地，萧庆命令宋朝派出割地使，去河东、河北地区的各个城池宣布投降。这些人中有陈过庭、折彦质、欧阳珣等20多个。

这些人前脚走，两河地区守臣们在京的家属就都被抓了起来，如果听话投降，全家都活，要是抵抗，杀掉全族。

之后不知啥原因，金军突然对六贼感了兴趣，命令把蔡京、童贯、王黼等20个奸臣的家属交出来。按说这一点赵桓很同意，六贼就是他杀的，但是他实在是交不出来啊。

奸臣们的家属前些日子都被成批发配到南方去了，京城重地，几乎一个没有。

没有……金军命令把李纲、蔡靖、折彦质等之前主战、作战大臣们的家属交出来。这回可真有，于是开封府按照花名册抓人，一个不剩地交到金营。

善恶真的有报吗，人间真的公平吗？

权贵、商人、百姓被轮番剥削，也凑不出上面的数字。金兵大怒，抓来负责搜刮的四个大臣，砍头示众，其中一个是户部尚书梅执礼。接下来痛打御史大夫胡舜陟、胡唐老等人几百大板，打完发现胡唐老的身体强度不达标，已经死了。做完这些，女真人觉得宋朝应该精神抖擞地去努力工作，却不料宋朝的首相何栗亲自来了。

何栗没法不来，城里快真正地掘地三尺了，没钱就是没钱，他受皇帝、百官的委托，无论如何也得跟金军讲讲价钱，把数目降一点儿。

完颜宗翰大怒，亲自出面给南朝首相上了一课。他问，灭国的事儿你们宋朝也干过吧？比如南唐、南汉、荆湖、后蜀什么的，哪次不是破城抢光杀光，比如后蜀，你们一连十几年从成都往开封运财宝。现在我们攻陷了你们的都城，一不杀人二不进城，要点儿赎金过分吗？

何栗无言以对。

首相深感羞愧，回城之后加大搜刮力度，首先从官员队伍做起。自宰执以下未交纳金银者列出名单，看图说话，一视同仁，交钱。交不出？戴上枷铐自己走去吃牢饭。

于是，穿官服戴木枷的人在开封城里相望于道，排成了长队……就是这样，钱仍然不够。眼看着时光流逝，1126 年过完了，宋靖康二年（1127）的正月初一到来。这一天赵桓刚刚起床，突然有人来报，金军进城，直奔皇宫！

赵桓吓软了，这是典型的正月逼债啊。却不料来的是完颜宗翰的儿子完颜设马也，他代表父亲代表大金国来给赵桓拜年……

宋朝，新年快乐。

正月初九，金人再次进城，传达完颜宗翰、完颜宗望的命令。两个完颜说，金国皇帝要加徽号了，在这种正规、荣耀的日子里，需要级别最大的下属赵桓在场。

命令赵桓出城相见。

正月初十，宋钦宗出城。从种种蛛丝马迹上看，他本人的预感很不好，似乎知道等待他的命运是什么。

他带着很多人，包括宰执、学士院、礼部、太常寺等大批官员，由很多侍卫部队保护，可仍然觉得孤单凄凉。有很多人送他，城门处有几万的百姓。百姓拉住他的车辕，不放他出城。赵桓流泪了，难道他想走吗？

这时，有一个禁军将领叫范琼的人出现了，记住这个人！这人站出来对百姓说，皇帝早晨出城，傍晚就回来了。你们放手，让皇帝走。

百姓们大怒，这是当面说瞎话，一个地道的汉奸走狗！他们骂这条走狗，狗拔出刀来，砍断了百姓们拉在车辕上的手。

在城外，赵桓见到了张叔夜。张叔夜拉住赵桓的马头，劝他回来，千万不要去金营。赵桓更加伤心，他说，我是为了百姓，我不去，金军会进城杀人的。

张叔夜痛哭倒地，他是宋朝的军人，他痛恨自己失职。在一片哭声中，赵桓的车驾动了，离去前，他回首望着人群，叫着张叔夜的表字，说："嵇仲努力！"

这四个字印进了张叔夜的心里，决定了他最后的命运。

此时，他分辨不出也无力去理会"努力"二字的真意，是赵桓要他尽快设法营救，还是说要他在金军灭国的绝境中，为民族搏出一条活路……他只知道自己的心碎了，再也不想活下去。

赵桓第二次进金营，待遇比上一次更不堪。两个完颜首脑通通不见，在青城准备的，只是接待一个亲王的礼仪。

女真人只允许赵桓留下300人的侍卫以及17个顶级权贵，里面包括郓王等九位亲王，宰执何栗、冯澥、曹辅，翰林学士吴开、莫俦和直学士孙觌、礼部侍郎谭世勣、太常少卿汪藻。这些人分居青城斋宫别室。

西厢房留给了赵桓。

这间房里没有床，只有用土坯垒成的炕，炕上有两条毛毯，炕前有两只小板凳，连张桌子都没有。白天时，赵桓可以在斋宫里随意走动，到了晚上，他的房门会被铁链拴牢，大群金兵围在院子里，点起篝火开晚会，吃喝吵闹。

要把这样一座千古名城、最富的城榨干油水，不使用手段怎么成呢？

第一次把赵桓调出来，再放回去，是让宋朝的皇帝压榨自己的子民，女真人坐等收钱；等压榨到一个极限时，赵桓的作用就要换一下。把他调出来，当肉票，再一次给宋人的心理加压，才能榨出更多的钱来。

这一次，开封城里的搜钱运动真的加码了，百万市民被摧残，开封府规定，每五家为一保，所有值钱的东西都上交，如有隐匿，奴婢家丁可以告发。

这一条生效，人人自危，很多有仇的人家互相诬告。

这样搞仍然没有多少钱，无可奈何，宋人做了件超级丢脸的事。总结一下，宋朝刮百姓的银子是暴敛伤根基；刮权贵是挖自己的树根；刮商人是毁了国之根本。这些刮完，他们开始刮勾栏教坊，榨取脂粉缠头钱……这种钱都要，可以说是彻底不要脸了。

全力以赴地做着这些事，宋朝官员们的心里并没有觉得怎样不堪，因为他们有一个愿望，要用钱去实现——希望能凑足了钱，让皇帝回城过正月十五。

钱源源不断地送进金营，赵桓一天天地翘首以待，很快正月十五到了，宋朝的百官、子民们站在南薰门外等皇帝，整整一天过去了，不见赵桓的车马归来。

当天赵桓在刘家寺。

那是方圆近千里内，唯一的一处欢乐花园。金军早就听说过中原开封城内的上元节花灯夜，都到开封了，怎么能错过呢？他们把抢来的教坊乐人、花灯彩山运到这里，摆开酒宴，欢歌畅饮赏花灯。

年年岁岁灯相似，此时此刻难为情。

不知当时赵桓是怎样地如坐针毡。

整个正月过去了，赵桓仍然被关在金营里。这段时间里，开封城内的搜刮进入了下一个阶段。货币通通都没有了，金军开始对宋朝的文物下手。

他们搬空了天子、皇后、皇太子、诸王的法驾、卤簿、仪仗、礼器、法物、礼经、礼图、大乐、轩架、乐舞、教坊乐器、乐书、乐章、祭器、八宝、九鼎、元圭、镇圭、浑天仪、铜人刻漏、古器、秘阁三馆图书、监本印版、古圣贤图像、明堂辟雍图，等等。

如果要列出清单的话，万字以内很难一一列清。

在搬运中，金军特意指出要把苏轼的文集、司马光的《资治通鉴》原件带上，这是重中之重。他们很懂行吧，这两件的确是宋朝史上文学艺术、历史研究两方面的巅峰大作，凭一群大字不识的野人怎么会知道它们？很明显，有内奸！

到此地步，开封城油尽灯枯，毫厘尽去，赵桓已经失去了存在的意义。他本人却茫然不知，仍然心存希望地迎来了二月初五。

那一天，两个完颜约他去打马球。

马球场上，两个完颜身穿绣衣，纵横驰骋大汗淋漓。赵桓强颜欢笑，站在场边，等着完颜们打完球，好说出憋了快一个月的话。

终于，完颜宗翰下场了，赵桓走上去说："某久留军前，都人延望，欲乞早归。"

完颜宗翰突然变脸，厉声喝道："到哪里去？！"

你做梦吧，还想去哪儿？第二天就是赵桓乃至整个宋朝的末日，还想回家！

1127年，宋靖康二年二月初六，完颜宗翰、完颜宗望把宋钦宗赵桓押入青城寨里，命其下马跪听金国诏书。

诏书里说，宋朝失信悖德，对内对外做尽坏事，金国不得已发兵惩戒。前后两次，给了宋朝自新的机会，可仍然小动作不断。现在要另选贤人，立为藩屏。也就是说，结束赵宋的统治，换一个人当皇帝，给金国当跟班。

立即有人上来剥赵桓的龙袍，此情此景，在场的宋朝顶级大臣们看着，仅仅是看着，他们吓傻了吗，还是一直都是软蛋？无处可知，他们亲眼看着异族人的手指去碰触赵桓的衣襟，不容一指加身的万乘至尊马上就要受辱！

一个人扑了出来，用自己的身体遮掩住赵桓，大骂金人："这贼乱做，此是大朝真天子，你等狗辈不得无礼！"

这人是礼部侍郎李若水，堂堂万亿巨国，当皇帝受辱时，只有这一个人站了出来。当天短暂的断打相持后，他被金军拉了出去，打昏了。

他没有死，没像史书里所普遍记载的，当场痛骂不绝，被断舌裂颊而死。他死在半个月之后，这期间完颜宗翰亲自召见，从生命到父母，许官职论是非，各种招数都用遍，想要李若水投降。可是他换来的，只是一次次的斥骂。

李若水被杀害了，他不是死于一时的激愤，而是他一贯的操守、忠贞，让他没法在那样的情况下苟活偷生。他的死，映衬出了除他以外，近乎全部的丑陋怯懦。他是那么珍稀，300多年的宋朝，两次亡国之恨，他这样的文臣，只不过有两人而已。

读史每到此，心中总是不免要问一声，宋朝、赵桓，你们配拥有李若水这样的臣子吗？而李先生，你这又是何苦……

第二天，二月初七，宋徽宗赵佶和他的皇太后、妃子们被押送到金营。押运者是前面提到的那条叫范琼的狗。当天聪明的赵佶知道等着他的是什么，根本不想出宫，他拿出药酒想喝下自杀。

范琼一把打翻杯子。赵佶若死了，他的功劳也没了，这怎么行呢？

初八，范琼押送宋朝皇室成员到金营。这个工作量很大，亲王、嫔妃、王子、皇孙、公主、驸马、六宫有位号的一共两三千人，一条狗是数不清押不走的。于是更多的狗涌现出来。名单由一个叫邓述的内侍太监提供，公文由开封府尹徐秉哲批准，范琼带着兵一个个点名押送。

初九，金军宣布废除赵氏皇帝，要在中原汉族人中另选一个“贤明”的人继位。

初十，金军命令宋钦宗赵桓的皇后、太子出城。皇后没什么说的，亡国之际，任人宰割，但是太子是宋朝最后的希望，有人要保住他。

枢密使孙傅找到了一个长得跟太子很像的人，两个宦官，外加十几个死囚，他把这些人都杀了，将尸首送到金营。他说是这两个宦官窃夺太子出逃，遇上城里骚乱，太子被误杀了，现在只能把作乱者杀死，送上首级证明。

希望能管用吧。可悲的是，还没等女真人追查，宋朝的内鬼先站了出来，还是那条叫范琼的狗，他真是尽职尽责，生怕女真人受半点儿蒙骗。他指挥叛变的士兵们，很快搜出了太子，第二天连同皇后、公主们一起押运出城。

那一天百官、军吏、太学生们守在南薰门前，随着车驾号哭奔走，11 岁的太子在车内向他们告别，他们隐约听到太子呼救："百姓救我！"可是很快一切都远了，车驾出了外城……出城之后车驾旁边跟随的，还有一位顶级大臣。

孙傅。

他是不必出城的，金军并没有追究他的责任，连范琼都在城边拦他，金军的守门将官也说，要的是太子，你为什么要参与？

孙傅说，我是宋朝的大臣，更是太子的师父，应当一死！

这就是孙傅，相信神汉，断送开封城防，并且死不认错的孙傅；忠于职守，尽心竭力，扶保宋室，死而后已的孙傅。

该怎样评价他呢？

就这样，赵宋王朝被一网打尽了。如果说有漏网的，一个是远在相州的赵构，另一个谁也记不起来了，她是宋哲宗的废后孟氏。

孟氏随着新、旧两党的争夺而浮沉，这时她隐居在一个很偏的私宅里，她静默地生活着，世界已经把她遗忘了。

清剿宋朝皇室所有血脉之后，金军的搜刮进入最后一个阶段——养鸡生蛋。他们总不能把偌大的开封城搬走吧？想让它持续不断地提供钱财，就得有个经营之道。

比如册立一个傀儡。

这个傀儡必须是汉人，不然不懂经营；必须得听话，不然总会麻烦。人选……选谁呢？这样重大的事件，怎么样也是诞生一个王朝，出现一个皇帝，得精中选精、慎之又慎才成吧？

不成。

完颜宗翰、完颜宗望就算再万能，再军功盖世，他们认识的宋朝人毕竟有限，如果真的全国撒网挨个遴选的话，干到明年也拎不清。对此，完颜宗翰一点儿都没犯难，有能耐就想办法，没办法要学会拍脑袋。那天他真的拍了，一个办法跳了出来。

集合宋朝大臣，让他们自己选一个出来。金营内的宋朝大臣们互相看着，眼神里都露出了久违了的凶残——谁敢选我？

谁被选中，都会成为宋朝的叛贼，必将十恶不赦遗臭万年，这种事哪怕是死都得推开。于是冷场了，完颜宗翰也不急，在这儿选不出来吗？那好，你们都回开封城里去，我不管你们选出来谁，但如果选不出来的话，屠城！

很多人都被这两个字吓呆了，有一个人却忽然笑了笑，竟然是这样吗……妙，真是妙极了。这人是尚书员外郎宋齐愈，他随着人流回到开封城里，当百官齐聚，选这个傀儡时，他在自己的手心写了三个字，然后悄悄地展开给别人看。

这三个字就像灵丹妙药一样，看到的人立即两眼放光、神清气爽。麻烦、纠结、危险都不见了，问题解决，新皇帝的人选有了——张邦昌。

全体通过！

这时谁还顾得上谁，只要灾祸罪名落不到自己的头上，就是祖宗有德家门万幸了。至于可怜的张邦昌，谁让他在某年某月的某件事上，得罪了宋齐愈呢！

张邦昌进士出身，外放当过知州，进京做过中书侍郎。这样的履历可以说有点儿小显赫，但是在文人天堂的宋朝官场里，也不过是普通的浮沉而已。

要命的是，第二次开封保卫战前夕，他浮起来了，当上了钦宗朝的少宰。这个地位让他没法不和国事搅在一起，于是他曾经和赵构一起出使金营，还当过河北路的割地使。

这时无妄之灾突然砸下来，落在了他的头上，他彻底吓呆了。他只是个躲在时代里的人，时代平稳时随波逐流享福，危险时跟着人数最多的那群人喊割地投降，什么时候也没想过当出头鸟啊！

他哭、他闹、他拒绝，他无论如何也不想做被命运突然眷顾的奸臣，但是，全体宋朝官员们都不理他，这帮曾经的同志们一致同意，只要不死，就随他去。而城外的完颜宗翰托人带过来两句话，把他逼上了再没半步退路的绝壁上。

——张，如果你不同意当皇帝，屠城；如果你寻死，死掉了，屠城。

三月初一，金兵簇拥着张邦昌进入内城，他以实际行动表明，他……从了。他从了，按说是皆大欢喜，宋朝的官儿们应该鼓掌唱歌表示欢迎嘛，却不料人群更加激愤了，张邦昌，你这个狗贼，竟然通敌卖国！

……悲摧的张邦昌啊，赵佶、赵桓都没有他冤。

激愤的人分成两派，一明一暗。以威力破坏性对比，应该先说暗的。禁军的统制官吴革是位纯粹的抗战派，他在太子事件时就曾经跟孙傅说过，要集结军队保着太子杀出城去。可惜兵力太少，孙傅不想冒险。现在，张邦昌要篡位了，他热血沸腾，决定不惜一切代价干掉国贼。

他联络了 50 多个军官一起动手，事先他亲手杀尽家中老小，以示必死决心。可是……他为什么要相信范琼呢？这条狗在这些日子做了什么，难道他没有看见？

他竟然把范琼也拉进了行动里。

范琼率兵杀了他们所有人。

明的一方堂堂正正，范琼等狗想插手，一来没胆子，二来没理由，从骨子里就想躲着走，因为他们是大宋言官。

近 170 年挥斥方遒，只认道理不认人，连皇帝皇后都要监督管理的一群人。

这群人联名写了一封致金国信，回顾了赵宋近 170 年间对内有多么仁善，哪怕武力不足，但深得民心。有这种基础，哪怕失国，也会重新建立。另外详细解读张邦昌，让女真人明白，就算要立一个皇帝，也不能是这个人。

寡廉鲜耻，不足以闻！

历史记住了这群人，他们是当时一片黑暗中倏忽闪过的一缕火焰，哪怕微弱，也极力地闪烁。让灰暗的宋朝人突然明亮了一下，从而记住了这封信的内容以及写这封信的人。

这群人的首领被金军指名抓走了，他叫秦桧，时任御史中丞。

1127年三月初七，张邦昌即皇帝位，僭号大楚。

那一天，他哭着出门，骑上马时哭，进入金殿时哭，整个过程集委屈、痛苦、恐惧、羞愧于一身，仿佛他是全世界最悲惨的人。

在记忆中，每个开国皇帝上任时都很“难过”，哭的也不少，但论到真情实意掉眼泪，还真是很少有人超过他。

我没记错的话，他似乎是中国唯一一位姓张的皇帝。

创了纪录的张邦昌刚刚上任，就迎来了工作。钱，金国的一切行为都因为钱，为钱灭宋朝，为钱立楚国。现在请你继续搜刮，新人一定要刮出新气象，把钱刮出来。

张邦昌大怒，连日的委屈悲愤让他勇气大增，给金军写了一封回信。说开封城进入赤贫状态，哪怕砸锅卖铁，铁变成金银，房屋殿堂拆了，铺成平面变绢帛，也变不出钱来！

主仆第一次说事，主人就被顶了一跟头，按说女真人一定会被气炸了，抡鞭子狠抽他。却不料完颜宗翰他们很温和，他们也清楚开封城山穷水尽，再没有压榨的余地了。

那么撤退。

20天之后，金军带着难以想象的财富、世界上最尊贵的俘虏，组成了超级庞大的车队，离开了满目疮痍的开封城。

这群蝗虫，把人类有史以来最富裕美丽的都城啃残了。从此以后，开封没落在历史的尘埃里，再也没能恢复往昔的风采。

那一天，张邦昌用天子仪卫出城，全身缟素，率领百官士庶设香案送别徽、钦二帝北行。近 3000 名凤子龙孙徒步行走，等待他们的是近 2000 里的长途跋涉。在这次跋涉中，有很多事情发生，它们是一个时代结束时的余波，还是应该看看的。

比如赵佶。

一路上他或者骑马，或者乘车，仍然是所谓的“最高待遇”。完颜们邀请他打过猎，其间见到了郭药师。据记载，郭药师很惭愧，连完颜宗翰都说，这个人不忠于辽、不忠于宋，将来也不会忠于金。

似乎给赵佶出了点儿气。

完颜们请赵佶作诗，连带着称赞闻名于世的瘦金体书法。他的才艺和完颜们的称赞，很像是高超的戏子们唱了个花腔，主人们给了点儿掌声。

这样的事很多，一一说来没甚意趣。相比之下，有件小事更能看破此时赵佶的心理。当国都残破万事衰败时，有人向他汇报说外城破了，赵佶淡然；百姓贫寒，深冬季节冻饿至死，他淡然；某某人叛变，助纣为虐，如范琼等，他淡然；某某人尽忠，死于金人刀斧之下，他淡然；他的子孙家族都成了俘虏，男子为奴女人为娼，成了敌军的玩物，他仍然淡然。

直到说，他的珍玩收藏、书画古董被金军搬空……他突然面色惨然，痛不欲生。

这，还是个人吗？

赵佶的押解之路很从容，哪怕他的亲族男人们冻饿交集，死在道边，他也无动于衷，女人们被金军随意侮辱，他也视若无睹。

当时真应该塞给他一支笔，几张纸，在这种心态下，他应该能完成几幅超现实的、魔幻主义的大作吧。

赵桓就没这么好运了。从押解那天起，他就被迫换上了一袭青衣，头戴毡笠，骑一匹黑马，跟着囚徒大队往北方走。从外形上，谁也没法看出他曾是一位皇帝。这还是白天，到了傍晚安营扎寨时，他和祁王赵莘、太子赵湛等最重要的亲贵们，被集中到一个小帐篷里，捆上手脚，整夜监禁。

奇耻大辱，忍无可忍！在极度的煎熬中，赵桓悲愤难抑，他仰天号泣，刚刚有点儿状态，一大群的呵斥声突然传来，把他摁哑了。

天子之尊，万乘无上，沦落到这步田地……因为他的号叫，他在白天也被捆在了马背上。就这样，年轻的钦宗从开封至郑州，由巩县渡黄河，抵云中到燕山，住进了愍忠寺，再过两天，在七月十二日到了昊天寺，他意外地见到了父亲赵佶。

时隔百日，恍如隔世，两人抱头痛哭，仿佛是真的受了天大的委屈。第二年的八月时，他们到达目的地——金上京。

在这里，他们被剥去袍服，朝见金朝祖庙，行献俘之礼。完颜吴乞买封赵佶为昏德公，赵桓为重昏侯，把他们的后妃300余人发往浣衣院，给金人洗衣服，实则是官妓。其余的妇女直接配给金军当性奴隶，男人们则远涉到冰天雪地的极北之地服苦役。

多年以后，很多人凄惨地死去。连赵佶本人都无法忍受折磨，在某天的深夜里，把衣服剪成条，结成绳，去悬梁自尽，只是被赵桓发现，救了下来。

而赵桓，他太年轻了，被俘时仅28岁，他大部分的生命都要忍受无边的痛苦。很多年以后，他的妹妹嫁给金国宗室人员，生了个儿子，这是功劳，金国特许他们兄妹见面，并且赏给赵桓几匹平常的帛布，赵桓竟然“喜惊交至，恩赉非常”。

因为他已经穷困潦倒，连御寒的衣服都没有了。

被俘的人很多，除了两位陛下之外，还有两位女士、四个男人需要关注。两位女士的名字在以后会随着时事的浮沉而出现，这时尚早。四个男人分别是：何栗、孙傅、张叔夜、秦桧。

何栗跟着大队人马走，到达金上京之后绝食而死。

孙傅死在何栗之后，在到达金上京之后一年多，他死了。史料里没有说他的死因，应该不是绝食之类的自杀。他是主动赴金的，想尽自己最后的力量保护皇太子赵谌。他死，应该是身心俱疲，无力支撑了吧。

张叔夜死得最早，离开开封城之后，他就不再吃饭，一直躺在车里，每天只喝一点儿水。摇晃的车厢，半生半死的张叔夜，直到有一天，驾车的人对他说，到界沟了。

是当年宋、辽之间的界沟，白沟。

张叔夜突然间站了起来，他向四周张望，这是国界，他要保护的人要离开国境了。从这一刻起，他的皇帝成了真正意义上的俘虏！再没有半点儿可能改变这一点……他失去了所有支撑他活下去的信念。

第二天，张叔夜死了，时年63岁。

秦桧是囚徒中的名人，他官职高，被俘时是言官之首；他名节高，明知事不可为仍然为赵宋力争，如果不是当年还活着，那么他的名望一定能达到和李若水一样的高度。

秦桧这一年37岁，可以说年富力强，人生刚开始。这样的青葱年龄锦绣前程，为了国家全都抛弃，还能找出比他更壮烈的吗？

于是宋人感动、金人敬佩，谁对他都高看一眼，比如赵佶在途中想和完颜宗翰说点儿事，也要通过他执笔润色。到了金上京之后，他被分配到金国皇帝的弟弟、大将挞懒的手下做事。每天抄抄写写，并没有怎样受苦。

不必到冰天雪地里劳役。

他的寿命很长，故事很多，一生充满了疑点、不确定，都要等待着岁月、时事的变幻而游移，是非真假，只能到哪步说哪些。

第二十一章 赵构集结号

咱们把视线移回到开封城，回到大楚国皇帝张邦昌的身上。在这段日子里，他过得很憋屈。赵家人走了，宋朝却没有离开，他仍然活在从前的环境里，近170年的底蕴，每时每刻都压得他喘不过气来。实话实说，他从来都没想过要取代赵宋，当什么大楚的开国之君。

他即位的当天，没敢进皇宫大内，而是从尚书省出发。宋朝三省，门下、尚书都在皇宫外办公，只有中书省设在皇宫内部。他升殿，不敢坐御床，只在御床的西边摆了个小位子；他办公，不敢用皇帝专门词，“朕”改为“予”，手诏改“手书”，平时不穿龙袍，金人来了穿上，金人走了立即脱下来。除了这些细节之外，大事更是一概全省掉。

他不在正殿办公，不举行朝廷例会，不出来接见大臣，禁宫大内里所有门户都加锁封批，封条上写着“邦昌谨封”。

这哪是当皇帝，纯粹是个主人外出，看家护院的家丁。

一个月之后，金军渡过黄河，回到了燕京附近，张邦昌宣布退位，先找到隐居在民间的孟太后，由她来垂帘听政，再通过她，去选宋朝的新皇帝。

焦点向赵构汇聚。可是要找到他，真不太容易。

赵构一直在跑。从相州跑到了大名府，又跑到了东平府（今山东东平），在山东转了两圈，他到了济州（今山东巨野），觉得还是不安全，宣布下一站是宿州。宿州地处淮南，是今天的安徽宿州市，真要到了那儿，随时都能渡过长江，跑到江南了。

这时内外两个消息拖住了他飞快奔走的脚步，让他不得不停下来。

外边的，是开封城派来的信使，真是跨越了千山万水，踏着他曾经走过的脚步，追到了济州，通知他回京城去即位当皇帝。

这消息很震撼，但在预料之中，赵构很清楚自己的血统地位，继承权的顺位，这事儿只要他不死，永远都是他的。

前提是，他不死。

那么就好办了，他决定不回去，即使回，也要再等等，看看金军是不是会在短期内练回马枪。可是另一个问题，就没这么好对付了，他的班底内部也出了点儿事情。

这时他的班底已经非同小可，很多帝国的精英从四面八方会聚到了他的身边。最早到的是张俊，他跟着信德（今河北邢台）知府梁扬祖率领3000兵马，到大名府报到，被任命为元帅府后军统制。

刘光世跑了第二名，他从西北开始，一直追到了山东的济州府，才追上了赵构。这一路上，他开动脑筋，充分发挥了自己的超级智慧，在听话和不听话之间准确选择，让自己的人生踏上了最光明的那条路。

他开始跑的时间是第二次开封保卫战前夕，赵桓传书天下兵马进京勤王时。作为一个顶级衙内，刘光世百分之百地执行朝廷的命令。

带兵火速从西北驻地开拔！

跑到半路上，唐恪先生的命令传到，令天下所有勤王部队各回原地，不许到开封城来。首相传达皇帝的诏书，这是天底下最有效力的命令。于是，所有部队向后转。

唯独刘光世。

这小子堪称两宋之交时所有风云人物里最鬼头鬼脑的，加上他从小就混在权力阶层里，各种官方的把戏他全懂，瞬间就解读出了唐恪的小心思。那绝对会出事，国家肯定需要军人。

……而军人需要机遇。

尤其是他和他父亲这样有了失败记录，急于翻身的军人。那么前进，不听首相命令前进。事关前程，他的决心超级坚定。随着离开封城越来越近，什么人都能遇到，一支败兵把京城里的事说了出来。当时刘衙内的部下们就不干了。

搞什么，既违抗命令，还让我们送死？！

刘光世很镇定，告诉他们这个消息过期了，最新的消息是开封城陷落，两位皇帝逃了出去，方向是南方，只要追到，“功莫大于保驾”，大家还等什么？于是全体出发，他们一路南行，追到了山东境内的济州，找到了赵构。

赵构很高兴，这是他最缺乏安全感，最需要军队的时候，有老牌的西北军突然出现，实在惊喜。刘光世被加封为五军都提举。

刘光世抓住机遇，千里奔袭抢到了一个好大的头衔，在失去父亲刘延庆之后抱住了更粗更牢靠的一条大腿，从此人生前景大放光明。

相比张、刘两人，同在西北军中的吴氏兄弟仍然很平淡，他们老老实实地驻扎在防区，和老对手西夏人对峙。

这是一对实心人，立身处世都从正道走，他们认定自己的身份和职责。既然是军人，那么自然要用军功说话。等待他们的，是不久之后一场决定西北军命运的决战。

这段时间里韩世忠很忙，他在百忙之中托人给赵构带话，说他百分之百地拥护赵构做任何事，可以为赵构做任何事，最后想想还是再直接些吧。

他劝赵构直接当皇帝。

说完了这些，他冲出大名府砍进了一大群的金兵人群里。顺便说一句，赵构真是个很有逃命天赋的人，简直像有预感一样，他离开大名府不久，大群的金兵拥过来了，有多少……好几万吧（酋帅率众数万至），而韩世忠手下只有 1000 人。

他就带着这么点儿人冲出城墙，直奔金兵的统兵大酋去了。没有意外，几乎是成例了，韩世忠一个人冲过去，把挡道的全干翻，一刀砍倒了该酋，之后战斗就结束了（单骑突入，斩其酋长，遂大溃）。

很神勇，这的确是宋朝近百年以来最高端的战力了，可是他仍然错过了最好的机会，没能第一拨赶到赵构的身边。

历史会证明，谁先赶到，谁得到的好处最多。领导的印象分是无比重要的，张俊也好，刘光世也好，都善始善终，哪怕做了再操蛋的事，赵构都永远给他们优渥待遇。

嫡系的待遇就是好。

相比之下，吴氏兄弟差了点儿，他们始终游离在主权力集团之外；韩世忠也差了点儿，再怎么样，哪怕救过赵构的命，也等而下之。

比他更惨的是岳飞，他这时正在北方和金军打得热火朝天的，连和赵构见一面的机会都没有。于是他的命运……仅仅是巧合吗？

“中兴四将”的命运居然与他们最初和皇帝接近的次序成正比，可见，无论什么时候都得和大头领紧紧靠在一起。

这一点在宗泽的身上也得以体现，不过他先放一放，要提一下未来名分最大、权力最重的军政一把手——张浚。他很不幸，开封陷落时他正好在城里，但是为什么他没有露过面呢？以他嚣张跋扈、唯我独尊……不，神勇无畏、敌强愈强的性子，应该把所有的完颜都活埋在开封城郊才对嘛。

哪怕只有他一个人，也能做到！

可他就是没出现，自始至终都没出现过。据可靠资料显示，当时他从外城躲进内城，再躲进太学，和一大批学生混在一起，估计学生们所有的对外行动他一律都没参加。

因为，金军撤走之后，他再度出现时，身上连根汗毛都没掉。

大名府是一个转折点，赵构途经此地时，曾经有过一场剧烈争吵。宗泽 PK 汪伯彦。宗泽主张立即率军直趋澶渊古城，攻击金军外围，解救开封都城；汪伯彦一点儿没说这有什么错，而是强调，做事情要量力而为，现在最重要的事是“且先安泊得大王去处稳便”。

赵构宣判，汪伯彦胜。

结果是宗泽率军向开封冲击，对外宣称赵构就在军中。另外，赵构、汪伯彦继续逃跑，跑到了山东境内。

这只是在表面，这件事的实质是，由于宗泽的坚贞、勇猛、不妥协，他远离了大元帅府，没法参与各种国家大事的制定。

新建立的宋朝军队分成了两部分，各自奔向自己的目标，怎么看怎么像是分道扬镳。

一部分是宗泽率领的，队伍力量很弱，只有几千人。除了他自己以外，没什么名人。他们去进占澶渊，收复开封。

另一部分由大元帅阁下本人亲率，部下文职官除外，武将栏里威名赫赫，尽是历史上的闪光点。军队由信德府梁扬祖提供，兵力达到一万，马一千匹，战将有张俊、苗傅、杨沂中、田师中等，稍后还有刘光世加入，这个阵容，只要再添几个，就是南渡之后的全部配置。

这支强大的军队避开所有的危险地段，向济州前进。

到达济州之后，开封城里孟太后的懿旨追上了赵构，这算是要他返回的内因。另外，他的军队也变得暴躁多疑，北方人不愿背井离乡。

众怒难违，尤其是开封外城禁军哗变的例子还在眼前，赵构迅速做出决定——回北方。

同时他给宗泽去了一封信，信里很明朗地解释了一下他逃跑的理由，归结成下属们不让他去拼命，不然早就“身先士卒，手刃逆胡，身膏草野，以救君父”，同时又很隐晦地提了一下自己是回去干什么，“谓祖宗德泽，主上仁圣，臣民归戴，天意未改”。

就是说，百姓还是宋朝的百姓，而宋朝唯一合法的继承人就是他，宗泽，你知道该怎么办了吧？

谁都知道该怎么办，这是赵构主动抛给宗泽的橄榄枝，这种时刻劝进，是雪中送炭更是锦上添花，能轻易确保一世的荣华富贵，是每个官场中人都梦寐以求的。

可宗泽接到这封信时，心里的感觉腻味透了。

对于恢复中原，李纲有一整套构思，派宗泽去开封城只是第一步，更重要的是给开封城披上铠甲。

开封的地理位置决定了它不能没有外围防线，一马平川的地势，如果没有黄河天险的隔断，河东、河北等地的拱卫，它本身再坚固，也无法应对外敌。

所以李纲派张所任河北西路招抚司招抚使，傅亮任河东经制司副使，去两河地区招抚百姓，建立武装。请注意这四个字，“建立武装”。

两河地区被金军肆虐，各大名城相继沦陷，各处正规军基本上伤亡殆尽，考虑到开封京城的军力损耗得更严重，长江之南的军队根本不靠谱，而西军离不开防区，可以说，两河区域宋朝官方已经彻底失去了控制。可是汉人的力量却空前强大。

无数支义军自发形成，他们保家结社对抗金军，取得的战绩比宋朝的正规军强太多了，足以让大兵们买块豆腐撞死。

以河东区为例，这里的民兵用红巾作标志，小事不说了，只提一下他们和完颜宗翰的故事。金军的大太子在宋朝官方面前一直很威风，可老百姓们把他看得很一般。没什么了不起的，当初他围攻太原城，红巾民兵把他挡在太原城外围很久。

泽州（今山西晋城）、潞州（今山西长治）一带的民兵们还特地问候了一下完颜宗翰，某天偷袭他的中军营，差一点儿就横贯全军，和他面对面。

与之相比，河北区域内的义军规模更大。

河北境内有座五马山，它在现代很一般，没谁知道它，可在当时，它是河北境内的太阳。毫不夸张地说，它的实力远远超过北宋的帝都开封城。

它依山建寨，比人工修的城墙高大坚固；它有 10 万兵力，都是自发聚集的忠义民兵，无论是素质还是实力，都比烂透了的禁军强得多。

更重要的是河北区域内的其他民兵都听它号令，人数加在一起有几十万之多。这样，它的号召力比赵佶、赵桓、赵构都大得多。

这样一股力量，足以在乱世中自成一国了，可是它却几次三番地写信给远在应天府的赵构，说一直期待着中央的领导，请派人来领导我们吧。

之所以这样，是因为山上最大的头领姓赵，叫赵榛。赵榛是赵佶的儿子，受封为信王。查名单，他是金军在开封城里抓走的重要俘虏之一，怎么会跑到五马山上打游击了呢？

赵榛自己说，他是趁乱逃出来的，国恨家仇让他充满了力量，决心和百姓们一起与女真人死磕到底。这多好，让百姓们既有军队的实际力量保护，又找到了长期以来习惯了的宋朝政权，心灵身体两健全，好日子似乎又回来了。

李纲也是这么想的，眼看着这么强大的力量唾手可得，何乐而不为呢？这简直是新兴的建炎集团的天大福音，什么都不要在乎，哪怕知道所谓的赵榛是燕人赵恭假扮的也要睁一只眼闭一只眼，实力第一，马上派人接收！

于是他第一时间派出了张所、傅亮，做完之后他长嘘了一口气，觉得复兴有望，民族将兴，他本人做了件很好的事，对得起首相这个职务了。

第二十二章　宗泽，过不去的河

整个建炎集团上层全都激烈地反对。黄、汪两大巨头出面，说招抚司和经制司成立之后，两河境内的“盗贼”更加猖獗，不如撤销这个部门。

盗贼……这两个字才是关键。

李纲、宗泽、张所、老百姓们觉得是民兵，是自己人，但在建炎集团看来，除了官军本身，其余的都是不安定因素。尤其是五马山，拥有统领几十万人的号召力，让赵构怎么敢接近？还以“信王”为首领，在民兵来看，大家都姓赵，直接变一家，从开始就融洽嘛。

可在赵构的心里，姓赵的人是他最烦的！

李纲据理力争，一定要收编民兵，和黄潜善吵，和汪伯彦吵，向赵构不断地进言，结果张所、傅亮被撤职，他本人收到了言官的弹劾信。

张浚总结出李纲十多条罪状，注意，是罪状，弹劾他下台。

帝国未来号称最正义、最坚定、最大无畏的人，居然投靠了著名的懦弱党，是靠弹劾当时最正义、最坚定、最大无畏的人，才起家的。

赵构挽留李纲，同时却把张所、傅亮罢免，尤其是张所，被发配岭南，不久病死。李纲看清了形势，终于主动辞职。

赵构再次挽留，可随后的罢相制里却写着李纲以个人喜怒为标准分辨是非，赏罚失当，以国家利益为代价树立自己形象等考语。

不久之后，李纲被再三罢黜，最远一次，竟然被流放到海南岛。而伴随着这些罢黜的是一系列用词诛心的字句，如“朋奸罔上，欺世盗名”，李纲成了像被孔夫子杀了的少正卯一样的奸邪。

很惨、很郁闷是吗？相信连李纲自己都搞不懂，为什么一心为国，会以这样的悲剧收场。很多年以后，赵构的地位稳定了，年纪也很大了，开始喜欢回忆，他才说了一句心里话：

“李纲孩视朕！”

李纲把本皇帝当一个孩子看待！这里面透射出一股怨气，活灵活现地映射出当年赵构的感受。

说实话，这真的是李纲的问题。在他的心里，他要做的是建立一个强大的国家，却忘了，他的职责是替皇帝建立一个强大的国家。他以为好的，就真的是好的？适合绝大多数人的，会适合高高在上的那个人吗？

赵构本来是为了清净、自由、尊严才罢免了李纲，却没想到刚刚罢免，这几样东西又丢了一次。有人突然间找上门来质问他。

为什么要罢免李纲？！

问的人是开封保卫战中的学生运动领袖——陈东、欧阳澈。这两个人此时堪称名满天下，是仁人志士的代表，毫不夸张地说，他们的言论瞬间会传遍天下士林，进而形成舆论，其新闻力量比宋朝官方强多了。

正是这一点让赵构头晕，他捧着陈东、欧阳澈写的奏章，都快气疯了。陈东说，李纲不可罢免，黄潜善、汪伯彦不可任用，赵构应该亲征，接回徽、钦二帝。

这几条好不好？赵构能不能做？很玩味吧？这还只是开始，如果说这些让赵构为难，但还不得不赞成，不得不解释的话，陈东下面说的就让他忍无可忍急火攻心了。

陈东说，他本身就不该当皇帝，如果钦宗皇帝以后归来，请问两个皇帝怎样相处，难道要一大一小轮换当朝吗？

……赵构杀心难耐。

可当他看完欧阳澈的奏章之后，脑袋里已经气成了一片空白。

欧阳澈说的是他的私生活，说他在国家危难之中不忘糜烂，不仅吃喝浪费，在女色方面也不知收敛。居然公开去开封城里买“姝丽”少女，说是给他做拆洗工作。

在开封城里买漂亮女孩儿……那是刚刚被金军劫掠过的开封城，这么干和女真人有什么两样？至于拆洗工作，亏赵构想得出来，他亲妈就在金国干着同样的工作！

赵构恼羞成怒，提起笔来写了一纸“手批”——杀陈东、欧阳澈。

这是宋朝自立国开始从来没有过的事，宋太祖在一块石碑上刻着，有宋一代，绝不杀大臣、言官，不杀士大夫，尤其是不杀上书言事的人。这块碑平时用黄缎遮盖不许人看，只有每一代皇帝即位时，才由一个不识字的太监领去，一个人默默观看。

这时是宋建炎元年（1127）的八月，一个月以前，曹勋从北方带回了宋徽宗的求救信，里面就有专门带给赵构的誓碑内容。所以可以肯定地说，赵构一定知道祖宗的规定。可他就是下令杀人。

这不只是他恨这两个人的缘故，而是他心性的表露。赵构是两宋 18 个皇帝之中最狠的一个，几乎是先天带着残忍的基因，他不只是不怕杀人，甚至是敢于杀人、勇于杀人，并且一旦他对某个人起过杀心，那么哪怕时过境迁，大家都把这件事忘了，他仍然会牢牢地记住。

不知什么时候，就会算个总账，把想杀的人杀掉。

这时只是开始而已，没有人注意到他的这个特点。能感受到的是，新皇帝很不喜欢乱讲话的人，比如他随后就下了一道命令。

一个月之后，也就是九月，他将去淮河地区度假，很可能会在那儿长期办公。如果有谁敢乱想、乱讲，动摇这个决议的话，全部砍头。若有人告发乱讲者，有官衔的人连升五级，白丁超越无品，从九品直接升正九品。

连升五级……在重大战役里起关键作用的将官，都没有这等待遇。

在这种奖惩条例的震慑下，赵构如愿以偿地从内陆河南的商丘，搬到了淮南的扬州城，紧紧地靠在了长江边上。

有长江之天险，扬州之繁华，既安全又享受，他真的像是梦回汴京，又找到了从前生活的影子。这种好日子持续了差不多 10 个月，在这 10 个月里，不只是他，几乎整个中原北方都相对地平静安宁，之所以这样，完全依赖于一个人——宗泽。

宗泽在六月到达开封城，他看见的是断壁残垣一片瓦砾的街市，楼橹尽废兵民杂居的城防，大白天里盗贼随处可见，老百姓没吃没穿，这是座废城、死城。

并且就在200里之外的黄河边上，金军一直驻扎着，像一把屠刀时刻悬在开封人的头顶上，随时都会砍下来。

还有比这更糟的情况吗？宗泽就在这种绝境里振作，他深信中华民族是强大的，只要当政的人理智些、稍微勇敢点儿，奇迹一定会出现。

他先是抓了几个知名的盗贼，宣布从此以后，恢复宋朝律法，谁敢偷抢犯罪，不管赃物是多少，一律军法处置。

也就是砍头。

宗泽说到做到，几颗血淋淋的人头落地，开封城的秩序立即恢复。接着，他建设城防，在开封四城各处修补战械重建敌楼，额外造了1200多辆战车。之后，他走出城墙，去了郊区野外。两次开封保卫战中有一个非常沉痛的教训，就是宋朝每次都是第一时间丢了城外的设施。

宗泽在城外险峻地段构筑了24个防御点，和开封城本身的防御有机联合，从郊区就筑起了第一道防线。做完了这些，宗泽仍然不满意。

他想着黄河，黄河是开封城唯一的北方天险，没有它开封就只剩下了几道人工城墙而已。那么必须要夺回黄河。

可他手里没有兵。这是最严峻的现实，他没法向赵构申请，御营的兵力绝不会调给他。那么招募，可是用什么呢？当兵吃粮拿饷，他是既没钱也没粮。退一万步讲，他有，民间的兵对宋朝也不感冒，保家卫国靠自己，为什么要投靠不靠谱的宋朝呢？

这时在开封的周边，说是民兵也好，盗贼也好，民间武装壮大得惊人，动辄几十万人聚集在一起。比如活动在濮州（今山东鄄城）一带，号称拥众几十万人的王善；活动在淮水区域内，约有七万人的王再兴、李贵；洛阳附近，拥众30万的没角牛杨进。这些人都在乱世中迅速崛起，每一个都很不简单，并且有个共同点：他们厌恶宋朝，别说让他们归顺了，像王善，他会主动带人到开封城打劫。

几十万人的部队冲向了一片废墟，刚刚重建的开封城，要宗泽怎么办？逃，还是战，两者都不现实，而在这两者之间，宗泽选择了相信。他信自己的理念不会错，信自己的民族不会错。为此，他单人独骑出发，向王善的部队迎了上去。

他对王善说，朝廷危亡，国家大难，这时如果有一两个像你这样的人挺身而出，金国就不会猖獗。这是你临危立功的机会，希望你能把握。

这话很高深吗，很煽情吗？在我看来一点儿都不，宗泽只是说了实话，说出了他的希望。而王善的反应是剧烈的，他立即跪谢，流着泪说："敢不尽命！"

几十万人成了宗泽的部下。这样的事一次次地重演，前面提到的王再兴、李贵、杨进等人都在这些平实的话里站到了宗泽的身旁，成了他的助手。

一个是偶然，两个三个呢？每一个都这样放弃了自我，抛开了对宋朝的成见，之所以会这样，只能归功于宗泽个人的威望。而他的威望基础是什么呢？我想起了一个人曾经说过的话：

"我南朝地广人多，崇尚气节。俊彦之士，所在多有，自古以来，从不屈膝异族……"

这句话让我深思，地广人多、俊彦之士，这是中国最不稀罕的，在每一个时代里，这一点都不曾改变。比如，近代史百年里最黑暗最屈辱的时候，中国的人数之多、俊彦之多，也如繁星灿烂。可为什么至少有三次屈膝异族了呢？

因为"崇尚气节"，只要失去了气节，中国人就失去了一切。如果能像宗泽、杨进、王善等人这样，因为气节而走在一起，那么情况自然好转。

开封城的军队与日俱增，在短时期内达到了 100 万以上，同时军纪严明。有这些基础之后，宗泽扫平了黄河南岸的金营，在沿岸 16 个县周边创置了像鱼鳞一样的连珠寨。

他这么搞，金国坐不住了，像宋朝这样的庞然大物，绝对不能让它有喘息之机。为了灭掉宗泽，金国调配了当时能调动的最高军力。

完颜宗翰坐镇原辽西京（今山西大同），与宗泽对峙，之后在年底十二月左右，派出了金国历史上最著名的那位将军。

完颜宗弼出场。

完颜宗弼，本名斡啜、斡出、晃斡出，或者叫“兀朮”。没错，他就是家喻户晓的完颜兀朮，至于通常叫的“金兀朮”，那是一种荣耀。

他是金国的兀朮，以国为姓，是对当时最重要最了不起的军人的尊称。也就是说，金国人爱他。查一下他的家谱，真是顶级的权贵，他是金国开国皇帝完颜阿骨打的第四个儿子，人称四太子殿下。那么想一下，为什么大太子、二太子这些年来南征北战，灭国屠城，显赫得掉渣，他这时候才冒了出来呢?

因为，因为他二哥死了。

完颜宗望在这一年的六月，也就是宗泽到达开封城前后突然病死了。这对金国是无可估量的损失，至少在军队方面，接近一半的军队体系没了领导。要怎样弥补呢？第一，得像宗望一样，有宗室最浓的血统；第二，有战功。

战功是完颜宗弼的软肋，直到这时，他只是个军队里的随行人员。比如在追捕辽国皇帝时，他跟着宗望追到了鸳鸯泊；入侵宋朝时，跟着大部队到达开封城下。查史料可以知道，那么多的人事交割里他的名字一次都没有出现过，他的地位、权力就可想而知了。

说句难听点儿的话，这位金国的战士是被树立起来的典型，本身还什么都不是。这时，他被派出来袭击宗泽，结果刚过黄河，连宗泽的面儿都没见着，就掉头往回跑。

宗泽只是派了两支人马绕到了他的侧后方，隐约着断了他的退路而已，他就受不了了。

这是金兀术独自领兵的第一次战斗，出师不利，溜之大吉，他的做法很经典。当然，也可以说这是一次试探，因为在半个多月之后，他卷土重来了。这一次他行动迅速、诡谲，渡黄河、过郑州、进白沙，很快就冲到了开封城的附近。

结果进得越快，被打得越疼，他光顾着跑了，顺便说一下，他这人打仗的特点就是冲得超快超猛，至于身后边发生了什么，他从来不管。这一次是这样，后面发生的还这样，结果每次都被打得灰头土脸满头包。这次他没想到更没察觉，上回宗泽派出去断他后路的人马还在原地没动，一直在等着他。

前边有宋兵顶住，后边伏兵四起，完颜宗弼打了个结结实实的败仗，第二次落荒而逃。这就是金国历史上号称仅次于完颜宗翰的伟大军人的传奇军事事业的开端。他不知道的是，宗泽不仅给了他两次失败，更在这段时间里给他培养出了一个永恒的噩梦。

岳飞终于到了开封，终于见到了宗泽。从他在应天府被开除军籍之后，直到这里，他颠沛流离、战疮满身，可以说是九死一生，其中不仅与金军血战，还两次面临本国上司的屠刀。

回到应天府，这座城在宋朝是有特殊意义的。它是北宋四京中的南京，最初叫归德府，是后周归德军节度使赵匡胤的驻所。所以，它是宋朝的龙兴之地。赵构在危难中于此地登基，又给它披上了一层神圣外衣。宋朝的子民们向往它，来了就不想走。

岳飞被开除军籍之后，也没有离开。游荡的日子里，岳飞目睹建炎集团的一个个荒诞举措，他愤懑、郁闷、无聊、忐忑，种种负面情绪纠缠着他，而城外面的广阔天地里有着无数的民间自发武装，他完全可以投身其中，做自己喜欢的事。

可是他的身上有束缚，他的妈妈在他离开家门从军时，亲手在他后背上刺了四个字——“精忠报国”！这是他一生的理想，他所有的努力都为了实现这一点，而国是至高无上的，既不能容忍外敌的入侵，更不能接受“盗贼”的出现。更弗论自己去加入“盗贼”了。

苦闷中，岳飞所接触的人仍然是宋朝的正规官吏。很幸运，他和一个叫赵九龄的人谈得来。

赵九龄是张所的一个下属，在他的引荐下，岳飞有幸拜见了张所，成为河北招抚司的一员。从此，他走上了抗金的最前沿。

回首往事，谁还能说上书事件是错事、坏事呢？没有它，岳飞仍然只是一介小兵，随波逐流浑浑噩噩地混日子，怎能像现在这样紧紧抓住自己的命运，和金兵呼吸相闻、刀兵相见呢？

他被分配在一个叫王彦的人手下，做统制官。

王彦，字子才，隆德府上党人。此人文武双全，徽宗时曾进京应武举，曾追随种师道两入西夏，立有战功。这时金军入侵，他毅然离家从军，没进御营，而是投奔了张所，到河北这块敌占区找事做。

王彦也是一个狠人，他和岳飞搭档，堪称相得益彰。可惜的是，这对强强组合还没等发威，一个命令突然临降。

黄潜善、汪伯彦两名大佬搞垮了李纲，河北、河东的反攻计划立即搁浅，连张所本人都下课回家，被贬到岭南。

很多人心灰意冷，刚刚聚集起来的河北大营一下子都散了，可是王彦、岳飞、白安民等人没有动摇，他们集结了7000多人马北渡黄河，进入敌占区，主动向金军挑战。这是北宋灭亡之后宋军的第一次主动反击，金军猝不及防，被连连击败，王彦所部长驱直入，一时间河北大地上宋人士气大振。不过他们也因此而孤军深入，不要忘了，他们是没有后援的。

金军调来了近六万重兵，合围王彦。

接近十比一的军力，王彦感到了危机，他被迫筑寨，闭垒不出。这在一般情况下是正确的，毕竟众寡悬殊，可岳飞不这样想，他是一个独一无二的人，一生中所有战绩都是以劣势兵力夺得，换言之，如果只能以多为胜的话，还要兵法战将干什么？

岳飞不听王彦的节制，率领自己手下的几百名士兵冲出营寨与金军决战。混战之中，岳飞纵横战阵夺得金军大纛，四面挥舞，军心大振，他不仅冲破了金军的重围，还一路追杀，占领了新乡县。

金军火速向新乡县集结兵力，但是他们晚了，岳飞根本没有考虑防守，他放弃了新乡，继续向北挺进。在第二天，行进到侯兆川时，与金军相遇。

遭遇战开始，岳飞没有兵力，没有地利，除了他自己以外，这支部队无法依靠另外的东西。他冲杀在最前沿，身背十余处战伤，血战不退。在他的感召下，“士皆死战”，再一次击败了金军。

宋、金开战以来，宋朝的正规军成建制地覆灭，渐渐地，他们总结出了金兵的战术。其实是没战术，就是金国的士兵们单兵素质太惊人。与西夏相比较，宋、夏战争中往往两军对冲，几个回合之后胜负就会见分晓，甚至打到天黑了，两军还会很默契地收兵休息一夜，等第二天天亮了，吃完了饭再打。

金兵不是这样的，他们一次冲杀不胜，紧接着来第二次，第二次不胜会有第三次，这种冲击会持续到整日整夜，是名副其实的不死不休。

想击败这样的军队，而且是以几百人的兵力在客境中连续击败，这需要怎样的勇气和战斗力？从这时就可以看出岳飞一生征战的特色，他飞扬勇决、不拘一格，敢为人所不敢为，在战场上迅速移动，给敌人连续不断的打击。

可惜的是，他毕竟人少，而且没粮了。这是件让人痛恨的事，本来是自己的国境内，可偏偏找不到给养。现实逼迫岳飞必须回去向王彦求助。

在岳飞想来，依绝大多数人之见，且不说他们本来就是同一支部队，就算只是友军，在抗战中支援些粮草不是一件很平常的事吗？可王彦不那么想。前几天岳飞违抗他的命令，冲出营寨与金军决战，在他看来是分裂他的队伍，削弱他本人的威信，从哪一点来看，岳飞都犯了军法。

犯了军法，就得军法处置。当时真的有人建议他杀了岳飞。而从种种蛛丝马迹来看，王彦真的心动过。他是位名将，是位坚定的抗金英雄，这都不假，可他的心胸是不宽宏的，岳飞深深地激怒了他，幸运的是，他不宽宏，却很清白。

他拒绝了岳飞的求助，让岳飞安全地离开。相当于让岳飞自生自灭，与他无关。这次之后，王彦与岳飞终生嫌隙不消，两位抗金名将走上了各自不同的道路。

岳飞回到几百名饥肠辘辘的士兵中间，摆在他们面前的是一条绝路。没有粮草，没有援兵，周边是六万多的金军，哪怕是想撤退都不容易。

这也是岳飞不原谅王彦的地方，虽然不亲自动手，但也跟杀人没有多大区别。

绝境中的岳飞没有向南撤退，他的勇气是无与伦比的，他居然率领饥伤交迫的士兵继续向北方前进。一路征战，他们到达了太行山。太行山，绵延800余里，是山西、河北、河南三地的天然界山，这里沟壑纵横、险象丛生，是理想的战场。

岳飞此行最坚苦也是最奋锐的战斗发生在这里。他先是与一支金军相遇，两军激战，岳飞生擒金军主将拓跋耶乌；几天之后，再次遇敌，这一次岳飞的部下们很可能疲惫到了极限，已经无法支撑，情况逼着他行险。

岳飞单骑出战，持丈八铁枪，刺杀金军主将黑风大王，震慑这支金军仓皇逃走。

至此，岳飞孤军深入，以数百人之众，入数万金军重围，攻城略地，辗转作战，战无不胜。这是有宋一代从未有过的战绩，相比较连韩世忠都相形见绌。因为韩世忠每战都有依托，或者是在大部队的前方作先锋，或是有城池在后背，而岳飞此行无所依靠，居然远战千里，锐不可当，刺破了金军的重重铁幕。如此决心、战力，就算没有后来的辉煌，也足以在中华战将名单里独树一帜。

不过他也到了极限，不得不考虑回归了。岳飞在太行山短暂停留后，向开封方向撤退。史书没有记载他的回归过程，让人无法猜度他遭遇过什么。

如果没再征战，那么说明他行动机变神速，让金军无法堵截；如果与金军狭路相逢，那么岳飞的回归之路将是加倍艰辛壮丽的。

以这样的伤疲之旅，他得再付出几倍的努力，才能进开封见宗泽。

岳飞终于进入开封城中，宗泽收留了他，没有计较他之前违抗军令的事，他有自己的部下，有一定的权职。然而，他的厄运没有完，不久之后他居然被绑上了刑场。

岳飞要被杀头了，各种史书都没有记载他犯了什么事，不过从他的早期经历来说，他想犯事实在是太方便了。他的性格太倔强，很多时候与其说是刚烈，不如说是暴烈更恰当。

要命的是，他有足够强大的勇力来宣泄怒火，再稍晚些，他曾经在酒桌上与一个上级军官言语不和。岳飞暴怒，一拳把该上司当场打昏。

这不是偶然的，岳飞与其他的中兴将领相比，有一个本质上的区别。像刘光世是军队里长大的衙内，张俊、韩世忠、吴氏兄弟从小参军，习惯了接受军法约束，哪怕遇到再大的委屈，如韩世忠被抢了活捉方腊的泼天大功，也只是躲进角落生闷气。

换作岳飞呢？

岳飞发现王彦作战不勇敢，严格地说，只是不如他勇敢之后，就干脆拒绝节制，独领一军出走，信不信他能一枪捅死敢抢他功劳的辛兴宗？

早期的岳飞有种种缺陷，都是由于他半路出家，没经过军队专项训练就走上战场造成的。这非常危险，如果一直这样下去的话，岳飞只会是一朵瞬间绽放的昙花，哪怕极致绚丽，也会黯然收场。他之所以能创造出后面的传奇，成为中华民族首屈一指的军人，是因为他能改正错误。

岳飞天性嗜酒，可后来滴酒不沾；岳飞不受节制，军纪涣散，可后来的岳家军是宋朝 300 多年里军纪最严明的军队。

这是多么惊人的对比。

而这一切，都要先从刑场上活着离开才行。关键时刻宗泽到了，他看见岳飞相貌威重、身材魁伟，觉得这样一个壮士不去上战场反而要死在自家刑场上，实在是太可惜了。正好当时有一支数千人的金军进攻汜水，宗泽调500名骑兵给岳飞，命他戴罪立功。

500对数千……“女真不满万，满万不可敌”。

岳飞已经有足够多对抗女真人的作战经验了。他带着500名骑兵，把几千个金兵打散，带着金军主将的人头回来复命。

宗泽大喜，立即给岳飞升官，同时加大考察力度，不久之后，他找来了岳飞，拿出了一本书。

下面的对话很经典。

宗泽说，岳飞，你的智勇才艺，可以媲美古代的良将。但是你喜好野战，这不是万全之策。现在，你只是个偏裨将领，这样做还没什么，但以后你当了统兵大将时，这样怎么能行呢？这本《阵图》你要仔细研究，以后会用到的。

《阵图》，指的是宋太宗赵光义在幽州城下大腿中箭之后，用来遥控指挥军队，折磨潘美等第一批宋朝大将的东西。岁久年深，当折磨变成习惯，当习惯变成传统之后，这种东西深深地印刻在了宋朝将官的脑子里。宗泽作为一个文官，观察事物是很敏锐的，他看出了岳飞的软肋是什么，不就是没有科班经历吗？那么请看宋朝高级将官们的职业行为手册。

由此可见，宗泽对岳飞的一片苦心，他要把岳飞培养成一个高级将领，为宋朝留下抗金财产。

岳飞仔细翻阅阵图之后，回答了他几个字：

“阵而后战，兵之常法，运用之妙，存于一心”。

这个“心”是什么？用宋朝官方的语言来解答最合适，很多年以后，宋孝宗追复岳飞官衔的制词中称：“……飞智略不专于古法，沉雄殆得于天资。”

天资，他的一切都是天赋的，所谓天马行空，不拘一格，他只需要在战争中不断地发掘自己……

只是在这时，他没有机会，也很可能没有能力独当一面。他是宗泽手上的一柄利器，斩金断铁抗敌过人，但在宋金对抗的全局上，他没有多大的作用。

开封城突然来了一个金国的使者。这人姓牛，表现也很牛。他大模大样地走进开封城，说是来探望女真人的好朋友，大楚国皇帝张邦昌。

宗泽一听就火了，这明明是来试探虚实的，摆明了宋朝不敢动他。那好，逮捕入狱。结果没几天，不等金国方面有反应，赵构的圣旨到了。要宗泽把牛大使立即释放，安排宾馆，好生款待。宗泽不服，说这是有奸臣在蛊惑你，让你搞什么和谈，事实上卑躬屈膝摇尾乞怜怎么能说得上谈判？我很笨，不敢奉诏，让金国人觉得宋朝懦弱。

赵构的回信是，爱卿你弹压强梗，保护都城，给朕分了大忧，这都仰仗于你。但是你抓了金国的使者，这不合我意。

这些话很正常，看下面一句——“朕之待卿尽矣，卿宜体此”。我对你已经没法再好了，你应当明白这一点。

联想到陈东之死，这已经是赤裸裸的威胁，好到极点还不知进退，是在逼我杀你！

能在刚刚亡国，身边只有几万名近卫军，随时会被异族人灭掉，安全保障全在宗泽一个人身上，而宗泽坐拥百万兵力的情况下，还说出了威胁言语，这说明了什么呢？

又蠢又横又残忍？

残忍是一定的，蠢就不见得，以赵九弟一生业绩来看，他非但不蠢还相当聪明。那么为什么他这时做得这样迷离呢？

问题出在宗泽的身上，他像是一个失职的爸爸，忘记了一条真理——“恩养改忤逆儿，棒头出孝子”。像赵构这样的人，必须得让冷酷的现实去教育他，才能让他懂事。不然的话，他的本质仍然是一个公子哥，一个遗传了赵佶血脉的追求顶级享受的纨绔。

可惜的是，宗泽永远不会这么做，他的力量源于内心的操守，而这操守，就代表着绝对忠诚于他的君主。所以，他可以埋怨，在奏章里写：

……信凭奸邪与贼虏为地者之画。

弃北方：七路千百万生灵，如粪壤草芥，略不顾恤……

不忠不义者但知恃宠保禄，动为身谋，谓我祖宗二百年大一统基业不足惜，谓我京城、宗庙、朝廷、府藏不足恋，谓二圣、后妃、亲王、天眷不足救……谓巡狩之名为可效，谓偏安之霸为可述……

用词激烈尖锐。

也会抱怨，如：

……臣犬马之齿已七十，于礼与法，皆合致其事，以归南亩。漏尺钟鸣，实为二圣蒙尘北狩，陛下驻跸在外，恐失我祖宗大一统之绪。

但他从来就没有想过用手段逼赵构做什么，永远都是劝说、感召。

宗泽留守开封稳定北方的 13 个月里，这样的奏章有 24 封，它们是宗泽生命里最后的印迹，记载着他怎样一步步走向死亡。

奏章里的急迫心情，与他衰败的身体成正比。

第 14 封时，宗泽还谈论时事，论述哪些事是对的，哪些是错的。比如赵构曾经突然脑残，和他爹一样宣布解散勤王部队，理由是两河地区的民兵们假借勤王的名义，实际上都是盗贼。

……还有比这更白痴的吗？两河地区是谁的，还是宋朝的吗？那是金国的土地，以此为基础，哪怕民兵们真的去偷去抢去杀人放火，碍着姓赵的什么事了？

杀得越多抢得越多越光荣！

宗泽为这事与赵构书信往来辩论了好久，告诉这傻孩子千万别这么干，失去民兵，北方立即崩溃。别说保两河了，连开封都得出事。

之后，宗泽的实力迅速壮大，连战连胜，他的奏章里大多记录着部下们的战绩，形势的好转，如拥有十多万部下的丁进，愿负担开封的城防；李成愿在赵构回京之后渡河扫平两河敌寇；实力最强的杨进，会率领百万大军迎回徽、钦二宗。

最著名的是第 21 封奏章，他写道：

> ……京师城壁已增固矣，楼橹已修饰矣，龙濠已开浚矣，器械已足备矣，寨栅已罗列矣，战阵已阅习矣，人气已勇锐矣，汴河、蔡河、五丈河皆已通流、泛应纲运，陕西、京东、滑台、京洛北敌，皆已掩杀溃遁矣……但望陛下千乘万骑，归御九重，为四海九州做主耳。

话说到这一步，真不知道宗泽还能再说什么，而赵构想拒绝的话，得怎样说呢？事实上赵构真的没法回答，他刚开始时还赞赏、勉励几句，后来干脆一句话都不说，让宗泽不停地写，不停地发问，每一次都呕心沥血，都集聚了全身的力气，可总是会面对空气。

空荡荡的……像坟墓一样憋闷！

宗泽终于承受不住了，他是一位老人，一介文官，身体本来就一般。近两年以来，先是金军灭宋，接着独自抗争，进开封城恢复两河，这些不仅是劳累，更让他心情动荡、震惊、激愤，各种尖锐的情绪纷至沓来无止无休。

人老了，活的不仅是身体，更是心情。

宗泽在这种困境中，还得面对自家皇帝的冷漠，他的报国热情变成了忧国伤痛，之前有多么热，这时就有多么冷。

他病了，忧愤成疾，后背发疽……

临终前，诸将围绕在病榻边，听他说出最后一句话：“我以二帝蒙尘，愤愤至此。汝等如能歼敌，我死亦无恨！”

众将痛哭失声，齐声回答：“敢不尽力！”

这些人里就有年轻的岳飞。他们听到宗泽微微地叹息，出师未捷身先死，长使英雄泪满襟……

弥留之际，他突然三声大叫：“过河！过河！过河！”

宗泽死了，没有一句言语说他自己家里的事。

第二十三章　建炎南渡

宋朝官方对宗泽的死致以不那么沉痛的哀悼……因为治丧的规格实在很低。只追赠了观文殿学士、通议大夫，谥号忠简。

忠不必说了，“简”，一德不懈曰简、平易不訾曰简。看着还行，平时还行，可这是宋朝北方唯一的屏障好吧，国之一人的实质存在，居然这么打发。

尤其是简，在世俗的解释里永远都是一根筋、粗暴、不识大体等稍带贬义的词汇。至于说学士、通议大夫，这些头衔更是垃圾，学士不加大，太监都不怕，大夫还不错，和侍中比一下怎么样？

难道宗泽还比不上夏竦之类的抗夏废物吗？

啥都不说了，谁让这时的赵构还处在婴幼儿期呢，22 岁了，还是没长开。接着他确定了宗泽的接班人。本来有个现成的，宗泽的儿子宗颖。

宗颖一直在父亲的幕僚里，在开封城里有很高的威望。如果选他的话，至少百万民兵武装都会很安定。可赵构否决了，理由很光明正大。开封那么重要，难道管理员要世袭吗？开封城只有一个世袭的头衔，那就是姓赵的皇帝！

这一点倒是对的，可派过来的第二任留守长官实在让人胆寒。没错，百万民兵第一瞬间感到的就是寒冷。

派来的人叫杜充，相州（今河南安阳）人，进士出身，靖康初年时任沧州（今河北沧州）知州。就在这儿，他干了一件让建炎集团高兴、平民百姓痛恨的事。那时辽国灭亡不久，燕云十六州落入金国手里，处于原始社会末期的女真人根本不懂得人口的重要性和价值，他们只知道人多了吃的就要多，那还不如少点儿。

于是杀人，于是燕云地区的汉人向两河地区逃难。当他们逃到杜充的地盘时，惨案发生了，杜充说这些都是外国人，是不安定因素，全杀掉。

是全、杀、掉。

联想到前些天赵构宣布解散民兵，这样的人，是多么合乎建炎集团的胃口啊。

杜充进开封，立即和百万民兵势成水火。再不是友军了，而是敌对。关于这一点，很多历史学家们总结为人品问题。

宗泽威望高、人品好，把各种力量都团结起来；杜充没人品、没威望，所以不孚众望，没人理他。这实在太表面化了。

宗泽一直以来都是正面人物，他团结百万民兵的一幕更是为人称道。可是换一个角度，会发现他坏了大事。当宋王朝腐败堕落，烂到没救时，百万民兵自发形成，保家卫国，这是一个多么光明的新生状态。如果宗泽不是用他的个人威望去收编他们的话，很有可能在短时间内，一个新的王朝就会冒升出来。

不管封建王朝是不是注定了都要腐烂变质，至少每一个王朝刚出现时，还是清新强力的。甚至压力越大，王朝的强度也会随之越大。

可宗泽把他们都收编了……收编之后还以此为最大的倚仗，去感召赵构回来。试问哪一个封建王朝的皇帝会投奔民间武装呢？这本身就是两个极端，水火绝对没法相容。

宗泽不招人疼，难道还不正常吗？要命的是，他自己从来没有意识到这些。

回到杜充，这人是一个标准的忠实下属，做什么都以上级的意志为准绳，他心里想的是怎样完成皇帝下诏书都没办到的事儿，比如解散民兵。可是要怎样解散呢？100万啊，这么多兵力挤在开封周边，就算有步骤听命令地往外疏散，都不是短期能办到的。

那就换个方式。

先说一下民兵们在开封是怎样分布的。王善的人叫后军，驻扎在开封城东的刘家寺；张用、曹成、李宏、马友等人的部队叫中军，驻扎在开封城南的南御园；岳飞、桑仲、马皋、李宝等人驻扎在城西。

三股势力里张用的中军人最多，达到数十万，他和王善是彻头彻尾的民间自发组织，没有半点儿的官方根基。在宗泽时期很独立，在杜充时期更独立，基本上指挥不动。

岳飞的人马有张所的背景，加上岳飞本人的忠诚，可以勉强算是官兵。

杜充的办法是用这些听他命令的力量去干掉不听他命令的力量。说白了，就是官方指定地点指定时间来场火并。

1129年，宋建炎三年正月十五日左右，杜充命令城西部队向南薰门集结，去城南的南御园杀张用。

这是用几万人去消灭几十万人，这种比例听起来根本不可能，可杜充就是这么干了。当天不仅张用早有准备，连王善都带人从城东头赶过来参加活动，这还有什么搞头，官方代表那边儿输得体无完肤，在一面倒的局面里，只有岳飞保持了胜利。他率领2000人，击败了几万人，还杀了对方的将领。

王善们胜利了，可开封城也待不下去了。几十万人一起离开，他们的目标是陈州（今河南淮阳）。杜充的官方惯性思维随即启动，他认为，杀了官方人的老百姓跑了，那就得追上去抓回来杀掉。

他又派出去几万人出城去消灭几十万人……这几万人被几十万人挤下了蔡河（今涡河），人马踩踏，尸体浮满河面，没死的被追到铁炉步附近，直到这时，民兵们才收队回营。

这次行动里没有岳飞，估计他是烦透了，再不想掺和进去。

建炎集团迅速发来了贺电，对杜充“净化”开封城的行为大加赞赏，认为只有这样，开封城才是适合官员们居住的环境。

赵构本人也很高兴，开始没日没夜地在后宫开工。不许笑，这是件很严肃、很神圣的事情，哪个皇帝上班了，都得这么干，儿子必须多，女儿也不能少，而赵构这时身边只有一个小儿子，身体还不怎么样，这让他实在心里没底。为了列祖列宗，他必须加班加点！

扬州城从这时起，变成了一个幸福的海洋，皇帝宰相们在里边快乐地游泳，游来游去没完没了，为了继续快乐，两位新上任的宰相联名发布了一道命令——不准任何人，包括各级官员，以任何理由，包括为皇帝的安全着想，去议论边防之类的事情；不准任何人散布扬州城不安全的言论；不准任何人以扬州城不安全为理由携带家产、亲人出扬州城！

这道命令生效之后，离着很远很远很远的北方，另一道命令下达。金军再一次大举南侵，目标直指扬州城、赵构本人。

这次的金军是金国二号人物完颜宗翰在辽西京派来的，兵力嘛……不算太多，五六千上下，全是骑兵。

这帮女真、契丹混成组团的骑兵直奔扬州城，从一定角度来看，非常符合突击、闪电、斩首之类的战术，他们把一切枝枝杈杈都抛在后边，包括开封城，直奔赵构和建炎集团。只要把他们拿下，宋朝的抵抗立即清零。

很英明是吧？其实真实的内幕是金国人也是迫不得已，实在是因为杜充是位空前绝后的大牛人物，任谁也惹不起。

金军的第一目标本来是开封城，可是没等兵临城下，也就是刚刚到黄河边上时，突然间河水奔腾咆哮决堤而出，黄河决口子了！

这是杜充干的，在开封城失去兵力之后，他迅速想到了这堪称唯此一招的应敌之法。这得有多么灵敏的脑子、多么巨大的决心、多么歹毒的心肠，才能下这种命令啊。赵佶、赵桓时代面临灭国之灾时，都没敢用这一招。

这次黄河决堤之后，滚滚浊浪向东漫过滑县南、濮阳、东明县之间，再向东经过鄄城、巨野、嘉祥、金乡一带汇入泗水，经泗水南流，夺淮河注入黄河。

上面这些不是罗列数字，它意味着黄河改道了。这是超级灾难，河南、山东、安徽、江苏一带的百姓淹死20多万，流离失所、瘟疫等原因造成的死亡人数近百万，无家可归沦为难民的近千万，北宋最繁华富饶的两淮地区变成废墟。再后来，黄河与淮河之间的这条临时通道一会儿通一会儿堵，几十年之间不被人力所修复，近乎永久性伤害。

……以上，就是宋朝官员杜充对宋朝土地、百姓所干的事。在他的心里，老百姓到底是一种什么样的存在不用多说了吧？他杀的宋朝人比一大堆的完颜们加在一起都不少！

不过，将他与赵构干的一比，上面的就不算什么了。

在扬州城的幸福气氛里，洪水的消息隐约传来了，官场轻微震动。黄潜善、汪伯彦在和名僧克勤探讨佛法，他们笑了笑，判定这是假消息（笑且不信）。

金军快速推进，所过州县一片恐慌。消息隐约传来了，官场、街市轻微震动。黄潜善、汪伯彦继续钻研佛法，笑了笑，觉得很假。

宰相的闲雅风度一脉相承，很有前面何栗的风范。当皇帝的赵构更加以身作则，他在皇宫里夜以继日地加班，和南国佳丽们讨论人生。时值二月的某一天，他谈性正浓欲罢不能时，突然一个太监见了活鬼一样地闯了进来，对他号叫说金军已经攻占了天长军（今安徽天长），离扬州城近在咫尺了！

赵构一下子蒙了，从胭脂粉香、肉阵成林突然间掉进了万丈悬崖、无底深渊。他怕了，吓得肝胆俱裂，脑子里闪出来的全是他老爹和他哥哥的凄惨生活，现在轮到他了，居然这么快！等他稍微回过点儿神来，想挣扎逃跑时，他发现了一个更加悲惨的奇异现状。

他痿了，身体的一部分彻底软了。这种瞬间打击换谁谁死梗。当然，现代医学告诉我们，这是意识性的，只要心理改善了，他还有救。但要命的是他怕死了金军，如果这是病根的话，他说什么也不敢面对，更别说什么去除了。

这时赵构没心思探讨这个，更没意识到这事会给他的人生、他的王朝带来什么影响，他只想着尽快离开，他得快点儿逃。他连通知宰执下达诏书的时间都省了，直接带上几个亲信太监，外加御营的都统制王渊，跳上马就往城外跑。

他有两个地方可以去，一个是运河，一个是长江边。运河最近水涸了，要等黄河的水来支援才能涨起来，这没用。他跑向了长江，据王渊保证，早就留下了后手，有大批的船只，船上有大批的物资，它们等候着皇帝，随时可以起航，渡过长江。

逃跑是迅速的、是恐慌的、是鲜血淋漓的，在这次突发事件中流的第一滴血、死的第一个人由逃跑者赵构制造。当时有一个御营士兵边跑边抱怨，说两大宰相不是保证啥事没有吗……他就不懂啥叫恼羞成怒以及被打扰的男人的起床气。

赵构一剑就捅死了他。

全扬州城的人跟着赵构跑向长江，几十万人堵在长江边，拖家带口进退无路，怎一个“惨”字了得。一天之后金军杀到，眼前的情况让这五六千女真骑兵陷入了迷茫，首先是分不出要先干什么，是到运河里抢船呢，还是杀光江边上的人呢？

运河里一溜50里长的干涸河岸上停着满满当当的船，船上全是金银细软绫罗绸缎；江边上十几里内挤着满满登登的宋朝百姓……先对哪个下手呢？

最终的结果是全光了。运河里的船没有黄河的洪水是漂不起来的，江边的百姓更是固定的靶子，金兵抢累了杀人，杀累了抢东西。

这是宋朝史上让人憋屈到神经错乱的一幕，它本是不会发生的。就算是黄潜善、汪伯彦之流再隐瞒实情、金军的行动再突然，也不会导致这样的惨剧发生。

因为突袭来的金军最多只有6000骑，长途作战，早已疲惫，退一万步说，哪怕他们保持精锐又怎样？赵构的御营兵马最少有10万人，这样的对比为什么要逃跑？为什么要跑得没有步骤、没有节奏、一个个都像赵构那样呢？

此时，御营里的人马包括岳、韩、两吴之外的所有中兴战将，居然狼狈到这地步，真是让人倍感不可思议！

于是乎，各种各样的传说应运而生，比如赵构著名的神迹“泥马渡江”。

传说里，赵构处于必死之地，而圣天子洪福齐天寿与天齐，自然有神灵护佑，一位神仙牵着一匹马把他送过了江。

人们认同这个传说，并且一致认定，这匹马不是金的、银的、铜的、铁的，它是由草和泥做成的，它是一匹神兽！

神兽事件之后，赵构一行人逃过对岸，到了镇江府。建炎集团全体都睡在大地的草丛里，只有赵构本人有一张貂皮当被褥。

接下来的问题是下一步去哪儿，太监们建议去杭州。杭州山水之美，是北方无法想象的；杭州的富饶基本上是开封富饶的根基；在战略位置上杭州比开封更理想，它处于没有冰封期的长江的外缘地带，在它和长江之间有众多的关联城市做缓冲，其间沟壑水道纵横，女真骑兵将受到空前的阻碍。

更妙的是，杭州临海，危急时刻可以随时乘船避难。这一点是整个北方无论哪座名城都没有的优势。综上所述，有什么理由不去杭州城呢？

因为工作失误，黄潜善被罢相，贬任江宁（今江苏南京）知府；汪伯彦也被罢相，贬任洪州（今江西南昌）知府。

一个南京市长、一个南昌市长。

因为工作失误，前首相、现任单州团练副使李纲不得赦免，不得出境……

刘光世、张浚等人被派到长江沿岸的重要地段，他们的任务是一边回收逃到南岸的御营士兵，重新组建赵构的亲兵队；一边跳过原地方政府，直接控制该地区，构建适合赵构生存的赵氏领土。这群人上路的时候心情很不好，因为他们再努力、干得再好，也被确定成了外围势力。在此时在将来，从地理位置上就被边缘化了。

对此，刘衙内等人是很失意的，他们眼巴巴地看着赵构在另一群人的簇拥下向更南边的杭州行进，那群人里有王渊，有宫女，有太后，有无所不能的快乐的太监。

当天在目送赵构一行人渐行渐远的队伍里，有一个人站在队伍的边缘，神色应该是风轻云淡的。他同样很失意，却并不失望。他只需要时间，只要时间够，就一定能挤进最核心的那个小圈子。

张浚。

这段时间里张浚又创造机会小升了一级，倒霉的人由李纲换成了韩世忠。说来也是韩世忠太倒霉了，他兴致勃勃地到处找女真人单挑或者群殴，正干得起劲，突然有人告诉他，说他的某个部下把一个当官的扔到水里淹死了。

那个官是言官……居然欺负到张浚的本系统内了，这还了得？

张浚火力全开，上纲上线，把这件事升级到了现有官员队伍的纪律问题上。某些人自恃有功，无所不为，比如韩世忠，不严惩他，国将无法！

于是，韩世忠被降级，观察使“丢”了。

这时他和刘光世等人在岸边送走皇帝一行人，之后各自分手，各奔前程，去当他们的外围分子。这时他们不会想到，命运、机遇会有多么神奇。

太监们率先进入杭州城，各种抢劫霸占，沉浸在久违的快乐中，把大兵们忘了。新宰相朱胜非紧急向赵构汇报，军队里很多人嫉恨太监，要出事了。赵构这段时间吃够了军队、战争的苦，他非常重视，立即命令解除大太监王渊的签发权，让他只担着一个虚衔，这样就能平息军队里的意见了吧？

可惜晚了。

第二天，王渊走到杭州城北桥畔，突然间桥下冲出了大批伏兵。

叛军把王渊拉下马来，刘正彦亲自操刀，当场砍下了他的人头。同时，哗变在城里各个地点爆发，100多个资深名太监身首异处。做完了这些，叛军带着众多人头向临时皇宫前进。这个时候绝大多数人都认为叛军们并没有很大的企图，之所以逼近皇宫，只是因为里边还有更多的太监以及太监中的精华，康履、燕珪、高邈、张去为、张旦、陈永锡等还没死，在皇宫里躲着。

毕竟斩草要除根，得把太监都杀干净。

赵构也是这样想的，所以当叛军逼近时，他并没有慌张。

当天接近正午的时候，赵构登上城楼，下面是一大片御营卫士以及100多颗血淋淋的人头。赵构很镇定，他手扶栏杆，向下面招呼，要苗傅、刘正彦出来觐见。

苗、刘出来了，向他三呼万岁，跪倒磕头。

……情况似乎很正常，赵构感觉良好，他决定把场面做足，于是问事情是怎么回事，爱卿们从头说来。

苗傅真的听命令了，他站起来，要求把太监们交出来，全都杀了，向三军谢罪！

赵构窘怒交集，就是不交，这不是一两个太监的问题，是皇帝的权威在倒塌，一旦这个也软了，他就真的萎到底了。

双方就此僵住，时间一点点过去，皇城外的叛军们渐渐地失去耐性，从刚开始的嫉恨到杀人的兴奋到和皇帝顶牛的癫狂到逐渐不安起来，很快就会被恐惧压倒，做出极端的事来。

赵构敏锐地觉察到这一点，当机立断，派人把康履绑到城外。苗、刘就在他的面前，把康履先腰斩再斩首。

做完了这些，赵构还有奖赏。升苗傅为庆远军承宣御营都统制，刘正彦为渭州观察使副都统制。怎样，大家人也杀了，气也出了，是不是可以回军营休息了呢？

苗、刘商量了一会儿，向赵构提了一个问题——陛下，你觉得你当这个皇帝合适吗？如果钦宗皇帝从北方归来，你让他处于什么位置？

赵构心里一片冰凉，巨大的危险向他逼近，比金兵临近扬州城时更让他警觉。怎么办？他紧紧地闭住了嘴，不做任何回答，同时把目光投向了新任首相朱胜非。他不知道这个人能为他做什么，但此时此刻，他自己已经无能为力了。

朱胜非顺着绳子滑到城下，与苗、刘面谈，劝他们别把事做绝，给赵构也给他们自己留一条后路。对此，苗、刘很认同，他们提出一个建议。

请孟太后，也就是宋哲宗的废后隆祐太后垂帘听政，和皇帝共同治理国事。

这很好，朱胜非欣喜、赵构惊喜，垂帘听政太好了，尤其是孟太后如此善良低调，由她听政，一定会比当年的曹太后还要温柔。

他们立即同意，当场写下诏书，给孟太后合法的政治地位。可是当宣读诏书，表示立法生效时，苗、刘两人却慢吞吞地说了一句话。

太后是孟太后，这没错，可谁说与太后共同治理天下的皇帝是你啊？我们说的是当今的皇太子赵旉。

全场呆滞，赵旉是赵构的独生子，时年3岁。

往事一幕幕地在他眼前出现，现实让赵构清醒，这个纨绔生的纨绔终于意识到了一件事，他不能因为自己有个什么什么样的高贵血统，就能在亿万人之上随意作威作福，想干什么操蛋事都随便。人世间是有界限的，谁做得出格都得退场。

他父亲太混账了，结果在异族人那儿受罪；他太混账了，本国人也能造他的反！

这时他派人去后宫请孟太后，只能把希望寄托在这个老妇人的身上。一会儿，孟太后到了，赵构向旁边躲闪，站到了一根柱子旁边。有官员请他在原来的座位上落座，赵构摇了摇头，轻声说："不能坐这里了。"

孟太后没有走上城头隔着老远和叛军说话，而是直接开城，与苗、刘面对面。她没有妥协，而是说天下大乱，强敌当前，你们要我一个老太婆抱着3岁的娃娃决断军政大事，怎能号令天下！敌国知道有这种事，会更加轻视欺凌我们。

言外之意，这么搞大家都有好处。

陷入僵局。同样僵住了，孟氏没像赵构那样要么硬顶要么软蛋，她有第三条路走。隆祐太后转过头来看首相朱胜非，这时正是要大臣挺身而出做决定的时刻，相公为什么一言不发?

历史证明，这句话是决定性的。赵构真的命好，他在南渡之后第一时间把朱胜非提到首相的位置上，原只是把应急品当过渡品用，却没想到这是他的急救包，没这人，历史绝对会改写。

这时，朱胜非什么话也没说，转身走回了宫里。那样子真像是黄潜善、汪伯彦的接班人，遇见事儿就躲，一句话都不敢说。

他成功地迷惑住了苗、刘叛军，从这时起，他们认定这个人是懦夫、孬种，不必在意。可实际上呢，稍加一句，朱胜非的业余爱好是看小说，当时是宋朝，各种污秽糜烂的明清小说还没问世，能看到的都是唐朝作家写的。

唐代小说，写的是传奇、热血、仇杀、信义，就算是情爱，也一定会惊天动地。一个人每天脑子里装着这些，做出来的事也就可想而知了。

朱胜非悄悄地找到赵构，两人悄悄地聊了一会儿，接着一道诏书下达。赵构全部同意叛军的要求，从即日起，孟太后垂帘听政，皇太子升级当皇帝，他退位并且立即搬出皇宫，到显宗寺里借宿。凡是叛军点名的太监全都流放，一个不留。

叛军全面接管杭州城。在苗、刘看来，老太婆当权、小孩子上朝，赵构躲进和尚庙里，庙里安保水平比皇宫差远了，随时都能杀掉他，至于太监们，一个个被流放出城，一个个被半路截住，都杀作两段带回城里示众。

威风凛凛!

之后，苗、刘给自己升官，苗傅做武当军节度使，刘正彦是武成军节度使，再安排两个政治友人升任宰相、尚书。

两人还决定给杭州城外的同事们定定性。韩世忠当御营使司提举，刘光世是世袭大衙内不必再升，张俊当秦凤路副总管，命他带 300 名大兵即日起程回西北老家去。

其他人以此为例，不管是升是降，一律不许靠近杭州。

做完了这些，苗傅、刘正彦觉得江山已定，可以安安静静地享受人生了。

苗、刘之变是赵构的一次劫难，对建炎集团是一次洗牌，很多很多的人身败名裂，可另一些人却因此而飞黄腾达，一步登天。

比如张浚。

这位两年前还只是个边缘京官的小人物，突然之间变成了核心人物。这是一个很怪异的现象，人与人之间的交往有时是没道理的，要不怎么才能解释，以他微薄的官场资历、没有半点儿军事生涯的过往，就会有那么多的人主动来投奔他呢?

先来的是张俊。

这位老西北军没门第没关系，到哪儿都有小鞋穿，哪怕是造反派都不待见他。对别的人，苗、刘是用官收买，就地发财，对他，居然是带着300名大兵回西北。

张俊带着8000名士兵上路，投奔平江府的张浚。当他到达平江的时候，发现这里很平静，基本上没有人知道杭州城发生了什么。

苗、刘的文件传达过来了，可是被张浚扣压，不对外公布。

张俊来投靠有求援的成分在内，还不算离谱，下一个就很不寻常。江宁（今江苏南京）府的吕颐浩派人来联络他。

吕颐浩，字元直，山东乐陵人，进士出身，南渡以前做过河北路都转运使，相当于一省之长。这是出将入相之前的顶级高官。这样的人不仅主动伸手，而且还带着一万名士兵上路，声称与平江联手平叛。

第三个是大衙内刘光世。

刘光世在镇江，他紧张地左右观望、细心衡量，发挥自己听命令不听命令都能达到利益最大化的特长，再决定到底是听谁的。

张浚的命令很快到了，他以礼部侍郎的官阶，命令奉国军节度使刘光世率本部人马勤王，立即起程与吕颐浩会合。

刘光世一拍大腿，目光雪亮，听这个了!

有这些底牌之后，张浚并没急着动手，而是悄悄派人去了海边。杭州临海，要是突然有水军从海上突袭，相信效果不错。他下令大量造船，克日完工。

他这么搞，杭州城里没法不发觉。苗傅终于感觉不对劲了，前些天的确做得有些缺心眼，怎么能把那么多的实力派往外推呢？

得收回来。

他发布命令，升张浚为礼部尚书，带平江兵马来杭州述职。张浚把官衔收下了，至于回答，他派张俊带着 8000 名士兵到吴江驻守，切断杭州城的出兵方向。

眼看双方就要打起来，突然之间又都停了，不管是张浚还是苗、刘，一下子都偃旗息鼓缩了回去，原因是有一个人出现了。

韩世忠，这位老兄是中兴四大将里第三个过江的，由于在江边有很多御营走散的人马，他守在了盐城（今江苏盐城）收集了不少，实力壮大之后才去杭州。张浚的运气非常好，及时发现了他，一封信召了过来。有了韩世忠，一切都不一样了。韩世忠已经是宋军公认的第一强人，多年来战功赫赫，尤其是最近，杀金军如屠狗。

战绩是威望，他的出现让双方都重新制订计划。在张浚一边，张俊不必突前，要换人。以韩世忠的突袭能力，方腊躲进老巢里都能单人进去掏出来，不用他用谁。

韩世忠从平江出发，率军到达秀州（今浙江嘉兴），在那里声称得病了，要休养，同时大批采购打造攻城器械。

这让苗傅、刘正彦心惊肉跳，过去的七八年时光可以证明，谁让韩世忠惦记上了准没好果子吃。想了很久之后，叛军一致决定，还是要挟他吧。因为正巧有个可以要挟他的人在杭州城里。

韩世忠的妻子梁红玉在杭州城里。这和印象中有点儿出入，传统印象里梁红玉始终跟在韩世忠身边，他们形影不离，既是夫妻，更是战友。

这没错，但是要有个经过。在不同的时期，梁红玉给韩世忠的帮助是不同的，截止到这时，她是韩世忠官场上的灯塔。

老韩是个粗中有细的人，该清醒的时候绝不糊涂，他一边打着仗，以绝世军功扬名天下，另一边悄悄地把老婆安插进建炎集团内部，甚至是皇宫深处，和皇妃、太后们打成一片，时刻保持着和顶级官职的亲密关系。在这一点上，刘光世都比不上他。

苗傅、刘正彦决定抓住梁红玉，逼韩世忠投降。

朱胜非得到这个消息之后，两方面衡量了一下，觉得在宋朝灭亡、赵构南渡、兵变倒台、御营人马全叛变之后，把宝押在一个军人的所谓忠诚上，尤其是这个军人还从来没见过面，实在是太疯狂了。

绝对不能让要挟成立。

他去找苗傅聊天。这些天他经常和叛军内部的各种人聊天，基本上随意出入，想见谁见谁，叛军都不把他当外人。

朱胜非对苗傅说，你为什么一定要把韩世忠推到对立面去呢？做事情要看本质，其实你和韩世忠很像的，都很能干又受压榨，应该很有共同语言才对。

苗傅想了想，点头。

朱胜非说，有再好的共同语言也要交流，要和韩世忠交流，谁能比韩世忠的老婆梁红玉更好呢？嗯，别瞪我，就算没效果，也只是送去一个女人而已……很大的损失吗？

苗傅想了想，点头。

朱胜非说，但是你不能就这样送出去，既然要示好，就要给足钱，你不妨给梁红玉一些好处，也算是给韩世忠的面子……安国夫人怎么样？

苗傅想了想，又点头。

那天，朱胜非离开军营，走在杭州的大街上，突然仰天长叹了一声——唉，这俩货真是死笨死笨的啊（“二凶真无能之辈”）！

梁红玉纵马奔驰一昼夜，从杭州赶到秀州，除了自己安全之外，还带来了杭州城里的最新动态以及孟太后、赵构对勤王部队的要求。

韩世忠很高兴，这符合他所有的心意。比如老婆安全，比如忠君勤王，比如他在建炎集团高层的正面形象，哪一点都堪称惊喜。

张浚很满意，皇室都安全，知道他在干什么，这两点足以保证他之后计划的实施，简直太理想了。同时吕颐浩、刘光世已经会师，正向平江赶来，他手里的军队在急速壮大。

这感觉太好了，是张浚梦寐以求的。

平叛军队以韩世忠为前军，张俊为两翼，刘光世为游击，吕颐浩、张浚为中军，刘光世部下殿后，发兵杭州。

要注意的是刘光世的部下，这是个奇妙的、独一无二的现象。刘光世本人打仗很一般，甚至很懦弱，但他有本事找到强悍的、精锐的部下。他的部下在中兴四大将里仅次于岳飞帐前的那些传奇名字，连韩世忠都没这样的班底。

而这样的部下，居然会毫无保留地听从他的命令。

平叛军在半夜时冲进杭州城，苗、刘两人带着2000名亲兵从涌金门逃走，向福建方向流窜。不久之后，大批的官军在韩世忠、刘光世的率领下追击他们，直到把他们生擒活捉，带回杭州城，处以磔刑。

这两个人的动乱就此结束，由于两人的造反水平实在太差，把叛乱搞得像闹剧一样，所以实在是没法总结。但它的意义重大，直接影响了宋朝的历史进程。

有五个人浮出了水面，成为顶级权贵。

先是三位大将军，张俊、韩世忠、刘光世正式走上前台，分别成为御营的前左、右军都统、副使。这和他们以后的番号直接挂钩。

之后是宰执换届。

朱胜非在平叛之后第一时间提交了辞呈，说自己兵变前没能提防，兵变中没能自杀，实在是不纯洁，尤其是还和叛乱分子多次闲聊，显得立场小有摇摆，他提请组织严肃处理自己。

赵构表示赞赏，爱卿堪称职场楷模，朕很感动。

朱胜非暂时下放，接替他的是吕颐浩、张浚。吕颐浩开始了他荣耀的首相生涯，他将以其标志性的粗暴大胆风格来统治南宋初年的官场。

然而，他是次要的，他再怎样粗暴大胆，对一个王国而言，都只是一只小蚂蚁，有各种各样的官场条例限制他，让他只能在条条框框内部生存。

张浚不同，他一步登天，成为勤王部队总司令之后，担任了另一个更加重要的军职。这个位置成就了他帝国第一军人的实权，进而影响并改变了一个时代。

张浚升任知枢密院事。这一年他 33 岁，宋朝自从寇准以来，再没有比他年岁更小的宰执大臣了。这还不算什么，头衔而已，看他的实缺。

张浚宣抚川陕，许便宜行事。

也就是说，他是实际上的四川、陕西两地的主事人，军政大事随他心意，想怎样就怎样。这是无与伦比的权力，纵观此前宋朝近 170 年间，我想不起谁曾经这样显赫过。

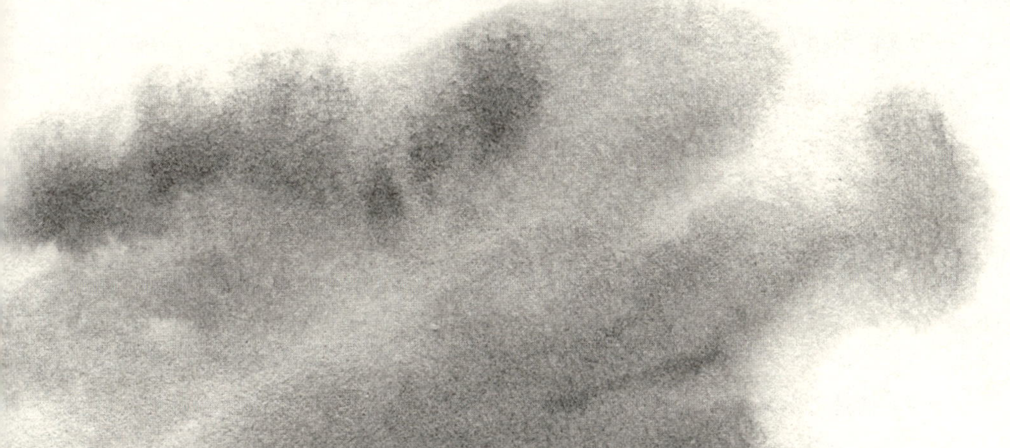

第二十四章　搜山检海捉赵构

张浚西行，壮怀激烈，无论是当时还是后世，哪怕是最激烈的反对派，都承认他与金人有不共戴天之志。

他要做的事很大，需要一个很长的过程，要在一年后才有结果。这时，世界的焦点仍然在赵构身边。这时的赵构23岁，短短的三个月之间，他经历了溃败、追杀、丧失性能力、政变、被逼退位等一大堆人生惨事，实在是衰到了极点。

痛定思痛，他认识到一些自身的问题，变得懂事多了，比如说他下了罪己诏。这回再写，他态度前所未有地认真，说了些实在话：

> ……昧经邦之远图，昧戡乱之大略，无绥人之德，失驭臣之柄……当深自修省，悔过责躬，逆耳忠言，钦而必受。

他说自己不懂怎样治理国家，不懂镇压叛乱的办法，没人品没人佩服，臣子们都不听他的，以后什么都改！

话说到这份儿上，没法更深刻了。可惜老天爷仍然没有原谅他。时隔不久，他的独生子生病了，全皇宫里的人小心翼翼地侍候着，结果小心出大事，一个宫人一脚踢翻了一个鼎。惨了，铜鼎撞在砖地上，成年人都会吓一跳，何况是病中的小孩子。

3岁的赵旉当场吓得抽搐，赵构大怒，命人把那个宫人拉出去立即砍了。结果屋外边人头落地，屋里边儿子也咽了气。

赵构死儿子，等同于寡妇死儿子，这下子彻底没搞头了！他悲从中来，不可断绝，好几次在宰执们面前号啕痛哭。

当然，他在哭之前交代了，绝大部分是为了他爸他妈他姨他哥哭的。

再怎么难受也得生活，赵构擦干了眼泪为安全问题沉思。他想了很久之后，给金国写了几封信。信的开头部分是精华。

他这样写："宋康王赵构谨致书元帅阁下。"

以前是："大宋皇帝构致书大金元帅阁下。"

低调到了这地步，比当年南唐李后主还要低，至少李煜还自称南唐国主。而金国给出的回应是，你稍等，再过几天我们就发兵入侵，这回领兵的是你的新朋友完颜宗弼。祝相识有缘，祝天长地久！

时值七月，金兵南下的消息越来越多，赵构迫不得已做了两手准备。他恭请孟太后带着他的绝大多数后宫、全部皇室成员离开杭州，去洪州避难。

另外，他把开封以南直到长江边的一大片超级广阔的土地托付给杜充，这一片土地的重要性、幅员的辽阔性，在某种程度上比川陕加在一起都大，也就是说，张浚刚刚创造的最大节制权力指数被打破了。

杜充发誓和金军死战到底。

不久之后，金军出动，离开封城还很远，杜充率领留守司主力出城，快速向长江南岸逃窜。速度很快，到南岸了。

开封于1130年，宋建炎四年二月陷落，这座人类有史以来最辉煌、最富庶、最文明的旷世巨城，已经满是断壁残垣，变成人间地狱了。至于曾经的百万人口，也只剩下了几万人，其中的壮年男子，只有几千人。如果有谁走进去，除了遍地的饿殍死尸之外，什么也不会看到。

这就是杜充的"功劳"。

既有"功"，必得赏。赵构升杜充为同知枢密院事，升官制里写道，杜充"徇国忘家，得烈丈夫之勇；临机料敌，有古名将之风"。

杜充居然是烈丈夫、古名将！

可惜的是名将兄不领情，当这份升职报告颁布之后，杜充立即得了中风，起不来床了。此人声称出于身体原因，没法办公，自然也就没法上任。

赵构闻弦歌而知雅意，明白这是杜充嫌官小，这好办，一道圣旨下去，杜枢密从西府升入东府，成为副宰相。

杜充的中风瞬间痊愈，四天之后高高兴兴地上班。他以副宰相之职兼领江、淮宣抚使，统兵十余万，镇守建康。

两个月后，金军渡江攻击建康，宋军迎战，岳飞在都统制陈淬治下激战于马家渡渡口。当胜负未分之时，宋军有人临阵逃跑，导致全军大败。

岳飞收拾残部后，发现主将大人不见了。后来证实，杜充到了北岸，已经是金国人了。

完颜宗弼挥军疾进，渡江之后直追赵构，从建康到临安，从临安到越州（今浙江绍兴），从越州到明州（今浙江宁波），赵构觉得不好，逃往定海，完颜宗弼脚前脚后地到了，赵构下海。

船一直在海里尾随建炎集团，说实话不到最后关头，谁也不愿下海。那不只是安全问题，更是一个政府的形象崩溃，只有在灭亡关头，才会走那一步。

赵构顾不得了，他乘船入海，第一个目标是温州。运气很不好，这么点儿路，还在海岸线边上，居然遇到了大风雨，把他的船队吹散了。

他的兵力急剧下降，别说是金军了，遇上海盗都可能出事。大风雨过后，年关临近，赵构非常准时地遇到了所谓的“送年风”，即一连多天的舒缓南风。船撑足了帆仍然慢悠悠地走着、走着、走着，赵构欲哭无泪，这速度比牛跑得都慢，金军一定会追上来的！

1130年，宋建炎四年正月初一，赵构的船队在海中下碇停泊，君臣过新年，唯一的快乐是一尾海鱼练弹跳，不小心蹦进了船舱里。随行的吴夫人，也就是后来的宪圣慈烈吴皇后连忙恭喜，说这是“周人白鱼之祥也”。

君臣大喜。

因为周武王也坐过船，也有一条鱼蹦进船舱，之后武王得胜，成了天下共主。可那是武王去进攻商朝好吧，不是被商朝撵得满海乱跑！

初二很平静，初三时无论如何都得靠岸了，因为没吃的，赵构快饿死了。他步行上岸，亲自找了个小庙进去要饭吃。

和尚拿出五个粗粮饼，赵九弟一口气吃了三个半。

如此凄惨窘迫，还得再回到海里忍着。赵构的船队在温州的沿海一带漂移，时刻改变航线、泊点，这种日子一直持续到二月中旬才告一段落，赵构上岸了，住进温州州衙。

因为完颜宗弼终于撤军了。

这个完颜与以前的那些很不相同，似乎打仗成瘾。他追了赵构一路，沿途每战必胜、每攻必克，从长江边一直追到昌国县，还是不罢休。

他抢了很多商船，组建水军，明知道自己的手下水性不怎么样，还是下海去抓人。结果迎头遇上宋军枢密院提领海船张公裕，业余的被专业的痛打一顿，才清醒过来，从此离海远远的。

据说当时完颜宗弼很不甘心，他向海中遥望，发现隐约间有一座小山。他问当地人那是哪儿，回答叫阳山。他苦笑了，说当年唐朝西征，打到了阴山。这回我东征，到阳山了，也该止步了。

于是撤军。

撤军路上一路烧杀抢掠，明州、临安等中国南方的超级大城被洗劫，抢光之后，完颜宗弼屠城，杀光之后纵兵放火，尽可能地烧成一片白地。

抢的东西太多了，只好走水路。金军沿着运河北撤，连带着破秀州（今浙江嘉兴），取平江府，占常州。截止到这时，完颜宗弼的这次军事行动成功到完美的程度，他千里行军战无不胜，追得宋朝的皇帝赵构无所躲藏，史称“搜山检海捉赵构”，堪称是女真人战史上的奇迹篇章。

真是太牛了。

只不过他前面不远的地方叫镇江府。

镇江府地处长江三角洲的西北部顶点，其东南一侧是地势极为低平的太湖平原，水网密布，沟渠纵横。本身正好相反，绝大部分土地是丘陵地带，宁镇山脉、茅山山脉都在境内。

山脉之间是中国南方最重要的水系。

长江、京杭大运河在镇江府境内交汇。这样重要的地段，注定了是兵家必争之地。完颜宗弼在接近时是非常小心的，他派人四面打探，知道了一个消息。

附近最强的宋军是浙西置制使韩世忠，这人他早有耳闻，的确堪称劲敌。但是据可靠情报，此人这时正在秀州张灯结彩，大过元宵节，来庆祝金军终于撤军了。

……可见也不过是个胆小偷生之辈。

抱着这种观感，完颜宗弼驾驭着庞大的船队从京杭大运河驶出，进入长江水系，停泊在焦山、金山之间。那一天的傍晚，完颜宗弼是非常军事化的，尽管有这样那样的把握，对宋军那样这样的蔑视，他还是做了战事准备。

他看到金山上有座庙，据称是“镇江金山龙王庙”。那里是地势制高点，登上之后足以观察整片区域。于是，他带上四员战将，和他一起骑马向山上跑去。

月色皎洁、江水潮生，完颜宗弼离龙王庙还有一段距离，突然间一阵鼓响，从庙里冲出一大批宋军的伏兵。

在他身后的岸边上，更多的伏兵四起，断了他的后路！眼看着连同完颜宗弼在内的五个女真人落入重重包围，只要合围成功，他难逃性命。

可惜的是，庙里的人出来早了。按原计划，是岸边的伏兵先起，断了后路之后，才由庙里的伏兵抓人。这时完颜宗弼惊觉，玩了命地往外跑，他身边连续被射倒两个将军，他跑；他从马上摔下来，摔得鼻青脸肿，他更快地跑。

终于还是跑出去了。

回到大营后，完颜宗弼什么都明白了，他被韩世忠耍了。秀州的花灯是个烟幕弹，韩世忠早就带人到了镇江，甚至料到了他一定会到区域制高点去瞭望。

能逃过这一关，真是意外，那本是必死之局。

惊恐之后变愤怒，完颜宗弼居然愤怒了，他一路烧杀抢掠无恶不作，这时只是被受害一方偷袭了，居然愤怒得要死。

他写了一封战书寄给韩世忠，是爷们儿的约个日子死磕，看谁打得过谁！这个提议被韩世忠愉快接受，历史证明，谁的挑战都一样，韩世忠这辈子没在任何一次挑战面前㞞过。

1130年三月十七日左右，宋、金两军在金山一带的长江水面上展开激战。双方的兵力从数量上看完全不对等，完颜宗弼也就是金兀术一方是10万，韩世忠只有8000名。不过这不重要，一来韩世忠习惯了，他跟谁打架都没在人数上占过优势；二来这一战发生在水面上。

韩世忠有备而来，带的船形体高大，船帆巍然，是标准的战舰，有些甚至可以下海出洋。反观金兀术一边，他的船都是从江南抢的民用船只，里边装满了抢劫来的物资，哪怕是一条小舢板他都不嫌弃。

那一天的江面上，韩世忠的水军在一群一群的金军小船间横冲直撞，看惯了现代战争大片的人或许想不出是什么场景，个人觉得，那大概和浴缸撞翻洗脚盆的效果差不多。只不过兵力对比实在悬殊，十万对八千，就算再软，蚂蚁多了还会咬死大象。

关键时刻，安国夫人梁氏击鼓助战，宋军勇气倍增，把金军压回南岸，激战中连金兀术的女婿龙虎大王也被抓住。

惨败之后完颜宗弼本性暴露，他的勇气不见了，所谓决战的决心更没有了，他只是个恃强凌弱的抢劫犯而已，这时被打得太惨，第一反应就是求饶。

金兀术派人去见韩世忠，说把抢劫来的所有财物还给你，向你买条回北岸的道，成不？

不成！

金兀术加价，把金营里最好的战马献给你，当作赔偿，行不？

不行！

求饶不成，金兀术决定溯江而上，他有这么多船，就不信韩世忠那点儿人马能把江面都遮盖住？只要有空隙，就能划到北岸。

两军沿江激斗，且战且行，韩世忠真的就用这么点儿兵力把金兀术的人马死死摁在南岸边上，等于是裹挟他们向上游驶去。

前方不远处，就是黄天荡。

黄天荡是长江分流出来的一部分水道，前面没源头，河道很窄，淤泥杂草遍布。

这样一个死胡同，是块天生的绝地，金兀术这个外地佬半是路痴半是被逼，进去之后突然发现不对，想出来时，韩世忠的水军已经“盖”住了江面。

好，关门打狗啊！

金兀术惨了，这时他的10万大军都坐在一只只小舢板上，他好点儿，在一条大点儿的商用船上。想冲出去，刚刚还被压着打，一路压进了烂泥潭，拿什么冲；想上岸，周围全是淤泥，别说穿着盔甲骑着马，就算脱光了去爬，也得陷进去。

金军惊惧交集，束手无策，堵在荡口的韩世忠也有点儿挠头。截止到这时，他做得堪称完美，之前的惑敌、斩首、激战、压制，每一步都做得太漂亮了，可是这最后一击却打不出去。

没办法，八千对十万，实在太悬殊了，真要逼急了，鱼或许还没死透，他这张网就会破。当此时，韩世忠很镇定，他清楚自己的优势无可动摇，那么就耗下去，让惊惧、饥饿、疲劳拖垮金军，当达到一个临界点时，才全面出击。

这些金兀术也知道，可他没办法，靠他身边的力量已经没法自救，他选择等，等江北的金军得到战报，派水军来救他。

双方就这样耗了下去，时间一天天过去，一连 40 天，一点儿改变都没有。快一个半月了，金军方面可以理解，古代通信缓慢，江北就算知道消息，组织水军来助战也得有个很长的过程。可是宋朝一方呢？长江以南都在宋军的控制下，为什么就没有人来帮韩世忠一把呢？

这个疑问折磨了汉人 800 多年，真是越想越来气。究竟是什么原因呢？很简单，就是真的没有人了。宋朝南渡的兵力既少又分散，只有两支堪称完整，一支被赵构随身携带，另一支是杜充的人马……建康之战后，全都散了。

于是，只能是韩世忠一个人挺着，等着金军士气消沉、战力低落。

如他所愿，金兀术已经快憋屈死了。这个人怎么也想不通，他比他的父辈、兄长们都努力得多，甚至有理想得多，可为什么上天总是要捉弄他呢？

他要胜利、要荣誉、要全胜，每每也能摸到了边儿，但总是擦肩而过，往往随之而来的还有莫大的屈辱。这都是为什么啊？

他在淤泥潭里呆呆地坐着，不断地想，啥也想不出来，什么也干不了，这样子非常像等死。屈辱愤怒中，某个当地人出现了。

历史会证明，汉人是金兀术的福星，每当他生不如死时，总会有个汉人不知从哪儿跳出来，把他捞出苦海。这时这个当地人告诉他这块烂泥潭是有出口的，叫老鹳口，只是年深日久被淤泥掩盖，只要顺着方向去挖，一定能重回长江。

当晚，金军全体出动挖烂泥，一夜之间挖出去 30 里路。第二天早晨时，他们进长江了。韩世忠发觉后来追，在长江口处被一轮空前密集的火箭射了回来。

黄天荡之役，到此很像是已经结束，金兀术咸鱼翻身逃出生天了。可惜，故事还没完。当时是五月，金兀术下令全军向建康出发，据他回忆那里还是金占区，他们可以在那儿好好休养一下，再想着渡过长江到北岸老巢。

五月初十，金军到达建康城西北 15 里的龙湾镇，突然间遭遇宋军的攻击。这一次的攻击是金兀朮有生以来遇到的最猛烈的一次。来敌只有 300 骑兵，2000 步兵，居然正面冲击他的 10 万大军。数字是荒唐的，战局像噩梦似的，庞大到 10 万骑兵的军团居然被这 2300 人击溃！

这是宋金开战以来，甚至是女真人起兵以来前所未有的事，它在女真人最荒诞的梦里也不会出现。女真人……“女真不满万，满万不可敌”的！可它真实地发生在金兀朮的面前。

要脸面的、追求荣誉的完颜宗弼本性再一次暴露，他被吓着了，立即下令全军后撤，玩命地跑回到老鹳口。他清晰地分析出，这支人马比韩世忠的水军更可怕，无论如何都不能与之力战。

他宁可重新坐船返回黄天荡，也不想面对这支军队。当天，他登船折返时，看到岸上宋军的战旗上标出的主将姓氏。

那是“岳”字！

在民族最危险的时刻，岳飞终于有了自己的军队。这支传奇的、拥有汉地几千年以来最强威名的军队，是在千辛万苦的磨砺中自发形成的，它的起源，要追溯到开封城还没有陷落的时候。

那时岳飞已是一员威名赫赫的战将，他披坚执锐转战千里，深入敌境所向无敌，是江北宋军中首屈一指的强者。

这让他在战士的心中有巨大的威望和号召力。但是限于身份，只是一员战将，他没有决断权。当杜充放弃开封逃往江南时，岳飞苦劝：“中原地尺寸不可弃，今一举足，他日欲复取之，非数十万众不可。”

历史证明他的判断有多么正确，可杜充根本不听。全军起程时，岳飞只能随波逐流，难道他能再一次违命抗上，重演脱离王彦的事吗？

建康城外马家渡渡口之战，面对10万金军，杜充只派出都统制陈淬率领岳飞、戚方等战将统兵2万出战。众寡悬殊但众志成城，金军没有占到便宜，岳飞当时率领右军与金国的汉军万夫长王伯龙部对阵，此人曾是宋军中的大将。

战事胶着，宋军死战不退，希望寄托在后续的增援部队上，可偏偏是增援部队出了错。增援部队临近战场突然逃跑，带动整个战阵松动。宋军败了，主将陈淬战死，其余诸将溃逃，只有岳飞率部死战，全军退守建康城东北角的钟山。

建康城中金兀朮留下了几千人马驻守，他本人去南下搜山检海。这是个不错的机会，但岳飞所部伤损太多，人数锐减，短时期内已经不能征战。当此时，岳飞迫切地渴望强大的军力，这要怎样得来？他把目光远远地放开到长江南岸的整个周边。

有打散的宋军，有自发的民兵，有盗贼，这都是可以收编的力量。他要一边扩展实力，一边四处游走出击，歼灭金军散布在江南各州县的兵力。

岳飞最初选择了广德军。广德，是现在的安徽省广德桃州镇一带，宋朝时隶属于建康帅府，他仍然没有离开东京留守司军的作战区域。

在广德军岳飞六战六捷，俘虏王权等金军汉人部队将领40多名。之后转战宜兴，在这里他收编了多支盗贼部队和金军强征来的河北伪军，常州方面的官军也来会合，他的实力由此大增，岳家军的雏形出现了。

四月二十五日，岳飞开始了收复建康之战。最先的战斗发生在建康城南30里的清水亭，这时在不远处金兀朮已经被韩世忠逼进了黄天荡里，算时间，不是金军第一次在宋军手下战栗，可是论战绩，清水亭一战才是金军最初的噩梦。

岳飞所部首战大捷，斩得耳戴金、银环的女真人头175级，活捉女真军、渤海军、汉儿军45人，金军大败逃跑，尸横15里。

岳飞乘胜进至清水亭以西12里的牛头山扎营，入夜派敢死队身穿黑衣突袭金营，再次大胜。等金兀术昏头昏脑地从老鹳口爬出来时，岳飞正好运动到建康城西北 15 里处的龙湾镇，以 2300 名兵力跟他打了个招呼。

一生的死敌，今日初见！

金兀术被压回黄天荡，建康方向一片坦途，岳飞长驱直入，收复建康。

在另一端黄天荡深处，金兀术刚刚在长江口露面，就又一次郁闷了。他发现韩世忠居然没走，还一直在原地等着他……他实在是想不通，这是为啥呢？懒惰、懦弱、迟钝、开小差成风的宋朝人什么时候变得这么执着了呢？

死心眼！

韩世忠终于再次等来了自己的战机，他像有预感一样一直守在江心不退，果然等到了金兀术再一次露头。可是这一回与上次不一样了，上回是他和金兀术单挑，尽管是以八千对十万，可仍然是两军对决。这一次江北的金军已经做出了反应，金军大将孛堇太一率大队水军集结至真州（今江苏仪征），准备接应金兀术渡江。

江北孛堇太一、江南完颜宗弼、江心宋将韩世忠……形势空前险恶，从兵力上看，对比的劣势无以复加；从形势上看，两岸夹击，韩世忠地处江心，堪称绝境。

可韩世忠居然兵分两线，同时压制大江南北两岸，让金军束手无策，只能隔江相望。

韩世忠的强硬，让完颜宗弼理解为赤裸裸的侮辱。回顾整个女真历史，啥时候被人蔑视到这种地步？作为一个有尊严的女真人，他怒了，哪怕前几天还低声下气地请求饶命，他仍然愤怒了。

在一个晴朗的早晨，他集合全部船只冲向了江心。对面的孛堇太一紧跟着行动，韩世忠你不是两边一起压制嘛，那好，现在两边一起夹击。

三支舰队在江心汇集，一片混乱之后，金军的船一艘接一艘地底朝天，翻在了江心里。金兀术傻眼了，他满脑子里还是 40 天前韩世忠的作战力度，怎么几天不见变化这么大了？

韩世忠再次证明了自己的聪明，在他的一生里，无论是打仗，还是人生，都会处理得非常妥帖、巧妙。比如这一次，他在间隙期间赶造了一批用长锁链连接起来的大铁钩，大批量地装配到每只战船上。开战之后，宋军把铁钩扔在敌人船舷上，用力扯拽铁链，金军的船立即侧翻。

根据双方舰船的大小对比，金军翻得一点儿悬念都没有。当天眼看着江上长风呼啸，韩世忠的船鼓起风帆往来如飞，他们的船一批批地倒下来，金兀术再一次崩溃了，他下令撤退，两边都退，再次派人去见韩世忠，谈谈怎样交买路钱。

见面之后金军使者直接㞞到底，他“祈请甚哀”，请韩世忠放他们一条活路。韩世忠觉得火候到了，亮出了自己的底线。

“但还我两宫，复我疆土，则可以相全。”连皇帝加土地，全都还回来，才给你条活路。

金军使者沉默了，这是女真人举国拼命多年才赚到的，一个四太子的死活真的能与之对等吗？他觉得没搞头，转身走人了。

完颜宗弼郁闷，恐惧与羞辱，生存和死亡，他不断在心里盘算，到底是答应还是不答应呢？就算答应了又是还皇帝又是割土地，往来周转得多少日子，耽搁下去他非常有可能直接交待在长江南岸！要是不答应，眼前这一关都过不去……该死的韩世忠！

他暴跳起来，决定无论如何也要面对这个野蛮的、不通情理的汉人。

可是在哪儿见呢？他是说什么也不敢在江面上近距离靠近韩世忠，于是提议在陆地上见面，那样他身后边至少有10万个保镖。

韩世忠会不会上岸呢，这是个问题！在他想来，只要韩世忠上岸了，或许事情就好办了。

就在猜测中，韩世忠答应了他在陆地上见面。金兀术惊喜，真没想到汉人再一次变蠢，连韩南蛮一样有愚蠢基因。赶快见，不耽搁。

见面之后，金兀术很客气，延续了之前的哀求基调，韩世忠照旧不为所动。紧接着金兀术就爆发了，他突然间变得强硬，对韩世忠骂骂咧咧的，呼喝斥骂。在他想来，韩世忠一定得避避风头，毕竟这不是水里。可惜的是，他不知道韩世忠的出身，韩世忠最习惯的就是眼前的局面，他最初的名字叫韩泼五。

韩世忠二话不说，张弓搭箭就要射他。金兀术再一次㞞了，哪怕是在陆地上，他身后边是无边无际的保安大队，他仍然转身就跑。

神勇伟大的四太子，连单挑都没敢。

之后的几天金兀术坐困愁城，难过得要死。得怎么办，眼看着这一条大江就是他的坟墓，说什么也迈不过去了。关键时刻，他的福星再一次降临，又有汉人来帮他了。

一个姓王的福建人出现，给他出了几个主意。金军不是在船上站不稳吗？简单，在船舱里多放土，甲板上铺木板，船会又稳又平；船速不是不够吗？在船舷上挖洞，安装上橹桨，什么，速度还不够？不，相对于宋朝水军的船，一定会超级快的。

前提条件是，江面上没有风。

这一点是最重要的，这之前韩世忠之所以以微弱兵力压制长江两岸，根本原因在于船械精良，海船高大。这些都要有足够的风力才能快速行驶。一旦风没了，韩世忠的海船会变成一个个不会移动的活靶子。

金兀术惊喜，他有死里逃生的感觉！

女真人拿出了看家的老本行萨满巫术——“刑白马，剔妇人心，自割其额祭天”来换取江面上风平浪静。

这些封建迷信活动搞完之后，风居然真的停了。偌大的长江，东亚第一大水系，长年江风浩荡，这时居然全都停了。

这要怎样解释，这要怎样预料？

韩世忠在这样一个诡异的天气里迎战南北两岸的金军，没有风，他的庞大海船战队只能停在江心处，变成一座座不会移动的标靶。而金军之前的那些可笑的小舢板，却桨橹齐飞，划得有声有色。这些金军一边划向北岸，一边向海船上射火箭。

韩世忠的船都着火了。以木质船的易燃程度，以江心离岸边的遥远，宋军士兵们不是被淹死，就是被烧死……据记载，只有极少数人逃出。

韩世忠活着。

说什么好呢，思绪万千，只能归纳成一句。韩世忠以微薄的实力去做不可能完成的任务，只差一点点就成功了。至于结果……非战之罪！

此战过后，宋朝方面士气大振，黄天荡之战、建康之战，韩世忠和岳飞打破了女真人不可战胜的神话，让汉人看到，这些北方异族人不仅败了，而且败得狼狈、彻底、没有尊严。在这个层面上，这两场战役的意义无比重大。

反观江北。其实抛开意义说实际，这一次完颜宗弼打得还可以，如果不看过程，只看结果的话，他是成功地逃跑了，甚至是带着一场标准的反败为胜死里求生的胜利回到江边的。

但是没法自豪，他哭了，见着熟人就拉着不放手，没完没了地倾诉，来缓解心里的阴影（“相持泣下，诉以过江艰危”）。

金国上层的动荡更为剧烈。

黄天荡之战改变了金国的国策。在这之前，金国对宋朝是要斩草除根的，比如搜山检海捉赵构，一定要让赵氏断子绝孙，从而奴役整个汉地。可是这场战役之后，女真人觉得不安全了，如果再紧挨着汉族人的话，指不定什么时候出大事，被砍得满身血。

为此，金国决定扶持第二个傀儡王朝，作为宋、金之间的缓冲地带。

这是一件重大国事，金国内部的各大势力、各位重臣集体参与讨论。按关系论，这事儿本应是完颜昌的。因为他与金国皇帝完颜吴乞买有一层别人没有的关系。

完颜昌，本名完颜挞懒，是金国太祖完颜阿骨打的叔叔盈歌的儿子，在他还没有出生时，吴乞买曾经被他父亲领养过，算是有点儿兄弟的意思。

这对完颜昌来说是非常珍贵的，对吴乞买来说就更珍贵了。前面说过，这位金太宗在建国期间一没战功二没贡献，能当上皇帝很有些赵光义的味道。面对金国内部那么多的拥兵重臣，他的日子太难过了，甚至还被他们拖下龙座，打了 20 大板。

这事儿要从完颜阿骨打说起，这位完颜白手起家，深知钱财的重要性，他自从起兵之后就立下了一条铁律——国库里的钱除了当军费以外，谁敢挪用，都打 20 大板。这条命令对任何人都有效，包括他自己。

完颜阿骨打是条硬汉，他说到做到了。轮到吴乞买时就有点儿悲摧，他这个皇帝当得太憋屈了。看宫殿……哪有什么宫殿，只是些土木结构的大屋子，连院墙都没有，是用榆树、柳树编成的篱笆。平时放猪赶羊的一不留神就进了大内。

看生活，更郁闷。那年头但凡一个身强力壮的女真男人，只要走上前线，立即吃穿奢侈、美女如云，可他在大后方，只能眼看着堆积如山、越堆越多的金银财宝流口水，却一文都不敢拿。

20 板子。

他哥定的！

由此可以知道，为啥阿骨打兄那么喜欢上前线以及吴乞买为啥对赵佶父子那么刻薄。堂堂的战胜国皇帝都混得这么矬，凭啥让战俘过好日子？

这样的日子一天天累积，直到某天晚上吴乞买眼冒绿光，把罪恶的魔爪伸向了神圣的国库……他花天酒地了一次，之后被发觉，上报给粘罕，也就是军方第一大佬完颜宗翰。完颜宗翰一点儿没含糊，一直找碴儿都没借口呢！

完颜宗翰在朝会上把这事儿挑明了，连他自己在内，几个顶级权贵上去就把吴乞买半拉半架地揪了下来，打了 20 大板。

吴乞买屁股上疼着，脸上还得笑着，说打得对。

平时都欺负，何况这时要立屏藩。立谁，都会形成一股新兴的大势力，谁抓到手里就有了新的资本。像完颜宗翰这样靠资本过日子的人怎么可能放过。

内部很快达成决议，册立原宋朝济南知府刘豫。刘豫，字彦游，景州阜城人。进士出身，当过言官，降金之前最著名的一件事，是他杀了济南府里抗金最得力的将军。

那位将军姓关，叫关胜。

没有错，就是《水浒传》里马军五虎将大刀关胜的原型，这样一位抗金名将，就死在了一个汉奸败类的手里。

抛开这些说政治，看金国政治版图的管辖区域划分，如完颜宗翰坐镇西北，完颜昌管理山东，按说刘豫是完颜昌的人，这支新势力注定了是完颜昌的。其实也正是这样，吴乞买才同意选他。

可完颜宗翰不那么想。

他所处的位置注定了要与皇帝争权夺势，知道是册立刘豫之后，他迅速派亲信到黄河以南、山东附近“发动”群众，导演了一出万众拥戴刘豫替代宋朝的闹剧，再把这消息快马加鞭传给吴乞买。怎样，还立刘豫吗？那么就是在我的拥戴下立的。

如果不立刘豫，是立王豫、李豫吗？我还这样再玩一次，直到这个人真的册立出来为止。

吴乞买、完颜昌气得要死，这等于是再次被摁倒在地，痛打了一顿，甚至这次丢的脸更大，是当着全国百姓的面被公然调戏。

刘豫就是这样上台的，他身份很复杂，汉人的血统金国的官儿；从属很复杂，完颜昌的人粘罕的官儿。所以无论从哪个角度来看，我们都要承认他是个不多见的全方位杂种。嗯，当然了，如果从政治功能上说，他会单纯一些。

他成为张邦昌第二，在长江北岸的广大区域建立了所谓的“大齐”国。国都先定在大名府，后来迁进开封城。在以后的几年时间里，他成了金国的南方屏障，此人非常活跃，不仅会防守，还会进攻，在历史的舞台上留下了一些蛮特别的印记。

这时是1130年，宋建炎四年的九月。如果我们把目光放得远一些，远到今天蒙古图拉河的上游一带的话，会发现金国立伪齐的原因有很多。

除了岳飞、韩世忠给他们的震撼之外，国境线之外也出事了。

这要从耶律大石说起。辽国灭亡，大石率部远走西北，到达可敦城，即图拉河的上游。这里是原辽国的西北路招讨司驻地。金军毁灭了辽国几乎所有的军镇，这一块却始终忽略，因为它实在太偏僻了，无关大局。历史证明女真人错了，错得无可挽救。

耶律大石率领200名骑兵到达这里，召集七州长官、十八部首领开会，在其感召之下，辽国重新建立，史称西辽。

可敦城周边水草茂盛，畜产丰富，远离金国数千里之远。几年时间，西辽的兵力聚集到了数十万之多。1129年，他出兵突袭金国的北方大营，居然一战成功，夺回了两座营盘。转年之后，也就是1130年，金国决定出重兵斩草除根，灭绝契丹余脉。

可惜的是，自从完颜阿骨打死后，金国再没有独裁者，金廷向各部族征兵，各部族居然拒绝，而金廷也就不了了之了。

耶律大石得到了更加宽松的环境，不久之后，他会展开波澜壮阔的西征，从可敦城出发，征服无限遥远的疆土，几乎和从前辽国的版图一样广大。

从某种意义上说，契丹人又建成了东亚幅员最广阔的国家。

这是后话，在金国方面，虽然没有远征西辽，但是也在边疆增兵，给予了足够的重视。这样一来，在南、北两线上都承受了压力，从而给西线上的张浚造成了前所未有的战机。

宣抚川陕两地，节制军马钱粮政务的张浚，已经在西线准备了足足一年半的时间，终于在这个极度巧合的关口完成了战前准备。

第二十五章　永远的西军

所谓准备，无非两个字——兵、钱。

想打仗，这两样东西缺一不可。而张浚所管辖的区域，恰恰是整个宋朝，我指的是长江两岸，算上原北宋版图内，此时此刻这两样东西储量最丰富的地段。

兵，西军百年间首屈一指，无可争议。哪怕种种原因实力消退，也不会彻底枯竭，因为陕西出名将，时刻都有新人冒出来。

钱，四川是汉人最后的避风港，无论是古代还是近代，每次汉人面临灭顶之灾时，四川这块腹地之中的腹地就会产生作用。既能避难，还能提供复国的钱。

天府之国不是白叫的。

张浚到任伊始，第一件事不是整合西军，而是任命了一个叫赵开的四川人回故乡去，强令四川百姓买五年的国债。这一下子把川人手里的现款全搜刮干净了，干净到让他的继任者赵鼎破口大骂，因为四川啥也没有了……用这笔钱张浚囤积了数额巨大的军用物资、钱粮。

有了这笔钱，他才能对西军动手。

这几年以来西军破败了，不只是战斗力下降，更严重的是派系林立，各自为政，几个山头谁也不听谁的，就算是中央派过来的特派员——明令节制西军的王庶，也被架空了。

要扭转这种局面，说简单就会简单，说复杂也会复杂，张浚用的办法非常强硬，他把熙河军的主将张深、环庆军的主将王似直接罢免，把一大批少壮派，如名将刘仲武的儿子刘锡、刘锜，吴氏兄弟提拔起来，安插到显赫位置。

这相当于赤裸裸地夺权，在军队里，哪怕是直系上司，这么搞也有巨大的风险。历史会证明，几年之后张浚再这么做时，酿成了无法挽救的巨大损失，刚刚稳定的帝国再次动荡，顶级将领翻脸成仇，南宋近四分之一的军力叛变投敌！

可这次他成功了，因为他罕见地对一个人选择了妥协。

这个人叫曲端。曲端，字正甫，镇戎军（今宁夏固原）人，军人世家出身。曲端是位传奇军人，他和金国的常胜将军完颜娄室对阵，双方互有胜负；和大名鼎鼎的金将完颜撒离喝交战，打得对方放声大哭，从此得了个外号，叫“啼哭郎君”。

与他的外战相比，他内战的功夫更高。

前面提到的节制西军的特派员王庶，就是被他搞得灰头土脸卷铺盖走人的。至于用的办法嘛，一点儿都不复杂。三个字而已。

——不听话。

上面的命令下达，他有选择地执行。只要是危害到他的部队实力的，他全部忽略掉。这样一来，他所率领的泾原军在危机局势里没有遭损失，相反他吞并了不少地方义军，收编了不少盗贼组织，实力急速上升，强大到了一家独大的地步。

吴氏兄弟都是他的手下。

对这样一个人，张浚给予了充分的尊重。他仿效古时“登台拜将”之举，集结西军当众拜曲端为威武大将军。

这一幕相当感人，台下西军万众欢呼，称颂张宣抚是懂军人、尊重军人、爱护军人的好领导！看，他带给我们吃的、用的，还把军人的地位提升这么高，再不像从前的文官，对着武将们颐指气使、呼来喝去。

张浚终于把六路西军整合到了一起。在他想来，他的钱是西军的命脉，曲端是名义上的领导，也听他的话，那么时机已经成熟了，可以实施他那个巨大、辉煌的计划了。

他派人去见曲端，说现在建制统一，财用充足，与陕西境内的金军数量相比，西军大占上风，应该举行一次会战，一举消灭金军主力。

说这些时，前景是多么美妙，张浚相信凡是一个汉人，一个宋朝的军人，都会为之热血沸腾，立即宣誓在他的英明领导下坚决完成任务。

却不料曲端的老毛病又犯了……

这是会战，是集团军决战，分出胜负之后通常是一方死亡，一方昏倒，换句话说就是无论输赢都会损失巨大的实力。

而损失实力，是曲端最受不了的事。

曲端再一次不听话，他说尽管有了钱，兵还是从前的那些兵。与金军正面决战，没有必胜的把握。现在应该分兵据守，派兵骚扰金军的粮道和屯田，几年之后，才有获胜的希望。

张浚气得头晕，国家危亡，刻不容缓，等几年之后才决战，那时还有没有宋朝都两说了，何况还只是有所谓的战胜“希望”！

但他没有发作，他知道曲端的价值，这是位有着卓越战绩的旗帜性人物，临决战而废主将，是再愚蠢不过的事了。

可随后他就见到了两件无与伦比的蠢事！

第一件，陕州的陷落。

当时西北重镇京兆府、凤翔、延安等地落入金军手中，西军主力由张浚节制远离战场，积蓄力量，为决战准备，没有及时出兵。但是战争仍然在渐渐地向对宋朝有利的方向发展，当地的民兵、部分西军自发地组织起来，收复了许多城镇。

其中西军大将李彦仙战绩彪炳，他以一己之力震动宋、金两国上层，光复了控扼陕西、河南两地交界处的重镇陕州。

此后以陕州为依托，与金军前后交战200余场，多次重创金军。消息传出，整个东南士气大振，连赵佶都说：“近闻彦仙与金人战，再三获捷，朕喜不能寐。”

金国方面震惊，令完颜娄室亲自率主力攻打陕州，一定要拔掉李彦仙这颗钉子。陕州陷入苦战，李彦仙部再骁勇顽强，也要看兵力对比，他向张浚紧急求援，张浚以飞鸽传书，命曲端率军援助陕州。可是，威武大将军再一次选择性执行，还是不听话……

到建炎四年（1130）的正月，陕州弹尽粮绝，全城官兵只能吃马吃的豆子，而李彦仙本人只能喝豆子熬出的汤。到这步，李彦仙仍然不降。

正月十四日，陕州陷落。李彦仙率部巷战，“中箭如猬”，左臂重伤，最后投河而死，壮烈殉国。他部下的51员战将一起战死，无一人投降。

消息传来，张浚气坏了。见死不救、抗命不遵，眼睁睁地看着同胞城破殉难……这是比懦弱、怯战更可耻的行径，简直是谋杀自己的战友！

而这，只是为了保存他自己的实力。

这种行为放在任何一个时代，都只有一个结果，军法处置，斩首示众！可是形势比人强，曲端的威望、实力实在是太大了，张浚忍无可忍可还是忍了。

一切为了决战。

可是紧接着又发生了另一件事。完颜娄室攻破陕州之后，迅速西进增援撒离喝。啼哭郎君这段日子哭个不停，他被吴氏兄弟里的哥哥吴玠摁在彭原店一带暴打，眼看就要挺不住了。金军号称常胜的第一战将临近，吴玠并没有慌，甚至远在后方的张浚也很镇定，因为曲端就坐镇在吴玠的后面，这一次不再是友军，而是本部下属，无论怎样威武大将军都不会再视而不见了吧？

可曲端偏偏就再一次啥也没看见！

他主动后撤，把吴玠孤立在前方，把一条宽阔无比的直通道让给了完颜娄室。完颜娄室毫不迟疑，迅速进军迂回到吴玠的身后，与撒离喝前后夹击，把吴玠包了饺子……吴玠的战力是惊人的，把南宋所有武将大排名的话，他可以排进前三，只列在岳、韩两人之下。

吴玠突围而出，回到后方与曲端大吵一架。曲端真的很牛，做出这种卑劣的行为后，居然非常理直气壮地降了吴玠的官，理由是吴玠目无长官。

还能说什么呢？威武大将军真的是太威武了！

张浚还是没有处罚他，仍然为大局选择了容忍。大战临近，只要曲端能配合他，打赢这关乎国家命运的一战，其他的都是细枝末节。

可在之后的军事会议上，曲端讲了这样一番话——决战必败，西军应该卧薪尝胆，厉兵秣马，10 年之后才能考虑反攻。

10 年……上次不是说只要几年的吗?

到这时，张浚终于对曲端彻底失望，他找不出半点儿理由再忍这个人。张相公不是没杀过人，只不过是还没在西北见过血而已!

曲端却一点儿都不在乎，他沉浸在每个人都对他让步、对他无奈、不断讨好的梦境里，以至于几天之后，他犯下了这辈子最严重的错误。

几天之后，张浚命令西军向陕西关中平原的富平一带集结。富平，稍懂军事的人看一眼地图就会知道这里有多重要:

> ……富平，石、温周匝，荆、浮翼卫。南限沮、漆，北依频山，群峰险峻，环绕如城郭……而水陆之险皆备，有主客劳逸之殊，据险以固，择利而进，设有犯者，可使片甲不还。
>
> ——《富平县志》

张浚看中了“主客劳逸之殊”这一点，他要抢先占领这块战略要地，以逸待劳，以主欺客，压服完颜娄室。命令下达，西军中永兴帅吴玠、环庆帅赵哲、熙河帅刘锡、秦凤帅孙渥迅速赶往集结地点。与此同时，宋军的后勤部队从四川至陕西，绵延数千里之长，粮草钱帛堆积如山，由数量庞大的转运民夫运送。

这些民夫在西军军寨旁边另立营寨。

一切如火如荼地进行，唯独看不到威武大将军和泾原军的身影。这是个地道的疯子吧，如此军令，如此会战，他居然还敢不听话！

张浚找上了门去，问他搞什么。曲端的回答居然是，你必败。

……这是一个军人该说的话吗？感觉必败就可以不听命令不上战场？张浚气乐了，简直是怒极而笑，晕头了一样地问，要是不败呢？

曲端很冷静，你若不败，我割头给你。

张浚说，敢立军令状吗？

曲端提笔就写，没半点儿含糊。

张浚仔细地收起了军令状，告诉他，很好，如果我败了，我也割头给你。

直到这一刻，曲端仍然认为自己是安全的，张浚不敢把他怎么样。可惜的是，张浚直接解除了他的职务，把他一贬到底，去阶州“闲居”。

他成了一个无业平民。

而他一直保存着的实力，倚为靠山的泾原军，并没有谁搞出兵变之类的事为他护驾。这真是个无可救药的蠢人，他为什么就不睁开眼睛看一下呢？

吴玠已成张浚的亲信，孙渥是张浚一手提拔的，赵哲是第一时间向张浚靠拢的，刘锡更不用说，连同弟弟刘锜一起，是张浚钦定的富平决战的主帅。

放眼望去，西军除他之外都在张浚手中，为什么就不敢动他呢？甚至贬他、杀他立威，更有助于提高士气。历史抛弃了这个浑人，他的泾原军转到了刘锜的名下。

刘锜，字信叔，宋德顺军（今甘肃静宁）人。将门之子，其父刘仲武，于神宗熙宁时积功为泾原路第一将、熙河路兵马都监，随王瞻征战吐蕃，收复河湟，是西军中的一代名将。

刘锜本人骁勇善战，果敢顽强，是南宋第一代战将中赫赫有名的孤胆英雄。简单地说，在宋军战史中最危险的时段，都闪耀着他的名字，即便他年过花甲重病缠身，也列阵于金国皇帝的马前，阻挡对方的倾国之兵。

富平，集结了宋朝最后的主战军团，透支了最后一块富足土地的钱粮，按当时的说法是“半天下之责”，其实已经真切地影响到宋、金两国的命运走向。

对此，张浚本人却认识不清。他自始至终都认定自己的敌人是完颜娄室，却不知道金国动员了全部能调用的力量，悄悄地运兵增援陕西。

御前军事会议的主持人是金太宗完颜吴乞买本人，领军入陕的是完颜宗弼和完颜讹里朵，这都是最高规格了。

这些张浚都不知道，他命令西军加快速度，抢先进占富平，设寨于富平县城以东的平原上。这里地形开阔，地势偏低，从兵种上看，有利于骑兵的大兵团冲击。

永兴帅吴玠在周边走一圈之后，建议全军向西后撤几十里重新设寨，因为那里有山。西军常年在丘陵地带作战，山地是他们的主战场，只要依山列寨，那么进可攻退可守，至少有相持自保的能力，并且山地可以限制对方的重甲骑兵。

这个建议怎么看都很正确，可是反对的声音似乎更有道理。全军主帅刘锡说，第一，富平虽然平坦，但是多为沼泽地，骑兵冲不起来，天然受限制；第二，大兵团临战后撤，不说士气怎样，撤退、重新立寨就折腾不起；第三，这一次西军集结的兵力过于庞大，以多欺少，在平原地带正好施展。

所以，决战场地选在富平，对西军有利。

兵力，这是富平之战最敏感的问题，从当时到现代，有各种各样的说法。先是西军到底集结了多少，查当时宋朝官方说法，是 40 万，骑兵 7 万。

金国方面，《金史》卷 19 记载是“骑兵六万，步卒十二万”，与《壮义王完颜娄室碑》所记载的“张浚步骑十八万壁富平”相符。

两相对照，西军兵力应该在 15 万左右，按惯例，这里面还要有至少三分之一的运粮民夫。于是可以计算出，实际兵力最多在 10 万上下。

反观金军，完颜娄室的实力在 2 万到 3 万，这是没法掺假的，他入陕多时，与西军连番激战，这一点不是秘密。

可是金兀术带着2万骑兵，完颜讹里朵的3万骑兵先洛阳再陕西悄悄地运动，就是宋军所不知的了。加上这两支人马，金国的实际战力是8万骑兵。

人数基本持平。

我明敌暗，如此凶险，张浚一点儿都不知道，他很忙，一件急事困扰着他和整个西军，即他搞了这么多人在一起，想要完颜娄室的命，可怎样让完颜娄室乖乖到富平来打架呢?

眼看着这么多人堆在这儿，傻子也知道躲吧？金军是全骑兵兵种，真要在陕西大地上兜圈子，西军说什么也追不上。

于是想办法，先是激怒，张浚开出了赏格。谁能生擒完颜娄室，赏节度使衔，银、绢各一万计。完颜娄室收到了，很快做出了回应。

有生擒张浚的，赏驴子一头，布一匹。

张浚大怒，被反刺激了！西军集体都怒，有人想了个主意，给完颜娄室送去一套女人衣服，要是不敢来富平决战，就穿起来。

这招诚然很爽，但不符合张浚的心意。张浚是心高志大追求完美的，他要堂而皇之地战胜金人，要从过程到结果全胜，要后世人一提起他发起的富平之战，立即就联想到威武、高大、光明、神圣，怎么能掺杂进一套女人衣服呢?

那会坏了味道！

张浚采取的办法是下战书，他写信约战完颜娄室，这封信让金人看到，让全天下人看到，举世瞩目看他怎样大破金军。

完颜娄室同意了，地点由宋军决定，想在富平没关系，时间由金军定，定在九月二十四日。九月入秋，鹰飞草长，是游牧民族历来发动战争的好时节。

这一点谁都知道，可张浚大方，谁让他挑了场地呢，时间金人说了算。这样，八月悄悄入陕的金兀术、完颜讹里朵所部不仅及时到位，还休息了很长时间。

1130年，宋建炎四年九月二十四日辰时（上午七至九点），金军准时发动攻势。完颜娄室派出3000铁骑，他们满载着柴草、土袋，迅速奔向宋军阵前的沼泽区，一边冲锋，一边抛下柴土，很快就铺出了一条大路。

西军赖以阻碍金军重甲骑兵的沼泽就此失效。

第二波攻势由金兀术发动，他亲临战场带队冲锋，没有直面西军本阵，而是急速绕向西军的侧后方，那里有完颜娄室亲自勘查过的一大片防守松懈、漏洞百出的宋军营寨。

这里真的是西军最大的软肋，那根本不是军寨，而是民夫住的地方。完颜娄室的眼光真毒，选择从这里突破的话，别说阻碍了，甚至会把宋军最大的利器毁掉。

金军铁骑纵横，驱赶着数量庞大的民夫们向西军本阵冲去，这让装备了神臂弓等精良射具的西军们无可奈何，只能眼睁睁地看着金军突破了弓弩射区。

这时宋军的本阵帅帐前才刚刚升起了帅旗，那上面迎风招展的不是刘锡的“刘”，而是一个斗大的“曲”字。曲端的曲！

未战先怯，不安帅位，这就是刘锡的底蕴。刘锡在接战之初就垮掉了。但是他有一个好兄弟，泾原军主将刘锜。当时军营一片混乱，超级庞大的建制意味着超级强大的战力，同时也意味着超级难管理，一旦出现混乱，谁也没办法迅速恢复秩序。说实话西军真的是被打蒙了，虽然这一天是开战的正日子，可谁也没想到金军的攻击这样突然诡谲。

该死的完颜娄室，这人的眼光真毒！

关键时刻刘锜出现在战场第一线，他驻马军前，迅速稳住了泾原军，之后率军冲向了金兀术。这是年轻的刘锜第一次与完颜宗弼刀兵相见，准确地说，也是宋金两国交战以来，金军第一次在建制完整、状态良好的情况下，遭遇到的最强敌手。

之前韩世忠黄天荡水战、岳飞收复建康，都可以说是趁金军强弩之末时打个措手不及，双方不在同一起跑线上，而这时敌我对等，完全公平。

刘锜的勇猛是难以想象的，他仓促应战，居然在两军对冲中迅速击破了金军万户长赤盏晖所部。万户长、一万骑兵、金兀术的一半兵力，就此土崩瓦解。

有记载赤盏晖被阵斩当场，全军覆灭；有的说他被打傻了，把主帅金兀术扔到一边，死活不管，自己带着残兵就冲了出去，一直跑到消失。

不管哪一种，他都再没出现在战场上。金兀术和他的另一半军力，由汉将韩常率领的万人队，被刘锜重重围困，成了瓮中之鳖。而且好死不死的，韩常在漫空飞射遮天蔽日的箭雨中中奖了，一只眼睛被射穿！

韩常，字元吉，汉族人，金国将领，金兀术帐下战力最强的将军。他以善射闻名，开弓可达三石之力，这在宋、金两国之中，只有岳飞和他是同一等级。

可惜在与刘锜对阵中，偏偏在弓箭上吃了大亏。中箭之后，这人突然之间爆发了，他一把将箭从眼眶里拔了出来，从地上抓了把土按了上去，战斗力直线上升，居然在乱军中准确地找到了金兀术，保着他的女真主子杀了出去。

多么神奇，多么神勇！汉人又一次成了金兀术的福星，他在各种场合各种事件中都能得到各种类型的汉人的帮助！

至此富平之战的第一阶段结束，金军先赢后输，把常胜将军完颜娄室的巧妙安排全浪费了。刘锜以西军五分之一的军力就打残了金国的王牌部队，让负责右翼的金兀术就此瘫痪。骄傲的、不可一世的、战神一样的四太子殿下……你怎么总是丢脸呢？

坐镇中路的完颜讹里朵没办法，给他拨了些兵过去，就算不能再打，总得守住阵地，做个样子吧。这时天将正午，两军已经激战了整个早晨、上午，史称“士半生死，血流成河”。金军拖不起了，他们怎么说也是客境作战，为了隐蔽，带的给养补充都很少，而西军集结的物资堆积如山，让他们根本不敢耗下去。

万般无奈之下，他们使出了最后一招“撒手锏”——左右拐子马战术。

这个战术很有名，到后来越传越神奇，搞得像是个可以立专项研究的科目一样。其实很简单，就是发挥骑兵的高机动性，两翼包抄左右穿插迂回。这一招西军以前早就用过，比如狄青的归仁铺之战。所不同的是，金军的骑兵部队建制庞大，包抄范围太广，是之前各国部队所达不到的。

游牧民族的战术也在逐渐完善进步，像之前的辽军，经常使用的是骑兵正面冲锋，虽然行动迅速飘忽不定，但宋军咬定牙关死拼，总能两败俱伤，导致契丹人始终没法压倒宋朝。

金国不同，两翼齐飞的战法既能上升到战略高度，比如东、西两路灭亡北宋，也能具体到某场战役的制胜手段。吴玠就刚在彭原店吃了大亏。

可在后来这招就彻底落伍了，不说宋军有了破解之道，在游牧民族本身也被更高级的骑兵战术取代。当那位举世无敌的战争之神降临时，骑兵的战术被上升到史无前例的高度。蒙古的骑兵无阵形无限制，像流水一样随时根据形势变动，每一个局部的变动都能引起整个部队的微调……那是人类全体的噩梦。

回到富平，金军的左翼被打残了，两翼齐飞只能以右路为主，而右路的主帅完颜娄室这时正在病中，迫不得已，他必须带病出战。

完颜娄室出战，此人再次显示了独到的战争智慧，他像是什么呢？如果一定要比喻一下，西方世界里用“沙漠之狐”来形容德军最优秀最年轻的元帅隆美尔，用“公牛”来形容美军好斗的、强力的海军将领哈尔希，那么完颜娄室一定是鹰或者蛇。

这人的眼光、嗅觉都太敏锐了。

开战之初，他看准了西军的民夫营寨，从而迅速突破直达本阵，打得西军措手不及。这一次他带病出战，选定的决战对手更加刁钻。

大宋西军的环庆军。

环庆军在西军里的地位不大高，对比一下履历可以查出，最重要、最关键的几次超级战役里，环庆军的表现非常掉链子。比如神宗年间五路伐西夏，泾原军都冲到灵州城门边了，硬是让时任环庆军主将的高遵裕大衙内给挡住了。

这时环庆军的主将是赵哲。赵哲，司法系统出身，曾经当过地方政府的刑狱文官。建炎南渡之后，东南方向匪患横生，张浚剿匪时他配合得不错，于是同样是文官的张相公西入川陕时就把他带上了。说实话，这没有什么不对的，西军中很多的名将大帅都起身自文官，如范仲淹、韩琦、张亢等，都威名赫赫，战功卓著。

可惜赵哲跟这些没关系，他在西军最重要的关口前，在环庆军与完颜娄室接战之后，居然不见了。有资料说他逃跑了，另有说法是他没逃，一直都在富平的战阵中，可就是没露面。

与金军的常胜战将完颜娄室的对决中，主将居然玩起了消失！

当天上午是泾原军与金军右翼单挑，下午换成环庆军与金军右翼对决，这次战斗打得糊涂。上午是没办法，被金军偷袭到弱点，才导致刘锜和金兀术拼命，可下午呢，从日中厮杀至日暮，两军交战共六个回合，这是多么漫长的时间，有无数个机会可以让西军挽回种种失误。

可恨的是，环庆主将赵哲将失踪玩到彻底，说不露面就绝不露面；本阵中央的主帅刘锡更神奇，他似乎是一直不知道发生了什么，从头至尾没下达任何命令，更别提临时派个将军过来指挥了。

……或许他真的等着曲端来替他当主帅！

夜幕降临，环庆军终于支撑不住了，注定会出现的崩溃到来了。他们被金军压向自己的本阵，冲向后方各路友军，造成了整个西军的大动荡！

富平战场上瞬间失衡，金军只是推动了一个边角，之后整个西军人马踩踏，一片混乱，开始向西南方向败退。超级庞大的战阵露出了它的弊端，当它向某个方向形成整体运动时，无论谁用什么办法，都别想阻挡住它。

1130年，宋建炎四年九月二十四日夜晚，是大宋西军的黄昏。宋朝百年期间最强大、最辉煌的一支传奇部队失败了。

它败得有种种的借口，因为那的确不是正常的战力表现！可是也无可辩驳，将帅无能以及军队的低劣素质，让人无话可说。

但是又必须得说，像刘锡、赵哲这样的所谓将帅，都是临战前才选出来的，政治因素远远大于军事需要，这都是在给自己挖坑，在表演自杀。

看一下结果，这一战给人的传统印象是西军惨败，一蹶不振，从此退出了历史舞台。这是错的，富平之战，只能算是一次击溃战，有两个标准证明了这一点。

第一，金军不敢追击。

在这一整天的激战中，两军的战损率是相当的，甚至金军更惨重。夜幕降临，西军撤退，金军也成强弩之末，不敢再追。

第二，金军发现了钱财，不愿意再追。

他们在西军的营地里发现了堆积如山的各种物资，金帛粮草，战械衣甲，无所不有，那是四川全境百姓的五年税赋。

如此巨大的财产让抢掠成性、洗劫了宋、辽两国的金军都走不动道了，争先恐后地跳进钱堆里幸福地打滚。富平之战就这样结束了。

金军抢到了钱，占据了富平，而西军保住了实力，向西南退守。看形势，陕西很危险，但还有一线生机。西军还有陕西境内的北山山系、六盘山山系，如果能集中兵力扼守关隘，发挥山地运动战的特长，至少可以保住陕南和川北。

可这要有个前提，即节制川陕军政钱粮的张宣抚还能保持冷静。

这种时刻张浚还能冷静就怪了，据说拿破仑大败之后也破口大骂，抱怨是手下们出卖了他、拖累了他，歇斯底里了一阵。

张浚怎么会例外？

他没有亲临前线，而是在距离富平200余里远的邠州等消息。结果等来的不是震惊当世的胜利，反而是一场大败。他很清楚败的是宋朝唯一的一支军团级部队，丢的是整个蜀川之地的财富，这样的损失，谁也承受不起！

张浚真是一位天生的大人物，当此危急时刻，他迅速做出了古今大人物们都会有的经典反应，即死不认错，归罪他人，迁怒泄愤。

他第一时间召集溃逃的西军将领们到他这儿报到，先把刘锡一撸到底。这一点还是很公正的，这位刘大公子实在是莫名其妙，富平激战中像是突然脑瘫了一样，呆傻傻的，啥也没做。啊不，他至少升了面帅旗，尽管上面的字错了。

不提他的父亲，他连他弟弟的脸都丢光了。

接下来就是赵哲。这人还全须全尾地活着，身上啥伤也没有，败成这样，心理也没受损，面对暴怒的张浚时还头脑灵活，滔滔不绝地申诉他没犯什么错误。

……张浚忍了又忍，还是没忍住。本想一刀砍掉就算了，这东西居然无耻到这地步，他没罪谁有罪？张浚跳起来，顺手从身边抓过一根铁棍，夹头夹脑地就抽向了赵哲。

张浚亲手把赵哲的脑袋打得血肉模糊，昏死过去，之后拉到一个小土堆前，斩首了事。

杀人之后，张浚累了，他浑身酸软，脑子很乱，也许还会用四川母语喃喃地咒骂，这个混账世道……为什么总是有这么多不靠谱的人呢？

刘锡、赵哲的确非常不靠谱，但这是谁挑出来的呢？这个，张浚是不会追问的。大人物们都活得很长久，这么较真儿会有碍健康的。

为了健康，主要是心理的健康，张浚还得再杀一个人。他这么想时，很远的地方，有一个人心有灵犀一样地说出了三个字："我死矣。"

曲端，真是不知是什么原因，搞得他终于清醒了一次。张浚的确是必杀他的，原因很多，不仅仅是两人打的那个所谓的赌，也不仅仅是富平之战后，曲端的一些老部下叛国投敌，更重要的是曲端的号召力，这人如果登高一呼，很可能川陕变色。

当然，最重要的一点是他太招人烦了，把人往死里得罪。像王庶、张浚、吴玠等人把他恨到了骨子里，为什么不杀他呢？

给个理由为什么不杀他！

之后的事情经过是，由曲端的原部下吴玠等人提供证据，张浚定案，曲端以谋反罪被处以死刑。死之前曲端先凝视了自己的爱马"铁象"一会儿，据说这匹马很厉害，能"日驰四百里"，他仰天长叹说："我死不足惜，铁象可惜。"

奇怪，难道张浚连他的马也杀了？还是说他再没机会骑这匹马了，觉得可惜？无论哪一点，都暴露了他的浑蛋心理。

一匹马可惜，那李彦仙可惜不？整个陕州城可惜不？

叹息完这匹马，曲端又凝视了一会儿自己，导致了又一次的仰天长叹，说："天不让我恢复中原乎？惜哉！"真是了不起，他是一位早已觉醒了的、明白自己历史重任的大人物。可是等他去恢复中原的话，是10年之后，还是20年之后呢？

富平之战明确检验出西军的战斗力绝不在金军王牌部队之下，缺的只是一个靠谱的指挥者，至于说什么10年、20年才可以成功……这是一句更加混账的话，吴玠、岳飞、韩世忠很快就将证明，击败金军几年足矣、眼下就足矣！

曲端的死法有好几个版本，著名的有毒酒、酷刑两种，这两种都离不开一个被火烤红的铁笼子。曲端被赶进笼子里，热得受不了，要求来点儿喝的，于是毒酒出现，他死了；酷刑版是曲端被关进铁笼子里，用蜡封住口鼻，锁上手脚，灌入烧酒，用烈火烤炙，导致五脏俱焚而死。

的确是很惨，这种惨法让他广受同情，说他死得冤，张浚杀他，就像秦桧杀岳飞一样冤。这实在是太混乱了，得有多么强大的逻辑才能把曲端和岳飞摆到一块儿呢？

曲端从不服从命令，而岳飞面对诏令，哪怕要放弃眼前千载难逢的复国机遇，都会听从命令，两者有一毛钱的相似吗？

关于曲端，最后归纳一句话——他早该死，这样的东西哪怕再能打，也不能留。可以推衍，全民族都听他的，由他建立了不世功业，到后来也只会发展到他一人独大，那绝对是一个噩梦。

泄愤结束，神清气爽，张浚终于有心情看一下战报了，应该没什么事吧，金军的损失也很大，大家都需要喘口气，休息一下……突然间他跳了起来，什么，金军再次进攻，眼看就打到邠州了？

不会吧，西军都哪儿去了？

直到这时，他才想起来，在撸刘锡、虐赵哲、杀曲端之前，他曾经下过一个命令。令参战的五路西军各归本路。

这明显是个坑爹的昏招，把刚刚战败的西军分散开，正好被金军一个个分别击破，还有比这更销魂的蠢事吗？恶果随之出现，迫于压力，环庆军的统领慕容洧投降了西夏，泾原军的张中彦、张中孚等投降了金军，陕西大地上局面已经不可收拾。

张浚当机立断，立马逃跑。

他先是跑到了秦州，再跑到兴州（今陕西略阳），眼看就要逃进四川了，他还是不停，终于一个幕僚看不过去了，把他拦住，告诉他，再跑的话川陕宣抚就只剩川没有陕了！

张浚终于停下了，在兴州设立宣抚司大本营，派出大批的斥候，去召集被打散了的各路西军。这一次情况居然出人意料地乐观，人马逐渐会集，他清点了一下，乐得合不拢嘴，太棒了，竟然有十多万人找到了，回到他的麾下。

……这消息更坑爹，富平之战时西军才十余万的兵力，各路本身几乎没有留守，这时从哪儿能再变出来十几万人呢?

这个不去管它，反正张相公是神奇的，他说十几万，那就一定是这个数。看重要的，这“十几万”西军中各路都有，唯独缺少永兴军。

不仅没有兵，连永兴军主将吴玠也不见人影。

限于条件，这时没有人知道吴玠在哪儿，如果知道了的话，他们会吓掉一地的下巴，并且稍有点儿廉耻心的话，都会无地自容，找个没人的地方反省去。

这时的吴玠率领几千名永兴军士卒，冲破了金军占领的凤翔，沿陇山向南直奔关中西南方向唯一的险关要塞——大散关。

第二十六章 铁血和尚原

大散关，位于陕西宝鸡南郊秦岭北麓，因置关于大散岭而得名。这里北邻渭河支流，南通嘉陵江上源，当山川之会，扼西南、西北要道枢纽，亦称崤谷。查史书，共有 70 余次战役发生在这里，如楚汉相争时韩信暗度陈仓就从这里经过，三国时曹操西征张鲁也从这里入川。

可以说，这才是川陕之间的必争之地，张浚放弃了这里，去兴州建川陕宣抚司，纯粹是跑昏了头，外行到无可救药。

当富平大败，西军蹉跎时，吴玠仅率领几千人的孤军深入险地，抢占这块最重要的关隘，尽显其战略眼光、名将风范。

当然，也有人不理解他。他的部下们就劝他直接入川，退守汉中，顶在蜀川的咽喉之地，那样不是更利于防守吗？

吴玠反对，那样太被动了。坚守大散关，会变成金军西进的一根刺——“我保此，敌绝不敢越我而进。坚壁临之，彼惧吾蹑其后，是所以保蜀也”。

而怎样防守，更是大学问，吴玠没有去大散关的隘口硬顶着，他发现了一个绝妙的点。这个点在大散关的东边，也就是背川面陕时的右前方。那里四周陡峭，山顶宽平，是古兵家所称的“隘地”，即最理想的设寨防守的地势。

这块隘地，名叫和尚原。

地点选好，问题出现。防守的三大要素，地势、士气、粮食，吴玠只有第一个，剩下的两个一点儿着落也没有。比如士气，还没等金军打过来，有些人就私下里串联要发动兵变，把吴氏兄弟绑了送给金军当见面礼。兵变前夜，有人报告了吴玠。吴玠非常冷静，根本不追究到底是谁，而是在第二天与所有的部将歃血为盟，以民族大义感化，把危机变成了动力。

至于粮食，就很简单了，吴玠派爱将杨从义下秦岭重回凤翔，在金军的粮库里抢了整整 30 万斛，运回到和尚原。

做完了这些，金军的攻势终于发动了。

来的人叫完颜没立、乌鲁折合，分别是凤翔，阶州、成州的将领。他们是很有计划的，打算各自出兵，在大散关前集合，一起进攻。

问题是凤翔的距离近，完颜没立也心急了些，他赶到时乌鲁折合还在路上。这也简单，先到先打，谁得手算谁的。

这么想时，完颜没立有点儿小激动，军功在女真世界是顶级荣耀，这次集三州兵力去攻打几千败兵的吴玠，还不是手到擒来吗？于是第一时间强攻，可是上山之后才发现像是老虎咬刺猬，根本没处下嘴。和尚原附近的山路崎岖蜿蜒，乱石成堆，骑兵只能下马步行，一步步地爬上去，筋疲力尽之后迎面是一阵阵暴雨似的箭头，这仗根本没法打。

完颜没立中场休息，乌鲁折合到了，这人聪明想搞个反牵制，没理会和尚原，而是直扑大散关，就不信吴玠敢不去救？去救，和尚原天险就失去意义，再不是主场。

想得很好，可惜大散关本身也是天险，并且关隘雄峻，是早就建好的堡垒。乌鲁折合打来打去不得要领，派人去约完颜没立。按原计划两方面同时动手，向和尚原、大散关发起全面攻击。

这是最好的办法了，没想到却成了金军的噩梦。吴玠准确地掌握了两支金军的行动，其精确程度让人难以置信，完颜没立、乌鲁折合两军始终没法形成合力，被吴玠阻南打北，再阻北打南，一直没能会合。最后乌鲁折合火了，不顾一切地冲击大散关。

他在找死，吴玠迅速集中优势兵力，出大散关与乌鲁折合决战。山地是西军的主场，在这里几乎每一样都是为西军量身定做的。乌鲁折合，打，打不胜；逃，在山地没速度，被永兴军追上，当场阵斩。

完颜没立即刻后撤，再打下去他也得死在秦岭。此战过后，震动金国上层。由陕入川是整体战略最重要的一环，以富平决战夺取陕西，再攻进四川，才能沿长江南下，扫平江南宋室，进而统治整个汉地。

环环相扣，少了哪一环都不行，而这些，现在就卡在了川陕之间的大散关前，准确地说，被吴玠那几千个人卡住了。

三州合兵失败后，再派谁去呢？按老传统应该是完颜娄室上阵，由常胜将军决战决胜。但是这永远都做不到了。

半年前，也就是富平之战结束后不久，完颜娄室病死。在他谢幕之际，还是总结一下他的生平吧。他留在历史里的印迹很清晰，生擒耶律大石，追捕耶律延禧，神速一般击溃西夏主力，让党项人立即臣服，临死前重病缠身还主导了富平之战，击败宋朝唯一 一支主战军团。

这样的人，哪怕是敌人，也得承认他的杰出。哪怕仅仅是军事才能的杰出。这一点，就像西方世界尊敬第二次世界大战时德国名将隆美尔、古德里安一样。

他不为人知的一面或许更让人称道。看名字，他像是金国皇族成员，毕竟姓“完颜”。可事实上他父亲是完颜阿骨打的叔叔盈歌的下属，是纳旦水部的族长。纳旦水部与完颜部之间的关系到现在也没有一个明确可信的历史交代。

经考证，完颜娄室的家族很可能是完颜氏皇族的阿哈，即封建主仆关系。这一点应该是真的，不然的话，以他的军功早就位居所有完颜之上，最少也和完颜宗翰之流平起平坐了。

英雄不问出处，古今中外莫不如此。

回到现实，陕西大地上，除了已故的常胜完颜之外，剩下的完颜里最大的又是四太子殿下了。到这时为止，金兀术已经两次死里逃生“反败为胜”，这让他的心气很足。

为什么不呢？战场如棋局如人生如电视剧，总要有波折才有看头，所以大败之后咸鱼翻身才倍加精彩。

所以他带着10万大军、各位显贵，比如完颜宗翰的女婿、侄儿们，杀向了吴玠。不过他刚刚启动，又停了，他想出了一个新奇的主意。

他把辎重往关中平原东撤，大肆宣称自己要回北方探亲。暗中却把主力向宝鸡大散关方向悄悄运动，这样，三州精兵刚败，他又撤走，吴玠肯定要趁机下秦岭收复陕西。那时正和他的主力迎头撞上，以10万压几千，必将是一场毫无悬念的大胜！

从而打通川陕，扫平江南……他一边做着美梦一边放烟幕弹使劲折腾，终于让全体金军都累出了一身身的臭汗，而吴玠一直坐在和尚原那儿看热闹，自始至终一动没动。

呸，死心眼！

金兀术恨恨地骂道，不得已集结兵力拉着辎重向秦岭进发。

金兀术证明，急性子的人就不该去逗弄别人。他一旦开始动了，就雷霆火暴一般无可阻挡。

从这时起，这次战役要以小时来计算，从白天到夜晚，每时每刻都精彩激烈。

他发挥大兵团优势，先在渭水架浮桥，全军迅速渡过。之后抢占益门镇，毫不停留，一掠而过，几乎没下过马就闯进了秦岭山脉。

金军的素质是真过硬，从平原进深山，一路之上生活问题全在马背上解决，一点儿时间都没耽误，而且进山之后劲头更猛，居然急速行军30多里，到了和尚原的前沿阵地神岔。

这里是个分界线，从这儿开始全是乱石小道，甭管多强的兵力都得排成一列纵队上去。单从地理来说，绝对是一夫当关，万夫莫开的地方。

守神岔的人是前些天到凤翔抢了30万斛粮食的杨从义，这人是很有故事的，悄悄地说，他后来成了神，拥有自己的庙、名号、职权，一应俱全。

按说这样一个猛人守在神岔，说什么也得打个血肉横飞才像样，可是非常反常，女真人一露头，杨从义立即就闪了。

神岔关口的永兴军像一群兔子似的一溜烟儿地跑进了深山里，逃得那叫一个胆小迅速。

四太子很忙，没心思翻山越岭去抓他们。在金兀术看来，杨从义跑得很理智，这是 10 万人的大兵团，实力决定一切，逃得很理智！

于是他节约一切时间，以神岔为本阵，建立了蜿蜒 40 多里的连珠寨，寨尾在神岔，前方已经顶到了宝鸡。也就是说，和尚原已在攻击范围之内。

这一路堪称狂飙突进，所向无敌。这让四太子激动，这种感觉他向往很久了，也曾经品尝过……嗯，就是之前追赵构那次，虽然结局很悲摧，但过程很过瘾的嘛！

他决心这次搞得更漂亮。为此，金兀术只给了部队一夜外加一个上午的时间休整，在第二天的中午时分，就全体开拔，到了和尚原脚下。

到了之后金兀术才知道为什么之前三州合兵会败得那么惨，连主将都丢了脑袋。把那些什么地势险要、下马步战之类的废话都扔到一边，精简成一句话，就是——这块地比宋朝任何一座城的城墙都坚固，可没办法带任何强攻器械上来！

就这么简单，只能空手单身往上爬。这仗还怎么打？

四太子殿下的招数还是很多的，针对和尚原，他想出了两个办法。

第一，立即分兵攻打大散关。之前完颜没立、乌鲁折合没配合好，始终没能同时攻打两处。他可没这个遗憾，身边带着 10 万人，随便分出去点就是人山人海。

第二，攻打和尚原的主阵地太低了，永兴军的大兵们居高临下向下面射箭，就算弓箭质量不高，杀伤力也惊人。反之，金军仰射强攻，纯粹是找死。为此，金兀术下令就地取材，用石头垒起来一个小山，勉强达到和和尚原差不多的高度。

之后立即开打。

他急，前面有无数美妙的东西等着他，像蜀川的美女、金币，江南的美女、丝绸，这些和长江以北的美女、土地一样，对他实在有太大的诱惑了！

欲望蕴含激情，全体女真大兵们开始向和尚原、大散关发动进攻。迎接他们的，是吴玠训练了很久的“驻队”。

驻队，也叫阵脚兵。如果平原上两军相遇的话，总是会在一个特定的距离停住的，这个距离就取决于阵脚兵。这种兵手持弓箭，射向对方，既是威慑，也给两军对阵时的距离定下了基调。不过吴玠明显在作弊，他配给部下的都是神臂弓。

这时候弄到大批量的神臂弓可不容易，它本是北宋军中的高端制式武器，是很普及的，尤其是作为西军，这东西很平常。可是北宋这些年烂到了底，什么都敢弄虚作假，军库里的神臂弓偷工减料，比寻常弓箭都不如。

吴玠孤军顶在大散关，能大批量装备这种弓箭，一定是付出了相当大的代价。

这时可以收到回报了，吴玠把驻队分成批次，轮流出战，神臂弓特制的箭矢一刻都没停过，暴雨一样浇在金军的身上。这种箭“洞重甲于数百步外”，想想有多少女真人变成了筛子。可这也不能阻挠金兀术的激情，他在一下午的时间里发动了三次大规模攻击，直到天晚了，才悻悻地收兵往回走，他发誓明天还来！

夜幕降临，战斗才刚刚开始，和这时相比，整个白天的战斗都只是暖场而已。走在崎岖的山路上，阵容庞大的金军绝对没有想到，他们刚刚撤退，宋军就追了上来。

是永兴军战将杨政，他突如其来，杀得金军措手不及，砍倒一片之后立即又返回到和尚原。金兀术怒火冲天，正犹豫着是不是返回去报仇，身后又传来了另一个噩耗。

神岔方向的粮道被劫了，是躲在深山里的杨从义干的。

前后都出事，金兀术变得冷静起来。他心里有底，不管宋军怎么折腾，实力对比摆在那儿，10万兵力握在手里，无论怎么打都必胜。现在返回营寨吃饭睡觉，养好精神再说。

连珠寨里，篝火点起来了，饭锅支上了，每一个女真大兵都往火堆边上挤，去寻求温暖。这是1131年，宋绍兴元年十月的秦岭山脉，会冻死人的！就在这时，火堆边上人满为患了，周围的黑暗里突然射出来比白天还要密集的箭雨！

吴玠精选了500名神臂弓射手，悄悄地摸到了金兀术的营寨旁边。

全体金军卧倒，连同金兀术在内，没谁想什么回击，一直忍到西军射够了撤退后，才站了起来。环顾四周，营地一片狼藉，可再也不敢生火做饭了。

饿着睡吧，金兀术躺在漆黑的夜幕下数星星，盼着第二天的太阳早点儿升起来。这鬼地方，他白天跑山道都快累死了，晚上说什么也不想动了。

可惜这次战斗是以小时为单位更新变动的。

二更天时，金军的营寨突然间火光冲天，箭雨再次降临，随同出现的还有大批的西军。从数量上看应该是和尚原方向全体出动了。

事实上也是，这次突袭是由吴玠本人亲自率领的。

这时金兀术才知道上了大当，吴玠在天刚黑的时候派人偷袭，以当时的力度、金军本身的实力，让人觉得也就是这个样了，不然还想怎样，几千人吞掉10万大军吗？

没想到吴玠真敢这么干，他利用这种错觉，带着全部家底选择了深夜突袭。这是不是太鲁莽、太过于热血了呢？毕竟众寡悬殊！

事实证明吴玠是对的，他太聪明了，从根本上看穿了金军的破绽。金兀术这人酷爱连珠寨，这种阵势他不止一次地用，以后还会用，哪怕差点儿死在这上面都不改。比如这次，崎岖的小山路，连珠寨一个接一个排出去40多里路，看上去真是美丽壮观。

可谁也帮不了谁，一旦出事，只会让灾难加倍。吴玠看似用几千人硬撼10万部队，其实只需要打击最前端的那一小撮就可以了，前端垮掉的金军会压向后边的连珠寨，像多米诺骨牌一样越压越快，像滚雪球一样，越到后来滚动的力量越大。

金兀术就是最前端的那点儿小雪块，他简直欲哭无泪，难道要他和吴玠死拼吗？

他应该是不懦弱的，可这时比在黄天荡还险，他不想死；那么让后面的部下们顶住，也就是顶住他，阻止崩溃吗？

那会让他死在部下们的手里！

……不行，这太憋屈了。

黑暗的秦岭山脉里，10 万金军被几千名西军冲击阵营，一连后退几里也没能止住。混乱中终于天亮了，这时金兀朮下达了一个看似理智的命令。

令金军迅速撤退，放弃山道的营寨，一直撤到山外边去。

在他想来，天亮了，金军会恢复精气神，庞大的战力哪怕在山道上无法展开，对方几千人也不敢再追击。而只要退出山地，立即就会主客易位，吴玠再也不是威胁。

虽然这样做意味着攻击和尚原失败，但不失败又怎样，昨天士气正旺也没能冲破大散关，经过了一个这样的夜晚，难道还想再去强攻吗？

所以，无论怎样想，撤退都是正确的。

金军就倒霉在这个观念上了。金军开始后撤，吴玠继续追击，在崎岖的山道上，金军的骑兵是一个个硕大丰满的靶子，他们缓缓地移动，有时还要来个大跳，或者小碎步什么的，每一个都在神臂弓的笼罩之下。从大散关到和尚原，从和尚原到二里驿，山道上躺满了金军的尸体。

好不容易挨到了神岔，快要出山了，刚想喘口气，杨从义又带人从林了里跳出来打劫，把金兀朮牢牢地拖住，死活不让他们走，双方一直纠缠了 30 多个回合，其结果就是金兀朮本人也被射中了两箭。这还不算完，吴玠也赶到了，西军全力以赴地挽留四太子殿下，怎么都不放人。

整个白天过去了，金兀朮待在秦岭山脉里；夜晚再次降临，他还是被死死地摁在那儿没法动弹，直到四更天宝鸡方向的金军增援到了，他才被救了出去。

仅仅三天……无比黑色、漫长、没完没了的三天！这成了完颜宗弼一生的噩梦，他死在秦岭里的部下至少有一万人，光这一点就把富平之战赢的都输了出去。其余的，他的亲兵营只剩下了6个人，被俘近3000人，其中重甲骑兵900多人，高级将领20多人。

最让他痛苦难堪的是，大太子完颜宗翰的女婿、侄子也被他丢了，都成了吴玠的俘虏。这让他回去怎么见大哥呢？粘罕有时是非常粗暴的！

果不其然，回去之后他被严厉斥责，被骂得狗血喷头，大太子一怒之下把他降职，成了元帅左都监。这些金兀术都接受——他记住了吴玠，发誓和这个南蛮死磕到底！

和尚原之战结束，它的意义怎样评价都不过分。吴玠保住了四川就是保住了江南，给了南宋立国的根本保障。

史称这是宋金战争史上金军所遭遇的第一次惨败。李心传在《建炎以来系年要录》中也说道："金军自入中原，其败未尝如此也。"

这似乎有待商榷，毕竟前面有韩世忠的黄天荡，有岳飞的收复建康。但是黄天荡之战先赢后输，没有和尚原这样的终局大胜，而岳飞只是疾风暴雨一般地冲击，让金兀术不敢力敌，宁可走水路，这是击溃战，没有和尚原的辉煌战果。

此战过后，汉地一片欢腾，赵构传令嘉奖西军，给予了吴玠军人的最高荣誉——建节。39岁的吴玠被封为镇西军节度使，他是南宋第一个因军功而建节的大将。

吴玠名满天下！

可是当时最有影响的，对局势影响最大的却不是他，而是一艘从北方驶向南方的船。

第二十七章　金归秦桧

这条船的始发地据说是在“燕”，也就是燕云十六州附近，这是北；抵达地是涟水（今江苏涟水）的宋军水寨，这是南。

南、北之间，距离达2800里以上。

这是个异乎寻常的长度，并且跨越了两个正在交战的国家，难度可想而知，基本上没人相信。所以当这条船到达涟水军，说出来路之后，宋军的第一反应是拔刀逼了过去。

这是奸细，杀了！

关键时刻，船里走出一个中年男人，他对周围的人说他姓秦，叫秦桧，是开封沦陷时被金军抓到北方的御史中丞。

他问这里有没有读书人，如果有，应该会知道他。

当地还真有一个秀才，姓王，是个卖酒的。天知道他是不是真的知道秦桧，或者他知道秦桧长什么模样，一见面就能确认。这都是谜，反正他走过来恭恭敬敬地给秦桧施礼，说中丞劳苦，远行不易啊。

宋朝是尊重读书人的，他这样说，涟水军立即相信了，派人护送这条船到越州（今浙江绍兴）去见皇帝赵构。

这时是1130年，宋建炎四年的十月。秦桧重新回到了宋朝，他的回归让人激动，他是传说中的英雄，当年反对割让北方三镇，反对张邦昌篡位，直至被金军抓走，这些是多么忠贞，多么勇敢，一直铭记在整个宋室的心中，被所有汉人所敬仰。

秦桧这个名字，仅次于李若水。

不过激动过后，一些疑问也浮上水面。不经意间秦桧创造了纪录，他是截止到这时，唯一一个从北方回归的原宋室高官，他是怎么做到的呢？

按秦桧的说法是，他在北方做俘虏时，被分配到完颜昌的手下为奴，受尽了虐待。后来由于才华出众，女真人也佩服，让他逐渐接触到一些高级工作，比如写点儿文案什么的。由此开始，完颜昌离不开他了，连上前线打仗都随身带着他。

这和他逃离时的时间表吻合，1130 年，宋建炎四年十月左右，完颜昌正率军攻打淮河地区。

以上是前因，说到具体的逃亡手段时，秦桧表示是出于勇敢。他看准时机杀了看守他的金国军人，夺了一条大船，冲破重重险阻，从淮河流域进入长江，抵达宋军水寨。

真是史诗一样的壮举！

……听众一片沉默。这是千里划单船啊，比武圣人关云长都牛，这一路上有多少金军，尤其是完颜昌率领的庞大军团都挡不住他，也追不上他，他的船得有多么神奇的发动机，才能跑这么快呢？并且看船上，那上面有秦桧的妻子王氏、全班底的家人奴仆，外加大批的珠宝钱币，以及生活必需品一样不缺都带着，这是逃亡还是旅游？

所以有人怀疑，秦桧根本不是逃回来的英雄，而是变质了投降金国回来搞事的奸细。有了这个推断，各种渠道得来的各种说法就开始陆续出现了。

其中有秦桧在北国的生活历程。

秦桧开始时是和孙傅、何栗等人一样在赵佶身边，一起圈禁，一起被关押。由于赵佶是永不释放的政治犯，所以他们也一样要把牢底坐穿。这实在太悲惨了，秦桧难过但也无可奈何，直到一个转机出现。赵构称帝，宋室又有了转机。

赵佶得到这个消息之后，认为可以和金国谈谈条件，他表示可以替赵构做主，与金国谈关于和平的问题。为此，赵佶使出浑身解数，写了一份和议书，为保万全，又由秦桧加工润色，才送了出去。后面的事也由秦桧操纵，他用了大量的钱财去贿赂金国的首脑人物完颜宗翰，来确保这件事必成。

完颜宗翰啥反应不知道，这次所谓的和谈的结果也不知道，但能确定的是操作方秦桧引起了金国上层的注意，金太宗完颜吴乞买亲自下令，把秦桧从集中营调出来，分给完颜昌当私奴。

这样就很有一个坏人的形象了，这个版本里秦桧既改变初衷，不再抗战，还大肆行贿，勾引异族高官，行为实在卑劣丑恶。

但是有一点，以重金行贿完颜宗翰……重金从哪儿来？黄龙府里的宋朝君臣穷得跟要饭的一样，连身像样的青布衣服都穿不起，从哪儿能搞到打动完颜宗翰的重金呢？

这是搞不定的任务。

所以这个版本存疑。下面是关于他的老婆王氏的。王氏出身名门望族，是北宋名相王珪的孙女，以秦桧的家世来说，实在是高攀了。

这女人的故事很多，很大程度上决定了一个民族的命运。这时她刚出场，就带来了一个无论如何都说不清的疑点。

她为什么会跟秦桧在一起呢？

如果秦桧是奸细，那么必须要有重要的东西留在金国，算是押头。一般来说，这种押头或者是人质或者是把柄。人质居多，儿子、孙子、老爹、老妈是优等人质，女儿、孙女次之，老婆是最没威慑力的。

因为妻子如衣服，没人把她们当一回事。

那也不能让她跟秦桧一起回国，蚊子再小也是肉，不能坏了规矩。但她就是回来了，那么可以当作旁证，证明秦桧不是奸细？

也不对，有一个版本记叙了秦桧既是奸细、王氏又虎口脱身的桥段。那里边说王氏是先于秦桧得到金国上层人物欣赏的杰出俘虏。她既美貌又多才，特别聪明伶俐，总之魅力非凡，在所有被俘的宋朝皇室、高官的女眷中脱颖而出，迅速地让一大堆完颜流下了口水。

其中最著名的就是完颜宗弼，也就是金兀术。之后还有完颜昌也落入了情网，在她的石榴裙下浮沉。

这实在不大可能，算时间以及金兀朮的职务、爱好等客观原因，他跟王氏之间的罗曼史不大会发生。四太子殿下一天到晚忙着打仗，早期和宋朝人打，中晚期和自己人死掐，无论内外都掐出一地的人血，自始至终也没有机会、兴致和宋朝女俘搞什么异国畸恋。

况且就算搞了，难道就会对秦桧另眼相看吗？如果是这样，浣衣院里那么多的宋朝皇室女人早就给她们的亲人挣到了各种各样的自由。

艳情版抛开，说秦桧以奸细版回归时王氏的表现。她本来是铁定的人质，从此和秦桧天各一方，继续在北方迷惑完颜们，可是她不想，她聪明伶俐足以决定自己的命运。就在秦桧动身的前几天的一个晚上，她突然对秦桧吼道：

“家父当年把我嫁给你，曾有20万贯嫁资，要你与我同甘共苦。现在大金国信用你，你就要把我抛开吗？”

吼声很远，把完颜昌的大老婆一车婆惊动了。女人的话题迅速让女人感兴趣，一车婆的八卦之火熊熊燃烧，不可遏制，找了过来。

两个女人聊了些什么外人不得而知，反正一车婆回去找她丈夫完颜昌，一阵女真枕头风吹过去，王氏就跟着秦桧上船了。

审视整个过程，如果是真的，那么真该赞美12世纪时中国妇女的人权地位，什么样的事情她们都能参与，什么程度的决策都能够改变。这是一个多么仁道的社会啊。

一句话，感觉是地道的野史，当小说看还可以。

那么话说回来，秦桧到底是不是奸细呢？路途的遥远、家眷的齐全，都画出一个个巨大的问号，让人没法忽略，而且怎么解释都牵强附会。

秦桧就在这种疑云中走向南宋朝堂，一路上遭遇无数质疑的目光，不过他不在乎，有两位无与伦比的大佬向朝野保证，秦桧是忠臣，绝不是奸细，他的回归是英雄壮举。

这两个大佬分别是首相范宗尹、同知枢密院李回。两者相加正好是南宋军政大权的总和。他们联袂出场，就算不能让人心尽服，至少秦桧在官场内部是可以安身立命了。

很久之后，人们一直在琢磨，难道从涟水寨卖酒的王秀才，到南宋首相范宗尹、枢密院李回，他们都是秦桧的同伙，一路把秦桧保送到赵构的面前？

这个疑问是对的，参照以后，没法不让人怀疑。而答案是那么朦胧，王秀才史无考证，他是金人设在涟水寨的内线吗？

没那必要吧。一个卖酒的，军政两界都接不上内容，功能无限接近零，没有培养价值；那么范宗尹，他是吗？更可笑了。

查范首相的履历，这真是一位青年得志、意气风发的人物，其蹿红速度之快，让刚刚打破纪录的张浚都自卑。

范宗尹，字觉民，襄阳邓城（今湖北襄阳）人。进士出身，在靖康之变前，史书上说他"累迁至侍御史、右谏议大夫"。累迁，一步步按部就班地升官。

看着很正规吧，实际上超级吓人。他生于1100年，靖康之变是1126年左右，算一下吧，他升到了言官首脑时只有26岁，还是御史台、知谏院双料首脑！

这是个名副其实的官场妖孽。

之后他赞成割让北方三镇，和当时的御史台长官秦桧唱反调；再之后金军退兵，张邦昌派人向赵构表忠心，派去的人就是他，让他在第一时间给赵构留下了好印象；南渡之后，赵构忍过了苗刘叛变、"搜山检海"之厄，陪着他受罪的朱胜非、吕颐浩也翻身落马，没啥实际罪过，都丢了相位。

等事情都安定之后，范宗尹上位。

而此时，张浚还在大西北和曲端较劲，和一大堆的完颜打得死去活来……相比之下，范宗尹的幸运简直是人神共愤，天地失语。

这样的人，是能收买的吗？

所以范宗尹做证之后，官场相信了，民间寂静了，赵构也动心了。甚至于因为范宗尹的证明，让范、秦两人的声誉都有所上升。

他俩本是敌对的，这时范能为秦撇清，是很高尚、很绅士的行为，他有着纯洁的心灵！而这个，正是北宋官场的标志，是最绚烂时期才有的事。

比如范仲淹与富弼、吕夷简等人的交往，彼此可以不同意观点，但能协力为国分忧，这才是大臣之间应有的气量。

看着很崇高吧，说实话之前我也很激动的，可史书看得多了，渐渐品出了些许异味。政治就是政治，没什么品位格调可言，像什么“我不同意你的观点，但是誓死捍卫你说话的权利”之类的话，都是骗人的，谁要把这个当真，一定死得超级难看。

就像法国大革命时期的铁血人物罗伯斯庇尔，法庭宣判他死罪时，他一次次想站起来发言，却一次次被打断，到死也没获得说话的权利，纯属活生生憋死的。

具体到秦桧与范宗尹之间，范妖孽为什么会力保秦桧呢？利益关系被排除、奸细的互相掩护也不是，那么是上面说到的高尚、绅士、纯洁、气量之类的素质吗？

总觉得很虚幻，太假了。

思前想后，综观细查秦桧的一生，一个答案才悄悄地浮了起来。这时说会不会是剧透呢，会不会降低阅读快感呢？

应该会，但不得不说，说了才会在成团成堆成山一样的乱麻里理出清晰的脉络，才知道秦桧是怎样一步步走上古往今来汉民族第一败类的神坛的。

请注意，秦桧最大的特性——欺骗。

这是个很常见的技能，凡是想作恶的人都具备。但是秦桧把它升华到了一个无敌的层次。历史会证明，他能让每一个大人物翻身落马、身败名裂，不管对方是谁，哪怕是神勇睿智如岳飞，地位至高如赵构，号称识人第一的张浚，或者是眼前的这位蹿红速度无比妖孽的范宗尹，都被他骗得团团转，直到失去一切。

直到他死了之后，才能稍微地喘口气。但是，却仍然无法改动他生前所规定的事情。

尤其令人发指的是，秦桧的欺骗性是无解的，很多与他有关的事，哪怕改朝换代到 800 多年以后的今天，仍然充满争议，连他本人到底是好是坏，是为国的忠臣还是无耻的汉奸，都有各种不同的声音去没完没了地解析。

骗到这程度，让人怎么办呢?

记住他的这个特性，看眼前发生的事情。范宗尹确认他是身世清白的好人之后，把他引荐给了赵构。这是赵、秦之间的第一次见面，稍等，这两个姓氏在中国历史上是有特定意义的，把它们连在一起，到清朝了在皇宫里还频繁出现。

赵，秦朝的赵高；秦，宋朝的秦桧。这两个姓因为这两位人才被清朝的皇帝钦定为宫里太监的统姓，以提醒皇帝们小心身边人。

唉，从何说起呢，又不是姓氏本身的错。

对这次见面，秦桧准备得非常充足。他给赵构带来了两个非常贵重的消息。

第一，赵构父母亲的近期状况。

这是非常重要的，历史一直说赵构很冷血，这不准确。赵构是个复杂的人，他有冷酷的一面，也有作为人的一面。他一样有对父母亲的思念，历史可以证明，当后来赵佶的死讯传到江南时，赵构心如刀割，怒不可遏，第一时间找到了自己最厉害的将军，发誓生父之仇，不共戴天，集结所有兵力北伐!

这时他问了很多，秦桧说了很多，这都是难得的第一手资料，除了秦桧之外，没有别的人能提供给他。这让两人的距离迅速拉近，因为聊的是亲情，产生出的亲近感也与众不同。

第二，秦桧提出了一个政治观点。原话是：“如欲天下无事，须是南自南，北自北。”这句话很有学问，字面上看很简单，是说南方的人归南方，北方的人在北边。只能是这个意思吧，但以什么时间段为准呢？

如果以靖康之变前为准，那么秦桧就是个坚定的抗战派，决心收复故土，大家哪儿来的回哪儿去，女真人退回卢沟桥以北，宋朝人回开封。

可如果是以靖康之变之后呢？

秦桧当然不会这样模糊地对皇帝说话，在定义南北问题之前，他先和赵构谈了一下对当前局势的看法。中心议题是女真人到底想干什么。

这在“搜山检海”时没必要探讨，完颜们的目标只有一个，即灭绝赵氏，吞并整个江南，把金帝国的疆域一直推进至海岸线最南端。

可是在黄天荡、建康两战之后，这事儿就要两说了。最年轻、最活跃的完颜，即金兀术被痛打之后，女真人推出了一个傀儡王朝，刘豫的“齐”国，由它在宋、金两国之间缓冲。

这说明了什么呢？女真人并不是什么战神的后裔，并没有什么不战胜毋宁死的信念，在连续挖倒了两座空前巨大的烂掉地基的庞然大物之后，他们遭遇了空前强烈的抵抗，终于变得理智，不想硬拼了。

秦桧提醒赵构，这是千载难逢的机遇，正好向金国请和。“南自南，北自北”。维持现状的话，金人一定会满意、同意。

赵构犹豫了，他确实想求和，这几年的惨痛遭遇实在是让他受够了，他可以拍着良心说，他从来就没想什么收复开封之类的事！可是要怎样操作呢？他之前给金国写过国书级的求和信，信里连皇帝封号都放弃了，改称自己是康王，但求来的是金兀术满世界的追杀……这时再求和，信写给谁，怎么写？

秦桧为他指出了一条明路。他说据他在北方长期的近距离观察，金国元帅左都监完颜昌是位爱好和平的人，曾多次表示过对赵构的友好，如果写信给完颜昌的话，事情会进入正轨。

赵构再次犹豫。他倒不是不相信，而是这里有个面子问题。政治交流的前提是身份的对等，他可以给完颜吴乞买写信，别管多么谦卑，是皇帝写给皇帝的，可完颜昌连金国军方的最高首脑都不是，他突然间写信过去，是不是太丢份儿了呢？

这是个问题。

秦桧再次提出了建议。他说信还是要以皇帝的身份写，毕竟是两国间的大事，除了皇帝本人之外没谁能做主。至于送信的可以在南宋军方里找一个与完颜昌身份对等的人，这样如果事成，可以诏告天下，皇帝带来了和平；如果不成，只不过是下边的一个军人的个人行为，与宋室无关，与时局无关，与声望名誉无关，与什么都无关。

赵构的眼睛亮了，这的确可行，而且他的军队里还真有一个能干这件事的人。

大衙内刘光世。看身份，刘光世是建炎南渡之后第一个建节的人，比吴玠还早。所以在和尚原大胜，吴玠建节时，得加个“以军功”建节第一人的前缀。

时光流逝，很多事情在迅速发生着，它们在乱世里像爆炸一样四处乱飞，谁也没法一一道来，除非要看流水账。所以只能需要什么，筛选什么，比如刘光世在这段时间里做的事。

刘光世本性大暴露。

印象里这人很乖很聪明，非常懂得做个听话的、享受型的下属。如果要起个外号的话，应该叫“乖乖虎”才贴切。

真的吗？恰恰相反。在南宋朝廷里，最令皇帝宰相们头痛的就是他。这可以在一幅传世名画《南宋·中兴四大将图卷》中形象地看出来。在那幅画里，张俊身着红袍面目舒朗，再也没有早年窘迫压抑的神色；岳飞、韩世忠两人身着黑袍端凝沉郁，两位战绩最飞扬的人，反而最低调；大衙内刘光世，他身着青褐袍、轩目扬眉、趾高气扬，其余三人都微微俯低着身姿，双手交叉握于胸前，态度恭谨，唯独他双手插在腰带里，挺胸抬头不可一世。

这太传神了，这几年里他就是这么生活的。赵构命令他去当杜充的下属，他列出个清单来，说杜充有六个问题让他很烦，不去；苗、刘叛变，张浚命令他发兵，他嗤之以鼻，你算老几，凭什么听你的？直到老牌大臣吕颐浩出面，他才起程；金兀术追杀赵构，孟太后带着整个后宫逃亡南昌，赵构派他在江州挡住金军，他老兄一路狂奔到达江州之后立即开始喝酒。

金军渡江，他不知觉；金军杀到，他马上逃跑。孟太后自己想办法才侥幸逃脱；楚州被围攻百日，赵构亲手写了五份圣旨要他救援，他不去；张俊调他去剿匪，他说自己身边还有匪呢，剿完了再去帮你……凡此种种，不一而足，奇妙的是，每次不听话换来的都是——加官晋爵。

没有别的原因，他有兵！

这时赵构想了又想，觉得让刘光世写封信还是能命令动的，于是把任务交代了过去。这次大衙内很给面子，把赵构的信放进信封里，外面写上自己的名字，派五个人，人手一份出发，保证信能冲破交战区，顺利送到完颜昌的手里。

信送出去了，南宋开始等待。因为这封信，还有之前秦桧在北方受的苦、在靖康时的坚贞，宋朝加封秦桧为礼部尚书，四个月后，也就是宋绍兴元年，1131 年的二月，秦桧升任参知政事。

他成了南宋的副宰相。

闪电一样地晋升，秦桧并没有满意，他谨慎地压抑着自己，每时每刻都让皇帝喜欢，让首相满意。同时小心地寻觅着进一步的机会，因为他要做的事，是一个副宰相所触摸不到的。

可是谈何容易，范宗尹是地道的官场妖孽，见识、运气、胆量无一或缺，为了显示完美，他甚至还有良知和义愤。这是多么奢侈啊！

这些素质让范宗尹做了三件事：第一，他撤销了行营司，恢复了枢密院领兵的祖制；这一点让秩序迅速回归，相比之下，即便枢密院军制有各种各样的缺陷，它也比临时架构的行营司完善得多。并且这显示出范宗尹的气度过人，他没有乘机把军权揽在宰相名下，让自己实权大增，而是主动分离。

这是难能可贵的为国精神。

第二，他设置了镇抚使。这个编制没有固定的成员，成员的资历也没有硬性标准，只要你有力量，去金、齐之间，宋、齐之间扎根立足，到那儿去平盗抗金，给异族人添乱，那么你就是镇抚使。

这在当时是亟须的，南宋的军力有限，始终无法做到全境御敌，那么就必须得放权，让民间也罢，让部分军人也罢，去犬牙交错时刻变幻的交战区各自组兵力、自筹粮饷、各自为战，这是没有办法的办法。当然这么做有很大的风险。

一是良莠不齐，有的真能与金军血战，保境安民，成为国家的屏藩，有的却乘机为害一方，变成有身份的强盗；二是更危险，“自组兵力、自筹粮饷、各自为战”看着很方便，搞不好会出现割据现象，发展下去会有唐末时藩镇一样的实权人物登场。

但那是后话，将来想办法制止，也比现在异族人随意过江的好。

前面这两件事让范宗尹的声誉不断加高，要命的是他做了第三件。

第三件事的涉及面太广，意义重大到主宰整个南宋的精神内核——“清算”。北宋灭亡了，绝大多数的宋朝人一直在琢磨一个问题——如此庞大辉煌的国度，是怎样突然坍塌的？简单地归结为女真人的侵略是很片面的，宋朝人想了很多，一直在分析问题出在了哪里。

这种追溯式的反思，不断地开展着，渐渐地形成了南宋的主流意识。在这时，范宗尹不仅给出了自己的答案，还提出了解决的办法。

他是行政官员，把问题归结为政府的错误决定。是宋徽宗赵佶不按常理出牌，不断滥赏造成的。用现代话来说，就是政府公开的腐败。

官衔、俸禄、奖金随意发放，把所有的游戏规则都打乱了。想改正这一切，只有一个办法，就是彻底清查之前的所有滥赏，一个个都追回来。

以上是关于北宋怎样亡国、南宋如何重生的范宗尹版看法。这应该是南宋立国之后首次关于这个问题的探讨和实际改正。在这之后，一整套的理论不断涌现、完善、集成，最后形成了中华民族自南宋开始，直至明亡清兴，民国初立都一以贯之的学术流派以及一位指天斥地，给万世人类当行为、精神警察的圣人出现。

话说得有点儿远了，回头说范宗尹。他的第三件事一出炉，立即把官场炸毁了，何谓“滥赏”？蔡京、童贯、梁师成等六贼肯定是了，那么像何栗、李纲、秦桧甚至他范宗尹本人呢？一样是突然提拔上来的，骤然间高居大位！

难道都要一一打回原形吗？

范宗尹为自己的理想主义式的清算付出了代价，他得罪的人太多了，没有谁敢跟他站在一起，在这样的世道里，几乎每个人或多或少都有些不干净。

并且最让人难堪的是，他把宋徽宗押到了被告席上，“滥赏”都是赵佶赏的，接受的人有罪，难道发放的人没过错？

这是逼着赵构给他在北国受苦受难的老爹判刑……赵构烦了，整个官场怒了，范宗尹被赶下了台。

范宗尹被整个官场抛弃，他先被贬到温州，再贬到临海，郁郁寡欢得病而死，卒年仅 37 岁。回想起来，他就是升得太快了，视官场如玩物，视官员如草芥，最后也被官场当作草芥一样扔到荒郊野外了。

秦桧在这件事里得到巨大利益。

他先是紧跟着大领导走，为范宗尹摇旗呐喊，之后眼见风头不对，迅速躲到一边，划清界限，再之后他顺从民意反戈一击，成了打压范宗尹最出力的人。

事后最出力的人自然得到了最大的彩头，空出来的首相位置，怎么看都可能由秦副宰相顺位递补。秦桧热切地盼望着，官场也见怪不怪。这几年里赵构的宰相像走马灯一样地换，很多不被看好的人突然就升了上去，那么为什么秦桧就不行呢？

秦桧的资历、声望比前面的一点儿都不差。可是赵构却仿佛嗅出了点儿什么，这个年轻人不像从前了，经历过生死危机之后，他的生存能力进化了，再没有谁能从他这儿轻易得到信任。

他清醒地记得，当初为什么让秦桧当副宰相，是因为这人说能带来和平，而写出去的信一直还没回音。光是这一点，就让他握紧了相印，不能交出去。

渐渐地，官场传出了小道消息，说前首相吕颐浩要回来官复原职了。秦桧一听就急了，他脑子里瞬间反应出问题所在，他的价值不足以让皇帝动心。也是，求和信发出去了，完颜昌居然一点儿回音也没有，这让谁都受不了。

秦桧一不做二不休，许下了更大的一个愿。他公开声称，他有二策，能“耸动天下”。官场中的八卦之火顿时熊熊燃烧，大家聚成堆问他你想出什么招来了。

秦桧摇头，说了也没用，现在没有首相，政府机构的功能被冻结，什么事也做不了，说了也是白说。

众人心领神会，各自散开，秦副相这是待价而沽，以这两条计策换正相位置呢……好主意，好算盘。

不久，吕颐浩上任，重当首相，秦桧还是下属。

首相梦碎了，秦桧表现得却很兴奋，他似乎由衷地为吕颐浩高兴。吕前辈是平叛功臣，是定鼎南宋，陪着皇帝上山下海的人，得到什么样的荣誉都应该。

他甚至提议，给吕颐浩更高的荣誉。

荣誉来自职务，他要让吕颐浩成为宋朝有史以来最强势的宰相，去前线独揽军事大权，全权负责宋朝的安危。也就是说，吕首相兼并了枢密院。而他自己呢，窝在后方小朝廷里，每天处理数不胜数、烦不胜烦、没完没了的小事务，为吕首相当好后勤。

此论一出，朝野欢悦。秦桧真是太贤惠、太善良、太体贴了。这样的分工明明是男主外女主内一样，把自己降低到这种程度，着实难能可贵！

赵构也很欣慰，他的宰相换了十多个了，哪怕关系最好的黄潜善、汪伯彦都没处到这份儿上。秦桧，真是为公记私，多么实诚的办事人！

赵构下令批准，原话是："……颐浩整治军旅，桧处理庶务，如文种、范蠡故事。"这个比喻很恰当，文、范两人辅佐越王勾践复仇夺地称霸中原，正和这时宋朝的处境、理想契合。

最高兴的人还是吕颐浩，这位首相大人是敢和暴怒状态下的御营卫士对峙，差不多就拔刀子互砍，陪着赵构坐船逃亡只当旅游的牛人，哪耐烦天天坐在屋子里处理杂务。去前线和军人待在一起，保家卫国定策安邦这才是他该做的事。

于是，吕首相热血沸腾地出发了。

秦副相目送他走远之后，宣布成立一个叫"修政局"的小衙门。从此之后，不论大事小情都交送新单位，由局子里的人做决定。

而进这个局，唯一的条件是，听局长秦桧的。久经战乱，正处于清算思维状态中的南宋官场瞬间就明白这是怎么回事了。秦桧搞的这个修政局，与蔡京当年的讲议司一样，换汤不换药，都是要独揽大权。

揽权很正常，可秦桧的吃相太难看了。这才哪儿到哪儿，就想跟蔡相公比较了。蔡京当年经历了20多年磨难，和皇帝天生志趣相投，才一步步爬了上去，搞讲议司操控全局。

你秦桧才回来不过一年，凭什么一人独大?

官场集体愤怒，一边抵制，说"宰相事无不统，何以局为"，一边派人去长江边通知吕颐浩，你被秦桧骗了。

吕颐浩一听，非常兴奋，这人不拒绝任何挑战，抽个时间回临安，就把事办成了。不就是一个小小的秦桧嘛，他才没心情因为这个就回来陷进文山会海里，他推荐了一个非常善于内战的大人物出场，由这个人去搞秦桧。

朱胜非。

这位前前宰相在极其危险的环境里，把苗傅、刘正彦玩死，政治斗争技巧堪称炉火纯青、游刃有余，由他同样担任副宰相，同等权力下，秦桧注定被摁得死死的。

事实也是这样，秦桧慌了，他决定实施那两条“耸动天下”的奇策，由它来挽回一切。这两条奇策的原文很啰唆，简单归纳其实是一条，也就是“南人自南，北人自北”的延伸。

秦桧主张，原本是长江以南的人，就一直住在江南算了，别再想着什么回归中原，没你们什么事；原来是北方的人，比如原河东、河北、河南、江淮地区，逃到江南的，都要回到北方去……也就是回到金国人的治理下，当一个标准、合格的奴才。

这样金国就会满意，战争才会平息，宋朝才能稳定。

这些公布之后，的确是耸动天下了，秦桧的名声比之前的范宗尹还要响亮。范宗尹只是搞官场清算，去掉某些人的特权福利而已，秦桧是要把已经逃出来的人再送回异族人的虎口里去！

群情激愤，恨不得活吞了他。

只有赵构还保持着沉默，不是他没神经，而是他在等消息。秦桧为了加大政治筹码，再一次派人送去了给完颜昌的信，赵构要等到回音，看是什么结果才做决定。

等了很久，石沉大海，啥回复也没有。直到这时，赵构才真的怒了，公开斥责道：“桧言南人归南，北人归北，朕北人，将安归！”

难道让本皇帝也回北方去当战俘奴才吗？

至此，秦桧终于绝望。皇帝这样对他，他的最后一根稻草也没了。在随后的处理决定上，他见识到了赵构在政治上的残暴性。

年轻的赵构真的进化了，他变得敢于对官场的人下手了，这几年里宰相们像走马灯一样地换，是一个体现，谁也别想在他的朝廷里掌握实权。这时对秦桧的处理决定更是旗帜鲜明，他把秦桧的官职一撸到底，并且在朝堂的显眼地段挂出了一纸告示：

秦桧，永不复用。

这等于彻底、终身制地剥夺了秦桧的政治权利。秦桧失败了，不管他负担着多么沉重的历史重担，以什么样的神奇姿态穿越重重关隘闪亮回归，在这一刻，他都被画上了休止符。

这是怎么搞的呢？传说中，高宗和秦相是一对不离不弃，任何时刻都保持着伟大友谊、同进同退的好同志嘛，怎么会这样绝情？

这个原因我考虑了很久，终于某天灵机发作。这两人的关系，乃至于他们各自的心理转变，都可以用“婚姻”来比喻。

经历过婚姻的人都会知道，一对男女之间的关系总是会变化的，比如一个男人，他在婚前事业有成面貌英俊，追求他的女士很多，于是他高高在上，在与他的女朋友的关系里占据着主导地位。

但是，如果他婚后还想这样，就不大可能了。如女方的事业也成功了，哪怕是在他的帮助下成功的，她在婚姻中的地位也会随之改变；退一步说，她没有事业，只是个家庭妇女，也会随着时间的推移，不由自主地把自己摆到与丈夫平等的地位。

总之一切都在变化中，秦桧这时在赵构的面前只是一条被呼来唤去的狗，觉得可用，扔块骨头；觉得讨厌，一脚踢开。

这是开始，可别想着永远这样。

回头说一下这次秦桧倒台的具体原因，仔细分析有两点：一个是他本身素质决定的，这时他的骗术还很初级，属于集中精力，只骗一时的阶段。

无论是面对赵构，还是面对吕颐浩，他都是摆出了一副可爱的模样，一边做着大公无私的事，一边搞小动作。不幸的是，官场是个菜市场，有什么交易，谁和谁干了什么，大家一目了然。

于是，秦桧悲惨了。当大家都知道他的面目、他的手段之后，他还怎么玩呢？所以，这时的他只是个初级骗子，让人一时上当，之后被人一脚踢倒。

初级的、没根基、没力量的小骗子。

后来就不同了，秦相也会进化，他东山再起之后进化到了一个可怕的程度，他会摆明了骗，雍容大度地骗，带着强大理念，让世人受骗之后还在琢磨是不是要回报以欢呼地去骗！

一切都在变化中。

这也是秦桧第一次失败的另一个主因。相比之下，这个比上一个还要致命。他回归之后迅速和宋朝上层达成一致，写信给完颜昌寻求和平。可是一连两封，啥回音也没有，这和原计划大不相同，甚至是之前不可想象的！

秦桧最乐观的估计，是一个因为特殊政治需要被金国放回来的对女真人、汉人的利益同等看重的囚徒；最恶劣的分析，他是一个出卖了人格，甚至因为在北方受到严重摧残，导致心理变态，回归了汉人区域之后，仍旧无法克制地为施暴者忠心服务的受虐狂。

他绝对没有办法杀看守、夺船只、千里冲关夺隘回归宋朝。

所以他和金国必有前约，他写信给完颜昌，绝对不应该收获沉默。而偏偏是金国方面出了问题，让他在宋朝方面搞得像空手套白狼一样，没人品没信誉，换谁都得开除他。

可以想象，当秦桧灰溜溜地走出南宋朝廷时，他的心里羞耻难堪的感觉远远没有纳闷多，他实在是想不通，金国到底出什么事了，还是信使全死在了半路上，让亲爱的、充满了人道主义精神的完颜昌没有收到和平的橄榄枝。

他的确是想不到，这时金国的上层乱到了什么程度。

第二十八章　西南决战仙人关

金国的派系斗争变得杂乱，之前是以完颜宗翰为首的老资格军阀一派，对抗金国皇帝完颜吴乞买、完颜昌为首的另一派。

两派争的基本是国内的话语权，显得派系清晰，目标简单。但是一个人异军突起，把一切都搅乱了。完颜宗弼，这个小弟弟不知怎么搞的，之前显得非常乖，可这几年里单独领兵打了几仗之后，突然间不服管教了。

他鄙视这些躺在功劳簿上睡大觉，只知道窝里横的前辈，认为他们失去了尚武的女真精神。而他，就是要重振女真军威的人，他要用纯粹的武力征讨四方，再现他父亲完颜阿骨打的神威!

他一生都为这个目标奋斗，不管是谁挡在他的面前，哪怕是女真族内比他还要显赫的贵族，也要白刃相向，不死不休。

他真的这么干了，完颜昌的和平提议就是被他压制的，导致秦桧在南宋唱独角戏，尴尬落幕。而时局也在为他帮忙，短时间之内接连发生了两件事，让他在金国内部迅速抢班夺权。

第一件，宋绍兴二年（1132 年）十二月，宋军突然主动进攻伪齐。

这次进攻在历史上没有留下显赫的声名，但是它的攻击力度，取得的辉煌战绩，丝毫不逊色于南宋总结出的那十三次军功。它甚至只差一点点就完成了宋朝人梦寐以求的夙愿。

伪齐当时已经把国都从大名府迁到了开封城，刘豫鸠占鹊巢，窃取了北宋的皇宫。他征集了十余万乡兵编为 12 军，沿黄河、淮河两岸及陕西、山东等地驻扎，进窥南宋。

看上去声势浩大，实际上破绽百出，在每一条战线上都兵力薄弱。南宋只要发兵，肯定能打破壁垒，攻入淮河区域。

当时很多人看清了这一点，可出兵的居然是襄阳镇抚使李横和河南府、孟、汝、唐三州镇抚使翟琮。

这两人都不是宋朝正规军出身，他们是北方沦陷时自发形成的义军。哪怕这时有了宋朝的官衔，也仍然被排挤在主流之外。

历史证明，在哪个时代里，抗战最积极，行动最迅速的，都是非主流的人员。这是巧合吗？里面应该隐藏着巨大的问题！

李横、翟琮率兵北伐，这是南宋历史上第一次北伐。他们的部下有彭圯、赵起、董先、张圯、董震等，还有一个人叫牛皋。

李横军渡江之后横扫两淮，直扑河南，连克汝州、颖昌等地；翟琮军进攻东至郑州西到京兆之间的广阔区域，与李横军形成从西、南两面合围开封的态势。

攻势迅速，转过年后二月间，两军已经攻至开封城外围。这是出乎敌我双方预料的战绩，不仅刘豫没有料到，南宋方面也没有准备，其他的友军，像长江防线上的刘光世、韩世忠两军，都相距过远，哪怕是急行军赶过去支援，都来不及。

可金国来得及出兵。刘豫慌了，他明知道求援意味着在女真人心里失去砝码，也顾不得了。这正中金兀朮下怀，真是盼什么来什么，想打仗就来了对手。他带着嫡系精兵出征，会合伪齐大将李成，组成近10万的强大联军，与李横、翟琮在开封城郊的羊驰岗决战。

战线过长、补给不足、长期作战，让宋朝北伐军实力下降，羊驰岗之战是他们的终点。李横、翟琮被击败，事实证明他们真的是尽了全力，因为之后他们再没法支撑了。北伐军一路败退，之前所夺得的疆域全部失去，金、齐联军趁势反击，衔尾疾追，相继攻占了邓州（今属河南）、随州（今属湖北）、襄阳及郢州（今属湖北）。

也就是说，北伐军连自己的根据地都丢了。

李横等人一直退到了洪州（今江西南昌）才稳住局势。这时形势危急到了前所未有的程度，伪齐不仅在长江防线上打开了缺口，让江南大片腹地暴露在威胁之下，还切断了宋廷与川陕之间的通道。他们可以溯江而上进攻蜀川，可以顺流直下攻取吴越，为了必胜，刘豫还派人去联络洞庭湖的起义军首领杨么，预先埋下了一颗钉子。

总之南宋防线突然间千疮百孔，哪儿都是窟窿，金、齐联军怎么打都是机会。可等了很久，金兀术却没有出现，他没有趁热打铁，反而带着兵跑到大西南的深山老林里练爬坡去了。

因为那边的机会更好，和尚原大败之后留守在陕西境内的撒离喝居然突发神勇，正面击败了吴玠！打通了由陕入川的另一条通道。

这消息让整个金国震动，简直是飞来横财，还突破什么长江防线啊，先蜀后江南，这是最划算的打击路线。不用犹豫了，马上调重兵支援撒离喝，把吴玠彻底碾碎。

为了必胜，为了顺利进入蜀川，在蜀川安家落户，金兀术这次出兵，除了带着所有能调集的重兵之外，还有重兵们的家属也一起随军上路。

开战之前，先回顾一下刚结束的撒离喝、吴玠之战。这一次他们争的不是和尚原，而是饶风关。众所周知，陕西在蜀川的上方，是后者天然的屏障。以西安为参照点，可以清晰地看到宋、金两军这一段时间里的争斗路线。

西安平行向西，也就是宝鸡方向，一路上有诸多名胜，汉武帝的茂陵、唐太宗的昭陵、蜀汉武侯逝世的五丈原、杨贵妃墓、明修栈道暗度陈仓的陈仓古道等都在这条线上。到宝鸡之后，就是大散关、和尚原，吴玠大破金兵的地方。

这是一条线，是金兀术撞得头破血流的地方。撒离喝很聪明，他清楚自己的兵力不如四太子，勇气更差得多，所以他把这条线放弃了。

他主攻的方向是西安的正下方，也就是南方，现今重庆市的方向。蜀川广阔，它与陕西的边界线绵延漫长，从这里一样可以突破。

这样战争的重心一下子偏移，脱离了吴玠的兵力中心。所幸的是，吴玠是主帅之才，他对战争早有全盘估算，在这个方位也有准备。

和尚原之战结束后，吴玠向宝鸡的后方稍微后撤，到达现在甘肃境内的徽县附近的河驰，在这里设立大本营。和尚原交给了他的二弟吴璘，派原八字军主将王彦驻守金州（今陕西安康），这样就形成了一个三角形，可以各方呼应。

金州，就是这次撒离喝出兵的攻击点。

时隔数年，王彦再一次成为战争的焦点。金州的位置实在是太刁钻了，看地图，它的正下方是重庆市，谁都知道从重庆入四川全是水道，是逆流而上的湍急险滩。从这儿打，除了要付出极大的伤亡之外，还必须得有一支强大的水军。

这些都不是撒离喝能承受的。

可是绕过金州，在它背后的兴元府（今陕西汉中）才是入蜀的正路，甚至再向前一点儿到阳平关，那里是当年三国时入蜀的官道。

这都是常识，撒离喝不可能不知道。但他就是不敢去直接攻打汉中，那样河驰方向的吴玠会快速顶上来，后边的王彦再关门打狗，他就得扔在汉中附近。

吴玠选中了金州，就逼着金军强攻、王彦死守。这一战打响，王彦虽然威名早著，是南宋将领中成名极早、立身极正的名将，但是实力已经不是当年渡江征战时了。此时八字军精锐他都交给了御营，从御营离开时他除了高大的形象之外，等于两手空空。

在西军中，在吴玠的手下，王彦只是一个普通将领，给你多少兵，你就带多少人。想一想吴玠本人此时的兵力也不过万，他的战力能高到哪儿去。撒离喝集结陕西境内的全部金军杀到，王彦率部死守，仍然无济于事。金州城破，但他给吴玠争取到了宝贵的时间。

时间是这时最值钱的，撒离喝的目标是兴元府，兴元府与金州之间有座关隘名叫饶风关。它设在崇山峻岭之间，险要性与和尚原不相上下，是兴元府以东最后一座屏障。金军如果抢先占领它，顿时主客易位，宋军得去扮演金兀术的角色，拿人命去堆，才有可能抢回来。

兴元府主将刘子羽第一时间派兵去抢饶风关，同时急报吴玠请求支援。吴玠尽起精锐，本人亲自率军一日疾驰300余里，抢在撒离喝之前赶到饶风关。

这种速度差点儿让完颜撒离喝哭出来，这个完颜其实是很善战并且超级耐战的，他几乎是第一代完颜中活得最长的一个。

就是泪腺过于发达了些……可这也实在是吴玠太过分了。河驰远在甘肃，与饶风关之间的距离足足比金州远了一半以上，并且还是先由兴元府求援，吴玠才带人赶过来的，里外相加，撒离喝想不通为什么是自己迟到了，难道女真战马退化了吗？

而迟到之后的代价实在是太大了，由不得他不悲愤，他得像强攻和尚原那样，用人命去填饶风关前面的深沟险涧。想想之前四太子是啥结果，他实在是恨得牙痒。

说什么都没用了，撒离喝下令金军强攻，不惜一切代价，一定要把这道关卡突破。为了达到目的，撒离喝想了个超笨的绝招。

他命令金军士兵下马，身披重甲，全副武装仰攻。重甲，据考证，宋代制式重甲一般是58斤，而宋代一斤折合现代一斤二两，也就是说，女真士兵要负重69斤以上翻越秦岭山脉。

同时面对宋军的弓箭、滚木礌石。

回顾历史，这种活儿连完颜阿骨打时代的女真军都没干过，这时女真建国快20年了，起码换了三茬以上的新兵，这么搞，实在是太生硬、太强求了。

可撒离喝有理由必须这么做。饶风关之后，陕西境内再没有任何险阻，除非去闯汉末时三国的入蜀古道阳平关，不然一马平川，蜀中在望。

而这也是吴玠必须拼命的理由，他若失败就等于葬送整个蜀川，甚至江南河山！双方都拼命了，整整六天，昼夜相加等于12个白天，战斗从来没有停息过，饶风关前躺满了金军的尸体，可后面的女真人踩着尸体继续强攻。他们真的是用人命在堆战绩，拼消耗压垮吴玠。

这个想法在第七天的清晨时分被撒离喝放弃了，他已经比金兀朮做得更狠更硬，可惜对吴玠无效。六个昼夜的强攻什么都没得到，他不知道吴玠的承受极限在哪里。

不过他不再烦恼这件事，现实让他喜极而泣，这绝对是欢乐的泪水，他爱死汉人了，从此理解了四太子殿下为什么总是那么好运。

汉人会主动上门帮忙！

一个当地汉人，另有说法是吴玠军中的叛徒，来告诉他有一条非常隐蔽的小道能绕到饶风关的背后，从那里居高临下，吴玠会变成防御方。

这是饶风关与和尚原的最大区别，和尚原是大散关附近的制高点，可饶风关修筑在半山腰。这个不知名的汉奸决定了这次战役的走向，当金军突然出现在背后时，吴玠真的是措手不及！

上下夹击，吴玠败了，饶风关失陷。

可是撒离喝没法高兴，在这种情况下他居然没能杀死或活捉吴玠本人，甚至连吴玠的部队都没能击溃，战后清点，搞得像吴玠从饶风关撤军了一样！

赢得窝囊……不过当年阿骨打太祖打败辽国皇帝的亲征大军时也是因为意外嘛，胜利就是胜利！撒离喝收拾心情冲向了兴元府，陕西眼见得全境陷落，蜀川的大门在为他打开，他相信蜀川、江南的财富美女一定会让他高兴起来。

不过，兴元府等待他的是一场全城性的大火，刘子羽把能烧的全烧了，没住处没粮草没援军，关键时刻后方的金州又突然丢掉，被王彦收复，撒离喝总结了一下，似乎攻下饶风关之后，他被关门打狗了。现实要求他要么凭着眼下手里的军队自筹粮饷，打进蜀川，站稳脚跟，要么就得马上后退，回到凤翔周边，自己的老巢才安全。

如果那样……他拿人命推开的这条路还有意义吗？难道他就是要让自己的士兵穿着重甲倒在秦岭山下，搞一片露天墓场吗？

越想越憋屈，他恨自己为什么没在开战之前料到这一点，这种情况并不是没解的，只要后续部队及时到位，那么王彦、吴玠、刘子羽都只是丧家之犬。

……但是，根本没有后续部队，陕西境内的女真部队都在他手边，再找就只好向本部大本营叫人。于是，他向四太子发去了紧急求援信。

金兀术立即放下了长江防线，第一时间赶了过来。只不过他再快，也是两个月之后了，他和撒离喝只能在凤翔府会合，重新讨论从哪条线破陕入蜀。

这个问题对别人来说是个技术问题，比如讨论一下哪条线的关隘更多，宋军的兵力更足，等等。可在金兀术那儿，这就是个性格问题。

他直接选了和尚原一线。这是他心里永远的痛，要是不在这条老路上把死对头吴玠干翻，他就没法确认自己女真战神的身份。那是他第一次彻头彻尾失败的地方！

没说的，他再次率领了 10 万大军逼近秦岭大散关，重爬和尚原。

实战证明，勇气是冷兵器时代战争的第一要素，完颜宗弼真是有种，他带人强攻和尚原，当年没打下来的，这次一战成功。他登上大散关绝顶之后披襟临风，心怀大畅，他真的是金国之兀术，注定了纵横天下，为女真开疆拓土！

不过稍后就吃了个苍蝇，有人告诉他这次守和尚原的并不是吴玠本人，而是吴玠的弟弟吴璘……呸，扫兴。好在吴玠就在前面不远的仙人关等着他，在那儿他俩必将会有一次郑重、隆重的重逢。

仙人关，西临嘉陵江，南接略阳北界，北边虞关紧邻铁山栈道，是块枢纽要地。更直观一点儿，它在吴玠的大本营河驰的东南方，这样它从地理、从兵力来说，都是陕西宋军当时最强的据点。

金兀术携破长江、克和尚原余威逼近仙人关，显赫声威中他加倍小心翼翼。吴玠是他的生平大敌，是正面硬碰硬击败他的唯一 一个宋朝人。

他决定这次无论如何都不能出错，要谨慎完美地拿下仙人关，毕其功于一役。可惜的是，他这样想着，刚刚安营扎寨，就被一个人打破了。

毂英，他的一员心爱的汉人将官，连招呼都没跟他打一个，就率领人马冲向仙人关，看架势是要单挑吴玠，凭他自己把战争结束了。

金兀术大怒，临战唱反调，这是成心坏他的大事！急怒攻心之下，他也不派人去追了，自己跳上马亲自赶了上去。

要说毂英真是位优秀的国际战士，为了女真人的利益，他什么都不顾了，一门心思杀向了吴玠。这一刻他忘记了血缘、忘记了祖宗、忘记了他主人的怒火，哪怕看着金兀术满脑袋火花四射地追了上来，仍然无动于衷，继续冲锋。

金兀术狂怒，快马加鞭追了上来，抽出刀来，用刀背狠狠地抽向了毂英的头盔。一边抽一边问，为什么不听号令？

毂英像是没痛感、没眩晕、没神经一样继续冲，根本不理他。金兀术被气疯了，这次把刀顺过来，仍然是刀背，可是捅向了毂英的后心，你再不停你再不停你还不停？

毂英停了，金兀术牛大的劲，虽说是刀背，也很可能捅进后心的。他停下来说了一番道理，解释自己为什么抢时间进攻。

他认为以吴玠的防守实力加上仙人关险要地势和河驰宋军大本营的兵力，本就很难啃动了，如果再给时间让陕西境内的宋军迅速集结赴援，那样仙人关会牢不可破。

毂英总结，这次战役最关键的不是地形怎样，而是时间的把握……没等他说完，脑袋和后心等要害部位又被金兀术连续击打几次，像赶鸭子似的被轰回了营里。

金兀术纳闷，狗没有狗的觉悟，什么时候轮到狗来决策了？

就这样，金兀术充分休息兵力，认真考察地形，在仙人关的东北方向约40里处的青泥岭、铁山一线抢占了一个制高点。这里的地势比仙人关还要高一些，如果把战马牵上去，从那儿发起冲锋，宋军得仰射才能构成打击。

他觉得这才是决定战争胜负的因素。至于别的，比如一连六天以来吴玠的那个弟弟天天和金军死磕，一步步地向哥哥靠拢，终于会合什么的，都不值一提。

1134年，宋绍兴四年二月二十七日，完颜宗弼率十余万金军进攻仙人关。从这一刻起，老规矩，他和吴玠会按天按时辰来分胜负生死。

战斗打响，这一次金军比和尚原野外徒手负重攀登要强得多，他们可以骑着马从40里开外以俯冲式冲锋……难度是不是太大了点儿呢，40里开外冲，现代最快速的跑车也得要三分钟才能抵达，金兀朮当年是咋想的呢？

不得而知，反正他向着仙人关冲锋，结果在关的东北方被一条狭长的山岭阻挡，这条岭像一条天然的城墙一样，把他们挡得一个结实。

后来完颜宗弼知道，吴玠给这条岭取了个名字，叫“杀金坪”。

战斗在杀金坪的前沿展开，在那儿有一片宋军的营寨，由统制官郭震驻守。这是一位英勇坚定超出常识范围的将军，他背靠险地与金军白刃血战，顽强地经受了30多个回合的冲击。

这个数字是惊人的，里面隐含着女真军队之所以破辽灭北宋所向无敌的秘密。之前宋军和西夏人争斗，西夏人一样骑马冲锋，但最多三次不胜的话，就会结束当天的战斗。女真人不同，他们会不断冲击，一次不胜有两次，两次之后会三次、四次直到天黑。

这种强度在后来被蒙古人打破，在那之前，没有任何人做到。这时郭震连续激战30多个回合之后支撑不住了，他率部撤回到杀金坪内。

他错了，在以往他堪称虽败犹荣，但这时有进无退，他不该退的。吴玠传令就地杀了他，首级号令全军——只能守住，不许后退。有后退者，就算我亲弟弟也杀了他！

金军攻到了杀金坪下。

守杀金坪的，正是吴玠的弟弟吴璘。

吴璘，字唐卿，生于1102年。他一直在哥哥的手下征战，印象中像是哥哥的一个影子。实际上两人功勋是叠加的，谁也离不开谁。

比如这一次，吴璘血战六天，几乎每一步都踩着金军的尸体来到哥哥的身边。除了带来难得的生力军之外，还有另一个更加重要的建议。

这条建议决定了这次战役的走向。

严格地说，饶风关、仙人关、杀金坪都有这样那样的致命弱点，都达不到和尚原的险峻程度。具体到杀金坪，它是一条狭长的天然山岭，险则险矣，要命在防线过于漫长，远不及和尚原、饶风关只在一点受力。金军的庞大军队在这儿展开进攻，让兵力处于绝对劣势的吴玠穷于应付。

这也是吴玠要派郭震出坪迎战的根本原因。

金军在当天黄昏时分攻到了杀金坪下，看时间很绝望，金兀术忘不了上次在晚上被宋军射得饭都没的吃，黑灯瞎火地往山下逃命。可这时他眼睛立即亮了，冒出了绿油油的光。这是一条多么理想的防线啊，简直是女真骑兵的最爱。

他和韩常东西各负责一端，组织骑兵轮番冲击，一会儿重点放在东端，一会儿在西段集中兵力，这样变幻不定，逼着坪上的宋军也得跟着他们换防。

漫长的杀金坪，宋军在跟女真人的马腿拼速度。这么搞谁也承受不住，没多久防线就出现了缺口。天色完全黑下来之前，金军骑兵冲进了杀金坪，吴璘被迫后撤。

仙人关近在眼前……金兀术狂喜中保持住了冷静，他下令全军戒备，四面严防死守，要比白天进攻时还要加倍小心。

吴玠在晚上时什么都干得出来。

不过出乎他的意料，这一夜很平静，什么都没有发生。第二天，宋军仍然没有动静。金兀术大喜，他抓紧时间从山下往上运各种拆装后的零件，在杀金坪上组装成了当时的大炮（大型投石器）。这是当时最强的攻城器械了，他不信这样还打不垮山上边的吴玠！

二月二十九日上午，金兀术带着30多门“大炮”向仙人关前进了，他信心满满，情绪高昂，直到发现前方有路障。

一大片漫山遍野丛林似的鹿角、木栅拦在前方，把路全堵死了。这些还不算什么，金兀术没抓狂，他盯着的是路障后面的东西。

那不是仙人关，而是另一道临时修筑起来的工事！这时他开始后悔，为什么要耽误一整天的工夫，看看宋军都干了些什么，相比之下，他自己造的那30多门“大炮”实在不够瞧。

这么想，他又犯了一个错误。吴玠虽然总能搞得他灰头土脸，可这次的事没这么简单。这横亘在杀金坪、仙人关之间的第二条关隘，是早就修好的，时间就在他战前休整的那六天里。当时吴璘与金军血战向哥哥靠拢，先期派人传过去了一句话：

“杀金坪之地，去原尚远，前阵散漫，宜益治第二隘，示必死战，则可取胜。”

这句话是此次战役胜负的核心，吴玠立即被点醒了，杀金坪的先天条件决定了它不可靠，而这条临时修筑的第二条防线，才是生存的根本。

他命令弟弟，杀金坪可以放弃，这条第二隘，无论如何要守住！绝不能让战火蔓延到仙人关城头之下，那时什么都晚了。

一切为这个作战思路服务，现在金兀术想攻击第二隘，就先得把路障清除，不然他的骑兵、他的“大炮”都不够射程。

清除路障让金军流尽了血，他们得下马，去搬。就是这个简单得不能再简单的动作，让他们暴露在宋军的弓箭之下，成了一个个缓慢移动没有遮拦的靶子。等他们终于把“大炮”推到射程之内，能发射时，这些女真人都快疯了。

玩命地发射，砸烂该死的宋朝人……之后他们真的疯了。从第二隘的阵地里发射出了更多的石块，像下冰雹一样砸了过来！

他们忘了，大型投石器这种东西本就是宋朝人的发明，他们之所以有，都是汉人工匠帮他们造的。吴玠既然下定了决心守住仙人关，这种器械怎么会不准备呢？

这时秦岭上漫山遍野的大石头，第二隘居高临下的位置，哪一点都注定了女真大兵们的悲剧。

限于木质投石器的使用寿命，流星雨终于停了。金兀术欲哭无泪，红了眼，下令骑兵出击，踏平第二隘！当然，在这之前还得再清理一下场地。

地面上全是大石头……

二十九日黄昏时分，女真骑兵终于排成阵势，向宋军阵地发起进攻。这时残阳似血，士气正旺，凭着女真人20年的征战惯例，这种情况下无可阻挡，眼前这条临时工事必将一击可破。

金骑冲锋，冲到半路时变得很愕然，突然发生了一件小事，是他们很久很久都没有遇到的了。宋军居然离开工事，出来和他们平地野战了！

宋军人数不少，足有几千。毕竟杀金坪一带地势狭长散阔，多少人都摆得下。看脚下，女真骑兵们很轻松，宋朝人没马，都是用脚在跑路，这一点足以决定此战结局。不过看了一下这帮人手里拿的家伙，女真大兵们忍不住集体哆嗦了一下。

宋军手里的武器不大常见，在唐朝之前它叫斩马剑，唐朝之后叫陌刀。

《唐六典》中记载，刀之制有四。一曰仪刀，二曰障刀，三曰横刀，四曰陌刀。这种刀长一丈，施两刃，唐时一丈为十尺或九尺，每尺合现代30厘米，也就是两米以上。这种武器在战场上有八个字的特定形容词来描述它的作用：

“一刀下去，人马俱碎！”

这种武器是女真人的另一个噩梦。陌刀与神臂弓是工艺、智慧的体现，是科技领先的汉民族对付野蛮侵略民族的两大利器。它们一个远攻，一个近战，是没法用蛮力以及所谓的勇气抵敌的。

这天傍晚宋军由将军杨政率领，举刀冲向了金军的骑兵阵容，之后血肉横飞，一片混乱。女真人怎么也想不到，他们最引以为傲的骑兵，在怨愤了大半天，积攒下足够的怒火动力之后，居然被砍成了一块块的碎肉，是被他们认定的软弱民族砍的！

天黑了，金兀术的心凉了，他传令收兵。二十九日这一天以金军惨败收场。

三十日这天，金军的进攻指挥权明显交给了撒离喝，他们用的是饶风关实验成功的那种很蠢的绝招。金军不骑马了，他们成了步兵。

这些人走得很慢，在山道上队伍保持得非常整齐。这很好，宋军方面的射手们习惯性地开弓就射，准确命中，可倒下的人却不多。

神臂弓失效了？

接着再射，终于有倒下的了，可是却发现倒下来的居然还在移动。怪事，从来没有过的事！再打下去，接触多了，宋军才发现原因。这一天里进攻的金军居然每人都披着双层重甲，队伍用铁钩前后勾连，形成了一个庞大、臃肿但又牢不可破的整体，哪怕慢，也在向第二隘坚定地推进。

重甲，前面说过是69斤一副，双层就是接近140斤，加上刀枪，加上身边同伴的勾连重量，这种负重是不可思议的，同时还得不断推进，并且随时准备和宋军肉搏。

撒离喝对敌我双方都足够凶狠。

这一天他骑着马在半山腰看了好一会儿，按经验，他觉得第二隘坚持不住了，它只是临时修筑的工事，不可能比饶风关、和尚原本阵坚固。并且从指挥官的角度考虑，再撑下去也得不偿失，毕竟吴玠还有仙人关天险，没有必要在这里耗尽一切。

想到这里，他提前发表了获胜感言："吾得之矣！"说完转身回营，静等喜讯。这是风度，是主帅、决策者才具备的潇洒。

他在炫耀自己计算能力、预判能力的素质。

可惜的是，这一天他失误了，金军强攻到底，也没有能突破第二隘。这个临时修筑的堡垒成了不可逾越的天堑。

撒离喝惊诧，他不觉得自己的判断有误，可事实让他错愕，怎么搞的？其实在第二隘里，吴璘也快到极限了。

面对金军的强攻，吴璘的一些部下动摇了，他们建议后撤，毕竟工事的险要程度决定战损率，躲在第二隘里和金军斗，与挺在仙人关里完全是两个概念，在这儿会多死人的。

吴璘的回答是拔出刀，他在地上画了一条线："死则死矣，过此线者斩！"这句话不是白说的，里边有吴氏兄弟的尊严。

吴玠杀郭震时说过，杀金坪不许放弃，丢掉者必斩，哪怕是亲弟弟也不放过。可杀金坪这时真的丢了，第二隘也放弃的话，吴玠会变成笑话，吴璘会生不如死！

局势险恶，吴璘没有一味地施压，他向部下们交底说，金军是进攻方，消耗对比更大，只要再挺一天，过后金军必将撤退。

一天后，金军攻势的凶悍是前所未有的，撒离喝亲临战场，指定了一个突破口——第二隘西北角的一座角楼。

终于知道定点突破了，不知道这是进步还是屈辱，当年攻破开封城时金军都是方位式攻击。不过这很管用，不一会儿，他们居然把这座楼打歪了。

金军欢呼，不管是歪了还是倒了还是占领了，反正缺口是打开了……却见一条布帛结成的临时长绳甩了出来，把楼拉正了。

金军郁闷，这样也行？他们来个更彻底的，放火！不管是砖砌的木制的，就不信火烧不塌它……却见大片的水从楼上浇了下来，火被扑灭。

后来史料记载，楼上本来没有水，是宋军统制官姚仲带上去的酒。酒能灭火吗？答案是很有可能。宋代还没有蒸馏酒，只有发酵酒，酒的度数很低，所以武松等好汉连干几十大碗还能剧烈运动。这时，楼上的姚将军肯定是不止几十碗的海量。

应该是几十桶，把下边的金军浇绝望了。

再次入夜，战士们看着吴璘，等待午夜的更鼓。过了今天金军就走了，这是将军说的，会成真吗？吴璘沉默，这事儿他做不了主。

其实撒离喝、金兀术一样说了不算，大家都得看吴玠的。仗打到了这份儿上，主动权已经不在进攻方一端了。

打到筋疲力尽，是不是可以躺下来睡一小觉，喝点儿水什么的精神一下再继续呢？这并不是恶搞，如果防守方始终躲在掩体里做永恒不动状的话，完全成立。事实上，历史上绝大多数防守方都是这么做的，他们熬，直到让敌方打得意兴阑珊之后安全撤走。

这还算是合格的、成功了的防守呢。

“山地之王”“防守之王”吴玠不这样，他防守时会让敌人血流成河遍体鳞伤，侥幸逃走之后头都不敢回。之所以这样，靠的是他的进攻。

进攻在三十日的午夜时开始，这时的金军脱掉穿了两天的双层重甲躺在地上像死鱼一样喘气，宋军习惯性地午夜摸营，带来的是比陌刀还狠的大斧！这玩意儿是震撼性的，黑灯瞎火只管砍，只有砍碎砍裂砍崩刃的，绝对没有砍不动的。

当天夜里金兀术像第一次到和尚原露营时一样彻夜未眠，第二天早晨，他看着不远处的仙人关表情深沉，是进攻呢是进攻呢还是撤退……当天夜里吴玠替他下了决心，仙人关、第二隘里的宋军倾巢出击，各种手段无所不用其极，金军被推向山下。一夜乱跑，当黎明再次来临时，他们发现地形很熟啊。

到杀金坪的下边了。

拼死拼活六天半，一夜回到上山前。按说如此悲摧，加上之前对吴玠的了解，金兀术应该继续下山，带人回家才对。

不，四太子不知是哪根筋搭错了，突然间灵机一动，想到了一个反败为胜的好办法。

仙人关一线是绝望了，但可以围魏救赵，攻击吴氏兄弟的另一个要害，逼他们分兵。那样等仙人关的兵力被分散之后，金军仍然有机会。

另一个要害指的是吴璘的驻地七方关。说实话那边真的是空虚了，吴璘竭尽所有驰援兄长，把什么都带出来了。这时金兀术分兵过去，从理论上绝对是乘虚而入。

问题是操作起来难度太大。首先他得把偷袭搞得明目张胆大张旗鼓，好让吴氏兄弟知道。光这一点他就死定了。

宋朝的西军在陕西大地上百年经营，关系网细腻杂乱到无法想象。据可靠史料称，吴玠知道撒离喝在凤翔府的私人住宅平面图，连卧室的摆设都清楚！

情报做到这样，基本上免偷袭了。吴玠根本没去理会七方关怎样，他加大兵力在三月初二的夜里发起了总攻。

稍加一句，在杀金坪的下方，金军的大营那片，金兀术的安排是永恒不变的。他爱连珠寨，在和尚原被砍得七零八落，从头到尾都没接受教训，这时仍然一样。

换花样的是吴玠，这一次他分段包干，把手下派出去拦路打劫。统制官张彦负责横川店一带。统制官王俊，稍提一下，这是吴玠的女婿，负责河驰一带，先期出发选地点埋伏。他自己带着大部分主力从杀金坪出击，负责把金军大队迎头击溃，跳进挖好的坑里。

这天夜里全体金军上演午夜狂奔，简直没有一刻能停下来。他们在杀金坪前被袭击，开始跑路，临走时金兀术只来得及下令烧物资。

他带来的东西太多了，包括大量给家属用的日用品，都烧了，一来不留给吴玠，二来在夜里照个亮。往山下边跑，跑到横川店被截住，被抓了 120 人，死了 500 人以上；到河驰时快累死了，被王俊活捉了 150 人，死得惨了点儿，达到 1200 人以上。

好不容易天又亮了，金兀术看清了所在的地形，一下子他泪流满面……居然是和尚原。

当金军们全看清了之后，他们瞬间精力回归，像打了鸡血一样，再次暴跳起来冲向山路，跑得那叫一个欢实！

这帮人继两夜一天的连续狂奔之后，再次创造了奇迹，居然一口气跑过和尚原，跑下了秦岭，跑回了凤翔城。

没法不玩命，鬼知道吴玠在这地方又埋伏了些什么。实际上他们多虑了，吴玠兵力太少，都押在了仙人关一线上，导致其他地方全都空虚，这时想扩大战果，也鞭长莫及。

战争在三月初三结束。

总结一下，从近处看，可以从金兀术战后的一个小举动上看出战果。在凤翔，他紧紧地握住了彀英的手，真挚地说："既往不咎。"

这四个字里有歉意，毕竟他用佩刀在彀英的头上身上"招呼"了那么多下，很痛很危险的；还有懊悔，事实证明彀英是对的，决定此战胜负的就是开战前的那六天，如果听彀英的话迅速进攻，不给吴氏兄弟会合、准备的时间，此战完全会是另一个结果；更多的是警告。自尊心、好胜心超级强烈的四太子殿下在暗示，以后别再跟我提仙人关、杀金坪、和尚原、见鬼的西北、西南、四川！这些地方是禁忌，永远不许提起。

之后终完颜宗弼一生，再也没有靠近过这片土地，再也没与吴氏兄弟对敌。他的本质再一次大暴露，哪有什么"女真战神"一说，就是个欺软怕硬，打疼了就跑，不敢回头的抢劫犯。

往长远看，仙人关一战是西北方面宋金势力此消彼长的转折点。此战过后吴玠军威大振，不仅令金兀术"终身不敢窥蜀地"，更一鼓作气收复了陕西大部分土地，这一成就仍然是建炎南渡、中兴诸将中拓建先河的壮举。

而在这之前，也就是金兀术仙人关大败、陕西失地之间，还发生了另一件事，那件事、那个人给金国造成的恐慌比仙人关、吴玠更重。

第二十九章 河朔岳飞

事情发生在长江防线区域。前面说过，由于准备不充分，李横的北伐失败了，他不仅丢失了北伐中恢复的国土，还让自己的防区襄阳一带也失陷。

南宋门户大开。

金兀术在顺势南下和先取四川之间幸福地烦恼着，最终选择去和吴玠死磕，这让南宋集团非常高兴。从理论上讲，不管吴玠胜负如何，至少都为重建长江防线争取了时间。他们抓紧时间，组织兵力，在各大将军间挑选由谁出征。

精挑细选，优中选优，最终的人选居然是……岳飞。

不是刘光世，不是张俊，不是韩世忠，不是伟大的军事家、政治家、思想家张浚大人，居然是初露头角的“小将”岳飞。

这时距离黄天荡、收复建康两战已经过去整整四年了，这期间风云变幻、人事纷纭，一切都在动荡浮沉之中。今日之岳飞，再不是从前的岳飞了。

岳飞的一生是一首壮怀激烈的歌，每一段音符的跌宕都是整个中华民族的回音，它应该被铭记，被怀念，被传唱。

现在，就把他这四年里的人生历程一一述说。

必须从收复建康之后的一件小事说起，岳飞在当年的五月中旬收复了建康城。城里满目疮痍，遍地瓦砾，已是一座废墟。岳飞满腔愤恨，可惜力有不逮，只好将战俘送交南宋行在之后，回宜兴县张渚镇的驻地去。在张渚，有一位乡绅名叫张大年，他在太湖之滨修了一座别墅，取名“桃溪园”。

张大年请岳飞去桃溪园做客，在那里，岳飞留下了一篇《题记》。那是与后来的《满江红》并称的文字，是岳飞一生愿望的誓词。

我们必须重温它，牢记它。

现恭录如下：

近中原板荡，金贼长驱，如入无人之境。将帅无能，不及长城之壮。余发愤河朔，起自相台，总发从军，大小历二百余战，虽未及远涉夷荒，讨荡巢穴，亦且快国仇之万一。今又提一垒孤军，振起宜兴，建康之战，一举而复，贼拥入江，仓皇宵遁，所恨不能匹马不回耳！

今且休兵养卒，蓄锐待敌。如或朝廷见念，赐予器甲，使之完备，颁降功赏，使人蒙恩，即当深入虏庭，缚贼主，蹀血马前，尽屠夷种，迎二圣复还京师，取故土再上版籍。他时过此，勒功金石，岂不快哉！此心一发，天地知之，知我者知之。

建炎四年六月望日，河朔岳飞书

英雄是这样说的，更是这样做的，岳飞的一生以此为证，没有片刻忘记自己的理想，没有任何一件事违背了这时的心声。

这样一位言行如一、精忠报国的将军，刚刚立过一件大功，马上又要去别的战场厮杀，可是国人的历史里，记述的不是他的拳拳报国之心，而是这期间发生的另一件事。

据很多很多头衔隆重的历史大家考证，那是岳飞的一大污点，甚至是岳飞残暴、血腥本性的暴露。当时宋军弱小，除了有限的几支御营亲兵之外，都是些顶着正规头衔的游击队。它们必须保持合作，才能生存下去。

岳飞的友军是由一个叫刘经的人率领的小部队。在建康之战前，两人的合作很平稳，收复建康之后，岳飞突然间把对方吞并了，而且用的手法既诡谲又凶狠，他让自己的部下把刘经骗到一个指定的地点，杀刘经夺军权，吃干喝尽。

仁义的、光明的、像太阳神一样的岳飞怎么能这么做呢？这是旧时代里军阀互相吞并时才用的办法。于是众口呻吟，世上哪有什么英雄，岳飞哪是什么英雄……好了，参考有关细节。首先是环境，当时的确就是军阀互相吞并的局面。

南宋中兴四大将，或者叫五大将之间的关系非常生硬，准确地说，是仇恨。他们在战斗中有可能精诚合作，在平时看对方时，心里闪现的是一块块的肥肉。

朝廷的封赏，是肥肉，要争；战时的军功，是肥肉，要争；头衔的大小，是肥肉，要争；对方的地盘、士兵、谋士、将军，是肥肉，更要争。

最后一条是重中之重，军阀的根本是什么，就是军队！他们不仅自己争，更随时吞并身边的小队伍，抓住一切机会扩充自己。

比如吴玠，他熬过了和尚原、饶风关、仙人关三次生死考验之后，威名大振也实力大损，这时想壮大力量怎么办？向赵构要兵要饷要装备吗，开玩笑，赵构自己还不足呢。他只能自己去想办法。也算是天照应，他最急需兵力的时候是另一个将军最黑暗的时期。

同样在西北大地上，原熙河军主将、现防御岷州至阶州一线的关师古日子穷得过不下去了，他顶在前线和金军死扛，称得上“忠勇”二字。可是再忠也得吃饭，他的兵饿得跟骷髅似的，眼看着挺不住了。而他每次向上级要粮，回复没有，不停地要，不停地说没有，逼得没办法越级直接向长江以南的赵构要，简直杳无音信，连个回条也没有。

关师古真急了，谁也不给，那就去抢金国的！他率军出击，在石要岭与金军大战，结果一败涂地。这怪不了他，既无地利，也无兵力，兵都饿得快死了，让他拿什么去赢。之后，他气得指天画地咒骂一切，愤怒达到顶点之后，他变态了。

他单骑出营，再出现时已经是金军的一员……关师古投敌，这消息让吴玠惊喜，他没等这事儿走出陕西大地，立即派人抢先接收了关师古的士兵。这是本钱，是他壮大自己的千载难逢之机！至于军规，比如南宋方面会另派将军接替关师古，这军队是国家财产不许私自抢夺，等等，都是放屁。

拿《亮剑》里李云龙对部下说的话就是，我不管你是怎么搞到的，你必须搞到，向老子要枪，门都没有，自己去弄。这就是那个时代的生存之道，就是敌强我弱时的壮大办法，它在每个时代里都是真理，是现实。

回到岳飞，是刘经要趁他在建康作战时先杀光他的家小，再谋夺他留守的部队，壮大之后再趁岳飞与金军血战之余趁火打劫，吞掉一切。

这样的人是民族败类，就算不被吞并，也必须杀掉。

岳飞在宜兴县张渚镇的驻扎很快迁移，这是意料之中的，他于国势艰危中奇迹一样击败金军主将，收复名城建康，这是必须要大力嘉奖的。

甚至为了激励士气，转移战败的实情，还要树立起岳飞、韩世忠的英雄典型来。

实际上也是这么做的，黄天荡之战后，韩世忠的地位急剧攀升，赵构下了六道嘉奖令，升他为检校少保、武成感德军节度使、神武左军都统制。

韩世忠一举奠定中兴大将的地位。

反观岳飞，他也升官了，被任命为通泰镇抚使、兼知泰州，辖区在扬州以东，泰州至南通一带。这也算是有了头衔，有了地盘，怎么也应该高兴吧？没，岳飞第一时间写奏章辞官。

有宋一代，官场的规矩是皇帝赏的东西，别管多喜欢，也要至少推辞两次以上。直接收下的会被人鄙视，吃相实在太难看了。

岳飞的推辞却不是这一套，他是真的要辞官。这个位置在平时来看，在以后的历史里，都是很大的荣耀和实权，可唯独在这个时间段里，对他来说是个巨大的侮辱！

环顾一下四周，跟他同级别的同事们，是这样一群人。如扬州镇抚使郭仲威，承州（今江苏高邮）镇抚使薛庆，舒州（今安徽潜山）镇抚使李成，河南（今河南洛阳）镇抚使翟兴，楚州（今属江苏）镇抚使赵立，滁州镇抚使刘位，等等。

这些人的身份是“游寇”。

建炎南渡、宋室再续的这段时间里，赵构的敌人除了金军之外，还有游寇。说起来这真是悲剧，所谓游寇的“游”字，其实充满了光荣的内涵。这些人本是在江北自发形成，与金军抗争的义军。在失败之后，队伍不散，转战流落到江南。

他们是为国出力的战士，是国家宝贵的财富，本应做出更大的贡献，可是以赵构为首的建炎集团把他们定为寇，因为是流动性的，所以是游寇。

为了安置他们，就把他们固定在长江一线，说得好听些，是继续为国出力，险恶些的话，就是让他们与金军、伪齐军对耗，最好双方都死干净，让南宋省心。

让人家出力，总得给些头衔吧？前面那位官场妖孽范宗尹曾经下令，在长江防线一带设立若干个藩镇一样的存在，自筹粮饷，伤残自负。上面提到的那些老兄，就是这一批了。

……可岳飞想不通，为啥要把他跟这些人等同起来？

其实这就是岳飞一生的悲剧根源。岳飞的出身有问题，他不是张俊、刘光世、韩世忠。这三位都是正规军出身，是老牌子的西军大将。人家根红苗正，还第一时间和皇帝建立起了良好的私人关系，而他在严格意义上说，军队资历里的每一步，都是赵构最不喜欢的。

他出身农民，没人引荐；他曾是王彦部下，王彦是八字军首领，八字军有自发基础，王彦与官方对立；他是宗泽部下，宗泽……还用说吗，这是赵构最不愿面对的一个人；他又曾是杜充的部下，杜充……就更不用说了。

凡此种种，一点儿都不招人喜欢，自始至终他也不是建炎集团的嫡系。能打又怎样，宋朝需要的不是大将、勇将，是良将！

对这些，岳飞一直没有能领悟，他在做对国家民族负责的事，觉得这样就足够了。于是他在这时辞官，可是被拒绝，最后只好按期上任。

在泰州防区，岳飞做了一件很著名的“蠢事”。当时是建炎四年（1130）的十月左右，金军大举进攻江淮一带，重点的攻击目标是楚州。宋廷下令楚州周边所有军镇全力赴援，结果镇抚使们不动，张俊不动，刘光世本人不动，派出了他的强力将军集团，慢慢地向楚州动。

韩世忠想动，赵构下令他不许动，由于他平定苗刘兵变时的神勇，江南宋室已经把他当成了护法神，任何时候都是不可轻动的最可靠力量。

只有岳飞迅速向楚州靠拢。

楚州在岳飞赶到之前陷落。这在以后成了非议岳飞的人士们的一大利器。岳飞怎么可以置楚州安危于不顾呢？他为什么就没能迅速赶到，击溃金军，解楚州之围呢？

连建康都能收复，怎么可能救不下楚州？！

以此来看，岳飞真的是该死呢。谁让他那么蠢，非得急吼吼地冲出去救人，像其他将军们那样围观不就很好嘛。

这件事之后不久，一些镇抚使原形毕露，重新变成了游寇。其中李成做得最彻底，他大范围地游动，从山东到江南，几乎把长江沿岸搅了个遍。

李成，雄州（今河北雄安）人，字伯友。弓手出身，以悍勇闻名。他的人生分为前、后两部分，堪称黑白对照，无比鲜明。他先是自发组织义军抗金，哪怕转战千里也绝不投降。失败后率部越过长江，进入江南，第一时间表示要当正规军。

赵构满足了他。

李成叛变、抢劫。

刘光世出兵剿匪，李成服了，再次当官，被派往长江边。

李成又叛变了，大范围抢劫。

赵构派刘光世再次出兵，大衙内回信说很忙没空；韩世忠请战，又一次不被批准；任务交给了张俊，岳飞暂时调拨给张俊剿匪。

这是岳飞和李成之间很长一段故事的开始，也是岳飞和张俊之间漫长故事的开始。在这时，岳飞视张俊如兄长，张俊视岳飞为剿匪成功的第一保障，两人的关系非常融洽，彼此都不会料到，有一天岳飞会因张俊而死，而张俊因岳飞遗臭万年……

回到岳飞和李成，李成最大的噩梦到了，他发现行情变了。在之前他想叛变就随时变身成土匪，想投降官军也不会剿杀到底，就像刘光世那样，万事有商量。所以在叛变和投降之间他可以从容选择，一点儿心理负担都没有。

可岳飞不一样，这人满江南地追杀他，就像有深仇大恨一样，简直是不死不休。最后他实在是怕了，连主动投降都觉得不安全。一咬牙，他开始了下半生。

李成重回江北，投降了伪齐。从此之后，他比从前抗金还要彻底、强硬地抗宋。还记得李横组织的第一次北伐是怎么失败的吧？反攻回宋境的伪齐军就是李成率领的。

这人在刘豫的手下一直抗宋，伪齐倒了，他到金国当官继续抗宋，当岳飞北伐时他竭力抗宋，岳飞去世了他还在没完没了地抗宋。

这人活到70岁才死，死的前一年还重新起复当官，还是抗宋……为啥这么执着呢，很可能就是这时被岳飞逼的。

岳飞努力地工作着，还没有进入他生命的辉煌阶段，可是污点却如影随形，在这段时间里又多出了一件。那是岳飞去向张俊报到的途中，某一天他和最亲近的几员将官，如王贵、张宪一起骑马赶路。队伍里还有一个人，是他的舅舅姚某。

姚某前些日子因为在宜兴行为不检被岳飞处罚过，这时走着走着，突然间他加速超过了岳飞，领先到数十步时，猛地张弓搭箭射向岳飞。

出其不意，幸亏姚某箭法不准，只射中了岳飞的马鞍。岳飞大怒，立即纵马逐舅，生擒了姚某。他命令王贵、张宪抓住姚某的双手，自己拔刀将其剖腹摘心。

岳飞把这件事告诉了母亲，岳母既惊且悲，责备他："我最钟爱这个弟弟，你怎么做出这样的事来！"

岳飞回答："他的箭再射偏上一些，我会死掉。我死后，母亲何以安身？箭只射中鞍桥，正是上天保佑我。今日我不杀舅，他日舅必杀我。无可奈何。"

岳母虽悲痛，但事已至此，也只能不了了之。

以上就是这件事的经过，取自《三朝北盟会编》。这件事广为流传，成为岳飞性情凶残血腥，有仇必报，决无回旋余地的铁证。这一条坐实之后，很多人就理解了为什么宋朝最终会杀掉岳飞了。

因为这人记仇，会报复嘛，缚虎容易放虎难，不如杀掉一了百了。

我不管这些推论现不现实，甚至《三朝北盟会编》的作者徐梦莘是否别有用心，我只是质疑徐作家的创作能力。

岳飞他舅应该知道岳飞是什么程度的战斗力吧，他这么搞是正面挑战还是突然暗算呢？他是一位穿越到宋朝的欧洲中世纪骑士吧，不会、不屑在背后射箭？！

小儿科的破绽，没有技术含量的脏水，懒得说它。继续这次岳飞的剿匪过程。

李成逃过长江叛变了，任务还在继续，敌对的武装实在太多，大大小小根本数不过来。岳飞翻看任务清单，下面还有两个大目标。

张用、曹成。

张用的活动范围在江西，针对他，张俊干脆没动，岳飞也只是写了封信过去。信里回忆了一下他们在开封城的“友谊”。

那是杜充时期，开封城上演的那次著名的正规军、义军之间的自相残杀事件。义军方面的主角是张用和王善，他们赢了结局，可过程中被岳飞吓坏了。岳飞面对几万义军，带着2000余人就冲了过去，不仅击溃10倍于自己兵力的敌人，还杀了义军的一个主将。

岳飞的信里问，你还记得我吧，现在我来了，你“欲战则出，不战则降”，早做决定。张用接到信后只说了四个字。

——“果吾父也。”

立即投降了。

张用降后，张俊带着大队人马走了，留下岳飞单挑曹成。曹成是汝南人，他是所谓的流寇集团里的大人物，实力与李成不相上下，有10余万的兵力，尤其是军中有一位超级猛将。

这位将军是两宋之交时汉人一方最动人心魄的勇将，如果真的单打独斗的话，岳飞、韩世忠也不见得是他对手。

张俊在这时离开，并不是怕难，而是卖了一个巨大的人情给岳飞。两相对比，岳飞兵力虽少，但张俊断定岳飞必胜，曹成的巨大兵力等都将是岳飞的战利品，并且岳飞单独平叛，军功也全部领受。

这时的张俊，是真的把岳飞当作一个实力派、很亲近的兄弟来栽培的，在他来看，岳飞会成为他的亲信。

当年八月八日，张俊在瑞昌县长江里的丁家洲与岳飞分开。他带走了张用，以及张用部下的5万兵力，留下了一些物资，用以支持岳飞到湖南征讨曹成。

在岳飞动身之前有个小插曲，他骤然升官，做到了荆湖、广南路宣抚使，兼知潭州。这个头衔非同小可，岳飞一下子成了省长级的大员。

这只是暂任的，代理性质。这个官职是建炎集团委任给李纲的。李纲，这位名满天下、蹉跎一生的前首相终于盼来了一线官场光明。

赵构有鉴于江南遍地烽火，政府与科班出身的在岗公务员之外的几乎一切存在都是对立面的恶劣局面，终于决定让李纲再次出山，帮他收拾残局。

是时候说一下建炎、绍兴时期的南宋环境了，一点儿都不夸张，这是个人间地狱，并不比江北沦陷区好多少。严格意义上说，某些方面建炎集团做得比女真人更凶残。

首先是江南百姓的苦难。

本来江南人活得自由富足，像在天堂里一样，可北方人一下子涌了过来，来的时候破衣烂衫，面无人色，身无分文，可突然之间江南最好的土地、房屋、财产、美女、玉帛等全都是他们的了。

这简直就是明抢，用已经灭亡了的北宋政府的一些头衔来明目张胆地抢劫江南人。比如赵构入杭州时挑大房子住，太监们急赤白脸地重过王侯生活，这些风光的背后是多少江南富人的悲哀，而本来生活小富的江南人，有自由身份的江南人更不用说，各种资源全都被抢占。

对北宋来说，女真人是入侵者；对江南人来说，北方人一样是入侵者。这就是当时的事实。

可想而知，江南人要报复。于是北方过来的是“游寇”，像前面罗列出的那些镇抚使；南方人自发形成了“土寇”，土著人起义嘛，如洞庭湖里的钟相、杨么。他们与南宋政府是死仇，不死不休的。

接下来是北方百姓的苦难。

渡江逃难的并不都是赵构等人，政府、军队人员才占多少比例，更多的是北方的平民。这些人到了江南之后，衣食无着，是彻底的赤贫。谁来管他们？赵构和政府大员们隔三岔五地还要逃进海里呢，而各种资源都被上位者抢尽，他们只能活在社会的底层，并且面对江南百姓的怒火。

北方逃难的平民们，他们的悲惨是不可想象的！

可是换位思考一下，如果我们是赵构，是建炎集团，为了重新立国，为了抵抗外敌，就要有数量巨大的军队，以及政府职员。这些都需要庞大的金钱来维持。钱从何处来，只有税收。

也就是向百姓征集……

于是，不管矛盾多么剧烈，还是得不断地压榨，导致更多的矛盾和死敌产生。

人类社会的发展、秩序的建立、意识形态的完善，有时必须以战争、流血的方式进行。

古今中外，莫不如此。岳飞又怎能免俗？所以当他在境内作战时，去剿灭游寇或者土寇时，他不愿双手沾满普通百姓的鲜血，只是不得已。

不这样做，请指出一条别的路来。

而岳飞在做这些时，已经做到了完美无缺的程度，因为他绝对严于律己。他麾下的军队纪律严明到不可思议的程度，无论放在哪个年代，都堪称最佳。

岳飞驻军时，所辖部队不许随意出营房，不许走街串巷，更不许像北宋禁军那样做买卖从事生产。

岳飞行军时，以从洪州出发去湖南的一路上为例，洪州的百姓士绅想观看他盛传于世的军容，却错过了时机。那天在黎明前岳飞的军队就出发了。等他们接到通知，走上街市时，只看到岳飞本人，以及几个老弱兵丁，替他牵着马匹。

沿途借住民宅，临行前要替主人家洒扫干净；借用炊事器皿，必须洗净才送还物主。岳飞本人和士兵食宿坐卧在一起，当他经过庐陵时，郡守特设了酒食军帐，赶到郊外准备结识岳飞，却看见军队不断经过，眼看过完了，岳飞也没有出现。

他问士兵，才知道岳飞一直和偏裨将领在一起，早就过去很远了。这些，似乎只有八路军叔叔们才能做到吧。

更难得的是，岳飞的军队在作战时的操守。乱世中兵匪是一家，甚至兵祸更大于匪患。在南宋的军队里，小股的就不说了，久负盛名的三大将都成问题。韩世忠好些，但拔出萝卜带出泥，他出兵时伤亡很大，难免有些是误杀。张俊爱钱，号称张蝗虫，所过之处一干二净啥都不见了，但基本上能留下不少活人。最狠的是大衙内刘光世，此人的处世哲学是“养威避事”。避事是指躲女真人，养威是出兵剿匪。但凡富庶地区闹匪患，他一定会抢着出兵，当他成功之后，那片地区就全都白了。

好人坏人全死光，一整片地区的财富全进他个人的腰包。

岳飞每次出兵都是同一套程序，无论是征讨谁，最初都是写一封信。信以南宋给予他的官衔的名义开头，以皇帝的命令为内容，第一要求就是投降。

不降，才开始作战。战斗中只涉及抵抗人员，战胜、追杀，直到某一底线达到。也就是说，他基本上不会赶尽杀绝。

唉，他怎么这么不热血呢。

对曹成也这样，双方在贺州开战，焦点是争夺莫邪关。曹成先到一步，岳飞派出最得力的部下前军统制张宪去攻打。

开始时很正常，没用张宪亲自抵关强攻，岳飞部下的前军第五将韩顺夫就夺关而入。从这一刻起，敌我双方基本上都认可了一个事实，莫邪关的战斗已经结束，曹成败亡只是时间问题。韩顺夫很放松，岳飞离着很远，张宪也不在眼前，他有点儿本性暴露。

韩顺夫在莫邪关内喝酒调戏妇女，兴致正浓，突然间有人杀了进来。这人带着很少的部队，从岳家军的外围杀入，把整营的士兵都击退，闯进了营帐里面，一刀砍倒了韩顺夫。

这人叫杨再兴。世人传说他是北宋杨令公的后人，其实两者没有关系。杨再兴生于江西吉水县黄桥镇，祖籍在河南相州汤阴，是岳飞的同乡。

莫邪关再次失守。

岳飞大怒，这不是胜败的问题，而是韩顺夫给整支军队带来了耻辱。他宣布不为韩顺夫报仇，连同和韩顺夫一起喝酒逃回来的人也一起斩首。之后命令原第五副将再攻莫邪关，一定要活捉杨再兴。

这时全体岳家军都认为是韩顺夫喝酒误事，只要认真对待，杨再兴只是一个普通贼将而已，自从建军剿匪以来，不知杀过多少。

很快消息传来，第五副将失败。

岳飞冷静了些，他派张宪亲自出战，想了想又加派了后军统制王经接应。岳家军前、后统制官一起出阵，应该手到擒来了吧？

很快消息传来，莫邪关被攻下了。但是杨再兴没有捉住，交战中连岳飞的弟弟岳翻都死在了杨再兴的手下！

岳飞震惊，整个岳家军都震动了，在以后的行动里，抓杨再兴成了第一选择，至于匪首曹成反而成了次要的。

混乱中，曹成和杨再兴边战边逃，10天之后，逃到了贺州东北部的桂岭县。这里山重水复，一旦深入，岳家军很可能会被摆脱。

但这只是理论上的，之前曹成全军整整10天都没逃出贺州这一块区域就说明了问题，岳家军紧紧地咬着他们，时刻都在攻击之中。

桂岭县是终点站，在这儿曹成的部队被打散了，曹成本人率领大部分人马逃向连州（今属广东），他逃得很慌张，就连前边有什么人等着都不知道。其实完全没必要这样，因为没人搭理他。岳家军以第一主将张宪为首，全都涌向了静江军（今广西桂林），在那儿有个巨大的诱惑，谁都搞不定的贼将杨再兴往那边逃了。

杨再兴一直在战斗，一直在逃窜，他不接受命运。在这时，他面对国内军队，要战斗到最后一点可能；在以后，他面对异族敌人时，他会战斗到最后的时刻。他是个天生的军人，一个无与伦比的战士！

张宪率领骑兵紧紧地追着他，逃跑中他觉得自己的机会来了。前方是一条深涧，骑兵是没法跨越的，只要他逃到深涧的对岸，就会安全。

杨再兴跳了下去，随即就知道错了。岳家军的追兵没有跟着他玩深山穿越，而是拿出了弓箭……好吧，杨再兴觉得可以结束了，他向追兵喊话——我是好汉，不要杀我，带我去见岳飞。

张宪活捉了他。

这时绝大多数人都认为张宪之所以选择活捉，完全是为让岳飞亲手报仇，毕竟杨再兴杀了他的亲弟弟。可是岳飞却亲手解开了杨再兴的绑绳。对他说——你是好汉，也是我的同乡。我不杀你，从此以后你要效忠国家。

岳飞公私分明，说得很清楚，是为了国家利益，我才不杀你，绝不是手软。杨再兴很受感动，他发誓效忠。

岳飞得到了杨再兴，却失去了曹成。曹成没头没脑地往前跑，从郴州逃向邵州，把头伸进了韩世忠的虎口里。

韩世忠的部队被禁止向长江周边运动，却可以向福建等更南端出击，在刘光世、张俊壮大部队的同时，他也在扩充实力。这时他正带人回驻地路过邵州，曹成撞了过来。

简直是肥猪拱圈，送上门来。

韩世忠收编了曹成，平白地得到了最大的彩头。之后带人就走了，没跟岳飞说半句抱歉。而岳飞也无可奈何，这时韩世忠等人是他必须仰望的角色，至少在军阶上。

岳飞剿匪成功，升官之余得到了一份殊荣。赵构召见了他。时隔 7 年，两人终于再一次见面，这时的赵构不是当年的大元帅了，而岳飞更是从一个无名小卒变成了威名赫赫的战将。这次见面很愉快，赵构以九五之尊，给予了岳飞足够的优渥。

首先在岳飞出发前，一份礼物长途送到了。是一套金蕉酒器。东西虽小，但内涵丰富，因为同样的礼物也给了韩世忠一套。

接见时，赵构亲切随和，回忆往昔中他像朋友一样规劝岳飞不要喝酒了，会伤身误事的，尤其是酒桌上一拳把上司打得昏迷不醒，这实在是不利于团结。岳飞保证从此后滴酒不沾。

赵构赐给了岳飞一大堆的好东西，如衣甲、马铠、弓箭、金线战袍、金带、手刀、银缠枪、海皮鞍，等等。依惯例，这些东西减半后也赐给了岳飞的长子岳云一份。这之外，还有一面旗帜，上面绣着四个大字——“精忠岳飞”。

几天之后，接见的最大好处降临。这还是惯例，真正的升官会在皇帝接见之后颁布，之前的只是一步小台阶，算是盛宴开始前的果盘而已。

岳飞被升为镇南军承宣使，江南西路舒、蕲两州制置使，驻军江州。兵力除已有之外，江州傅选的部队、江西安抚使所辖各路军马、江北舒蕲两州的驻军全部划归岳飞制下。他的防区，与驻扎在长江沿岸上游区域的王燮，下游的韩世忠、刘光世并列，形成了四大重镇。

从此，才有了真正意义上的岳家军。

这之后不久李横组织了第一次北伐，仙人关之战随即爆发，局势动荡变幻，宋室几度濒临危亡。岳飞突然间被推上了风口浪尖。

宋廷钦点他出兵北伐，收复襄阳等六郡。

岳飞是奋勇的，自他束发从军以来，击破女真收复失地迎回二帝，就是他最终的理想。他曾经在剿匪中无数次以公文的形式向赵构陈述，或者说在提醒，打内战的真正目的是什么，现在看来朝廷终于重视了，行动开始，并且由他打响第一枪。

大批的军械、物资、粮饷向岳飞驻地集结，为了运筹的顺畅，宋廷派专人负责这一切。在出兵之前，考虑到经验问题，还给岳飞加派了几员战将——董先、李道还有牛皋。他们之前是李横的部下，曾经在江北与伪齐多次作战。

种种规格，都是以前所没有的，足以证明南宋对此次出征的重视。一时间人心激越，收复失地，重建宋室的时机终于到了。

可当事人却很冷静，甚至是淡漠。在比较秘密的一份公文里，赵构把这次北伐的目标说得非常清楚。他先是告诉岳飞为什么选在四五月期间出征。因为到了秋天时，麦收过后军粮充足，伪齐会大举进攻，那时襄阳等六郡在敌方控制下，南宋非常被动。与其那时狼狈，不如这时先下手为强。

至于目标，赵构强调，这回一定要夺回六郡土地。在战斗中如果伪齐军队抵抗，那么岳飞可以随意攻击。可是一旦敌方逃出六郡区域之外，岳飞不得追赶。并且在行动过程中，严禁传播“收复开封进抵幽燕”等敏感词，致使友邦惊诧！

这并不是夸大其词，在刘豫登基成为“齐”国皇帝之后，赵构对这位前下属的态度是非常友好的。伪齐这个说法，在这时还没有出现，在宋朝的正式公文里，一直都是“大齐”。

甚至赵构派人出使金国路过开封时，还会给刘豫的长子带一份非常厚重的大礼，只不过刘长子不给面子，都退了回来。

综上，潜台词很清晰，赵构只想收复襄阳六郡，保得江南平安，却不想和刘豫乃至金国翻脸死拼。他要保留住和谈的余地。

为了防止岳飞率军在外不听号令，把敌人打疼了，赵构亲笔写了一份诏书。里边这样叮咛——“追奔之际，慎无出李横所守旧界，却致引惹，有误大计。虽立奇功，必加尔罚，务在遵禀号令而已。”

“虽立奇功，必加尔罚。”这八个字是多么令人郁闷，多么丧气，未战先自缚手脚，活见鬼！相信这时岳飞一定清楚了自己在赵构心目中的地位。

之所以派他，而不是张俊、刘光世、韩世忠北伐，与其说是看中了他的勇武，还不如说他这时还无足轻重。他成功了，于国家有益；他失败了，也无伤国防大计。带着这样的痛郁心结出征，岳飞斗志愈加弥盛，他在长江中流击楫长啸——“飞不擒贼，不涉此江！”

当年五月初五，岳飞率三万军马北渡长江，进击伪齐。第一战围攻郢城。这里的守将叫荆超，他是刘豫的亲信，在伪齐以骁勇著称，号“万人敌”。岳飞按老规矩，派人去劝降。在他来看，伪齐连同刘豫在内，与流寇一个性质，先招安再剿杀才合流程。

荆超很激动，他是“万人敌”，是刘豫派在最前沿的猛人，岳飞怎么可以劝他投降呢？这是赤裸裸的污辱！于是他派了一个叫刘楫的人回敬了一下。

刘楫在郢州城头大放厥词，从岳飞到张宪，把岳家军从头到尾骂了一遍。有效果了，岳飞传令，攻破郢州城，活捉这个刘楫！

郢州为江汉名城，城池高大，在荆超想来岳飞孤军征战军力不多，不会有重型的攻城器械，光是城墙就足以决定战局了。可惊人的是，岳家军根本就没有搭梯子，只是“累肩而升”，搭人梯就登上了城头。领头的是一位只有15岁的少年，他手持两柄重80斤的铁锥纵横战阵，所向披靡，把战火直接烧到了内城。

他就是岳飞的长子，军中称为“赢官人”的岳云。赢，有些史料作“羸”字，因为岳云实在太年轻了，说他是一位年幼的单薄的公子。而“赢官人”三字的本意是常胜不败！

此战岳家军杀伪齐守军7000人，尸体累积在城里，超过了郢州最高的建筑——天王楼。荆超失踪了，根本不敢在战场上厮杀，后来搜索才知道，这人跳了崖……骂人的刘楫被活捉。

攻克郢州，岳飞没有停留，第一时间兵分两路，由张宪、徐庆向东攻取随州，岳飞本人率主力直取襄阳，与伪齐主将李成决战。

襄阳自古即为重镇，为江汉第一名城，它有多重要：三国时曹操不先破襄阳，无以威胁江东；在不久的将来，宋人依赖它作为抵御蒙古的最前线和天险堡垒，相当于函谷之于秦人的情形。

它是生命线。

这时，岳飞率领2万余兵马进击襄阳，除了要面对淮河区域内最高大的城墙之外，还有李成10万以上的兵力。这实在很不对等，尤其是途中还收到了一个非常不利的消息。

张宪在随州战况胶着，出人意料地被拖住了。这对本来就兵力不足的岳家军是个严重的威胁，张宪是多年以来岳飞属下中最强的将领，他如果失误，会动摇士气。

岳飞在犹豫时，有一个人主动请战。牛皋，这位将军几乎家喻户晓，小说演义里他是岳飞的发小，一生的哥们儿，从军报国期间他是李逵、鲁智深的结合体。既鲁莽又神勇，时不时地还会突然聪明一下，每当那时金兀术都会浑身筋疼。

牛皋总把四太子当开心果。

其实这是错的，牛将军是智勇双全、胆魄过人的职业军人，有非常好的战场表现，更有让人赞叹的风度，各方面都无可挑剔。

只是他命苦，当初金军刚入侵时，他已经是正规军，与金军战与盗贼战，堪称所向无敌。在他的列传里，充满了三战三捷、十战十捷的记录。可是不知怎么搞的，他被编进了李横的部队里，一下子被漆上了一层民兵的外衣。

这时转到岳飞部下，仍然让人觉得不托底。而他请战时说了一句话，让不托底瞬间升级成不靠谱。他说，军情紧急，我只带三天的军粮，粮尽之前必克随州。

……岳家军全体侧目，你啥意思，是说你比张宪将军更强呗，强到了天差地远的地步，三天就能攻下张将军啃不动的硬骨头？

你个外来户，藐视岳家军？！

岳飞没想那么多，他立即拨给牛皋三天的行军粮，望他尽快成功。之后消息传来，全军震惊。牛皋只用了不到两天的时间，也就是说除了路上行军花费的时间之外，几乎是当天赶到随州，立即就把这座城池攻克了！

这是位空前绝后型的威猛哥，真的比张宪强太多了。可牛皋却很谦虚，他一边押着伪齐的随州知州回营交令，一边很“战友”地说，大家一起为国效力，干吗计较是谁的功劳呢……

风度，再强调一遍，风度！

可是知道了内情的岳家军将士们却一副打酱油的表情。当天就攻克了随州，这一幕和郢州城怎么那么像呢，是不是同一个人干的啊？

没有错，岳云跟着牛皋出征，他再一次率众先登，几乎一个人解决了战斗。赢官人决胜！战功彪炳，却有些人一直在怀疑，说他使用的武器太沉了，80斤重的铁锥，这是不合常理的，由此而诞生的战绩更是脱离实际的。

关于这一点，我只想举一个例子。好比我和刘翔比110米栏，我们两人都能跑能跳，可是相比较，一个超出人类正常基数，一个只是具备了基本功能，这能一样吗？

人，是群体性同样化的动物，可总会出现个体现象。有的在思想方面引领族群进化，有的则在身体方面出类拔萃。

岳云少年从军，23岁青年殉国，他短暂辉煌的一生是不能以常人来比较的。常人能在15岁时纵横战阵，在冷兵器战场上奋勇厮杀吗？

抛开能力，那份胆气就不在所谓的正常范围之内。

岳飞向襄阳逼近，却发现失去了目标。胆气再一次成为战争胜负的关键点，李成，这位伪齐第一名将坐拥江汉第一坚城，外加过10万的兵力，居然连近距离接触一下都没敢，听见随州陷落，岳飞逼近之后他立即带人逃跑了。

岳飞进驻襄阳，至此渡江之后三战皆捷，三大名城随、郢、襄阳府速战速决，剩下的唐、邓、信阳军只是淮河区域的附属二线城市，相信更容易得手。

北伐成功大半。

不过一个不好的消息也很快传来，李成没跑远，他在淮河流域的北面边缘集结兵力，金国也派来了援军，两者相加已经超过了30万。

李成准备了一个多月才攒足了力量，或者说是勇气来挑战岳飞，战场在襄江之畔。这里是一片天然的角斗场，有大河，有山壁，中间是一片开阔地，足以让所有兵种都参与进来。

两军对阵，抛开没意思的30万泡沫数字，最起码是15万左右的伪、金联军对3万岳家军。比例悬殊，可岳飞看了下李成的兵力分配，突然间笑了。

之前太多次的虐待还是有效果的，李成的脑子出问题了，他是带来了好多的兵，还有必要的勇气，可偏偏把起码的智慧丢了。

李成把骑兵列在江边，把步兵排在开阔地……“步兵利险阻，骑兵利平旷。”这是最基本的常识，李成全弄反了。

这时他的骑兵的旁边是大河，天然缺了一半的空间，总不能进水冲锋吧？步兵更悲惨，让人靠两条腿在大片空地里跑，这不是坑爹吗？！

利好，岳飞迅速做出安排。他以鞭指王贵——“尔以长枪步卒击其骑兵”。再指牛皋——“尔以骑兵击其步卒”。

战场是课堂，让李成明白他错在了哪儿。

只见两军相接，伪齐的骑兵被岳家军的步兵用长枪阵压向了襄江里，顿时满水面的人喊马叫，闹成了一片；另一边牛皋的骑兵在开阔地里撒欢儿地跑，李成的步兵们连点儿藏身的障碍物都没有。

李成又一次败了，败得比之前的哪次都惨，15 万兵力损失大半。逃出很远之后他狠狠地敲自己的脑袋，为什么为什么为什么这么简单的问题都搞错了？！他是个白痴吗？不，史书有记载，李成爱兵如子，“士卒未食不先食，有病者亲视之。不持雨具，虽沾湿自如也”，并且深通兵法，常年带着 10 万以上的部队纵横天下。

那为什么搞成这样？

答案很简单，他要么是猪头症突发，失去智力；要么就是被岳飞打出心理阴影了，他从江南被追杀到江北，没完没了地在同一个人手下被虐，时间长了，谁都崩溃。

襄江之战后，伪齐在淮河区域的军力基本被打残，刘豫紧急向金国求援。金国以大将刘合孛堇为首，集结数万精骑南下。

金国的想法很简单，女真自从立国以来，野战从未失败。和尚原、仙人关等处，只是没能攻下天险，被宋军趁势追杀而已。这时岳飞带 3 万人马北伐，金军以同等规模甚至更多些的精锐对敌，战则必胜，绝没有别的结果。

刘合孛堇在邓州西北下寨，以观岳飞行止。孛堇，并不是名字，而是金军里的一种尊称，类似于宋军里的太尉。他在想应该在什么地方和岳飞决战呢，从以往战绩上看，岳飞对地形的利用非常好，所以不能让岳飞来选……

不用他操心，决战地就在他的营地里。岳飞直接杀了过来。

岳家军以张宪、王贵、董先、王万为主力，分别从光化、横林两地实施夹击，速度之快让金军骑兵猝不及防，不得不仓促应战。邓州的西北是岳家军真正成名的地方，在这里岳飞首次在公平对阵的情况下打破了金军骑兵野战无敌的纪录。

没有埋伏，没有计策，只有两军疯狂的绞杀，战斗在没法再进行时才停止，因为没有敌人了，刘合孛堇单骑逃遁！

此战过后，世界安静了，淮河区域内再没有敢与岳飞叫板的人。邓、唐、信阳军几乎是不战而降，岳飞在短短两个多月的时间里光复了襄阳六郡。

这是在宋、金开战以来前所未有的辉煌战绩，尤其是交战过程，岳飞的军队以摧枯拉朽之势连败伪齐与金军。根据局势，岳飞给宋廷写了一份战报——“……臣窃观金贼、刘豫皆有可取之理。”他要进一步北伐，把战火烧到河南去，他完全可以趁势发动攻势，去收复开封，去夺取黄河！

可赵构的回信是，爱卿打得很好，朕很欣慰，但有点儿担心。战胜之后怎样固守？如果留守兵少，会被反攻；如果兵多，耗费的物资要怎样筹措？

“……不知李成在彼，如何措置粮食，修治壁垒？万无刘豫肯为运粮之理。”赵构想的是让岳飞自己想办法，朝廷是不会出钱的。

钱不是最重要的，关键的是兵力。得有足够的兵力才能守住城，之后才能谈到运粮之类的给养。之后宋朝官方的信使带着岳飞、赵构之间的通信在长江两岸来回跑，直到一个数字产生。

赵构答应给岳飞增兵6万。

这让岳飞满心欢喜，这足以让他保证襄阳六郡的安全了。可是等了又等，他的各项嘉奖令都下来了，比如南宋把襄阳六郡统划为襄阳路，升岳飞为清远军节度使、湖北路荆襄潭州制置使，襄阳路内所有军政事宜无论大小全部由岳飞一人负责。

等于承认岳飞是襄阳路的藩镇了。可就是不拨兵过来，尤其是没有奖金。

现实逼着岳飞自己想办法，他只好把主力撤回到驻地鄂州、德安府（今湖北安陆），在襄阳路留下了少部分的驻军。

周识、李旦率150名士兵守郢州，孙翚和蒋廷俊率200名军士守随州，信阳军、唐、邓三州的兵力与之相近，襄阳府作为重镇驻军2000名。

这些兵要自己种田吃饭，每年能从江南按季节换军装都是奢望。但是他们在以后的几年里没让伪齐、金军逾雷池半步。

岳飞的第一次北伐就这样结束了。他获得了空前巨大的成功，可成功的代价是兵力被削弱分散。下一步他必须想着怎样迅速扩充自己的队伍了。

好在，机会不久就会到来。

回到另一边，赵构为什么如此吝啬、错乱呢？襄阳难道不是他的土地吗，他真的拿不出所需的给养，甚至那6万援军吗？

当然不是，他手里有大把大把的钱，可是要用在“正”地方。岳飞打下了襄阳六郡，他之所以不给钱、不派兵、不许深入、连言论都不许提收复开封，都是因为他正在跟金国谈判呢。

第三十章　冠绝天下

赵构先是派人去见完颜宗翰，问下大王子，如果江南要和平的话，金国的条件是什么？完颜宗翰正被岳飞气得头晕，随口说了一句。

在淮南不许出现任何宋朝的士兵！

……这有点儿难，赵构想要和平不假，但也知道战场上打得爽，谈判桌上才有资格开腔的基本常识。其实这也正是他派岳飞北伐的原因所在，现在很好，金国疼了，对后面的事情有利。

完颜宗翰一看赵构没了下文，没像印象中那样痛哭流涕、浑身发抖、承认错误、赔偿损失，他大怒，决定彻底解决赵构。

大太子从历次战争中得出一个结论，即金军在陆地上打得再漂亮，也没法抓住赵构，这人会下海。那么就不走陆路，而是从海道南下，先攻打昌国县，转攻明州，夺取赵构一直停放在那儿的御船，之后直攻钱塘江口，把赵构堵在杭州城。

一旦成功，将彻底解决南宋。

必须承认，完颜宗翰的想法非常独到，非常狠辣。这一招不仅出其不意断其逃路，更重要的是绕过了所有宋军防线，把吴玠、韩世忠、岳飞等威胁都抛到了一边。

令人击节的创造性思维！

可是却胎死腹中，在金国内部的军事会议上就被枪毙了。这简直不可思议，完颜宗翰是谁，金国的创始人之一，金国军方十几年来无可争议的第一人，其权柄比之金国皇帝有过之而无不及……这么牛，为什么被毙了呢？

因为完颜吴乞买再也不想忍了。这些年来他被欺负成了一个笑话，混得仅比在押的辽国皇帝、宋朝皇帝强那么一点儿，永无止境的憋屈把他能空手撕裂虎豹的身体折磨得越来越差，最近他都感到了死亡在临近！这是什么样的人生啊，为什么就不能反抗呢？

难道完颜宗翰敢谋朝篡位不成？！

还真差不多，知道他病了之后，完颜宗翰都在替他确定接班人了。也就是说，大王子殿下已经未经讨论直接剥夺了他儿子的继承权！

动我家的世袭宝座，我就动你最宝贵的东西。

抱着这个怨念，金国皇帝在老家黄龙府截留了金国总司令在山西大同的海上进攻计划。总司令惊讶，看来之前的20棍子打得太轻了，二叔没记性。

紧接着传来下一条消息。

皇帝陛下没跟总司令通气，直接下达了一道新的军事命令。灭南宋不走海路，由金军、伪齐组成联军，由陆路跨长江直接扫平江南。

完颜宗翰大怒，这是明显的公报私仇，拿国家命运开玩笑。这个在开国期间啥用也没有的二公子真的要败坏祖业了！

可他向完颜吴乞买的身边看了一眼，立即又安静了。吴乞买的身边站着完颜昌，这在意料之中。还有完颜宗弼，这有点儿意外，四弟弟开始时还是很乖的，没奈何总打败仗，还把大哥的女婿、侄儿都扔在战场当了俘虏，大哥狂怒之下过分毒打，生生把四弟逼成了冤家。

这时后悔也晚了，这个小四儿以后会变成啥样他想了很多，可怎样也料不到小四儿会是一把皇室屠刀！

还有两个人，先是完颜讹里朵。这位曾在富平之战中亮过相，没啥戏，身份却在完颜娄室、完颜宗弼这些名人之上。

为什么呢？因为他是金国的三太子！

三太子又叫完颜宗辅，叫宗辅时他很低调，低到履历表里只能写他长得有威严，性格很宽厚……第一代金国人的特征是宽厚，这应该是当面骂人。

可之后他又改名叫完颜宗尧！

每一个字都不是白取的，翰、望、弼，哪一个都是臣子的符号，而尧，是帝皇，是传奇伟大的帝皇。他做了什么呢，这时只是开始，他静静地站着，像是啥事都与他无关。

最后一个人是齐国皇帝刘豫。

这本是个奴才，没人会注意他，更懒得搭理他，这时却极度敏感。因为他有土地，从开封到淮边；他有兵，不管精锐与否，三十几万不在话下。他倒向谁，谁就会有主动权。这让赵构都对他很客气。

要命的是，倒归倒，不能随时随地乱倒，从政人员虽然很任性、很杂乱、很荒芜，可必要的节制也得有一点点。

刘豫倒起来完全没有节制。

他先是完颜昌的人，这没办法，他在山东当官，完颜昌是金国山东战区总司令，他只能认这个爹。后来好运当头，完颜昌想立他当傀儡皇帝。

这很令人兴奋！

却被完颜宗翰抢了先，搞民意测试把刘豫强推上台。刘豫瞬间就从了，大殿下我从此就是你的人了！这也没什么，但对以前的爹为什么不能保持一些起码的敬意呢？

不，之后完颜昌亲自上门视察工作，刘豫居然只派儿子出去迎接，自己稳稳当当地坐着，把完颜昌晾得很凉。

这时岳飞收复襄阳六郡，刘豫慌了，向金国紧急求援。第一人选自然是更亲的爹大殿下，大殿下很上心，海上出击。接着被否决，从前的爹完颜昌告诉他金国对这事儿有了最高指示，刘豫转身就趴在完颜昌脚下，喊了声最亲的爹。

转脸又开始鄙视完颜宗翰……这人的心理疾病有多严重啊。

不管怎么说，南宋得到了一个确切的情报，金、伪联军将在九月发动强大攻势，刘豫已经放出了话，扫平江南，使“六合混一”。

赵构知道火候到了，立即派人带着巨大的诚意去金国谈条件，这回越过了完颜宗翰，直接找金国皇帝，要怎样才能放过江南？

临行前，赵构郑重强调行动气氛，一定要亲切友好，“卑辞厚礼，朕且不惮”。

连俺这个皇帝都不在乎脸面，你们也别太计较了。

众使者请示最高价格是多少，一位直学士走上前来，很有传统地像澶渊之盟里那样在胸前竖起了5根手指头。宋朝的官儿们心领神会，50万。

这个价比当年给萧太后的多多了。

可金国的回应是，价格勉强凑合，帝号是没有的，最多是个王位。地盘嘛，你们继续向前，福建、两广足够你们生活了！

……比完颜宗翰还狠，之前还只是要求淮南不得有宋军呢。

宋使们绝望中，突然又听见了一句话。金国人又问："秦中丞安乐吗，此人原在自家军中，煞是好人。"

消息传回，宋廷举朝震恐。百官们异口同声，要求赵构"散百司而他幸"。说白了就是，你老兄要死要活自己想办法，离开杭州闪远远的。俺们这些当官的也自谋生路，休想大家陪你一起死。

树还没倒，猢狲先散。

赵构沉默不语，成熟的皇帝从来不会被臣子们煽动，他在静静地想着自己的心事。使者们带回来的消息诚然恶劣，看来金、伪齐联军必将进犯，可里面又夹杂着一丝微妙的转机……秦桧是金人的好朋友吗，时隔这么久仍然保持友谊?

这在当初只是隐约地被感到过，却从来没有在金国一方得到过证实。

他继续安静地等待，任凭朝堂之上风来雨走，仿佛无论出现什么，都跟他没有关系。不久，他终于等到了一个不同的声音。

首相赵鼎力主迎战，并且提议把战争直接提升到最高规格，由皇帝赵构亲征！淮河区域即是决战地，长江防线是生命线，绝不允许战火再次烧进江南腹地来。

宰相为百僚之首，一言而定九鼎，他这样说没人再敢有异议，只是合伙提出了一个貌似很实际的难题。请问首相，想打可以，由谁去打，难道要皇帝既亲征，还自将吗?

这话很刁钻，南宋自从富平之战后就再没有一个军事上的总统帅，在每个敏感地区，都是由某位大将全权负责，自负盈亏。实际上南宋已经对各战区失去了控制，只能坐视成败。

这时想找个人出来当总司令，谈何容易。

赵鼎却直接点将——张浚。他是富平大败的主要责任人不假，把西军百年荣耀的牌子毁掉也是真的，甚至于搞得西北、西南同时危险，差点儿波及江南，覆灭宋室，可这时只有他才能承担重任。因为，毕竟他是有经验的。

张浚复出，重新成了军事一把手。这时他无限感激赵鼎，没有这个人，他不知要熬过多久才能重回权力中心。

这位首相真好!

这时怎么也得介绍一下赵鼎了，可却没什么好说的。他生于1085年，解州闻喜（今属山西）人。4岁丧父，由母亲抚养长大，进士出身，在升任首相之前没有任何可以记录的政绩。

在如此风起云涌、天地变色的大时代里，他跟着大队人马从开封逃过长江，居然啥事也没参与，这人得低调到什么程度，或者说懒惰到什么程度呢?

这样一个人，居然成了首相，并且是独相。发生这种状况，只能说他是一个幸运的替代品。到赵构宋朝已有10位皇帝，论帝位之不稳，他高居第一位。比不孝、非嫡出的宋英宗，篡位自立的赵光义都飘摇，导致他换宰相的速度也是宋朝第一。

据实而论，赵鼎只是他随意选的一个轮换棋子。以上，是站在官场看赵鼎，从事实出发，他给人以这种印象。

如果以赵鼎本身看事情，就会得出截然相反的答案。他是建炎南渡以来最强硬的一位首相，之前每位宰相都充满了各种各样的智慧，无可否认，连黄潜善、汪伯彦之流也能算得上生存智慧高深的人。更不用说朱胜非能把敌人玩残的斗争智慧。

可对外敌有勇气的却只有赵鼎一人。由此而论，他才、德、智、勇兼备，以前之所以沉默，必然有他自己的理由。

很可能是他不想露头。

这时赵鼎以首相之权力压官场，第一决策抗战；第二复职张浚；第三……请太监吃饭。太监集团在苗刘兵变中大受摧残，可底气还在，赵构仍然是那么爱他们、信他们，搞得是否亲征都得回宫、出宫，和太监们亲密协商之后才会生效。

赵鼎在都堂摆了一大桌，和十几个顶级太监聊了好半天，才算让太监们点头答应在某些问题上闭嘴。之后赵构大振神武，发表亲征宣言：

> 朕为二圣在远，生灵久罹涂炭，屈己求和，而虏复肆侵凌。朕当亲总六军，往临大江，决于一战！

说得非常好，既孝顺，把之前所有的妥协退让懦弱无耻都归于怕囚在远方北国受苦的父母兄长等亲人受苦，又彰显了自己的决战气度。

这是他百试百灵，可以向当时、向后世、向所有崇尚孝道的中国人交代的理由，无论遇到了什么，他都在这个大前提下说事。

接着，他下令摆驾向北移动至前线平江府，他要亲自指挥，与仇敌决一死战。后宫家眷们从陆路到温州，再坐船去泉州避难。一切准备就绪之后，他缓缓地在杭州城的皇宫里坐了下去，恢复到最舒服、最平稳的状态，他觉得这样很好。

战争的事，由首相大人负责。

这次，金、伪齐联军的目标是淮南。淮是一个很大的区域，在宋朝先划分成淮北、淮南。其中淮南分为东、西两路。

金、伪齐联军计划先从开封的汴河直趋泗州渡过淮河。入淮南之后，兵分三路攻打滁州、和州、扬州，再向西从采石矶渡长江攻建康府。

从这个计划上看，首攻方向是淮东，在南宋一方是韩世忠的防区。这很好，韩世忠不拒绝任何挑战，他接到战报之后直接带人过江进驻扬州城，厉兵秣马，只待厮杀。

可身边突然间空了。

在淮南一带，也就是长江中下游区域，南宋集结了三大将15万以上的兵力，在这次战争来临前，赵构甚至把自己的宿卫、最亲信的私人将领杨沂中都派了过来，可以说这是自富平之战后，宋军集结兵力最多的一次。可敌兵将近，韩世忠却发现身边没有一个友军！

大衙内刘光世按照他的老传统，临战先退，远远地躲回到长江南岸，进南宋第二大城市建康城里享受高档人生了。

张俊没说不进军，只是给中央写了封信，向首相报告说，我先到平江府去给皇帝打前阵，并且向全军提出了抗战倡议，他说，躲有什么用呢，只有向前一步，才有生存的转机。现在应该聚集天下精兵汇集平江府，保卫此城。

全天下喝了声好，张将军赤胆忠心！

张俊说到做到，他带着大队人马赶赴平江府，速度那叫一个快。在进城耀兵提升民心士气的紧要关头，突然间意外发生了。

久经战阵，马骑得非常好的张将军突然间马失前蹄，摔了下来，当时场面惊悚、真实，摔得非常果断，让无数目击者震撼。

张俊站起来时，一条胳膊明显断了……于是他很抱歉地再次给首相写信，报告他的伤情，说他真的很疼，请求就地在平江府休假。

赵鼎的鼻子差点儿气歪了，平江府，和杭州离得近，离长江还很远，在那儿忍着能对战争有什么用？联想张俊之前提出聚天下之兵守平江，这时才品出来真正的意思。明明是想聚天下之兵守卫他张俊！

赵鼎眼睛里不揉沙子，发公文把张俊的伎俩一一拆穿，让全天下人看清这位中兴名将的嘴脸，接着命令他立即率军渡江，到北岸去打仗，尽一个军人起码的本分。

奈何首相言辞如刀，将军脸皮似铁，张俊啥反应也没有。胳膊就是疼，没法办公。首相的命令很高档是吗？要么你撤我职吧。

于是在开战之初，淮南的淮西部分一下子空了，只有韩世忠顶在了淮东扬州一带，面对 30 余万金、伪齐联军。

韩王临阵，勇悍绝伦。论作战风格，他是南渡名将之中最锋锐难当的，尤其是在开战的最初阶段，他所过之处完全是一片尸山血海。

他第一步，就是在自己的后方伐木立下了一大片的栅栏路障，把自己的退路切断了。之后，他给金军的前锋部队设了一个埋伏，这个埋伏不是传统意义上的把敌人引诱到一个利于围攻的包围圈里，而是把兵力分散在这个圈子里，等敌军进入之后，悄悄地插进敌军的各部分，一声令下，自己打自己，谁强谁杀人，弱的就去死！

那一天在江北的大仪镇一带，战火突然爆发，金、伪齐联军几乎在不知所措的情况下血肉横飞，等他们反应过来之后，眼前的情景已经不适合人类观看了，这帮人只知道逃跑。

这样的事在鸦口桥、承信等地又发生了几次，金、伪齐联军的前锋部队真的被吓着了，导致行军速度严重受阻。

但是要注意，只是前锋部队。韩世忠的打法实事求是地说，不是帅才，而是一位极强的将领，他可以突击，可以埋伏，可以顽强地防守，却始终没有展示出纵横捭阖睥睨当世、在广阔战场上控制一切的实力。

这是他个人的短板，其实也是中国历史上的一条铁律。几乎在每个民族危亡时期，能独撑大厦的人，都只有一个。

从来没有实力、战绩可以相匹的双子星。

这时他搞定了敌方的前锋部队，等后面的大兵团接近后，明智地选择了后撤。他渡江回南岸，在镇江府驻扎。

如此一来，南宋三大将全部回到南岸，刘光世在建康府、韩世忠在镇江府，至于张俊，他牢牢地“防守”在平江府，忠实地、长时期地给皇帝打前阵。

淮南两路全部空空荡荡。

当此时，赵构在深宫里察看地图，在长江北岸只有岳飞的襄阳六郡兵马。那很少，但是岳飞的驻地在鄂州，也就是现在的湖北一带，在那片土地上金、伪联军并没有出现。

他提起笔来，亲自写信给岳飞，要他立即火速增援，亲自率军赶赴淮西。信里写道：“……卿夙有忧国爱君之心，可即日引道，兼程前来。朕非卿到，终不安心。”

此时倚飞何重！

这条命令迅速产生了效果，很多人赞同，毕竟慷他人之慨，救朝廷以及自己之危，有何不好？

持不同意见的是前首相李纲。

李纲说，这是个前所未有的机遇，不仅是宋朝有危险，实际上伪齐的风险更大。让岳飞直接去淮西与金、伪齐联军死磕，是扬汤止沸，说白了是一种添油战术，拿己方珍贵的有生力量去和敌军对耗，让敌军无力渡江，从而保证安全。

与其这样，为什么不让岳飞趁伪齐军倾巢出动之机，发动突袭去攻打其后方呢？以岳飞野战实力，他很可能会一路突进，收复开封！

哪怕攻不下来，也是围魏救赵之策，比在淮西添油好得多。

此议一出，朝野震动，赵构本人也表示出了浓厚兴趣，他公开声明支持李纲这个想法。可是岳飞在鄂州接到的命令，仍然是——“援淮西”。

岳飞闻命即动，一边集结兵力渡江，一边先期派出徐庆、牛皋率领2000人去援救最危急的庐州。此时的庐州已经成了一个标志，它孤立在一片金、伪联军的汪洋里，不仅不倒，反而敢派兵出城阻击，尽管出城的人都战死了……

徐庆和牛皋率领一部分骑兵抢先抵达庐州，还没有坐稳，就有5000名金国骑兵逼近。两人立即出城迎战。

这把一直抗战的庐州人都吓了一跳，兵力严重不对等，岳飞的部下都是些什么人，这是勇敢还是狂妄？在城外，淮西深冬的寒风里，敌骑逼近。牛皋单骑出阵，他身后立起了一面绣有他姓氏的大旗，他大呼自己姓名，冲了过去。

这有点儿像小说演义里的牛将军了，很多人一定在笑他莽撞，可5000名金骑居然掉头就跑，根本不敢与他交锋，这是怎么回事呢？

牛皋是聪明的，他在江淮一带征战多年，威名显赫，谁信他会冒险？这种找死行为怎么也不会发生在他的身上，光是这个思维误区，就足以吓跑敌人。

岳家军迅速接近淮西，金军方面的统帅一如既往还是完颜宗弼。眼看这对老冤家要大打出手，金军却突然撤退了。

这是毫无预兆的，金军退却的速度非常果断，连一向善于逃跑的伪齐军都被抛在了身后。搞得岳飞很纳闷，这不是个陷阱吧？！这个忧虑成了南宋在这段时间的主旋律，宋廷动用了一切手段去探听虚实，没有多久终于搞清了内幕。

金国内部出事了，金太宗完颜吴乞买病危，金国面临再一次的权力重组。这一次远比完颜阿骨打死时激烈，那时是要保持平衡，保住金国急剧扩张的势头。所以各方面的大佬们都选择了退让。可这回狠了，首先大殿下完颜宗翰要借题发挥。

上次他海路进攻南宋的计划被否决，严重动摇了他军方第一人的地位，这次侵宋战争更把他抛在一边，被彻底挤出了决策层。这让他忍无可忍。

老天照应，吴乞买病危，简直是送给他出手的机会。

完颜吴乞买还是死了，死时郁闷悲凉，像他生前一样身不由己。回顾他的一生，从即位成为金国第二位皇帝开始，他就是政治牺牲品。

用来搞平衡的。

奈何他自己心比天高，总想在各个旋涡之中火中取栗，当个名副其实的皇帝。可是他错了，实力决定一切。女真建国的初期，民族内核还是野蛮至上，根本没有政治家施展手段的土壤。在这个大前提下，他就注定了混不成赵光义第二。

在死前，他输掉了最后的一点点筹码。他成年的儿子完颜宗磐的继承权被剥夺，皇位回到了完颜阿骨打的直系血脉手里。

上位者名叫完颜亶，本名完颜合剌，父亲是景宣皇帝完颜宗峻。这位一直很沉默的人在低调中赢得了一生中最宝贵的胜利。

在这时，每个女真人都把完颜亶当成了完颜吴乞买第二，也不过就是个平衡器，之所以选他当皇帝，看中的就是他的无能！

连同完颜宗翰本人在内，都不会知道上台的这个人是什么变的。这人……不对，是这孩子，完颜亶这一年才 15 岁。这孩子会改变金国的一切，比如金国人从上到下都会玩政治了。

这是淮西之战对金国的影响，这次战争在表面上看近乎一个儿戏，怎么看它都会造成宋、金两国之间一切决定国运的大决战，却不料雷声大雨点小，啥事也没有，突然间就熄火了。

这不准确，淮西之战是一道分水岭，两个民族之间，尤其是南宋这边，因为这次战争而引起的变数一点儿都不比金国的小。

首先是张浚，这人瞬间飞黄腾达，从一个战败罢职的罪人，一跃成了雄霸江上的军方代表。其实看过程，他啥事也没办，没去前线没有督战没有训人，什么也没有，比首相赵鼎做得少多了。可战后论功行赏，他成了副相。

这人真的回到权力中枢了。

从这一刻起，张浚又可以在南宋搞风搅雨，以自己的“赤胆忠心”来给宋朝挖坑，给岳飞挖坟，给他自己留下“刚毅”的美名。

之后是赵构，他在金军后撤时迅速起身，从杭州赶到平江府，亲临前线，展示出一代中兴雄主的风采！这让全天下惊艳，他……不萎了。

最后是将军们。

刘、张、韩三大将各拥重兵，各有表现，本来是问心无愧的。比如刘光世，他的确是按照本心做事，何愧之有？

可岳飞这个该死的小兵兵，前几年还是个提不起的小裨将，居然敢扫我们大将的颜面！刘、张两人不必说了，未战先逃，发挥联想搞各种创意地既避战还有荣誉地逃跑，本身是很无耻的，可岳飞为什么那么耀眼，他怎么敢在我们退回来时过江？

简直是打脸嘛。

韩世忠脸上一直热辣辣的。这么多年以来，自从开封失守宋室南逃，他一路征战，是公认的军中霸王，是人见人怕、无可挑衅的军中第一强者！这次他在淮南东路杀得血流成河，本来是很符合形象、很激动人心、很楷模的，可天杀的岳飞突然间搞事……岳飞手里的兵力还不如他多，岳飞能带着这点人马杀过江去赶跑金军，而他却带着人被金军赶回南岸，这一出一进的反差太大了，让人怎么看他？！

嫉恨之火在三大将的心里熊熊燃烧，搞得岳飞不知怎么办才好。

其实岳飞对这股无名妒火是有所提防的，军队里论资排辈的现象比官场里还要严重，他从一个大兵一路登上巅峰，拥有属于自己的强大部队，这期间什么没见过？他知道招人嫉了，一直在找机会弥补。

平时太忙，没法见面吃饭，更没法沟通感情。岳飞只好频繁地给张、韩两人写信。在信里他姿态摆得很低，这也是现实，在这个阶段，他的军衔比两人低，年岁比两人小，既是下级又是弟弟，低点儿才有利于团结。

却不料这样也出事。

写信就要写字，提到这事让人沮丧，三大将都是老粗出身。韩世忠要到晚年才突然爆发出文采，诗词翰墨独具一格。至于张俊，某次他和刘光世陪着赵构到一座庙里玩，方丈凑趣请他题字，只见张俊的老脸憋得通红，半天不落笔。

这哥们儿根本不会写。

刘大衙内总算好点儿，拿笔跟拿刀似的，弯弯曲曲地留下了自己的签名。而岳飞的字体风骨凛然，书法追慕北宋第一大家苏轼，单以书法论就是一代高手。这样的字拿在三位老粗的手里，会是啥效果？

……直娘贼，这厮写的到底是什么，为啥俺看不懂！

这些信在三大将的妒火之中注入了新燃料，他们自卑了。双方的矛盾在加深，淮西之战后，矛盾在赵构的干涉下，变得更深了。

实战得出结论，岳飞的军队是宋军中最强的，也是最听命令的。赵构考虑到以后的安全问题，决定派岳飞新任务。

去剿灭洞庭湖匪患。

三大将一听这事，立即火冒三丈。说实话，在收复襄阳之前，宋廷如果派岳飞去办这事儿，他们肯定站在一边笑嘻嘻地等着看热闹，乐得让岳飞去栽跟头。可这时不行，八百里洞庭湖里杨么、钟子仪势力庞大，不仅让南宋灰头土脸，难以收拾，连伪齐那边都把他们当盟友看。

如果岳飞真的成功了，其实力会立即上升到与他们水平相当的程度，甚至超过他们。

洞庭湖的事要从靖康之难时说起，在开封陷落，赵构外逃到南京应天府称帝时，他曾经下令天下兵马勤王，真是惊喜，当时有一支300多人的小部队，从遥远的长江边克服重重困难来到了他身边。可是他查了一下这些人的阶级成分，立即失望了。

领头的人叫钟子昂，荆湖北路鼎州（今湖南常德）人，政治上是一介白丁，他爹钟相是一位资深的乡村巫师。

搞什么嘛，政治是少数上层人的游戏，什么时候轮到闲杂人等参与了？赵构下令把这些人遣散回乡，老实当农民去。

钟氏父子也盼望平安来着，可随着赵构过江，南方的生活比花石纲那会儿还要悲惨。作为一个资深的、号召力强大的基层巫师，钟相很快就确定了新的方向——起义。在行动之前，他提出了口号，该口号和李顺、王小波起义时的口号很像。

都是“不分贵贱均贫富”。

通俗易懂，利于传播。被压迫的人蜂拥而来，很快他的部队形成规模，在短时间内占领了洞庭湖周围的 19 个县。

这时是 1130 年，宋建炎四年。当时，整个江南处于三不管时期，赵构自顾不暇，就算想剿他们，也无兵可派。钟相觉得形势大好，于是建国号楚、年号天载，自封为楚王，立钟子昂为太子，从此当上了皇帝。

这么干，从理论上看他很安全，但从实际来说，他麻烦大了。当时天下大乱，盗匪横生，有实力的人太多了，在他身边不远处就有一位。

孔彦舟。

这位兄台是一个典型的游寇，从江北一路游到荆湖。吃、抢、壮大，深得游之要素。到达洞庭湖边上时，他已经是见多识广久经战乱了。

他看了钟相一眼，满心鄙视。一个家门口都没出过的乡巴佬，居然当上皇帝了……一时兴起，他带人过去把大楚国灭了，钟氏父子全被活擒。孔彦舟很会做人，起义军的钱粮他都留下，把钟氏父子送给了赵构。

赵构承他这个情，一边杀了钟相、钟子昂，一边给孔彦舟转正，成了宋朝的国家干部。之后人事纷乱，孔彦舟在宋朝干得不顺心，渡江到伪齐，当上了刘豫的官。赵构逐渐稳定，在金国的压迫下渐渐羽翼丰满。两人各有各的忙，迅速把这事儿扔到了脑后。

别管后来的教科书怎么说，在当时孔彦舟的心里，这事儿只是游寇生涯的小插曲，过耳就忘。于赵构而言，这事儿很好定性，是外来游寇与本埠土寇的火并，外来的更强些，如此而已。

对洞庭湖来说，事情没有完。压迫在继续，反抗要加力，他们推出了新的首领。带头的还姓钟，是钟相的另一个儿子钟子仪，实际权力掌握在一个叫杨太的人手里。

杨太年纪很小，当地人管小叫“么”，顺口叫他杨么。

杨么的能力很强，运气非常好。他“出山”大约是钟氏父子死后半年，那时赵构刚刚结束上山下海的狼狈生涯，宋廷的全部精力都集中在陕西富平方向，关注并支持着张浚进行的国运之战。洞庭湖再闹，也只是一片小浮云。他们翻看了一下官职花名册，派去了一个同样从江北过来的实力派人物。

程昌寓。

从生平简历来看，程昌寓比孔彦舟要强很多。

首先，程昌寓是政府官员，过江之前的最后职务是蔡州知州。金兵南下时，他的行为很另类，没有率众死守，演绎英烈人生；也没有急着逃跑，保命第一。

他把蔡州洗劫了。

所有的钱财带着，所有的兵带着，搬空了蔡州，他还在汹涌的难民潮里精挑细选给自己的逃亡生涯增添了些许的浪漫色彩。一个叫小心奴的欢场女子被他发现，两人走到了一起。

如此渡江，投入新宋朝的怀抱，让建炎集团从上到下都高看一眼。瞧瞧人家这官儿当的，回忆一下赵构过江时都衣衫不整，人家全须全尾两袖金风地来了。这就是素质！

考虑到程昌寓手中既有钱又有兵，赵构决定把剿灭洞庭湖水匪的事交给他。

逃跑时很另类，程昌寓进兵时也不简单。他把手下分成水、陆两路。陆路是将军带着士兵，水路由他、他老婆、小心奴、大批家丁侍从幕僚组成。他是北方人，江南水乡的传说就像梦境一样，他决定从公安县的油河出发，沿鼎江、经龙阳县转往匪区，一边顺水漂荡，一边完成工作。

想得很好，但没有考虑到现实状况。

这一路上风景真的很美，可是战乱时期物资极度匮乏，这么长的船队一天下来食水供应就是个大数字，沿岸全是匪患交战区，人都看不到几个，有钱也买不着东西。

好不容易临近鼎州，出现了几个小村镇，船上的贵人们看见了几只活的鸡鸭鹅，立即派人上岸去抓。接着就出事了，洞庭湖的水匪蓬勃发展，业务范围越来越广，这帮外来人刚一靠近就被盯上了，经观察，很肥、没兵，抢！

悲剧就这样发生了，剿总司令部在开战前被打劫，整支船队只逃出去程昌寓的坐舰，原因是他的船行驶在最后，见势不妙，迅速掉头逃跑。

其他的全落在了洞庭湖水匪的手里，其中包括艳女小心奴……逃出生天的程昌寓大怒，迅速与陆路上的大部队会合，决定向水匪开战。

开战前得到一个最新消息，小心奴进入钟子仪的后宫，地位提升，已经是嫔妃级了。程昌寓反而冷静了下来，他决定把杨么一伙儿斩草除根。

为了这个目标，他拿出了从蔡州不远千里带来的钱财，没收了周边所有木材商人的货物，再征集大批工匠，日夜赶工造出了大批“车船”。

这种船能载兵千人，或两千人。船身是车形，小的 20 车，大的 23 车，这种装备安置在船头和船尾，踏车使船前进后退。

说白了和现在人工湖里的脚踏船有点儿像。

如此巨大型的脚踏船进入芷江（今沅江上游），配合步兵进攻位于夏诚的水寨。如此器械，这般兵力，区区水寨一定手到擒来。结果坐等好消息的程昌寓再一次遭遇悲剧。

航道水浅，巨大型车船搁浅了，横在水里进退不得，被水匪们连船带人抢劫一空。程昌寓悲愤，为什么会这样？！

后来也有人问他，为什么会这样，他回答说出门没看日子，在屋里造了艘航空母舰，没想到开不出去。

程昌寓落幕，下一位是纯军方人物王𤫉。这人在宋史里是个过客，之所以搞成了路人甲，原因就是洞庭湖和杨么。

原本王𤫉很有大人物的雏形，征杨么时他是荆南府、潭州、鼎州、澧州、岳州、鄂州制置使，手下的兵是神武前军的番号，总兵力达 5 万。

这股力量放眼南宋，别说是当时，就算四大将鼎盛时期也不过如此。当然，兵力不等于实力，可 5 万这个数字是令人震撼的。

派出王𤫉，足以证明南宋的决心，王𤫉也非常努力，亲自率领最强的精锐近 1500 人坐着小船去剿匪。从这一点可以看出，他吸取了前任的教训，小船总不会搁浅了吧？

小船更悲摧。

程昌寓的大船没法接近敌人，轮到他时，洞庭湖水匪让他接近，直到进入深水区……车船等着他。当天王𤫉创造了一个纪录，神武前军的精锐全军覆没，“一日之间，万人就死！”他本人满脸是血地逃了出来，从此一蹶不振。

杨么的声势更加浩大，直到有传言刘豫跟他约好瓜分南宋天下。

这里要强调一下，关于杨么与刘豫勾结的事，经各种考证，纯属诬陷。不管刘豫是怎么想的，杨么从来没有答应过什么。

这是宋王朝的惯技，要搞倒一个人，先搞臭他的名誉。对王安石如此，对岳飞如此，对杨么以及所有异类都一样。

杀杨么前，先把他定位在刘豫的层次上。金国走狗，民族罪人。

临到岳飞剿匪，最活跃的人不是他，而是军方总指挥张浚。张大人自从富平战败以来，每天生不如死。他是那样骄傲，那样伟大，是中兴的救世主，是时代最明亮的太阳！

可是却成了最大的笑柄……这让人情何以堪啊。好不容易这次重出江湖，他立即全盘接手军事事务，在每个领域、每条战线都插上一腿。

这时他挂着江防总指挥的名义，跑到岳飞身边担任这次剿匪的监军，并且提出了行动的总前提。他说，之前程、王两人都犯了一个大错误。洞庭湖水匪靠的就是水，官军征讨首先想的是没船，于是总想着趁秋冬两季水落潮时进兵。

这是错的。

水匪也是人，也得吃饭。他们是在春夏两季分散出去种地，秋冬则收粮回寨聚在一起。秋冬进兵正好赶上对方兵力集中时。

这一次要反其道而行之，偏偏就在春夏之交时进攻。于是岳家军的征期定在当年的五月左右。实事求是地说，张浚的眼光很准，至少他看清了一个事实，洞庭湖水匪的确在这个季节里没法全部集中，而岳飞到达之后发现，运气也好到了没话说。

五月间洞庭湖的河岸居然比冬季时还浅。

岳飞却没急着趁旱进攻，他想得很清楚，杨么一伙儿不只有实力，更有信仰，当年钟相打下的底子很深，想瓦解得从内部来。

他带来了10份金字牌旗榜，可以给为首者安排正式工作。还给杨么、钟子仪两人带来了委任状，只要投降，可以立即在湖南地区就近上班。

为首者对此表示感谢，同意投降，并且申明一直都在准备投降，只是需要做点儿准备……

《水浒传》里的宋江还是很有原型的，此人一门心思地搞招安，和官兵打得死去活来之后才招安，都很符合当时的实际。

向施耐庵前辈致敬，写得非常成功，只是有一点我一直没有搞懂，就是关于招安这一段，梁山好汉的成员很复杂，来自各行各业，里边有无业游民、职业惯犯，也有富家贵人、朝廷命官……

这时说招安就招安，人家本来就是朝廷的官，你逼着我当山贼，这时又逼着我重回官场，你当我是弟兄了吗？！

涮人玩啊？

那不是一句什么“天罡地煞自然相投”就能说得过去的。

跑题了，回到洞庭湖。岳飞从匪徒的工作做起，他把之前程、王两人抓到的几百个匪徒都放了，这帮匪徒走上久违了的大街时发现商品充足，一律跳楼价。这帮匪徒如在梦中，东西多还便宜，谁还当匪徒啊！

这个消息传进了匪巢里，引起了巨大的反响。春天刚刚过去，夏天干旱，人都快饿死了，外面那么多吃的用的……可就是拿不着。官兵重重围困，有钱也没法去买。饥饿是人生第一需求，很快匪帮内部松动，投降的情形不断出现。

这时距岳飞抵达洞庭湖差不多过去了半个多月，某天张浚突然找了过来。他说秋天快到了，见鬼，才五六月就快到了秋天，他要去江边巡视，金、伪齐敌情才是最重要的。

岳飞拿出一张图给张浚看，对他说了一句话。您不忙走，8天之内我将平定洞庭湖，那时也不耽误您巡视江防。

张浚愣了，见过吹牛的，哥哥我就经常吹，没想到你更狠。好一会儿他才回了一句——“王四厢两年尚不能成功，乃欲以八日破贼，君何言之易耶！”

你说得太轻松了吧。

8天之内别说造船只，选器械，就算纯进兵走路都很紧张。毕竟这是八百里方圆沟壑参错的洞庭湖，范围太大了。

岳飞没再废话，事实胜于雄辩，他在六月二日逼使杨么军中悍将杨钦出降，俘获老小精壮万余人，舟船400多只。以这支水军力量，岳飞各部向位于龙阳县江水北岸处的杨么大寨进攻。战斗的细节很单调，充分显示了杨么等人贫瘠的战术素养。

岳飞命令全军少带武器，尽量收割岸上的杂草，进入战区之后全扔到水里去。杨么的车船踏板被杂草缠住，没法前进后退，之后水战就变成了陆战……岳飞的军队能在野战中击败金军主力部队，区区水匪算得了什么。战斗迅速结束，杨么、钟子仪见势不妙跳水逃跑都没成功。

一战定洞庭。

还剩下一座依山临溪的大寨，以夏诚为首。这时牛皋提议屠寨，把夏诚大寨上下都杀个干净。

这么做是当时的惯例，说得好听是为国家着想，为了长治久安。私下里嘛，谁都清楚，刘光世、张俊的钱都是这么来的，抢光之后杀光才能毁灭证据。

岳飞坚决反对，他强调："杨么之徒，本是村民……只是苟全性命，聚众逃生。既已出降，并是国家赤子，杀之岂不伤恩，复有何利。"

他连说："不得杀，不得杀！"

洞庭湖之战以岳飞仁厚的信念结束。我不是说他杀造反的穷苦人是仁厚的，而是说兵危战凶，在那个时代里随便换哪个已知的将领来，结局都不会这样仁厚。

参与造反的数十万湖湘百姓放归田里，重新耕种生活。之后，这片区域一直很平静，再也没有出现过动荡。我无法查到当时岳飞是怎样安置他们的，但既然不是以杀戮来威胁，就只有一个结论。

仁厚。

中国的老百姓只要能有口饭吃，能妻小平安，就没谁去造反。很显然，岳飞给予了他们这一点。

杨么叛乱时的作战力量有6万余人，岳飞把他们都收编了。从此岳家军达到了10万人的编制。这在当时超越了韩世忠、张俊，仅次于刘光世。

三大将最担心的事还是发生了，各人反应各不相同，有咬牙切齿的，如刘、张，有苦笑摇头，如韩世忠。拳头大才是真理，岳飞已经压在了他们的头顶上。没多久，张俊和韩世忠各自收到了一份礼物。从湖湘寄来的一条车船，船上器械人员齐备。

这是岳飞的一份敬意，他以此向老大哥们表示友善，他没忘记张俊给他的提携，更没漠视韩世忠的赫赫战功，他想获得他们的友谊。

他得到了韩世忠的友谊，老韩呵呵大笑，很高兴地收下了，从此交了岳飞这个朋友。张俊却更加愤怒，在他来看，岳飞这是在向他示威，向他展示战功！

张俊回忆、对比这几年里他和岳飞交集的各个片断，包括这份礼物在内，岳飞的每一步都映衬着他的无能、怯懦、失败。这在他的心底缓缓地生成了一股怨毒，在之后的岁月里，随着岳飞不断创建伟大功绩，这怨毒也愈加深刻。

直至他做出人神共愤的错事。

张浚就更不用说了，他的“领导”作用被岳飞10天左右剿灭洞庭湖水匪的传奇战绩戳得千疮百孔，想抢、想掩盖根本不可能。他只好酸酸地赞美了一声——“岳侯殆神算也！”之后在心里提醒自己，岳飞是强大的，这是好事。

他的雄心壮志必须有岳飞这样的臂助才能实现。而他的骄傲也时刻掺杂着高尚，他提醒自己必须高尚，这导致了他每做一件事，都以伟大事业为目标，以抬高自己去实现，失败后又总表现得大义完美。

对了，忘了说大衙内刘光世，从过程上看，他应该是最恨岳飞的。岳飞不给他写信，送礼也没他的份儿，而他拥有最多的兵力。他本该暴跳起来去教训岳飞。可惜啥也没有发生，他非常平静。这人一直是南宋顶层人物中的软骨头，谁都拿他不当回事，只是个乐儿。

第三十一章 梦回万岁殿

这时是 1135 年，宋绍兴五年的六月。随着洞庭湖起义被扑灭，南宋、金国同时进入了一个特殊时期。

金国不再进攻，南宋举国讨论，都在思考以后怎么办。

金国一方行动迅速，小皇帝完颜亶上台之后，行政机构发生了天翻地覆的变化。立国之本的勃极烈制被废除，改行“三省制”。

这个变化从纯技术角度去看，是非常正确和积极的。勃极烈制，实际上是一个权力集中小组。全国的所有权力都集中在都勃极烈（皇帝）、谙班勃极烈（皇储）、国论勃极烈（国相）、阿买勃极烈（国相助手）等一小撮人的手里。

女真人刚兴起这么干还成，阿骨打还活着时这样干也成，因为他有着神一样的地位，没有任何人敢违抗他。

可灭辽之后就不成了，庞大的国土、臃肿的机构是一团复杂到无法想象的乱麻，靠这几个人累死都理不出头绪。事实让女真人妥协，就算他们再仇恨契丹人，再瞧不起汉人，也推行起“南面官”制度。也就是当年辽国人的那一套。

在燕云十六州地区用汉人的机构、官员处理汉人的事务。

这时完颜亶推行的三省制，是用中书、门下、尚书三个部门作为最高权力机构，以三师（太师、太傅、太保），三公（太尉、司徒、司空）为最高官衔，管理具体办事的六部。这么看纯粹是宋朝模式嘛，不，金国声称这是汉制不假，可源头是唐朝，和宋没有关系。

其实这些都不重要，抛开表面看实际，这是一场有针对性的阴谋。金帝换人，权力重组，大家都希望某个人动一下位置。

完颜亶把大殿下完颜宗翰从云中地区召来，微笑着问了一句话。请问您想在新机构里担任最高职务吗？

完颜宗翰兴奋点头，当然！

于是，这位后世公论的女真建国第一功臣完颜宗翰殿下，当上了太保、尚书令，领三省事，封晋国王，成为新机构的国相。作为交换，他的军职被免除，办公地点从遥远的云中挪到了皇宫隔壁。

南宋方面的事要多彩一些。准确地说，就是多彩。因为很多事一起发生了。先是赵构号召全国参与讨论以后的国策走向。

是战，是和，何时决战，怎样求和，徽、钦二宗等被俘人员怎样处理等大事都需要从长计议，难得这时外敌撤退，内匪剿平，是时候说一说了。

当然讨论人员的范围还是有限制的，以南宋国内现有的曾任宰执的官员为研讨人物。这里面有当政的赵鼎、张浚，有曾任的朱胜非、吕颐浩，有亲密的同受难者汪伯彦、黄潜善，有不太知名没甚作为的李邴等，有李纲，也有秦桧。

这场讨论办公用纸费了很多，实际效能几乎没有，每个讨论者都很忠于自己，所说的话无非都是之前自己所不断强调的那些而已。

李纲仍旧是李纲，秦桧还是秦桧。

真正多彩的是另一件事。现年 29 岁的赵构给自己的养子赵瑗修了一座学堂，小孩子要上学读书，学做一个合格的皇太子了。

这个孩子已经出现在公众眼中 3 年了，之所以会出现，涉及诸多的传说。有两条最著名，其中一条是由使者从遥远的北方带回，另一条是赵构某天夜里突然惊醒后自己陈述的。

使者版的传说只是一个印象。南宋派到金国的某个使者回国之后声称他见到了宋太祖……这让南宋举国上下震惊！战无不胜，神武英明的赵匡胤，这对宋朝是一个传说，一个永恒的猜想，如果他不是突然死亡的话，如果宋朝是由他的直系血脉继承的话，还会有如今的狼狈颓唐吗？

使者的话没说完，他是说，他发现金太宗完颜吴乞买和赵匡胤长得一个样。这又让南宋迅速形成了另一个论调，认为赵匡胤独力建国，子孙后代却零落贫寒，别说皇帝，连一般爵位都没有，所以他要报复。他投生到金国，化身为完颜吴乞买凌虐当年混账二弟的后代！

这个传说很有市场。

相比之下，赵构的梦就直接了一些，因为他声称自己与赵匡胤零距离接触。那天在梦里，宋朝的开国者突然出现，把赵构瞬间拉回到150余年前那座风雪中的万岁殿。在那里，赵构亲眼看到了什么？赵匡胤说：如果想让宋祚再续，必须要由我的子孙来继承皇位。

赵匡胤的话最大，这事儿就这样定下来了。南宋政府在江南召集所有太祖系子孙，进行海选。结果发现150余年间太祖系开花散叶，人还真的不少。

符合条件的，也就是太祖七世孙，“伯”字辈的孩子有1645人，精中选优，最后确定在一胖一瘦两个孩子身上。

胖的孩子叫赵伯浩，瘦的叫赵伯琮。以身体强度论，自然是胖些的孩子前途好，赵构选择了伯浩，命人给伯琮300两银子，遣返回家。

伯琮走到了殿门口，后面赵构又犹豫了。他让两个孩子再次并列站在他面前，他要重选。在这个关键时刻，起决定性作用的是当时破旧残败的宫殿。

赵构当时很惨，住的地方比不上当年东京汴梁一个普通富商，有一半原因是当时物资条件真的太差，整个江南都残破了；另一半原因是他自虐，他说他哥他爸都关在牢里，他绝不住华丽宫殿。如此这般，他的皇宫正殿里这时出现了一只猫。

这只猫在两个孩子身边经过，伯琮恍如不见，安静如常。而那胖孩子却突然飞起一脚，决定和猫儿玩一会儿。

然后他就把到手的皇储之位玩丢了。赵构瞬间认定他不合格，不分场合、不会克制、没有教养，这样的本性长大了绝不会是个优秀的继承人。

瘦孩子赵伯琮由此奇迹逆转。

简单了解一下未来的孝宗陛下，他是宋太祖的七世孙，追溯祖上，当年赵匡胤4个儿子德秀、德昭、德林、德芳，他是德芳的后代。秦王德芳生英国公惟宪，惟宪生新兴侯从郁，从郁生华阴侯世将，世将生东头供奉官（后追封庆国公）令绘，令绘生平民子偁。

赵子偁从小苦读，考中进士，分配到江南嘉兴县当负责人。一个县丞而已。之后子偁努力工作，业绩突出，并在1127年，宋建炎元年的十月二十二日生了一个男孩儿，取名赵伯琮。

峰回路转啊世事难料啊谷底爬升啊报应不爽！宋朝的皇位终于回到了太祖系手中。

第三十二章 光荣北伐，洛阳城下

当然这时还不能太乐观，伯琮的路还很长，几个问题遮住了他的光明前景，比如赵构的身体情况。赵九弟的年纪很轻，后宫储量丰富，全江南的名医为他治疗，这也就是在宋朝，如果在现代的话，无论如何都会让他生出亲儿子来。

还有伯琮的年龄问题。他才 6 岁，要度过漫长的生长期，他是否健康，是否聪明，是否明智，是否能让赵构的后宫谅解，这些都事关成败。

以后的事以后再说，回到 1135 年，宋绍兴五年的深秋。赵伯琮上学了，让很多人开心，其中包括岳飞。他曾经和韩世忠等人上书，要求赵构确立皇储，为帝国留一个后手。现在他如愿了，他很高兴，全国都很高兴，其中却有一个人不太在意。

为什么要欢呼呢？有什么大不了的，立皇储固国本……这些都是消极自保者的招数，强者可以通过击败敌人保证安全，那才是一条正确之路。

此人是张浚。

他设计了一个比富平决战还要恢宏庞大的作战计划，为了保证这个计划的实施，他先对南宋的军队进行了一次大整编。

全国军队分为“三衙军”和“五大部”。三衙军即禁卫军，算是皇帝的私兵，由殿前司、马军司、步军司组成。这股力量很薄弱，除了杨沂中统领的殿前司是由原来的神武中军改编而成兵力较强外，其余两部形同虚设。

五大部，它的前身是“神武军”，五大将刘光世、张俊、韩世忠、吴玠、岳飞所部的总称，这时改名叫“行营护军”。

具体是张俊部改称“中护军”，驻建康；韩世忠部改称“前护军”，驻承、楚二州；刘光世部改称“左护军”，驻太平州。三将共同担任长江中、下游以及淮水流域的防务。吴玠部之前不在神武军系统里，这时归入，称“右护军”，率军扼守川、陕、甘大片区域。

王彦的八字军称“前护副军”，驻荆南；岳飞部改称“后护军”，驻鄂州，两军担任长江中、上游防务。

这些看上去只是换了些名字，无关紧要。可是换一个角度看，就能感觉到张浚的霸道，新官上任是需要打招呼点名的，他的办法是给你们换个名。

以后一切都得听我的！

岁临新春，张浚的计划出笼。他亲往镇江府抵近长江，召集东南各大将听令。令韩世忠出淮东，进攻京东东路的淮阳军（今属江苏）；岳飞由鄂州过江进驻襄阳，挺进中原，能打多远打多远，无限制攻击；张俊、刘光世所部不动，调三衙军杨沂中为其后援。

川陕甘方面的吴玠在计划之外，不参与行动。

针对以上，岳飞的第二次北伐开始。临战前，张浚特意找到他，对他说——“此君侯之素志也！”岳飞却悲欣交集，苦乐参半。

岳飞的母亲恰在此时病故了，他三日间水浆不进，泪水不干，精神上的悲痛严重伤害了他的视力。不久之后，他患了眼疾。

他决定上庐山为母亲守孝，三年之间不喜乐不劳作不视事，心灰意懒，非如此不足以报母恩。可大战在即，举国为之观望，他怎能置身事外？

不得已，他下山临阵。说一下这时的岳飞，他已经鹏程万里，高飞于整个南宋军阶之上。他有自己的部队，辖区内军政大事决于他一人，他已建节，并且是武胜、定国双节度使，受衔时年仅 31 岁。这是个空前的纪录，在宋朝只有开国皇帝赵匡胤可以比拟。

赵匡胤 28 岁建节，不过那时是五代十国，皇帝遍地走。岳飞另有一项荣誉，在赵匡胤之上。这时他已荣升少保，世间尊称他时再不是太尉了，而是“岳少保”。

如此功业，不枉近 10 年间奔波离乱。这时恰逢张浚出山，他一直念念不忘的恢复大计终于得以实现了。收复中原，非他莫属。看位置，南宋被攻击的话，韩世忠首当其冲，因为他的背后是国都临安府；如果进攻的话，岳飞注定了是先锋。

由鄂州进襄阳，由襄阳进河南，直抵旧都开封，这是最近的一条线。尤其是岳家军已经打出了军威，金人进兵都绕着他走，每次襄阳地段都非常安静。

1136年，宋绍兴六年二月，南宋发动北伐，第一波攻击由韩世忠发起。

韩世忠整军渡江，首攻淮阳。在符离之北接近了目标，之后发现刘豫还是有两下子的，比如间谍方面。当时南宋立国穷得掉渣，土地不够用，想起了老本行经商。一时间商船往来于大江两岸，各种货物冒着军管风险大量流通，其中就有最值钱的硬通货。

——情报。

伪齐方面间谍工作到家，在韩世忠攻击淮阳城之前，这城里已经集结了庞大的军队，只等着江东猛虎自投罗网。

他们真的把韩世忠围住了，可是数量不代表质量，史称韩“为贼所围，奋戈一跃，溃围而出，不遗一镞”。连个箭头都没给刘豫留下，而且在突围过程中前护军骁将呼延通一把掐住了一个金将的脖子拎过马来，出来后才知道这人叫牙合孛堇。

前面说过，孛堇相当于宋军的太尉，一个不小的官儿。

韩世忠中伏，跳出来之后反身就杀了回去，把淮阳城外围的敌兵赶跑，按原计划围攻淮阳。一连强攻6天之后，事儿大发了。

刘豫之前就探知了韩世忠的动向，军队先期调拨好了，这时被韩世忠反制，6天的时间足以做出新的安排，金兀术和刘豫的侄儿刘猊合兵杀到。韩世忠在江北成孤军之势，被金、伪齐联军合围，这时他需要江南友军的支援。

按地势远近，按军阶兵力，张俊责无旁贷。可韩世忠的求援信到了之后，张大将第一时间的反应是，老韩，你丫的不是出幺蛾子，想借机吞并我吧？那边是金国四太子领兵，决战规模一定很大，你顺手牵羊把我派去的军队收编了，到时我找谁要去？！

不行，我这边另有军情，没人可调。

韩世忠真的被孤立在江北了，刘豫大喜，下令务必乘机除掉这颗眼中钉。机会也真的来了，两军对阵，有间谍告密，对面“锦衣骢马立阵前者，韩相公也”。韩世忠自己暴露了目标。金、伪齐联军蜂拥而去……不长记性的倒霉孩子，怎么就忘了韩世忠强在了哪里呢？

韩世忠迎面对冲，砍倒一片，剩下的都跑了，老韩带着全军外加一万多淮阳百姓安全渡江回到驻地。

韩世忠的北伐结束，不管过程怎样战况如何，他没有攻入伪齐腹地，再一次受阻于金、伪齐联军。这时是当年的三四月间，之后再隔 3 个月，到七八月时，岳飞才出兵襄阳。很多人，很多史书都说这一次岳飞因私废公，为了母丧耽误了北伐大计。

如果与韩世忠同时出兵，两路并进，敌方怎样应对？势必事半而功倍。其实没这必要，什么叫举国一人呢？就是他一个人足以胜过一切，根本不需要什么配合，闲杂人等有多远滚多远，别碍事就成。

岳飞出征前的事很多，耽搁到七月也有些客观原因。第一是赵构想他了，召他到临安见面聊天。真的只是聊天，没说什么重要的事。

这种聊天是种必要的政治手法，会让上下级之间迅速产生亲切感，从而让工作更顺畅、更有效率。第二是因为王彦。

八字军创始人年纪很大了，健康状况迅速恶化，宋朝给他的军队番号，给他个人以辖区，实际用意是让他光荣地退休。他的军队就近交给岳飞，辖区刚好就在旁边，一切都水到渠成。

可是王彦很愤怒。

岳飞是他曾经的部下，并且是很不听话很违逆他的叛将。这些年里岳飞声威大震，每一次大功铸就，都仿佛是对他的讥讽。这时宋廷的决策，更让他无法忍受。王彦终究不同凡俗，在压抑、病痛中他突然振作，居然病体大好。

他辞去了襄阳知府一职，转去张浚的都督行府参议军事。上任途中经过鄂州，岳飞约他在江边一叙。浩荡的江水之畔，两人执手交谈，史书中没有记载他们说了什么，只是一阵江风吹来，王彦立即登船解缆而去。那船乘风鼓棹，很快就远了。

岳飞一直目送着，不断叹息。王彦风骨硬朗，愈老弥甚，不愧一代英才。不过回到现实中，岳飞却发现防务有了点小麻烦。

八字军跟着王彦到临安府去了，成了张浚的都督府嫡系。岳家军的实力不仅没有增强，反而要因为接管原八字军的荆南府防区而分散兵力。

又得一番调派，又得临战减兵。

1135 年左右的岳家军兵力达到了 10 万，将官编制由原来的 10 将升到 30 将，每将平均兵力 3000 余人。这在以后不断扩充，直到达到历史最强的 84 将。全军分成 12 统制军：1. 背嵬军；2. 前军；3. 右军；4. 中军；5. 左军；6. 后军；7. 游奕军；8. 踏白军；9. 选锋军；10. 胜捷军；11. 破敌军；12. 水军。

其中背嵬军是绝对主力，嵬，指酒瓶子，意思是替主将背酒瓶子的亲兵。游奕是巡回的意思，踏白是侦察兵。

岳家军最有权势的将军是张宪、徐庆、王贵、牛皋。

七月间牛皋率先渡江北伐，他的路线偏东，攻击蔡州区域。这里他得心应手，不仅是他战力惊人，而是因为他对这一带太熟悉了。

他的第一个目标是汝州鲁山县附近的镇汝军，这是他的故乡。镇汝军的守将名叫薛亨，素有骁勇之名，牛皋在交战之前声称必将生擒之。

年底十一月时，薛亨被送到了临安府献俘。牛皋成功地打穿东路，连续攻克颍昌府的大部，蔡州周边地带，让伪齐军队向这个方向集结。一个月之后，岳飞率主力过江，攻击的方向是西边的虢州。

不需要什么友军、两路夹击，岳家军本身可以做到这一点。

八月初，岳家军的王贵、董先、郝晸等知名主将合兵一起攻打虢州的卢氏县，这是经过精确计算的，这里有岳家军北伐最急需的东西——粮草。

整整15万石的粮草囤积在这里。岳飞很清楚自己的短板在哪儿，襄阳也好，鄂州也好，都不是富饶的地区。庞大的军队需要的海量粮草没法自给，只能由后方运送。可要命的是他的驻地、主攻方向都在长江的中上游地带，临安等产粮地在它的下游，逆水送粮难度不是一般的大，于是只有去抢敌占区的。

粮草到手，攻势豁然铺开，王贵等人迅即攻占虢略、朱阳、栾川等县，兵锋继续向西，突出虢州进入商州境内。

严格划分的话，虢、商两州属陕西路，是西北方向吴玠的战区。吴玠的部将邵隆早就上书要求收复这两州，宋廷也预先批准了他，只要打下来，他就是两州的主管。

岳飞踩过界了，他没停，进一步展开攻势，横扫整个商州。之后才给吴玠写信，说可以派邵隆来上任了。到这时，岳飞才率军攻向了顺州方向。

顺州在今河南省嵩县西南。

岳飞先派牛皋向东吸引伪齐注意，再向西北抢夺军粮，扫荡全境再次吸引伪齐兵力之后，才突然转向攻击此行的真正目标——河南。

岳飞突然掉转兵锋，冲向顺州，等于揭开了决战的序幕。顺州，距离北宋原西京洛阳仅100余里!

这就是岳飞与其同时代的所有战将都不同的地方，他在战场上灵活变幻动静无常，在别的将领如韩世忠总是在一城一池下牵扯纠缠时，他纵横在广阔战区内随心所欲。其每攻必克，每一动必有效果，这种能力不仅让敌方胆寒，连国内都觉得不那么阳光，不那么正面。

南宋朝廷给韩的评价是“忠勇”，给岳飞的定义是——“沉鸷”。

沉，不动如山讳莫如深无法猜度，带有不确定性；鸷，凶悍的猛禽，如鹰、雕、隼之类。用以形容人，有凶猛到残暴、桀骜不驯的意思，或者“鸷而无敌”。

无敌的人是这次攻击的先锋官，攻击在统制官王贵的率领下进行，打头阵的是第四副将杨再兴……这个人是放眼整个两宋之交中最强的战将。他先是趁守军不备拿下了顺州，之后毫不停顿冲向了下一个目标洛阳所属的长水县（今河南洛宁西）。

直到这时伪齐方面才做出反应，刘豫派出一个都统制一个统制两员正将拥兵数千人来战。杨再兴分兵布将与之阵战。

杨再兴的冲击力实在没话说，这一战迅速结束，都统制被他阵斩，连带 500 多名伪齐军一同歼灭。统制官幸运些，和 100 多名手下被活捉。

杨再兴没有停顿，再次向西京洛阳挺进，第二天到达长水县边界处的张洪涧。在这儿他遇到了伪齐在顺州界内的最高长官，安抚使张宣赞。

张安抚的大脑处于短路和连接之间，岳家军入境时他不出现，这时要出界了他拦个什么劲儿？可拦的方法又挺理智的，张洪涧是一条挺宽的河，他先渡到对岸，在那儿与杨再兴隔河对峙。

一条河……杨再兴提起渡河就郁闷，当哥没渡过吗？！杨再兴率军冒箭雨渡河，冲上对岸，把张宣赞的两千多人马冲散。之后一路穷追，直到晚上二更天左右。

杨再兴不追了，不是追不上或者没了兴致，而是发现了大宝贝。张宣赞把顺州境内最重要的军资随身带着，那是一万多匹战马！杨再兴乐疯了，有这些谁还去追什么卖国贼？抢，都抢过来。抢得是如此激烈，乃至于和战马堆在一起的一万多石粮食没法带走，全分给了当地的贫苦百姓。

捷报在八月末时传到江南宋廷，张浚喜出望外，他等的就是这个。如果没有重大战果，他没法实施接下来的设想。

他上报赵构，请求宋廷借此战机，集结各路大将集体渡江，收复河南地。为此，他敦请皇帝把行在前提至建康，濒临大江，以此鼓舞士气，显决战之心。

赵构同意了，他于九月初一动身，出杭州之前，他去了天竺寺进香。出寺门时，正好岳飞的捷报送到。

赵构在一片欢腾之中仔细看完了信，他叫来张浚，说了这样一番话。他问，岳飞的捷报有没有水分？我不是不信，更不是苛惜名爵赏赐，而是我要知道真相。

张浚告诉了他一个机密消息。岳飞不只在战场上纵横捭阖所向无敌，在另一方面做得更好。

河南是岳飞的家乡，尤其是相州一带，他早就把间谍工作做到了细致入微的程度。大的方向上，太行山一带的义军早已结盟；小的细节上，征战区域内的关隘、渡口上的车夫舵手等人，食宿店铺里的杂役，都有岳家军的内应。

当此时，只看官家的决心怎样，在战场方面，岳飞已经掌控一切。

回到江北战场，岳飞的前锋部队迅速向洛阳逼近，以杨再兴的冲击力，只需一两天的时间就可以抵达西京城下，而敌人却全都玩起了失踪。刘豫父子伯侄都不见了，李成不见了，金兀朮也没露面，要知道几个月以前，韩世忠过江时，这帮人一窝蜂地拥了上去，仿佛那是块肥肉，谁都想咬。

可这时岳飞攻入陕西、攻入河南，长驱直入，时间上也长达近两个月，人都跑哪儿去了？不会组团一起去打酱油吧？

形势一片大好，空前大好，可赵构的心灵之火总是小有飘摇。连首相赵鼎也觉得事情不托底，他建议行在可以前提，可建康就太靠前了，不如按老规矩，到平江府。

赵构采纳了。

之后，他对岳飞的支持是一封措辞优美的嘉奖信……一时间众多类似的信飞过长江，寄到岳飞的手里，各种惊叹赞美叹服围绕着他，里面有他尊敬的前首相李纲说的“屡承移文，垂示捷音，十余年来，所未曾有，良用欣快！”之语。

岳飞也激动，可他最需要的东西——粮草始终没到。他的确神勇无敌，可以孤军深入每战必胜，不必友军支援，可粮草是必需的，再精锐的兵少吃一顿饭就称不上精兵，而此时他留在襄阳的守军已经有饿死的了，要省下口粮去支援前线！

九月，岳飞部撤退。临行前岳飞似乎对粮食产生了巨大的怨念，他特意派人突袭伪齐重镇蔡州，不为杀那里的兵，他下令把蔡州的粮都烧光。

回归南岸的途中，谁也不会知道这一次的撤退意味着什么。当事者迷，岳飞不知道，张浚不知道，连赵构、赵鼎，乃至最终受益的那个人，都不知道。

这次的撤退，是一切灾难的开始。

最初的反应由刘豫激化。这位伪齐皇帝陛下在岳飞回归南岸之后突然间暴跳起来，他像被啥刺激了一样，疯狂地在境内抓壮丁，半个月左右就抓了 20 多万，全都推上了战场。

岳飞刚走，他居然主动进攻了。

看着很纠结、很呆傻，不可理喻，其实这是绝对必要的。他必须时刻保持对南宋的攻击，不然他将失去存在的价值。

金国养他这条狗，他必须得去咬人。可他实在不敢去动岳飞，思前想后，他把目标定在了淮南西路，也就是张俊、刘光世的防区。行动前他满腹苦涩，他有预感，哪怕他再努力，真的打出来战果，所谓的皇位也要坐不住了。

金国在变化中，让他猝不及防，很多事他都做错了。前面说过，他本是完颜昌的人，可推他上宝座的是大殿下完颜宗翰。本着“有奶就是娘”的汉奸原则，他把完颜昌抛到一边，对完颜宗翰一系效忠，这在过去的几年里是很见实效的。

大殿下权倾天下，威震女真、西夏、南宋，无人敢对他说个不字，刘走狗觉得与有荣焉，他也可以跟着升级，于是对女真贵族们不那么恭敬起来。可这时小皇帝完颜亶用相权换军权，连带着把完颜宗翰的居住权都换到了眼皮子底下。

完颜宗翰一下子权势尽失，他没了军队、没了下属、没了地盘，别说罩着从前的走狗们，连他自己都朝不保夕了！

在这种情况下，刘豫发兵只能靠自己，金国人站在远处冷眼旁观，看他能咬出多大的成绩来。刘豫郁闷、彷徨、呆滞……他下令，全军半数以上换装。

都扮成女真人的模样。

对岸的南宋朝野一片惊慌。赵构等人得到的情报是，刘豫第一时间发 70 万精兵报仇，其中半数以上是女真骑兵！

这消息隔着长江把赵构、赵鼎吓呆了，当年灭北宋时也没有这么大的场面。赵鼎立即提议行营后撤，回到临安府去。

张俊、刘光世反而没呆。这两人首当其冲，刘豫的主攻方向就奔着他们来。都是老对手了，互相知根知底，刘豫绝不会去襄阳那儿招惹岳飞，更不会去镇江那儿撩拨韩世忠，眼看着淮南西路这儿有张大将、刘大将，还用去别处吗？

“金兵”铺天盖地而来，两大将流星赶月而走。他们一边向后撤，一边向赵构要救兵，速度之快让正处在前线的总指挥张浚都措手不及。

也就是说，这两人谁也没请示，更没有获得批准，纯粹是临阵私逃。这种卑劣的行径却赢得了一片赞同声。

为什么不逃呢，难道要先请示再汇报，用繁文缛节自缚手脚，被金军追上消灭才正确吗？那是自毁实力，毫无意义。

这种论调很有市场，很得上层人物们认可。关键时刻刚过 30 岁的皇帝还保留着一份理智，他要张浚立即汇报情况，确定在军事上怎样应对。

张浚不管有多大的毛病，至少有一个好处，此人从来没被谁吓倒过。他一直挺在前线，很快就了解到真相。根本没有什么女真骑兵，他给赵构回信，要求全军反击，这是全歼伪齐军队的大好时机。赵构同意了，亲笔给他写了一道诏书。

——“有不用命者，依军法从事！”

张浚立即派人把诏书样本抄送给刘光世。刘大衙内一下子脸就绿了，皇帝在动真格的，小命难保了！他把手下的那批神奇的将军召来，说了一句话。

——“汝辈且向前，救取吾首级！”

前面提过，刘光世本人是个战场草包，什么仗都能打输，可手下的将军们却勇悍绝伦，某些特殊的在韩世忠、岳飞面前都敢瞪眼，还偏偏就服这个大衙内。具体怎么回事，以后有具体事件涉及，到时再说，这时刘光世喊救命，这帮人立即爆发了。

行营左护军杀回淮西，和伪齐军硬拼。张俊部比之早一步到位，已经杀得难分难解了。在他们的后面，三衙军统领杨沂中也在向战场靠拢。

在赵构的必杀令震慑下，宋军的速度让人很瞠目。以刘光世军为例，他们从原驻地庐州，也就是现在的合肥市后撤，接命令再往回赶，居然在霍邱附近与伪齐军接战。

那地方在安徽省的西部，论东西水平线的话，比合肥还要再北一点儿。这足以说明刘光世怕到了什么程度，他的将军们也着实出力，打赢了才能保住他的脑袋。可这次战役里真正的焦点却不在这儿，而是合肥更北方的定远县（今安徽定远东南）。

三衙军统领杨沂中奋勇当先，他在长江南岸出击后，一路疾行，抢在刘光世之前，推进到庐州的北方，主动迎击伪齐军。

要说一下小杨了。小杨的来头很大，有种说法说他是北宋名将杨业的玄孙，祖父杨宗闵，父杨震，弟杨居中。

沂中字正甫，出生在代州，从小以勇武得名，从军后隶属于张俊部。当赵构组建元帅府时，小杨是最早的班底之一。那时，他整夜执戈侍立于赵构幕外，让少年期的九哥产生了难得的安全感。杨沂中第一次发威时很震撼，那时盗贼丛生，评价一个盗贼的高低已经不是看他抢了多少东西，而是占了多少城池土地。

任城就被抢了，元帅府派了很多人去都没有办法。某一天赵构登高望城，心里郁闷，这还是赵家的世界吗？却见几名骑兵披甲执锐闯进了任城城门！

赵构亲眼见证这几名骑兵在城内纵横驰骋力杀数百人，其中为首那人满身血污像是受了重伤。赵构急命人召回，却发现那都是所杀盗贼的污血，本身没有伤痕。赵构惊喜交集，亲自奉酒给他，说——“酌此血汉！”

杨沂中由此知名。沂中生来一脸浓髯，神色雄壮，喜欢他的人叫他“十哥”。这个排名是建炎南渡之后将军大排行时搞的，从张俊、韩世忠、刘光世、岳飞一路排，直到最小的杨沂中。

烦他的嘛，不大雅致，叫他“髯阉”。谁让他是赵构最贴心的人呢，忠心耿耿，无条件地服从任何命令，像太监一样听话，只不过是多了一把大胡子罢了。

定远县只爆发了一次小规模的接触战，杨沂中以 2000 名士兵迅速解决了战斗，他没有停顿，继续主动进击，迎向了刘猊率领的伪齐军主力。

两军相遇的地方叫藕塘。

藕塘地处定远县东南方 60 余里处，刘猊先到，先于杨沂中占据了地势。伪齐军依山列阵，近 10 万人的军团严阵以待，最前排是密密麻麻的弓箭手。

这是以往宋军临战时的标准战队，这意味着一旦开战，进攻方会面临数不尽的遮天蔽日一样的箭雨，那是个无解的噩梦。

杨沂中却偏偏往井里跳，刘猊要什么他就给什么，他派出 5000 名精骑，向伪齐军的主阵正面冲击。当天的箭雨如期而至，却没有办法阻挡宋军骑兵的突破。

伪齐没有宋军的制式武器神臂弓，以及与之相近的各种弓弩。如果有，金军早就盗取专利复制粘贴无数份了，金兀术还用带着满身箭眼在秦岭里满山乱跑吗？这一点优势是汉人独有的，直到宋朝灭亡，甚至明朝灭亡，异族人都没法染指。

5000 名骑兵动摇了刘猊的主阵地，杨沂中适时发起总攻。他亲自率军从伪齐军的侧面冲了进去，自陷超级大阵之内。这样子很绝望，非常像找死，不过杨沂中给刘猊留了份惊喜。

三衙军的前军统制在开战前悄悄绕到了伪齐军的背后，这时突然间发动，在刘猊的背后插了一刀。这就是杨沂中的风格。

这人的每一个举动看起来都是疯狂般热血沸腾，不过在这后面隐藏着千般小心万般计算，每一步都如机械般精确。

这在以后的岁月里，在一个个关键时刻都会被验证。

伪齐军大阵崩溃了，三路夹击，出其不意，刘猊又不是什么名将，他所能做的就是在千军万马之中把自己救出来。

大部分军队跟着刘猊逃走了，有一万多人被杨沂中生俘，另外夺船数百艘，车数千辆。连带着顺昌方面的刘麟，光州方向的孔彦舟也一起退兵。

从一定意义上讲，是杨沂中搞定了这次伪齐的大举进犯。

近卫军露脸，赵构格外高兴。他一边向宰执人员炫耀——这回你们知道俺识人、得人了吧，（“卿辈始知朕得人也。”）一边给杨沂中送去了嘉奖令。

升杨沂中为保成军节度使、殿前都虞候兼马、步帅。

这个位置如果再加上殿前都点检的名签，就是当年赵匡胤造反前夕的军阶。很乖的小杨非常聪明地拒绝了，理由很伟大。

三衙军力不能归于一人，这是祖宗说了150多年的话，我会牢记一辈子！赵构感动，小杨真是太好了，可以继续着重培养。

以上这一战就是历史上非常著名的“南宋中兴十三处战功”中排名第六的藕塘之战。这一战在纯军事意义上实在乏善可陈，没什么大不了的。

因为对手是战斗力普遍低下的伪齐军，里边还大量充斥着临时招募的平民百姓，这样的军队数量再多又能怎样呢？

只此一点，即决定了藕塘之战的含金量。但是它的政治意义却无比深远，它是根导火索，上接岳飞第二次北伐被迫撤军，它让转折点变得清晰可见。

回顾一下此战中南宋最上层人物的表现。当刘豫的军队换上女真人的衣服走上战场时，赵构、赵鼎都慌了，他们除了后退至临安，下死命令逼迫刘光世反击之外，还十万火急地征调岳飞再一次援助淮西。这时，岳飞的眼疾急剧恶化，即便白天也几乎看不见东西，并且他的军队刚刚结束远征，又累又饿还没恢复过来，但仍然闻命则旦夕即行。

他赶到淮西时藕塘之战早就结束了，赵构很尴尬，赵鼎很羞愧，这时他们知道上刘豫的当了，可上位者自然有他们的遮羞办法。两人进行了一次公开性问答。

赵鼎向皇帝陛下贺喜："从这件事上能够看出前方诸位大将对朝廷的尊敬，每个人都很听命令。"

赵构连连点头："是的，刘麟败北，朕不足喜，诸将知道尊敬朝廷，才是真正可喜的事啊。"

难堪面前转移目标的功夫举重若轻，炉火纯青。可惜有个人决定狠揪住这次失误大做文章，从而实现帝国实权第一人的愿望。

张浚。

右相、前敌总指挥大人早就看赵鼎不顺眼了，别看是赵鼎把他从深渊里捞出来的，可两人的工作方式、从政理想的差距太大了，堪称鸿沟。

赵鼎是一个抑外必先安内的人，他时刻紧盯着长江以南这一亩三分地，口头禅是先发展自身，等国内一切都充裕富足了，兵力也都练好，再去想外面怎样。

张浚嗤之以鼻，赵鼎的观念看似妥当，其实简直不可理喻。请问到达什么程度才算是富裕，北宋仁、神两朝算不算？可那时仍然有无数的官员说国家太穷、民生太穷、公务员太穷，没法出征。以战养战懂不懂，战争中我方在消耗，敌方也在消耗，得失之间要两边审视懂不懂？！

赵鼎在张浚的眼里就是一个鼠目寸光的胆小鬼，一块挡住他理想的绊脚石。比如这次征调岳飞干什么，岳飞一动，襄汉无人，那边被突击怎么办？眼见得是拆了东墙补西墙，好几次了总是这么补，女真人再笨，迟早也会抓住机会。

思前想后，张浚提出了两个建议：第一，乘胜进击河南，灭伪齐抓刘豫，复开封旧京；第二，刘光世既骄又懦，不堪大用，请罢职收军。

平心而论，这两条都是当务之急，而且都有必成的把握，张浚说得好。可赵鼎不同意。左相大人另有见解，说刘豫只是一块案上肥肉，随时都能剁下去。可是剁碎之后有好处吗？那时会和金国发生直接冲突，两相比较，还不如留着伪齐做缓冲。

至于刘光世，他的军队多年以来关系盘根错节，几乎是刘氏的个人私军，突然间罢免收编，小心会出大事，无法善后。

张浚大怒，简直昏聩！留着伪齐做缓冲，一看就是建国初期赵普对北汉的政策，那时契丹强盛，南方软弱，宋朝在进攻中要分出步骤。注意，是在进攻中。这时能和那时相比吗？一个照本宣科的胆小腐儒！对刘光世更加不能手软，抛开战争因素，因为私军性质就不敢去动，更是助长了武将的气焰，这是宋朝的第一国策大政，枪杆子一定要掌握在朝廷手中。

照本宣科、不知所谓的胆小腐儒！

赵鼎彻底没脾气了。没脾气只好显示品位，他主动去见皇帝，说张浚跟我像兄弟一样，可是被小人离间了。

良好的工作氛围取决于良好的私人交往，现在这样只好两去其一。国家面临的几大重点问题，比如收失地、迎二帝等都需要军事行动去实现，所以只好“鼎去浚存”。

这番话让赵鼎走得很潇洒，给官场留下了一个高品位印象，非常有利于东山再起。可在他重起之前，国家需要新的宰相，选谁呢？

这要由新首相张浚来定。张浚在官员花名册里翻了好久，最终定下了一位，真是让人吃惊，居然是——秦桧。

张浚一生最让人称道的不是所谓的军事才能，而是他识人。终其一生，经他手提拔起来的名臣有一大堆，比如赵开、吴玠、吴璘、刘锜、韩世忠、虞允文、王十朋，个个都名震当时功业彪炳。南宋官方也承认这一点，他一生官场起伏，很多次的起，都是他有举荐之功。可是都选择性地回避了一点，秦桧也是他举荐的……毫不夸张地说，是他开启了两宋之交时段里最凶险的潘多拉魔盒！

张浚选他的理由是——“柔佞易制”。

可能吗？“佞”，这是个贬义词，摆明了知道秦桧是个坏蛋。这有些根据，秦桧上次罢相时表现得很邪恶，大多数人都知道了他绝非善类。

可“柔”，是说秦桧是个软蛋，好控制。这就离谱了吧，秦桧在御史台长官时反金国，在南宋时主张南北分裂，哪一次都旗帜鲜明地站在风口浪尖上，哪一点“柔”了呢？

没有别的解释，只能归功于秦桧无所不能的骗术，让号称识人的张浚也坠其彀中。

张浚上台，时来运转，整个世界都在配合他。先是来了个开门红，他命令岳飞再一次渡江北伐。这让岳飞痛并快乐着，他的眼病刚刚有所缓和，可军粮仍然遥遥无期，这种情形下远征江北，是合适的吗？岳飞想了想，好吧，出征。

带足 10 天的军粮。

岳飞的第三次北伐只有区区 10 天的粮草！而目标却是伪齐重镇蔡州（今河南汝南），那里不仅城池高峻，守敌众多，还有老牌游寇、死对头李成坐镇。

李成号称伪齐第一名将，还是很有两下子的。知道岳飞来袭，他先是非常仔细。第一来了招坚壁清野，绝不给岳飞就地抢粮的机会；第二他决定给岳飞个小刺激。

岳飞来到蔡州城下时发现高大的城墙上啥也没有，没兵没旗没声音，整座城静悄悄的像是空的。这可真是不常见。

岳飞下令攻城，管你空不空的，真空才省事。不料突然间城头大变样，兵、旗、箭、大石头通通出现，让城下边的岳家军一阵手忙脚乱。折腾好半天之后，双方陷入僵持。这很好，李成非常兴奋，这正是他要的结果。

蔡州城挺住，周边的伪齐军队迅速合拢，李序、商元、孔彦舟、贾潭等一大堆人都围了过来。岳飞……嘿嘿，单挑我打不过你，群殴总行吧？！

岳飞很快发现不对头，这回他受限于军粮奇缺，只带出来 2 万士兵，以这股力量很难像上次那样横扫中原。怎么办？撤退。

岳飞抢在敌军合围之前跳出了包围圈，向长江边退却。

李成大叫一声跳了起来，追击！好不容易逮到这个机会，之前被岳飞满世界追杀，从江南一路痛打到江北，人生都被搞坎坷了，这次一定要清算回来。

他命令每个士兵准备长绳一根，把岳飞在内的每个岳家军都绑回来！

这伙人出去追杀，成全了岳飞第三次北伐的业绩。如果他真的躲在城墙后边忍到底，岳飞还真拿李成没办法，可他居然追出来了，而且在群殴没有形成之前……李成再一次遭遇悲剧，这一战他的人死了多少没记载，光被俘的就有好几千人，里边包括几十个将领，外加 3000 匹战马。

李成欲哭无泪，他是个老粗，没读过什么书，不知道历史上有一种极特殊的军人，他们攻必克、战必胜、谋必成，重要的是退却的时候都不可追赶！

岳飞的第三次北伐结束，以上战果是在 10 天以内，以 2 万军力达到的。消息传回，举国振奋，张浚的主战理念被更多的人所接受，眼见一场更大规模的北伐即将开始。

在这种关键时刻，江北也来凑趣，一个重要的消息从遥远的北国传来了。

图书在版编目（CIP）数据

如果这是宋史．肆，南渡北望／高天流云著．—杭州：浙江人民出版社，2021.7

ISBN 978-7-213-09902-1

Ⅰ．①如… Ⅱ．①高… Ⅲ．①中国历史—宋代—通俗读物 Ⅳ．①K244.09

中国版本图书馆 CIP 数据核字（2020）第 231973 号

如果这是宋史肆：南渡北望

RUGUO ZHESHI SONGSHI SI : NANDU BEIWANG

高天流云　著

出版发行　浙江人民出版社（杭州市体育场路 347 号　邮编　310006）

责任编辑　张世琼

责任校对　张谷年

封面设计　艾　藤　沐　希

电脑制版　顾小囡

印　　刷　三河市冀华印务有限公司

开　　本　700 毫米 ×1000 毫米　1/16

印　　张　27.5

字　　数　381 千字

版　　次　2021 年 7 月第 1 版

印　　次　2021 年 7 月第 1 次印刷

书　　号　ISBN 978-7-213-09902-1

定　　价　45.00 元

如发现印装质量问题，影响阅读，请与市场部联系调换。

质量投诉电话：010-82069336